管理圣经

管理心理学

李向阳◎编著

北京时代华文书局

图书在版编目（CIP）数据

管理心理学 / 李向阳编著. -- 北京 ： 北京时代华文书局，2020.5
（管理圣经）
ISBN 978-7-5699-3657-5

Ⅰ．①管… Ⅱ．①李… Ⅲ．①企业管理－管理心理学 Ⅳ．①F272-05

中国版本图书馆 CIP 数据核字（2020）第 061898 号

管 理 圣 经　管 理 心 理 学

GUANLI SHENGJING　GUANLI XINLIXUE

编　　　者｜李向阳

出 版 人｜陈　涛
选题策划｜王　生
责任编辑｜周连杰
封面设计｜景　香
责任印制｜刘　银

出版发行｜北京时代华文书局 http://www.bjsdsj.com.cn
　　　　　北京市东城区安定门外大街136号皇城国际大厦A座8楼
　　　　　邮编：100011　电话：010-64267955　64267677
印　　刷｜三河市京兰印务有限公司　　电话：0316-3653362
　　　　　（如发现印装质量问题，请与印刷厂联系调换）
开　　本｜889mm×1194mm　1/32　印　张｜5　字　数｜116千字
版　　次｜2020年6月第1版　　印　次｜2020年6月第1次印刷
书　　号｜ISBN 978-7-5699-3657-5
定　　价｜168.00元（全5册）

序　言

管理心理学，一套可复制的领导力

在西方，管理心理学被称为工业与组织心理学。发展到中国，更多地被称为管理心理学。相较于工业与组织心理学，管理心理学更好地指出了管理这个重要的概念，但这门学科所研究的实质却还是人的行为和潜在心理。因此，最后的重点又落在心理学上面。

管理心理学是研究组织管理活动中，人的行为规律以及潜在心理机制的一门学科。随着理论内容的不断完善，管理心理学开始逐渐发展成为专门的学科。越来越多的企业和组织认识到管理心理学的重要性，并开始学习和应用管理心理学来进行组织管理，提高组织工作效率。

管理心理学研究的对象是人的行为规律和潜在心理机制，其研究范围准则是组织管理中的人的行为规律和潜在心理机制。如果是在一般情境中的人的行为规律和潜在心理机制，则并不属于管理心理学研究的范围。

通过对管理心理学内容的学习和应用，能够科学有效地改进管理水平，调动人的积极性，提高工作效率和企业的管理效能。最终，不仅能够提升个人的工作能力，还能够为企业创造更高的效益。

有些大、中型企业，会出现员工工作积极性不高、执行力不强的现象，就是因为缺乏对员工的激励，同时也缺乏有效的组织管理。

在一些初创的企业中，也同样存在这样的现象。很多创业者认为企业规模较小，员工人数也较少，并不需要进行组织管理。这种想法就是企业运转效率低下的一个重要原因，即使再小的组织，也需要进行有效的组织管理，只有这样组织管理的工作效率才会提升，企业的规模才会因此扩大。

员工的主动性和创造性是企业发展的源泉，如何让员工在企业中自觉发挥这些能力，是企业管理者必须搞明白的问题。企业管理者可以通过制定相应的制度让员工的权益得到保障，员工凭借自身努力来获得收益，付出得越多，收获得也就越多。这样员工就会将个人收益与企业收益联系在一起，从而积极发挥主动性和创造性。

提高经济效益，发挥员工能力是管理心理学中涉及到的内容。采取不同的管理方法，能够取得不同的效果，只有找到最合适的管理方法，才能在这些方面取得好的结果。

管理心理学研究的不仅是个体的心理和行为，对群体心理、管理心理和组织心理也有着广泛的研究。不同的个体构成群体，群体管理并不是个体管理的叠加，而是要处理好群体与个体，个体与个体之间的关系。如何进行有效沟通，如何营造良好的工作氛围，如何提高管理者的管理能力，这些都是管理心理学所研究的内容。

对于企业管理者来说，如何管理好手下的员工，让他们积极发挥主动性和创造性，为企业创造更多的经济效益，这是一个复杂的问题。虽然复杂，但却并非难以解决。领导力高超的管理者可以轻松做到这一点，无论是18个人的阿里巴巴，还是7万多人的阿里巴巴，马云都可以管理的井井有条。这就是领导力，这就是拥有高超领导力的管理者。

马云的经历难以复制，但马云的领导力却是可以复制的。在这本《管理心理学》中，不仅有众多BAT（百度、阿里巴巴、腾讯）的管理方法，还有许多管理心理学中的重要理论。通过"理论+案例"的方式，为读者全面展示了组织管理中的各方面问题。

无论是规模较小的初创企业，还是大、中型企业，管理心理学的应用都是必不可少的。对于企业各层级的管理者来说，管理心理学知识的学习更是必不可少的。

‖ 目录 ‖

▎第一章　管理学与心理学

高情商管理：管理学遇到心理学…………………………002

亲和力法则：士只为知己者死…………………………007

心理归因，个人影响力与管理效率…………………………012

俯视管理 VS 平视管理…………………………016

工作者心理 VS 创业者心理：让工作成为"创业"…………………………021

▎第二章　用心理学工具来指导管理

观察法——从下属行为探清下属心理…………………………026

调查法——你要对你的团队的心理了若指掌…………………………031

博弈论——管理中的博弈与妥协…………………………036

同理心——管理下属，首先要像下属一样思考…………………………041

手表效应：懂得取舍，明确选择…………………………046

1

▲ 第三章　管理关系中的角色扮演

明确角色定位，用行动固化角色…………………………………052

授权，稳固角色的最好方法…………………………………………057

授权与反授权，不要成为员工的"下属"……………………………062

头羊效应，管理者要学会利用从众心理……………………………067

忙碌的管理者不一定是优秀的管理者………………………………072

▲ 第四章　用心理学营造团队交互力

鲶鱼效应，有竞争才有提升…………………………………………078

坚决辞退公司里最"贵"的那些人……………………………………083

高素质和低内耗构造完美团队………………………………………088

真实的反馈来自真正有效的沟通……………………………………094

利用好下属心理，实现"无为而治"…………………………………100

第五章　组织文化心理学

构建优秀的团队组织，让工作变得更有趣·················106

制定清晰的组织规则·································111

建立及时反馈的组织系统···························116

疏浚团队内的"血管栓塞"·························120

设定明确的团队愿景·······························125

第六章　管理制度背后的心理学博弈

管理的本质就是通过别人完成任务···················130

调动员工积极性，激发员工潜力·····················134

纪律，给被管理者一个心理适应区···················138

团队的制度必须制定明确···························142

"KPI 心理"，不要为了考核而考核·················146

第一章

管理学与心理学

——是什么让他们成为优秀的管理者？

高情商管理：管理学遇到心理学

管理心理学，顾名思义就是在管理方面运用的心理学。管理学与心理学的碰撞，与现代生产力、生产技术的飞速发展息息相关。

从我国古代起，丰富的管理心理学思想就蕴含在各部著作中。早在春秋末年，著名军事家孙武就在《孙子兵法》中写道："道者，令民与上同意也，故可与之死，可与之生，而不畏危也。"

这段话的本意，是统治者只要与百姓同心同德、军民一心，百姓就会与统治者同生共死。放在今日看，这句话也强调了管理者与下属之间意愿一致的重要性。这是一条十分重要的管理心理学原则。管理者可以运用此类心理学知识，让员工与企业做到荣辱与共。

那么，当管理学遇到心理学后，其研究对象又是什么呢？我们把管理学与心理学内容相结合，不难看出管理心理学的对象就是那些组织管理活动中，人的行为规律以及潜在的心理机制。也就是说，管理心理学不但要研究组织管理活动中人的行为规律，还要研究这些行为背后蕴含了怎样的心理机制。

换言之，管理心理学，就是利用科学的方法改进管理工作，达到提高管理效能、提高工作效率和实现组织目标的一门学科。

企业管理者可以运用管理心理学，充分调动员工的积极主动性，不断提高员工的工作效率，同时提高企业的管理效能，最终实现企业目标与个人目标相统一的全面发展。

在众多企业家中，小米集团的雷军便是一位深谙管理心理学的管理者，我们来看看雷军是如何运用心理学的"扁平化"方法来管理小米集团的：

> 雷军说："中国很长一段时间都是产品稀缺，粗放经营。做很多，却很累。一周工作7天，一天恨不得用12个小时，结果还是干不好，就认为雇用的员工不够好，就得搞培训。但从来没有考虑把事情做少。互联网时代讲求单点切入，逐点放大。"
>
> "扁平化"基于小米集团相信优秀人才本身就有很强的自我管理的能力。雷军知道，企业如果强加给人才太多无用的东西，设定管理的方式，就会让人才产生不被信任的心理。
>
> 就像雷军说的："我们的员工都有想做最好的东西的冲动，公司有这样的产品信仰，管理就变得简单了。"当然，这一切都要放在"成长速度"的前提上。在雷军看来，速度就是最好的管理。只有让员工少做事，让管理扁平化，才能让员工愿意把事情做到极致，这样才能提升小米的成长速度。

就像例子中雷军使用的管理心理学方法一样，每个企业都应把任务设置为两点，即提高企业的效益、劳动生产率，以及对员工进行心理素质的培养、教育。

其中，管理者的重点任务是掌握管理工作中员工、组织和团队的心理活动规律。只有把握好员工心理，才能制定出管理员工、组织和团队的科学方针、方法。在管理学中运用心理学，才能极大促进管理者的管理水平，提高管理者的管理艺术。在此基础上，企业的工作效益和劳动生产率也自然会提高。

企业除了利润、市场、客户这类最直接的财富外，人力资源也是非常重要的财富。管理者需要在管理学中加入心理学，运用管理心理学的理论方法，对企业中的人际关系进行调整，对团队凝聚力加以提升，对管理者的管理水平加以提高。

就像前面例子中提到的小米集团，他们的组织架构没有太多层级，基本上只有七位核心创始人、各部门高管以及员工这三级。小米集团出于"扁平化"心理，对团队进行了拆分管理。因此，小米集团基本是由各个小团队构成的。

从小米集团的办公布局，就能看出"扁平化"组织结构的优势：一层产品、一层营销、一层硬件、一层电商。每一层都由一名核心创始人把关，只要出现需要管理的问题，管理者就能"一竿子插到底"的执行。

在企业中，大家都保持着互不干涉的状态，他们都希望个人能在各自分管的领域中发挥力量，共同把事情做好。

而且，小米基于"地位平等"的心理考量，只为7名创始人设置了职位，而其他人一律都是工程师。他们晋升的唯一奖励就是涨薪，因此，小米的员工不需要有太多杂念，只要把心放在工作上即可。

"我第一定位不是CEO，而是首席产品经理"，雷军说道，"80%的时间是参加各种产品会，每周定期和MIUI、米聊、硬件和营销部门的基层同事坐下来，举行产品层面的讨论会。很多小米公司的产品细节，就是在这样的会议当中和相关业务、一线产品经理以及工程师一起讨论决定的。"

基于员工"想干事、想精简"的心态，小米集团制定的管理制度大大减少了层级之间因为互相汇报而浪费的时间。除了每周一要开1小时的公司级例会外，他们很少开会。

与其他小企业的"季度总结会""半年总结会"不同，小米集团成立的几年间，7名核心创始人只开过3次集体大会，但这种"扁平化"管理方式，却让小米成为了一支真正的"虎狼之军"。

雷军为什么能把小米带成一支"虎狼之师"呢？原因就是他在管理中加入了心理学内容，雷军准确地把握了员工的心理，让员工愿意为企业拼搏，与企业荣辱与共。

那么，管理者应当在企业管理过程中，注意哪些心理学问题呢？让我们具体解读一下：

首先，通过心理学工具来指导管理。这点需要管理者运用观察法、调查法、实验法、博弈论和同理心，从员工的行为对其心理进行把握。

其次，通过管理心理学，对彼此身份定位进行明确。管理者需要有亲和力，也需要树立威信，在把握亲和力的同时，做到言必行、行必果，这样才能抓住员工心理，便于日后管理。

再次，通过管理心理学，对团队进行构建。这里要求管理者熟悉团队的运作法则，把握管理者与员工的心理，运用心理学效应，让企业与员工做到双赢。

最后，通过管理心理学，对目标施以非凡执行力。执行力是管理者在管理企业时，希望每一名员工都能做到的。管理者需要对任务目标和团队成员进行管理，这样才能让企业更快更好地完成目标。

管理心理学能够在一定的管理成本下，以人本思想为前提，对企业员工进行科学管理。在管理学中加入心理学，能极大地调动员工的积极性、改善团队结构与管理效能，提高企业的工作质量，建立健康文明的人际关系。

因此，若想提高在企业管理方面的能力，在管理学中加入心理学是非常必要的。按照科学的管理心理学方法管理企业，才能达到事半功倍的效果。

亲和力法则：士只为知己者死

古时候，一位刺客说过一句流传千古的名言，"士为知己者死，女为悦己者容"～。在企业中，管理者的亲和力法则，便让员工做到"士只为知己者死"。

作为一名管理者需要明白，得人之前，先得其心。成功的管理者往往会采取主动方式，跟员工建立起亲密关系，然后在协调关系。如果管理者要获得员工的支持，先不要去说服他们，而是跟他们建立起亲善关系，就能让自己的管理更有效用。

孟子在其著作《孟子·离娄上》中，明确提出了这样的观点——"得人心者得天下"。对企业管理者来说也是一样，只有获得员工的认可，才有可能将企业发展壮大。管理者若想更好地管理员工，就必须培养自己的亲和力。

亲和力是指管理者个人在组织或团队中施加的影响力，管理者与员工处理工作时，能让员工如沐春风，继而让其愿意为管理者效力。

对于管理者来说，以下三种方式可培养自身亲和力：

首先，尊重他人。不管是员工也好，管理者也好，每个人都有自己的自尊，也希望能得到别人对自己的尊重。因此，能对员工的人格表示尊重的管理者，自然会让员工觉得有亲和力。

其次，愿意帮助他人。 要知道，在企业中帮助别人，就等于为日后别人帮助自己埋下种子。除了一些忘恩负义之徒外，绝大部分人在受到帮助和恩惠时，都会抱有感激之心，早晚也会把这个人情还上。因此，管理者应当表示出自己乐于助人的一面，要锦上添花，更要雪中送炭。

最后，心存感激。 人总是容易被感动的，在管理者受到员工工作之外的好意与帮助时，需要对员工表达出热烈友好的感情，而不是一副"这是你应该做的"样子。毕竟，施恩者与感恩戴德者之间的亲和力，会在人情中蓬勃生长。

除了以上三种方式外，管理者若要想拥有亲和力，就要注意攻心为上。

中国自古便有"用兵之道，攻心为上，攻城为下；心战为上，兵战为下。"而管理者之道也是如此，"管理之道，是攻心为上，惩罚为下；心战为上，处分为下。"管理者用一颗"诚心"，来换取员工的"真心"，其他事情自然不在话下了。

绝大部分员工都是感性的，都是与企业有感情的。要知道，人的感性总是多于理性，先于理智。员工很容易被管理者打动，但前提是管理者必须有所行动。管理者与其追随者的关系越亲密，感情越牢固，追随者就越能心甘情愿、真心诚意地帮助管理者。

提到有亲和力的管理者，就不能不提到阿里巴巴的马云：

2015年05月08日是阿里巴巴的第11个"阿里日"，下午两点，102对来自阿里巴巴内部的新人，穿着礼服齐聚一堂。这些新人在老总马云的祝福下，完成了自己的婚礼。

马云规定，每年的"阿里日"都要在公司举办集体婚礼、高管亲友见面会等大型活动庆祝，让阿里巴巴的员工感受到仪式感。而每年的"阿里日"上，阿里巴巴集团董事局主席马云都要为阿里巴巴的新人们主持集体婚礼，并且作为支持人致以祝福词，这次也不例外。

下午两点，马云如约来到集体婚礼现场，并且笑容满面地对新人们说："恭喜大家，也祝福大家，特别感到骄傲，阿里每年有那么多新人结婚，今年报名的有800多人，但是场地有限，我们只能认认真真地做好102对，这102对在婚姻这个市场上完成了我们称之为'惊险的一跳'，终于找到了对方，找到了幸福。"

在场的新人都笑逐颜开，因为在"阿里日"上举办的集体婚礼，一向是最受员工们欢迎的活动，每年报名人数都能达到近千人。从2014年开始，马云决定每年都给公司内的102对新人举办集团婚礼，这也暗含了阿里巴巴要做102年企业的愿景。

在此次的"阿里日"中，被选中的102对新人里，有24对新人都是阿里员工，其中最小的一位新娘甚至是1994出生的。除了这位90后外，此次的新人里还有一对"跨国组合"，新郎是阿里的"小二"，新娘则来自韩国。

除集体婚礼外，"阿里日"的活动还包括为员工家属举"高管亲友见面会""阿里前沿业务展览"和"阿里公益展"等。每年有数千名员工的家属来到阿里巴巴，参观亲人的工作环境。

阿里巴巴副总裁蒋芳，代表马云与来访的亲友团进行交流。她为亲友团讲述阿里巴巴的创业史以及"阿里日"

的来源，介绍公司发展情况以及对未来的规划，并向参观
者真诚地致谢。

上例中的马云，就极好地表现出自己的亲和力，他不愿做高高
在上的管理者，而是与员工近距离地沟通，毕竟沟通比单纯地传达
命令更能取得好的效果。沟通能让管理者了解员工，探知员工的真
实想法，了解员工的真实需求。

马云深知，管理者与员工之间产生的矛盾，有99%都是因为沟
通出现偏差，因而导致误会、误解的产生。同样一件事，管理者是
这样想的，而员工却是那样理解的，你往坏处想，他往好处想，很
容易导致误会与误解。

当员工与管理者互相抱有意见，矛盾就产生了。这种偏见大多
来自观念和视角的不同，如果管理者一直高高在上，不愿与员工进
行有效沟通，那偏见就会继续加深。

需要注意的是，管理者应当主动与员工建立亲和关系。每个人
都有自尊，当管理者不主动时，员工也不会主动，否则就有溜须拍
马之嫌。那么，管理者与员工的关系也不会有丝毫进展。

只有管理者主动示好，员工才有机会积极回应，有了回应
之后，双方才能建立有效沟通，当沟通顺畅时，良好的关系就建
立了。

作为管理者，千万不要低估与追随者之间的亲善关系。只有得
人心，才能获人望，才能让团队发展壮大，才能让员工愿意付出，
才能为企业的发展打下夯实的基础。

以下是管理者增加自身亲和力的四点方法：

首先，展现真我。管理者应当将真实的自我逐渐释放给员工，

如果管理者一直戴着面具，员工只能对其敬而远之，又怎么能感受到亲和力呢？何况，人的自信强大，原本就是建立在展现真我的基础上的。

其次，真诚坦率。真诚是管理者最为可贵的品德。没人喜欢与虚伪的人打交道，对于伪善的管理者，员工只会对其敬而远之，不愿与其有过多瓜葛。

再次，了解员工。只有做到理解员工、熟悉员工的管理者，才能做到了解员工、关心员工。员工能感受到管理者对自己的关心和重视，自然觉得相见恨晚，并愿意为之肝脑涂地。

最后，身体力行。能起到榜样作用与模范作用的管理者，是其亲和力展现的有力表现方式。只有以身作则，才能让员工产生信赖；反之，如果管理者只会发号施令，对专业知识却一点都不懂，自然会让员工心生反感，之后与之疏远。

有句名言"管理者是希望的经营者"。其意为当你给予他人希望，就等于让他人拥有了未来。因此，管理者的"亲和力法则"可谓是至关重要。

心理归因，个人影响力与管理效率

从管理心理学上看，管理者的个人影响力与其管理效率是息息相关的。管理者的个人影响力就是魅力，也是指管理者对员工的影响力、吸引力和感染力。

一家企业若想有长远的发展，就必须要求管理者拥有远大目标与理想。管理者只有拥有让员工不由自主奉其为偶像的魅力，才能让自己说出的话更有分量。

作为管理者，其个人影响力就在于明确对员工讲明企业的目标与自己的理想，并让员工对自己表示认同。这就要求管理者对理想需要贯彻始终，不能朝令夕改。管理者必须知道自己的影响力在哪儿，还要善于利用自己的影响力。

所谓管理者，就是让员工完成企业的工作，并交由自己做出决策分析、分配资源、指导他人等活动，同时通过这些活动，让企业实现目标。

在这一点上，有一位女强人做得非常出色。这位女强人便是格力的掌门人——董明珠。

作为格力的女掌门，董明珠凭借其天生的领袖魅力，加上后天的锻炼影响，形成了自己独有的管理者魅力。在格力集团中，她总能通过使命感与果断的性格，为格力做出正确的决策。这也是董明珠在格力集团说一不二的原因。

于是，董明珠成了员工嘴里的"女魔头"，甚至经常被员工调侃：董姐走过的地方，寸草不生。

对于此，董明珠真诚地说：

"当部长，开始立规矩，慢慢地，恨你的人就会越来越多。"

"他到处骂我，我没有把他当回事，你计较这些事干嘛……"

然而，这样的霸道女总裁，却总是能把格力员工的利益放在首位。她不但给全体员工加薪，甚至承诺，给服务格力终生的员工送上一套两室一厅的房子。

有一次，格力技术部门发现一位供应商提供的货存在瑕疵，这批货价值2000多万，董明珠得知此事后，立刻下令断绝与这家供应商的往来。供应商怀恨在心，找了3个地痞流氓暴打格力员工进行报复。结果，董明珠挺身而出，借助警员将恶棍绳之于法，同时将负责此项目的经理免职。

一位资深的老员工是这样评价董明珠的："我们对格力的感情非常复杂，一有不满就骂董大姐，但如果要是投票的话，相信大家还是都会拥护董大姐的。"

这便是董明珠在格力集团的个人影响力。

就像董明珠一般，在每个企业中，管理者都肩负着不同的分工与使命。若想培养个人管理影响力与管理魅力，管理者应当具备以下个人素质：

了解下属，"因材制宜"。管理者在对员工进行管理时，应当格外细心。在为员工分配任务前，最好先对员工进行深入了解。管理者可以从员工的动作、眼神、语言等方面，间接判断每位员工的性格，也可以直接与员工谈话，考察其能力特点。

作为一名管理者，最糟糕的情况就是把所有员工的能力都看成是一样的。不少管理者都认为，员工之所以是下属，就是因为他们的文化背景和能力有短板，因此不愿与之过多交往。其实，员工的能力是需要培养和发掘的，只要管理者注意到细节问题，因材制宜，就能发现员工中的千里马，也提升自己在员工中间的影响力。

控制情绪。一位成熟的管理者，能够很好地控制自己的情绪。毕竟当管理者情绪很糟时，很少有员工敢来汇报工作。大多数员工都会担心，自己的评价会被管理者的坏情绪所影响。

此外，管理者的情绪好坏，甚至会影响整个企业的工作气氛。如果管理者时常因为一些小事导致情绪失控，就会影响到整个公司的工作效率。

当一个人成为管理者的那一刻，就应该知道自己的情绪已经不是私事了。管理者的职务越高，其情绪在员工中的影响力就越大。

一视同仁。这里的一视同仁，是让管理者给员工树立"机会平等"的观念。在企业文化中，如果管理者树立了"三六九等"的观念，就会让员工心寒，继而对企业失去感情。管理者若能像例子中的董明珠一样，对待员工一视同仁，就会在员工中扩大自己的影响力。

管理者若想扩大自己的影响力，就要知道企业制度是用来约束每一位员工的。管理者不能在企业显露出"亲疏有别"的行为，这样就会导致一部分优秀员工滋生更强的优越感，甚至趾高气扬，损害同事间的感情。

作为企业的管理者，应当杜绝此类现象的发生。管理者一旦发现有负面文化在企业中滋生，就必须要从源头处杜绝，同时以身作则。

树立权威。为了更好地展现管理魅力，管理者应当在员工心中树立权威。注意，权威与特权不同，权威是代表自己严格执行企业的文化与制度。对于破坏企业制度的员工，管理者绝对不能纵容。

如果管理者为了维护自己的亲和力，时常纵容下属，让企业制度形同虚设。那管理者就会在"人情"和"制度"中不断摇摆，造成无序管理的后果。

管理者的个人影响力，应当利用树立权威的心理，从大局出发。自己不谋私利，也不让员工取悦讨好自己。敢于"得罪"员工的管理者，才能在员工中树立起权威的形象，造就自己的影响力。

利用一切机会培养人才。企业中经常会出现这样的管理者，他们不重视部门员工的能力培养，甚至害怕有些员工的能力太强，掩盖自己的风头。

作为一名管理者，其必须要有这样的心理认知：提高员工能力的重点在于专业培养，只有把自己的下属培养起来，才能对企业的大局和员工自己的职业生涯大有裨益。如果管理者只从个人角度出发，只计较个人的得失，就会在员工中失去信任和支持。

管理者只有在管理中运用到这些心理学因素，才能更好地管理员工，也为企业的未来赢得长足发展。

俯视管理 VS 平视管理

在企业中，我们经常说到"管理"二字。但需要注意的是，"管理"意味着帮助员工圆满地完成工作，帮助员工成长，而不是高高在上的姿态。

作为一名管理者，不应该总把自己放在过高的位置上。如果管理者总是自视过高，不愿意让自己的身份跟员工平级，总是习惯"俯视"下属，那就会让员工产生距离感，也会产生压迫感。员工就不会把心思放在工作上，反而会浪费大量时间，来揣摩管理者的想法。

如果管理者总是趾高气扬的样子，对员工的努力只会嗤之以鼻、表示蔑视。那么，员工在工作中也会提不起兴致，甚至忿然辞职。

事实上，绝大多数管理者在培训员工或给员工讲话时，都倾向摆出一副"高高在上"的架势。仿佛只有这样，才能显示出管理者居高临下的权威。

更有趣的现象是，有些员工昨天还只是一名小职员，今天升职成为了一名管理者，这时他们的口气和态度便立马来了个大转弯，开始摆高调，好像变了一个人似的。

这种现象说明了什么呢？说明这种"俯视管理"的居高临下的

姿态，并非是来自于水平、能力的提升，而是来自地位的变化。只要他们的地位发生改变，其态度自然就会不同。

因此，绝大部分企业都经常会发生这样让人哭笑不得的现象：

昨天，两名身份地位能力都相近的员工，还乖乖地站在墙角，听取上司的训话。今天，其中一名员工得到晋升，转脸就开始一板一眼地"教训"另一位昨天还一起挨训的伙伴。那位"伙伴"态度还是跟昨天一样，乖乖地站在墙角，聆听新上司的教诲。

其实，习惯于"俯视管理"的管理者们，还是很有必要尝试一下"平视管理"甚至"仰视管理"的方式，这样反而能收到奇效。（上述事例说服力稍弱）

试想，如果你的水平跟昨天相比并没有什么变化，只不过今天的地位发生了上升。此时，你使用"俯视管理"的优越感对昔日伙伴进行管理，他们心里能平衡吗？你的话，他们又能听进去多少呢？

在企业管理中，"俯视"和"平视"的心理至关重要。如果管理者能抛开高高在上的态度，用"平视管理"对员工进行管理，员工会觉得自己受到重视，自然会更加努力地为企业做出贡献。

但在现实中，不少企业管理者都习惯在办公室里安然就坐，然后对前来汇报工作的员工摆出一副居高临下的姿态。这类信奉"俯视管理"的管理者，平日里极少与普通员工打交道。

在员工的心目中，这类管理者派头有余，但影响力不足。甚至有不少员工把这类管理者看成是公司的"传说"，因为他们离员工很远，所以对员工也并没有什么威慑力。

试想，如果这些管理者能够适当放平自己的心态，多采用"平视管理"心理，走近一线，走近员工。那么，他们不仅能拉近自己与员工之间的距离，还能对员工起到鼓励作用。

　　瑞典有家公司是专门做继电器与水暖器材的，由于经营不善，导致公司业务迅速下滑，公司面临破产，员工们也面临失业的困境。

　　在这个关键时期，沃特斯走马上任，当上了公司的总经理，并承担起拯救公司安危的责任。让人没有想到的是，沃特斯在短短的18个月后，成功地扭转了这家公司的颓势。众多媒体纷纷取经，想探得其中的奥秘。

　　原来，在沃特斯出任后，为了帮公司的员工重拾信心，他积极深入车间，跟普通员工进行接触，让员工感受到自己被管理者重视。一年之中，沃特斯有一半时间都是在生产车间度过的。

　　沃特斯的举动引来了不少媒体的关注。有位记者问沃特斯："你接手的公司已经是千疮百孔了，为什么你却不实施管理措施呢？"

　　记者口中的"管理措施"指的是常规性的管理策略，也就是说，管理者采用"俯视管理"，坐在办公室里，一本正经地进行战略规划。

　　沃特斯说道："如果我不亲自到现场工作，不自己去现场看看，只是居高临下地坐在办公室里，那么怎么能对我的员工们表达重视呢？"

　　米利肯联合公司的董事长，69岁的罗杰·米利肯也跟沃特斯一样，非常重视与一线员工的交流。米利肯经常亲自去往车间现场，一边摆弄机器，一边跟员工们聊天。管理者的"平视管理"心理，不但能让自己更加了解企业的运作，还能对员工产生极大的鼓舞。

员工们会想：原来老板对我们普通员工这么重视，我们不能让他失望！如此一来，员工们的工作积极性也会得到激发。（最后结语说服力稍弱，可考虑删除）

沃特斯与罗杰·米利肯正是通过"平视管理"，放低姿态，深入现场，对一线员工进行鼓励的管理方式，让员工感受到自己的重要性，从而让员工们爆发出高昂的工作激情，最终以此促进公司的发展，并扭转了颓势。

身为管理者，需要改变自己"居高临下"的姿态，深入一线与普通员工进行接触、交流，赢得员工的好感与信赖。

在工作时间内，管理者需要按照公司的规章制度办事，但在非工作时间内，比如在公司举办娱乐活动时，管理者可以大胆地露两手。哪怕水平和能力有限，只要能给员工带去亲和感和欢笑，也不失为是一种有效的管理方法。这样的管理方式，更能让员工看到管理者和蔼可亲的一面。

身为管理者，若想让员工对你敬重有加，你需要提升的是自己的能力，而不是摆出一幅"居高临下"的样子。"平视管理"也并不影响你的权威，反而会让你赢得"关心下属，体贴下属"的美誉。

其实，即便管理者的业务能力很强，拥有大量专业知识，可如果想在与员工沟通的时候，让员工觉得亲和、实在，就要尽可能地放弃"俯视"姿态，改用"平视"的姿态，这才是行之有效的管理方法。

那么，管理者如何"平视管理"？

积极参与。这是指管理者需要积极参与跟员工一起举办的活动，如年会。积极参与意味着不管你是公司老总还是高管人员，都要在这样的场合与员工打成一片，并且进行面对面的沟通。此外，你平时的工作中，还可以在小隔间或走廊多多走动，以便随时停下来，与员工进行讨论，解答他们的疑问。

保持畅通无阻的沟通。管理者要在自己有时间、有精力的情况下，努力与员工保持联络。有条件的时候，管理者可以亲自与员工交谈。大部分情况下，管理者可以通过E-mail或其他网络通讯工具进行联系，这样更能提高员工们的工作效率。

敢于承认错误。每个人都会犯错，管理者也不一定总是对的。因此，管理者需要在犯错的时候，敢于承认错误，并且承担责任。这才是正确处理错误的方式。

试想一下，你会相信哪种类型的管理者？是拒绝承认错误、大找借口理由的人？还是勇于承认错误，并想办法改正的人？

"平视管理"能够更好地帮助管理者，是管理团队、获得员工信赖的有利工具。

工作者心理VS创业者心理：让工作成为"创业"

　　每个管理者都需要明确这一点：工作与创业完全是两码事，再厉害的工作者，其眼界、心态和能力等也都是工作者；再初级的创业者，其眼界、心态和能力也都是创业者。（工作和创业是两码事后面不明白在表达什么。）

　　从大方向看，工作者所面对的只是一个环节的疑问，而创业者面对的则一个大局的疑问。

　　就以经营饭店来举例，比如你应聘为厨师，你只需要将菜做好，至于饭店能不能招揽来客人，服务能不能让客人满意，食材是否便宜等都与你无关。你只需要做出一盘好菜，你就是一个好厨师，就能拿到自己的那份工资。可如果你是一名创业者，你从饭店地点的选择、菜系的选择、材料的选择、员工聘任，到把饭店经营起来，都需要你自己操心。

　　菜价涨了你要操心；服务不好你要操心；菜的味道不好你要操心；饭店口碑不好你要操心；有人来捣乱你要操心。这些都是你的事，也都是你的"本职工作"。

　　所有的工作者都能说"对不起，我尽力了"，但创业者却不能说，创业者在尽力的时候，还要拼着突破极限再撑一把。

因此，工作者与创业者的实质的差异有以下三点：

首先，工作者与创业者的目光长短是不一样的。工作者只是负责一部分的作业，只要工作者做好分内工作，就能获得满分；而创业者必须从大局出发，拿到所有的结果才算获得满分。

其次，工作者手中有很多资源，而创业者需要创造很多资源。工作者可以任意挑选打工的公司，如果能力强，就可以选择资源更丰富的大公司；如果能力弱，刚起步的小公司也是个不错的选择。如果工作者对自己的能力做不出正确评估也无妨，因为他们随时可以炒掉老板，重新开始。

创业者则不同，他们必须对自己有个准确的定位，因为通常情况下，创业者是经历不起屡次失败的。如果创业者不能让手中的资源得以充分利用，就会落得破产的下场。因此，创业者每次的选择都要用尽全力，这样才不会被市场淘汰。

最后，工作者与创业者的心态是不同的。对于工作者来说，他只需要面对上级，上级对他的评估就是他取得收入、证明能力的标志。因此，工作者的思维模式通常是：这件事老板喜欢怎么做，我就怎么做。而创业者心态则不同，他必须将这件事做好，取得一个成果，这样才能让自己满意。

从工作者和创业者的心理比较，我们不难看出其中的差异。管理者在进入一家公司，管理一个团队时，需要抱有创业者的思维。只有把公司看成自己的资产，把员工看成自己人，才能把自己的工作和公司的发展紧密联系在一起。

管理者也需要培养员工的创业者思维，如果每个人都是工作者思维，那整个团队都不会取得太大发展。当公司获得重大荣誉时，员工的荣誉感也不会很强；当公司面临重大危机时，员工的责任感也不会很重。

管理者只有让自己和员工都奠定创业者思维，才能与公司一同发展壮大。

杰克和一位老同学同在一个码头，他们都是为工厂仓库缝补篷布的员工。

杰克是个心灵手巧，且非常勤奋的员工，他总能把工作做得十分精细，也把这份工作当成自己事业的起点。平时他看到被丢弃的线头或碎布等，也会捡起来存放在仓库里，以备不时之需，就好像这家工厂是他自己开的一样。

某天夜里，码头上突然刮起了大风，继而暴雨倾盆。杰克从睡梦中惊醒，立刻从床上爬起来冲到狂风骤雨中。身边的同事和他的老同学都劝不住他，纷纷骂他是个傻瓜。

在露天仓库中，杰克看到一个又一个货堆上的篷布被风吹起，于是对这些篷布进行了加固。恰好此时，老板的车驶了过来，看到完好无损的货物，和淋得像个落汤鸡的杰克之后，老板当即表示要给杰克加薪。

然而，杰克却对老板说："感谢您的心意，您不用因为这件事就给我加薪。我只是出来检查一下我缝的篷布结不结实。何况，我就住在旁边，只是顺便来看看罢了。"

见到杰克如此有责任心，老板就提拔他到自己的另一家新公司做了管理者。等到公司开张后，老板需要招聘几名业务员。

当初跟杰克一起缝篷布的那位老同学闻讯赶来，要求杰克给自己安排个好差事做。

结果杰克当即拒绝了对方："不行，你的能力不够，何况，你也不会把公司的事当成自己家的事情做。"

老同学有些脸红，但他还是说道："你可真没良心，这又不是你的公司。"

杰克看了对方一眼，说道："只有把公司当成自己家，把公司的事当成自己家的事来做，这样才能把工作做好。"

几年之后，杰克凭借这样的管理理念，做到了公司总裁的位置，而他的老同学却还在那个码头里缝补篷布。

例子中的杰克就是很有责任心与归属感的员工，他在公司中找准了自己的定位，并且奠定了自己的职业生涯。作为一名管理者，更应该抛开借口，将自己的忠诚与责任投入到公司中。

管理者需要以身作则，给员工树立这样的理念：从进入公司的那一刻，员工的命运就与公司的命运联系在一起。只有把公司真正看成自己的，把公司的命运和自己的命运捆绑在一起，才能在公司中做出一番大事业。

如果有一天公司出现了危机，大部分的员工都会重新开始自己的职业生涯。但如果管理者能让员工树立创业者思维，员工就会尽力挽救公司，同时将未来交给公司。在公司渡过危机后，每名与公司共患难的人都会得到相应的奖励，也会获得巨大的荣誉感。

因此，管理者应当使员工养成这样的习惯，把公司的事情当成自己的事情，把公司当成自己的孩子对待。管理者应当以身作则，在下班之前与员工一同扪心自问——"对于今天的工作，我是否付出了全部的精力与智慧？"

在工作中，管理者要努力使员工将"工作者心理"变为"创业者心理"，让员工把工作当成"创业"！

第二章
用心理学工具来指导管理
——心理学是怎么在管理中发挥作用的

观察法——从下属行为探清下属心理

　　观察法是重要的心理学工具，也是重要的管理学工具。管理者可以通过观察法，对员工的行为进行直接地、系统地观察，从而分析员工产生该行为的心理活动，对其进行科学有效地管理。

　　管理者对员工的性格评价，往往也来自于观察。员工的性格在很大程度上会直接反映在他们自身的行为上，即他们做了什么。

　　那么，管理者可以观察员工的哪方面行为呢？打个比方，有不少公司为了提高员工的团队精神，提高企业凝聚力，会要求员工在早晚时间做操或跳舞。

　　管理者就可以从上班做操、跳舞中，观察自己的员工具备那些素养。

　　（1）做操、跳舞很认真的员工，通常是做事认真的员工。他们对每个动作都力求做到标准、美观、圆满，这样的员工在工作上也会认真。因为这是他们的一贯态度，不管做什么，都会自觉要求自己做到最好。

　　（2）做操、跳舞敷衍的员工，就是做事不认真的员工。很多人觉得，跳舞不认真，不一定代表工作不认真。实际上，如果一名员工连做操、跳舞这样的小事都不愿认真对待，还能指望他在工作中有多认真负责吗？

这类员工对每一件事情都抱有无所谓的态度，觉得什么都是无关紧要的，除非管理者亲自监督他完成，否则，这类人不太可能会自觉自主地做好一项工作。

（3）做操、跳舞时形体动作很标准，但态度看起来不太认真的员工，通常是很聪明的员工。这类员工给人的感觉总是心不在焉，当别人跳的很高，动作力度很大时，他只是象征性地跳一下、舞一下，但动作要领却掌握得非常到位。

这说明这类员工学习能力很强，只要管理者稍加指导，他们就能快速掌握业务技能。当管理者明确要求时，他们也能将工作任务达标或超额完成。这类员工是所谓的"聪明人"，不但会办事，能办事，而且工作上有想法，也很有人缘儿。

（4）做操、跳舞时形体动作很笨拙，但态度极其认真的员工，通常是能吃苦的员工。这类员工不是企业中的聪明人，但干起活来从不会偷懒，每个企业都需要这种人，因为管理者将其放在适合他们的岗位时会很放心。

这类员工虽然在做操、跳舞的时候姿势有些笨拙，但他们确实是实心眼儿地认真做。这类员工对企业忠诚度很高，如果企业有需要吃苦耐劳的工作，就可以放心交到这类员工手里，他们肯定会克服困难，尽最大努力去完成。

（5）在做操、跳舞时站在原地不动，或者只微微挪动一点身子的员工，其实是偷奸耍滑的员工。这类员工不爱出勤，就算出勤也不愿不出力。他们怕苦怕累，又没有能力，不会做，也不想学，就算是会跳会做，也懒得去做。

这类员工平日里喜欢偷奸耍滑，渴望一劳永逸，不但不会做额外的工作，甚至连自己的本职工作都不愿完成。他们在公司里一直是得过且过，做一天和尚撞一天钟的状态。

观察法是各大公司考察员工行为的重要依据。IBM公司就曾在全球高管招聘中，安排高管的候选人带着家人一同旅行，以便总公司从中观察候选人与家人的互动，以了解候选人的真实性格到底是什么。

在职场的压力下，或者在危急的情况下，人们会率先表现出自己最真实的性格，也就是我们常说的本能性格。这种性格是管理者在职场上很难直接观察到的。

在员工与家人，尤其是与父母、配偶和儿女一起相处时，往往是该员工人际关系中最具安全感的关系。跟家人在一起，能让员工在无戒备或低戒备的情况下，表现出自己最真实的样子。

只要观察员工是怎样与家人相处的，就能很好地了解到员工原本的性格，也就是未经社会角色修饰的性格到底是什么样子。

人类的性格在通常情况下是相对稳定的，因此，他们在相同情况下，处理问题的方式也会很相似。比如管理者的太太在做错事的情况下，管理者对其大发雷霆。那么，日后员工在做错事的时候，管理者也会控制不住自己的脾气。

需要注意的是，人的行为有时候也会因为角色的变化而出现偏移。比如，员工在单位一向是和颜悦色的人，但回到家里却对妻子和孩子大呼小叫，这是因为该员工必须在单位扮演这个角色，这个角色却不是真实的自己。

那么，管理者应当如何观察员工，才能发现其心理状态呢？以下是具体方法：

观察员工与陌生人相处时的性格。"内向"和"外向"，是用来评价他人性格用的最多的词汇。判断一个人的性格是内向还是外向，最直接的方式就是看他如何与陌生人相处。

性格内向的人，能和熟悉之人做到侃侃而谈，却不愿出席有陌生人的聚会，即便这个聚会能给他带来难得的机遇；性格外向的人会成为人群中最受欢迎的一个，也能很快地融入新团体。

观察员工的朋友，以及他所扮演的社交角色。我国一向有"物以类聚，人以群分"的说法，如果该员工喜欢和认真的人交往，说明他也是个做事谨慎的人；如果员工喜欢跟偷奸耍滑的人交往，那他的性格也会出现问题。即便不是他的问题，但他也会因为耳濡目染受到影响。

观察员工对企业规定的态度以及规范性喜好。有些人喜欢循规蹈矩，有些人喜欢突破常规。这两种态度，其实是代表规范性和冒险性这两类人。就拿开车这件事来说，有的司机即便在没有摄像头的情况下，也能遵守交通法律法规；有的司机却喜欢在没有摄像头的地方超速、开远光、违规占道、逆行等。

如果有些员工在公司里行为不规范，或者在没人的时候不愿遵守公司纪律，那么，管理者就需要特别注意，否则日后就会很难管理。

观察员工的处事态度，以及情绪管理。员工处理问题的态度，通常能很好地反映出他的情绪管理。比如，当行政助理打印文件时，过了很久还没有回来，如果员工表示"这么半天还不回来，一点儿小事都弄不好"，那他可能是个易怒的挑剔者。

一个成年人应当管理好自己的情绪，尤其是在职场中。如果他对情绪的控制力很弱，就有可能因为负面情绪对工作造成影响。

观察员工的生活细节、价值观和条理性。一些生活细节都能体现出员工的生活态度以及条理性，如果一个人的办公桌脏、乱、差，通常这个人家里的环境也不会好到哪儿去。

而通过观察员工的生活方式，就能看出这个人对工作的价值观、对生活的舒适度以及对金钱的态度等。

只要在管理中运用观察法，就能让管理者探清员工的心理，从而更好地管理。

调查法——你要对你的团队的心理了若指掌

　　说到管理，我们首先想到的就是管理团队中的成员。作为一名管理者，我们真的了解自己的团队，以及团队成员在团队中各自扮演的角色吗？

　　有些成员可能在团队中扮演挑大梁的角色，但却被其他成员掩盖，导致其光芒不能被管理者发现；有些成员可能一点专业技巧都没有，只能在人群中滥竽充数。

　　对于这种情况，调查法就显得尤为重要了。调查法指的是通过各种途径，间接了解员工的心理活动。一般情况下，调查法会通过口头回答或书面回答问题的方式，以此了解员工的心理活动。

　　调查法的优点是，它能在短时间内对多名员工进行调查，同时获得大量资料，并且可以对获得的资料进行量化处理，既经济又省时。调查法也有缺点，其主要缺点是员工会因为各种问题，而对管理者做出错误或虚假的回答。

　　不同的人会在团队里表现出不同的行为，经研究发现，团队成员通常会表现出四种风格：贡献者、合作者、沟通者或挑战者。每种成员的风格都会团队做出不同程度的贡献。可是，如果成员将其中一种风格走到极端，都会对自己和团队产生不利的影响。

　　当管理者组建一个团队时，通常不会对成员的能力和情况有很深的了解。尤其是对于新组建的项目团队来说，项目经理往往没有在公司里挑选成员的权利。

在这种情况，作为项目经理，面对一个完全陌生的团队，只能通过调查法来为每一名成员进行恰当的工作任命及分配。项目经理应当如何运用调查法，对成员进行快速地了解呢？

首先，管理者可以通过书面调查的方法，把自己想知道的事情通过提问的方式进行资料收集；其次，管理者可以通过面对面提问的方式，找出成员在书面资料中可能出现的漏洞；最后，管理者可以通过询问他人的方式，对团队成员有一个更加客观的了解。

团队组建一定会经过五个阶段：组建期——激荡期——规范期——执行期——休整期。激荡期也可看作各个队员的磨合期，在此阶段，管理者需要通过调查法，摸清每位成员的性格和能力。

为了让团队尽快走出磨合期，进入规范期，管理者可以多组织些团建活动，方便成员之间互相了解。在执行期，管理者需要根据成员的性格、能力和特长安排工作。对于能力弱的成员，管理者可以进行针对性的安排，让其多做练手的工作，以便尽快具备相应的能力。

提到对团队成员了如指掌、知人善用，又怎么能不提马云与"十八罗汉"的故事呢？

在马云看来，人才就是阿里巴巴的财富。将时间调回1999年，如果马云没有那17位与自己拥有共同梦想的创业伙伴，又怎么能造就今天的阿里巴巴呢？

当初，马云还只是个连技术都不懂的梦想家，但他知道，做互联网一定会成功，只要有合适的合伙人跟自己拧成一股绳，就能实现自己的梦想。

在阿里巴巴的创业初期，马云也试过搞一支"精英团队"。后来，马云通过一番调查才发现，"全明星团队"真的很难管理。因为每个人的本领都不凡，大家都觉得，自己的道理才是硬道理，自己就要坚持自己的意见。因此，在全明星团队中，每个人都是发号施令的角色，没有人充当执行者。这也让全明星团队的成员力量无法用到一处。

于是，马云通过一番调查，把目光锁定在孙彤宇这个人才上。马云凭借自己对孙彤宇的了解，知道他是一个当"军长"的料子，而且有一股不服输的拼劲儿。于是，马云这样告诉孙彤宇："像你这样的创业团队，只能当排长、连长。"

果然，孙彤宇暗下决心，带着一股不服输的劲儿想到："我现在是连长，排长，但我相信我将来时师长，军长，这是我的信念，要去超越。"

后来，孙彤宇表示："在华星时代，我们的能力和现在比相差很大，那是一个需要成长和充电的时候，大家都很用心，"孙彤宇也承认，那时的能力只能够当连长、排长。

当马云让孙彤宇出任淘宝总经理，与"eBay"进行对抗并获得成功时，大家才发现马云的调查法是多么有效，这也再次证明了马云眼光的精准。

马云对孙彤宇以及"精英团队"进行了调查法，因此得出了孙彤宇是当大将的人才，以及全明星团队效率低的结论。由此，我们也不难看出调查法在管理中的重要作用。

那么，管理者在调查成员后，又如何使成员发挥自己的价值呢？

剑桥产业培训研究部前主任贝尔宾博士经过一番试验，将团队中的成员角色分成以下九种角色：智多星、协调员、推进者、完美主义者、外交家、监督员、凝聚者、实干家、专家。

（1）智多星：这里是指有个性、有思想、不拘一格的成员。他们的特点是富有想象力，且才华横溢，知识面广。缺点是容易居功自傲，眼光过高，同时不拘小节。这类成员在团队中可以充当"军师"，提供建议，并且能对已经形成的方案提出新的看法。

（2）协调员：这里是指为人沉着冷静，有掌控局面能力的成员。他们的特点是对各种价值观和意见都能客观地包容，缺点是创造能力较弱。这类成员在团队中的作用是帮助成员划分责任，协调工作。

（3）推进者：这里是指思维敏捷、开朗的成员。他们的特点是有干劲，并随时准备向传统发起挑战。缺点是性格冲动，容易引发争端。这类成员能推动团队达成一致目标。

（4）完美主义者：这里是指勤奋认真的成员。他们的特点是追求完美，对事情持之以恒。缺点是拘泥细节，容易焦虑。这类成员能找到被忽略的细节，并且让其他成员产生紧迫感。

（5）外交家：这里是指性格热情外向，消息灵通的成员。他们的特点是勇于迎接挑战，社交人脉较广。缺点是三分钟热度。这类成员能帮助引进外部信息，并帮助团队参加磋商性质的活动。

（6）监督员：这里是指清醒理智，为人谨慎的成员。他们的特点是判断力强，分辨力强。缺点是缺乏推动他人的能力，自己也不容易被他人鼓励。这类成员在团队中的作用是分析问题，他们能把复杂的材料进行简化，并且对他人的判断和作用做出客观的评价。

（7）凝聚者：这里是指擅长人际交往、性格温和的成员。他们的特点是适应能力强，能促进团队的合作。缺点是优柔寡断。这类成员能给予他人支持，并帮助他人完成任务。

（8）实干家：这里是指性格保守、务实可靠的成员。他们的特点是组织能力强，工作勤奋，有很强的自我约束力。缺点是灵活性不够，对没把握的事情不敢做。这类成员能把任务转化成实际步骤，并且配合能力较强。

（9）专家：这里是指诚实、技术性强的成员。他们的特点是有技术，但缺点是专业领域窄，只对自己擅长的领域有研究，对其他事情兴趣不大。这类成员能为团队带去知识与技能。

高效的团队依赖于团队成员间的相互配合与默契，更要求管理者清楚自己以及其他成员在团队中扮演的角色。管理者只有调查了解团队成员的各自特征，才能让其在团队中发挥作用，才能更有针对性的知人善任。

博弈论——管理中的博弈与妥协

提到现代管理的核心职能，几乎每个职场人都知道，要最大限度地激发人的主观能动性。其中，管理者与被管理者之间的博弈，就是人主观能动性发挥的最大表现。

由于管理对象是有理性的社会人，因此，被管理者会受到复杂多变的环境影响。此外，被管理者的需求也是各种各样，因而，管理者需要对其激励与约束的方面也是多种多样。

博弈论是心理学中的著名论述，管理者将其引入管理学，就等于将心理学的论述，引进管理激励与约束机制的概念中，让管理和博弈相结合，使博弈论在管理学的应用方面有了切入点。

由于管理活动往往具备多目标、多层次的特点，因此，博弈论这种心理学论述，在管理学里的应用也比在其他领域的应用要繁杂的多。在管理中加入博弈思维，不仅切合管理的实际需要，还能对个人因素进行管理整合。

我们来看一个博弈论中的著名例子：

> 警察抓到两名入室偷窃的窃贼，窃贼A与窃贼B被分别带到两个房间审讯。警方对每一名犯罪嫌疑人都给出了相同的处罚：

如果窃贼A与窃贼B都承认了罪行，并且把赃物交出，警方就会因证据确凿把两名窃贼分别判罪，而且都判处8年。如果窃贼A或B选择认罪，而另一人选择抵赖，警方会将抵赖的罪犯加刑2年，需判处10年才能出狱，而另一名窃贼会因为有功而被减刑8年，当场释放。如果两个窃贼都抵赖，则以私闯民宅罪，各自判处1年。

对窃贼A来说，尽管他不知道窃贼B会做出什么样的选择，但他知道，不管窃贼B选择什么，"认罪"都是自己的最优选择，当然，窃贼B也是同样的心理，也会做出同样的选择。这个选择所造成的结果，就是两人都被判处8年刑罚。

管理博弈论的核心，就是最大限度地发挥员工的主观能动性，并以此来开展工作。现代管理是以人为中心的管理，一个组织内部的效率，很大程度上是取决于全体员工的共同努力。因此，激励与约束就是现代管理的核心。

提到博弈论，就不能不提到神思敏捷的马云。史玉柱就曾这样评价马云：如果他不开公司，一定是个职业围棋选手。

马云的爱好不多，但对于智慧与哲学这类事，他还是很感兴趣的。马云喜欢打太极，因为太极中蕴含了很深刻的阴阳哲学智慧，此外，马云最喜欢的事就是下围棋。根据马云好友透露，马云的围棋造诣很高。从这一点看，也足见马云对博弈论的研究颇深。

有人曾问，马云最欣赏的创业团队是哪个。马云毫不犹豫地回答，是《西游记》的唐僧的团队。

马云说："天下有一个最好的团队，我是最欣赏的，就是《西游记》里的唐僧的团队。你想想，唐僧这样的领导者没有魅力，真的没有魅力，但是他使命感很强。他就是一个目标：取经。每个单位都有这样的领导，他不一定要三头六臂，有目标就行。第2个孙悟空这样的人，优点很明确，缺点也非常明确，但是这样的人你们身边都有的。领导喜欢也是这样的人，讨厌也是这样的人，但是这样的人刚好是不可或缺的。还有一个是猪八戒，他其实很幽默，价值观其实也不错，团队里有这样的人其实也是好事了。还有一个是沙和尚，他没有什么理想，每天8小时上班，准时下班。但就是这样4个人组合在一起，'九九八十一难'后取得真经。"

其实，马云所说的"唐僧团队"，就是一个蕴含了很深的管理博弈论的好例子。

当唐僧成为"西天取经团队"的管理者时，团队的构建就显得尤为重要。

"西天取经"的目标，是10万8千里外的西天灵山。唐僧作为取经团队的经理，虽然立场坚定，但手无缚鸡之力，专业技能不强。这时候，孙悟空出现了。孙悟空作为武功高强、头脑敏捷的人物，自然在该团队中充当了"二把手"的角色。

然而，孙悟空性情暴戾、乖张，也有些看不起唐僧。怎么办？于是，唐僧从观音菩萨手中请来了"紧箍咒"。紧箍咒可以说是唐僧对孙悟空实施制约的"硬实力"，也是唐僧运用约束博弈理论的具体实践。

孙悟空的陆地功夫当然了得，但水下功夫却稍逊一筹，怎么办？于是，猪八戒就出现了。猪八戒作为曾经的天蓬元帅，水下功夫自然不错，可是他却好吃懒做，思想不到位，怎么办？沙僧出现了。于是，以后的挑担牵马、砍柴化缘、布施守援等重任，就落在了老实人沙僧身上。

一个立场坚定的管理者，带着一个武艺高强的"二把手"，一个有趣的"马屁精"，一个踏实能干的"老实人"，走上了去往西天拜佛求经的漫漫征途。

有些人会问了，唐僧的团队用到了博弈论，但是，猪八戒似乎没怎么体现博弈论的重要性，他只不过是个偷奸耍滑的马屁精罢了。

确实，很多《西游记》的观众都不喜欢猪八戒。倒不是因为他长得丑，又心里"想得美"，而是因为他是个不折不扣的马屁精。

员工讨厌马屁精，可管理者却不怎么讨厌猪八戒这样的角色。这倒不是因为管理者都好大喜功，而是因为猪八戒充当的恰恰是管理者的"软实力"。

唐僧是个性格孱弱，且胆小怕事的管理者，并且手无缚鸡之力。面对孙悟空时，他凭什么拥有管理权威？只靠紧箍咒吗？当然不可能，他需要支持，这就是猪八戒的作用了。

每当孙悟空接受不了唐僧的想法而发生争议时，猪八戒总是非常坚定地站在唐僧这一边；而当唐僧对孙悟空的行为表示怀疑时，猪八戒就能毫不犹豫地添油加醋，跟着唐僧一起诋毁大师兄。唐僧从猪八戒的身上，找到了当管理者的感觉，因此，唐僧自然更喜欢猪八戒。有猪八戒这样的"马屁精"在，其他下属就不可能合谋算计管理者，这就是博弈的"软实力"。

那么，怎样才能恰当地激励下属努力工作？这一点在博弈论中有很好的解释：如果想让对方为你付出，就必须要满足对方的需求。

什么是需求？对于饥肠辘辘的人来说，一包方便面就是需求；对于温饱不愁的人来说，名利才是需求。

孙悟空是从石头缝里蹦出来的，他最想成为仙界的一员，这也是为何当时他放弃山大王，去做弼马温的原因。于是，如果取经成功，他就能成为"斗战胜佛"；

猪八戒对功名利禄没啥兴趣，是个"吃货"。西天取经成功之后，他可以成为"净坛使者"，便可以大嘴吃八方了；

沙和尚是草根出身，在前世当了一辈子门卫，这辈子就想有个体面的工作。因此，西天取经成功后，就能够实现他的梦想，成为"金身罗汉"。

博弈论在管理心理学中是很重要的理论，对于管理者来说，掌握博弈论，就能够更好地组建出一支优质团队，更快的达成团队目标。

同理心——管理下属，首先要像下属一样思考

同理心是心理学中出现频次较多的词语。可以说，同理心是研究人们内心想法的重要工具。管理者在管理下属时，常常会觉得一头雾水，因为他们不知道员工为何会出现这样那样的心理。

其实，只要管理者站在下属的角度，用下属的思维方式进行思考，就很容易发现员工的心理活动，也就清楚员工做出该行为的原因。

同理心对管理者相当重要，要解释这个问题，我们需要先就企业中的领导力一词进行解读。领导力，就是处理各种复杂事项的能力。通常情况下，领导力需要一定的客观性，以及果断的决策能力。有很多证据都表明，同理心在领导力及管理关系中至关重要，在管理中，同理心又分为"认知同理心"和"情感同理心"。

认知同理心，指的是管理者通过创造一个舒适、友好的环境，来平衡管理者与员工间的关系。这种环境还能鼓励员工提高工作效率，又能达到让每个参与者都"双赢"的局面。此外，管理者也能体现出良好的管理能力。经研究发现，认知同理心越高的员工，其幸福感与职业满意度也就越高。

情感同理心，指的是管理者应当月员工建立相互信任、密切合作等关系。这对最大程度提高员工参与度至关重要。

我们来创造一个场景。假设一名精英员工赵奇，对其上司提出加薪要求。而管理者需要根据目前公司的情况，对赵奇说明此时加薪不太合适。

> 管理者：赵奇，听说你要找我谈加薪的事情。根据公司的政策，你还不满足加薪的条件。到了合适的时候，我们会根据员工的表现和成绩，通知员工提交加薪申请。
>
> 赵奇：哦，好，谢谢。

这一类管理者属于管理型，他们的认知同理心与情感同理心都较差，因此，他们不会抓住跟员工沟通感情的机会。他们缺乏同理心的原因有二：一个是有意识地回避，另一个是他们自私自利，只关注自己。对于这种管理者，通常会与员工有很大的隔阂。

> 管理者：听说你想加薪？毫无疑问，你是我们公司的精英员工，我也很能理解你现在缺钱的现状。但是，根据公司的规定，你还不满足加薪的条件。可是我认为你理应获得加薪。我保证，我会尽力帮你争取，这样才公平。
>
> 赵奇：谢谢您，您知道，我妻子没有工作，我们家生活比较拮据。不管您能否帮我获得加薪，我一定请您吃饭。

这一类管理者属于亲民型。他们的认知同理心低，但情感同理心很高，他们在工作中懂得与员工分享情感。但是，他们也会受到感情困扰，造成一些决定不客观。这类管理者更容易根据情绪而非事情本身来决定问题走向，也很容易产生职业倦怠，因为这种情感同理心，在一定程度上会让他们精疲力竭。

　　管理者：我对你的要求完全理解，而且，我也非常认同你要求加薪的理由。你应当获得加薪，这是毫无疑问的。但是，我看了我们公司对员工的加薪规定，你还不符合要求。让我来看看我有什么能帮你做的。我会想办法处理你的请求，我也很感谢你来跟我谈这个，因为基于你的表现，你当然有权利提出加薪。

　　赵奇：谢谢您，您知道我家里的情况，我现在真的需要很多钱。我妻子不但没有工作，而且还怀孕了，她就算找工作，也要等生完孩子才能找。

　　管理者：是啊，我完全理解，你的经历我也亲身经历过。对于这种事情，你先不要担心，我会尽我最大的努力帮助你，祝你生活顺利！

　　这一类管理者属于情感型，他们的认知同理心与情感同理心都很高。他们既能在工作中，给员工创造一个温暖友好的环境，又能跟下属建立轻松和谐的关系。然而，这类管理者有个缺点，就是可能为了解决员工的问题，而陷入无止境的沟通中。

　　他们会花大量时间，来揣摩下属和客户的思想与感受。通常情况下，这类管理者都需要一个情感同理心低的合作伙伴，来为自己执行决策。

　　管理者：对于你要求加薪的理由，我表示完全理解，也非常认同。毫无疑问，你的工作能力十分优秀，而且在这段时间内表现的很突出，我也非常高兴你今天过来找我谈话。我们先讨论一下你的加薪请求。公司会根据员工的表现予以加薪和奖金，可是，按照公司的政策，你还达不到加薪的标准，如果你能继续保持优异的表现，公司就会给你加薪，怎么样？

赵奇：谢谢您接受我的谈话并告知我公司的规章制度。我确实很需要钱，但我会继续努力，达到公司的要求，谢谢。

管理者：也谢谢你，我期待你日后会有更好地表现，因为你的工作对我们公司有很大的价值。

这一类管理者属于高效型。他们的认知同理心高，而情感同理心低，这通常是最高效的管理者所具备的。他们能为员工创造一个舒适、向上的工作环境，同时能跟员工建立融洽的关系。这类管理者会带给员工安全感，因为他说一不二，且情绪化低。在这种情况下，认知同理心高的管理者，能帮助员工提高敬业程度和工作效率。

作为一名管理者，培养认知同理心并合理控制情感同理心，是一件非常重要的事情。如果管理者能很好的控制这两种同理心，就能让员工产生"亲密感"和安全感。

在员工觉得自己被理解的前提下，他们在会继续进行高效率工作，创造高绩效团队，完成业务目标，为实现公司的目标而努力。

为了更好地达到这种效果，以下是培养同理心的一些经验：

管理者需要优先处理好自己的情绪。当管理者心情不好时，不但没有办法好好倾听员工的想法，也会给员工造成恐惧、郁闷或抵触的心情。没有哪个管理者喜欢情绪化的员工，同理，也没有哪个员工喜欢情绪化的管理者。

积极练习倾听能力。 在人际交往中，会听往往比会说更重要。只要管理者能关注员工述说的内容，就很容易识别与分析对方的情绪。当员工反复提到自己最近的窘境时，他可能是想对你说加薪的问题；当员工反复提到最近很忙时，可能要跟你请示事假等。

在心理或情感上，与员工保持适当的距离。 请管理者需要记住，对员工所说的事情，要保持适当的距离。比如，当你听到员工说他最近如何困难时，你可以说"这听起来确实是一段非常艰难的时期，难为你了"，而不是说"我真为你感到难过"。如果你说出为他难过，就证明你已经被对方的情绪感染，这就会影响到你之后的决定。

倾听对方的情绪，保留自己的情绪。 当你听到别人吐露情绪时，首先要告知对方，自己对其情绪表示理解，可是，你需要时刻记住，如果你不能很好地控制自己的悲伤感或内疚感，就会给你们带来不对等的关系。

虽然每位管理者都同意，同理心在管理者的日常管理中占了越来越重的分量。但管理者一定要明确，如果不区分同理心地对员工随意亲近，就会给自己和工作造成困扰。

管理者只有在与员工的人际沟通中，适当使用认知同理心，限制自己的情感同理心，才能在工作中营造一种高效率的环境，同时展示企业的强大愿景，以及员工的高度执行力。

手表效应：懂得取舍，明确选择

在管理学中，"手表定律"能够带给管理者一种非常直观的启发。那就是对同一个人，或者同一个团队，管理者不能同时采取两种方法进行管理，更不能同时为其设置两个不同的目标，甚至不能由两个人同时指挥一个团队，这样才不会让企业或个人感到无所适从。

一群猴子生活在森林中，它们在每天太阳升起的时候外出觅食，等太阳落山的时候就回树上休息，日子过得平淡而且很有规律。

一天，一位游客在穿越森林的时候，不小心把手表丢在了树下。这只手表被猴子"猛可"捡到了。"猛可"十分聪明，很快就搞懂了手表的用途。

于是，"猛可"凭借手表变成了整个猴群的灵魂，因为每只猴子都跑来跟"猛可"打听确切的时间。慢慢的，整个猴群的作息时间也都由"猛可"进行规划。

就这样，"猛可"在猴群中建立起威望，顺利地当上了猴王。

当了猴王的"猛可"把自己当上猴王的运气全部归结

到手表上，为了能让自己拥有更多好运，它开始在森林中四处巡查，希望能捡到更多的手表。

在"猛可"的努力下，它又捡到了第2块表，第3块表……

然而，虽然手表的数量表多，但"猛可"却遇到了新麻烦：因为每块手表的时间都不尽相同，"猛可"也无法判断，到底哪个才是确切的时间。

等到下属来询问时间的时候，"猛可"总是支支吾吾地回答不上来，于是，整个猴群的作息时间都变得混乱起来。过了一段时间，"猛可"的下属们把他从猴王的宝座上赶了下来，"猛可"的手表们也被新的猴王据为己有。

但很快，新猴王也面临着跟"猛可"一样的困惑……

这就是著名的"手表定律"：当你只有一只手表时，你能够知道时间；可你拥有两只或更多的手表时，却无法确定现在究竟是几点。因此，手表数量的增加，并不能告诉人们更准确的时间，反而还会让看表的人，对准确的时间失去信心。

如果企业管理者在一个团队中选出两名主管，就会造成团队的内部分化，团队成员也会拉帮结派，反而对团队的管理不利。

有些企业管理者，会把两个优秀团队进行强强联合。这时候，两个团队原来的主管就会出现在同一个团队中。在做决策的时候，两个团队还会按照以前的套路进行。如此一来，新整合的团队失去了"强强联合"的意义。

在这方面，有一个典型的失败案例，就是美国在线与时代华纳的合并。两家企业在并购后，经营状况却出现急转直下的情况，最

后落得惨淡收场。因此，美国在线和时代华纳的并购也被业内称作
"有史以来最糟糕的合并案"。

　　在美国在线与时代华纳合并之初，不少人都觉得这项
举措极为明智，甚至担心自己的公司会因为两家巨头的合
并而被甩在后面。

　　在那个年代，互联网公司就是各个行业的龙头，而
美国在线又是互联网公司中的龙头，其一举一动在大家看
来都是对的。美国在线公司的市值极高，在一大批盼望大
赚一笔的投资者的追捧下，美国在线甚至超过了许多蓝
筹股。

　　在与时代华纳的合并机会出现之前，史蒂夫·凯
斯——时任美国在线首席执行官，已经四处寻找并购目
标了。

　　再看时代华纳，它在此次合并前，曾经迫切地渴望
开展网络业务，但其行动均以失败告终。此时，美国在线
的并购消息就像一条从天而降的机会，对时代华纳很具吸
引力。

　　时代华纳能通过美国在线，获得1000万的新用户；美
国在线也能使用时代华纳的有线电视网络及内容，作为自
己提供用户的回报。可以说，这场并购是颇具"革命性"
的。

　　然而，美国在线与时代华纳两家公司从最初的文化整
合方面就存在问题。尽管参与合并的律师，以及其他专业
人士都在数据方面进行了按部就班地调查，但显然，他们

的尽职尽责还不足以让他们重视文化方面的工作。

在时代华纳的人员来看，这些美国在线的同事雄心勃勃，而且很多人看上去都很自大。这让较为保守且组织性更强的时代华纳同事"吓了一跳"。就这样，双方的互不尊重，互相挑衅成为了不和的导火索。因此，两家企业的合作，以及双方预期的协同效应都没能实现。

在美国在线与时代华纳完成合并的几个月后，互联网泡沫就宣告破裂，一时间，经济陷入了极大衰退，广告收入也随之化为泡影。

2002年，美国在线不得不注销了将近990亿美元的商誉减值损失，即便是见惯世面的《华尔街日报》记者，也觉得这是件令人瞠目结舌的事。美国在线的订阅用户开始流失，导致订阅收入不断下降。

最后，美国在线的市值从2260亿美元跌落至200亿美元。

从美国在线和时代华纳的企业文化来看，美国在线还是个很年轻的互联网公司，其企业文化也以操作灵活、决策迅速为主，这也符合"一切为快速抢占市场"的目标服务；时代华纳是一家经过长期发展的企业，其企业文化强调组织性与诚信之道。

在两家企业合并后，双方的管理层却没有很好地解决两家企业的文化价值冲突，这也让双方的员工对企业未来的发展方向一头雾水。最终，美国在线与时代华纳的"世纪联姻"宣告失败。这也说明：管理者要想搞清楚时间，采用一块走时准确的表足矣。

因为两块表并不能告诉你更准确的时间，相反，它只会对你产生迷惑。你需要做的，就是从两块表中选择一块更加信赖的，然后尽量对其进行校准，并以此作为日后的准则，听从它的指引行事即可。

尼采曾说："如果你足够幸运，那你只要有一种道德即可。不要贪多，这样你过桥会更容易些。"（这句话出处不严谨，尼采没有说过）这也说明有太多人被"两只表"弄得无所适从，甚至心力交瘁，这是管理学上的大忌。

那么，管理者在企业管理过程中，如何运用"手表效应"带来的启示呢？

（1）管理者不能给下属同时设置两个及以上的不同目标。这样就会造成目标不清晰，可能导致两个目标哪个都完成不好。

（2）管理者不能向同一名员工，同时施加两种不同的价值观。否则，员工就会陷入混乱。同理，同一名员工，不能由两个或两个以上的人同时指挥，否则员工就会无所适从。

（3）对于一个企业或团队而言，选择两种不同的管理方法是管理大忌。这样会导致企业无法发展。

（4）当管理者面临"多块手表"的选择时，应当果断地扔掉"多余的手表"。也就是说，管理者在管理过程中只能选择一个导向。

"手表效应"的应用要诀，就是明确目标、懂得取舍，不要被更多的选择迷惑。

第三章

管理关系中的角色扮演

——小心，你可能成为下属的"下属"

明确角色定位，用行动固化角色

不管是什么类型的团队，都会有性格不同的员工。每个人的性格都不同，擅长的东西也不一样。不同性格的员工，在团队中会起到不同的影响。

性格不是一天、两天才形成的，即便是即时性格，也是由多种原因引起的。这些原因既有生活上的，也有工作上的。

虽然在多数情况下，员工不会主动引发争端，但他们可能会因为恃才傲物、性格孤僻，不屑、不愿与一些"凡夫俗子"共事，往往会给团队内部带来一些消极的影响。

这时候，管理者明确每位员工的性格和定位就很重要了。作为管理者，实在不必强迫自己去为员工改变性格与能力，因为性格与能力是短时间内很难改变的。管理者只能对他们多上心，让他们从心里接受自己，这样才能控制团队的整体行动。

有些员工性格冷傲，但有真才实学；有些员工能力很差，却自命不凡；有些员工性格开朗温和，但对专业技巧不甚了解；有些员工喜欢独来独往，不愿意与他人共事。

这些都是员工的角色定位，管理者必须明确属下的角色定位是什么，只有这样，才能让他们在正确的位置上物尽其用，人尽其才。

那么，管理者应当如何明确员工的定位呢？要知道，人类在情感上获得满足的途径主要有四种，即家庭、恋爱、朋友与社会。一个人的性格在很大程度上，都取决于他与这四方面的关系是怎样的。

如果一个人能力不错，但性格孤僻，大多是因为家庭原因；如果一个人能力一般，但性格温和开朗，可能是朋友原因。总之，管理者需要对员工的心理特点进行把握，这是管理者创造彼此间良好交往氛围的前提条件。

只要管理者对下属的心理有所了解，同时不压制他们的想法，而是巧妙地利用他们各自的性格和能力为不同的工作所用，管理者就会获得一支优秀的团队。

就像IBM公司的总裁沃森用人的特点一样，管理者就应该以才能为用人的主要标准。

一天，一位火气冲天的中年人闯进沃森的办公室，他一进门就大声喊叫着："我在公司还有什么希望！销售总经理的差事丢了，我现在整日干闲人才做的闲差，这还有什么劲儿？"

这位中年人叫伯肯斯托克，他不但是刚刚去世不久的IBM公司二把手柯克的挚友，而且是IBM公司"未来需求部"的负责人。

伯肯斯托克之所以跑到沃森的办公室大发雷霆，是因为柯克与沃森是对手，因此伯肯斯托克认定，只要柯克一死，沃森绝对会"收拾"他。所以，伯肯斯托克决定破罐子破摔，与沃森大吵一番就辞职。

IBM公司的人都知道，沃森的脾气也是出了名的火爆，可面对故意找茬儿的伯肯斯托克，沃森却并没有发火，因为他了解伯肯斯托克的心理。

沃森从心底认定，伯肯斯托克是个难得的人才，他对伯肯斯托克的评价，甚至比刚去世的柯克还要高。虽然伯肯斯托克是已故对手的手下，而且性格又火爆桀骜，但为了IBM公司的前途，沃森还是决定挽留他。

沃森对伯肯斯托克说到："如果你真是个人才，那你在柯克手下行，在我手下也能行。如果你觉得我会针对你，那你就走人。我觉得你应该留下，毕竟这里有更多的机遇。"

后来，无数事实都证明公司把伯肯斯托克挽留下来是极其正确的决策。伯肯斯托克在促使IBM做起计算机生意方面做出了最多的贡献。当沃森竭尽全力劝说IBM公司其他高级负责人尽快投入计算机行业时，只有伯肯斯托克和很少的几名高级负责人响应。正是由于他俩的共同努力，才让IBM公司免遭灭顶之灾，走向更为辉煌的成功之路。

沃森在自己的回忆录中说过这样一句话："我这一辈子，做过最出色的行动之一，就是在柯克死后挽留伯肯斯托克。"

除了伯肯斯托克外，沃森还提拔了一批性格或火爆或桀骜，但却有真才实学的人。沃森说："对于我不喜欢的人，我总能毫不犹豫地予以提拔，即便他们看上去是那么的桀骜不驯。"

就像例子中的沃森一样，虽然他从个人的角度上很不喜欢桀骜不驯的员工，但为了公司，为了挽留人才，他不会凭借个人的情绪做决定。他明白员工的角色定位，能用行动固化员工的角色定位，把他们放到对公司最有价值的地方。

从管理者的角度看，如果下属过于迎合自己，才是管理中的陷阱。这类人通常角色定位不明确，能力不出众，与员工的磨合也不乐观。在你需要意见或建议时，这类员工也只会溜须拍马，没有建设性的意见。

相反，一些言尖刻，性格孤僻却精明能干的员工，才是你应当推心置腹的下属。他们的角色定位很明确，只要把他们放在合适的工作岗位上，就能让你的团队取得无限成就。

管理是一门艺术，明确角色定位，并采用科学地方式对员工进行管理，这样才能让管理者更有效的控制团队。

团队需要有创意有智慧的人才，也需要那些"老黄牛"式的员工，管理者只有把他们放在正确的位置上，才能让所有人共同配合，把工作做好。

如果管理者只凭喜好，把性格开朗外向，却做事不太勤勉的人派到"老黄牛"岗位，又把性格桀骜孤僻的人派去社交，再让不喜张扬、做事踏实却能力不足的人去搞科研开发，那这个团队就会被搞得一团糟。

有些管理者不喜欢"老黄牛"式的员工，想让自己的团队充满攻坚精英，这样的结果往往都不太好。绝大部分精英的性格都不太合群，也不太能听取其他人的意见，更不愿听从其他精英的安排。

如果一个团队中，所有人都是精英角色，就会造成发号施令的太多，真正办事的太少。有时候，管理者甚至会被精英当成"老黄牛"，这样的团队效率太低。

当然，管理者对于被定位成"老黄牛"的员工，也要适时加以安抚。虽然不少员工的能力不够，但他们做事勤勉、听从安排，如果管理者因他们默默无闻就忽略他们，也会造成"老黄牛"的心里不平衡，继而影响整体效率。

要知道，"老黄牛"式的员工虽然平时一声不吭，可他们也同样拥有想法，也对管理者有不同的看法，也能为团队提出建设性的意见。因此，管理者不仅要明确"老黄牛"员工的角色定位，还要通过行动固化这类员工的角色行为，让他们心甘情愿地为团队做贡献。

对于"老黄牛"式的员工来说，他们需要管理者发薪水，也需要管理者讲理、讲情。毕竟团队不是辩论台，管理者需要在"老黄牛"爆发冲突之前，用心解读他们的心理，引导他们的角色定位，从而做到更好地管理。

企业管理的核心问题，说到底就是效率问题。管理者需要考虑的是如何在单位时间内，让员工有更高的产出。这一切都需要在这样的前提下展开，那就是员工必须知道自己要做什么。员工只有明确自己的指责，才能向着这个目标，做自己应该做的事。

决定这些的因素，就是员工所处的岗位以及角色的定位。

如果管理者不能让员工理解自己的岗位与角色，员工就会在工作中出于迷茫甚至无所事事的状态。如果员工的角色定位不清晰，其权责也会不分明。如果出了事情，就会出现互相推诿、推卸责任的情况。

如果不能明确员工的角色，管理者就无法提高岗位效率。只有明确员工的角色定位，才能让管理者更好地理解员工，从而让员工们发挥更大的作用。

授权，稳固角色的最好方法

没有哪个项目是只靠一个人的力量就能完成的，也没有哪个公司是只靠一个人就能运转的。如果一个公司只有管理者，没有执行者，那这个公司就是空壳公司，毫无价值。

那么，管理者如何让员工高效率地完成任务呢？最重要的一点，就是要学会适当授权。当然，授权是稳固角色的最好方法，但也要有章可循。如果只是随意授权，或人人都授权，就会造成"权"的身价变低，反而起不到什么效用。

那么，管理者应当如何授权呢？

首先，管理者要选好授权对象。选择正确的授权对象，就是成功授权的关键一步。在授权对象的选择上，管理者应当把眼光放在品德好、有能力的人身上。

这就要求管理者在对员工进行授权之前，先对被授权对象进行一系列认真细致地考察，包括被授权对象的性格、专长和缺点等，这些都是管理者的考察对象。

其次，管理者应当明确目标。在确定完授权对象后，管理者一定要让被授权的员工明确自己的角色，了解自己的目标，并且要让被授权的员工拟出一份具体如何达成目标的计划。这样一来，管理者就不用严格监督每一名员工，只需在必要时，对授权对象予以指导即可。

最后，管理者应当明确授权不授责。在管理者把权力放给被授权的员工时，管理者也必须要给予他完成任务所需要的各种资源，比如经费、员工及信息等。但管理者需要明确，当你把权力下放时，并不意味着任务的成败都与你无关。

管理者永远是最终责任者，管理者要分清并不是下放的任务都与你无关，而且，也有一部分不能授权的事情，是不能被别人代劳的。比如人事问题、绩效考核等一些机密的工作。有不少大企业的管理者，都是因为深谙授权的好处，才将事业越做越大。

与打着"天天低价"旗号的"沃尔玛"相比，全食超市给人的印象却是"天价食品"。全食超市的噱头就是经营有机食品，其有机商品价格之高，甚至一度被冠以"全薪光"的称号。

然而，高昂的价格并没有影响全食超市受到大众青睐的事实。根据资料显示，在《财富》杂志评选出的"最受赞赏公司"全球明星排行榜中，全食超市几乎是年年中榜。这样的好成绩，也和全食超市CEO约翰·麦基独特的经营理念分不开。

> 全食超市CEO约翰·麦基的管理逻辑很简单：只要员工满意，就会做到让消费者满意；只要消费者满意，就会让全食超市带来品牌忠诚；只要品牌和口碑都达到了标准，就符合股东长期的利益。

> 在约翰·麦基看来，充分授权就是让员工满意的最好的方法，给员工充分授权，就是赋予员工充分的自由度。比如全食超市的连锁店，店长是有权力自行采购并装修店面的。

比如，全食超市的地区经理，能够根据当地的风格自行设计店面，也有权根据当地的消费者喜好自行采购食材，并自主决定商品的库存比例。

这样一来，全食超市每家店铺都会有两成到5成的商品，是不会跟其他连锁店重复的。

这跟沃尔玛等大型连锁超市"集中采购""统一配送"的模式是不同的。沃尔玛为了维护"天天低价"的旗号，降低成本与规模经济是不可避免的，而统一采购和配送则是连锁经营企业最为常见的策略。

但全食超市似乎反其道而行之，尽管约翰·麦基知道，自己的放权行为可能会导致管理成本的增加，但与此同时，全食超市也提升了顾客价值。

为了确保授权能充分实施，约翰·麦基还制定了3级分类决策。

约翰·麦基认为，决策应该由最接近实施层面的人来进行，在他看来，决策"应当与受影响的人有直接关系，同时排除与其不相关的人"，如此一来，才能让决策者与实施者的意志一致，才能确保决策的有效性。

全食超市可以说是反传统"科层制"管理的典范，也为大企业提供了扁平化分布式决策链的经验。约翰·麦基将决策分为3种：一致性决策、咨询型决策以及指挥与控制性决策。

一致性决策是和部门所有员工的利益都密切相关的决策，这种决策方式遵循3分之2通过的原则，通常用于招聘新人。

大部分情况都是咨询型决策，需要由高级管理层协商决定。

指挥与控制性决策通常适用于时间有限，或必须由管理者亲自出马的情况，但据约翰·麦基说，这种情况很少见。

要进入全食超市并不是件容易的事，跟一般企业的招聘程序不同，全食超市在招聘时，通常会让与候选人有关的员工们，对其进行投票表决，只有3分之2的同意率，候选人才能留下来。

这就是约翰·麦基下放权利的表现，通过投票选举，既能确保团队凝聚力，又能从最开始的阶段，排除掉不适合的人。

全食超市一向是反传统"科层制"管理的经典案例，其授权管理模式也在我国被广泛传播。全食超市的反传统，就在于其决策链不再是自上而下，而是由上往下的"正三角"模式。

那么，管理者授权的4个要素是什么？就是目的、权力、热情和奖励。

目的，就是让员工通过认清部门目标，以及上级的价值准则和政策，来了解管理者授权给自己的目的。在员工眼里，部门应当是值得信赖的，是公正的，而且要始终如一，这才是管理者所要达到的授权目的。

权力，就是要强调知识的重要性，其中包括专业知识、职业技能和学习能力等。除此之外，权力还包括授权人在授权范围内所做决策的效果，这些都是与决策的可接受性密切相关。

热情，就是让接受授权的员工，要对工作依旧保持热情，并且拥有随时接受挑战的勇气。在管理者进行授权前，需要现在公司里选择这样的员工作为授权对象，同时，要尽量在工作中，将激情和权力一同交到被授权者手里。

奖励，其实，授权这件事的本身就是一种奖励。当员工取得成功后，管理者对其下放一部分权力，这样论功行赏的行为，既能表扬做出成绩的员工，又能对其他员工树立榜样与激励。

当然，授权也会产生一系列问题。比如在授权过程中，管理者把全部权力都下放给员工，或被授权人不接受权力等。面对这种权力失控的局面，管理者又该怎么做呢？其实，早在管理者放权之前，就应该对这个问题加以了解，否则就会让精力与机会白白浪费。

说完授权的问题，我们来看管理者正确授权的好处：

正确授权不仅能让管理者的负担减轻，还能让管理者集中精力处理其他更重要的问题；正确授权是管理者对下属能力的欣赏与信任的表现，也能让下属的创造力得以充分发挥；正确授权能调动下属的积极性，赋予其一定权力也满足了下属对于职业发展的需求。

此外，正确授权有利于管理者发现人才、选拔人才、培养人才；正确授权有利于管理者构建团队，有利于成员间取长补短，提高整体能力；正确授权能避免管理者专权决断，降低其错误决策的风险，甚至减少错误决策所造成的损失。

授权与反授权，不要成为员工的"下属"

管理者经常能听到这样一句话，"避免被逆授权"。这里的逆授权又被称为"反授权"，也就是被授权人，再接受授权之后，又将事情推回给授权者。也就是说，被授权人在该处理问题时，又把球踢回给授权者了。

比如说，管理者授权给一个员工，叫他去为自己办一件事。当员工获得权力，并执行任务时，突然发现遇到了问题，于是，他连想都没想，就直接去找管理者解决。这种情况就是反授权。

很多管理者在碰到这种问题时，都会将解决办法教给员工，甚至有的管理者会直接把这件事解决好。可是，如果什么问题都要靠管理者解决，那将权力授权出去又有什么意义呢？

在具体操作的过程中，如果被授权的员工遇到问题要求管理者解决，管理者就可以反问下属"你觉得应该怎么办？"如果管理者只是把事情包揽下来，替下属解决，那管理者就会被活活累死，而且会成为员工的"下属"。

反向授权，就必然会导致管理的失败。这就如同把金字塔倒转过来，由员工对管理者进行授权。

如果我们把被授权员工在工作中遇到的问题，形象地比喻成"猴子"的话，那在现实工作中，"猴子"就会经常在员工和管理者之间跳来跳去。

当猴子被员工扔到管理者这边，就证明员工是个喜欢逃避问题、懒得动脑的人。如果管理者不杜绝这种现象，甚至喂养"猴子"，那日后的饲养工作也都是管理者一人的事情了。

> 某食品公司在月初进行上个月的销售工作总结，老总直接去了销售部的办公室。三名销售部经理依次向他汇报情况。
>
> 销售经理丁芃说道："上个月，我跑了好几家终端渠道……"
>
> "等等"，老总皱着眉头说道，"你手下不是有几个刚升为主管的销售人员吗，为什么是你亲自走访？"
>
> 丁芃解释道："他们几个刚升职，在业务上还有些问题不知道怎么处理，于是来向我请教。因此，我就亲自走访了几家销售终端……"
>
> 等丁芃汇报完毕后，另一位销售部经理邢方说道："我发现，我们产品的品牌能力不够，在很多地方，都只认当地的品牌，不认可外来的品牌，我们是不是要增加广告成本，对产品进行宣传？"
>
> 老总皱着眉头，没有说话。
>
> 最后一位销售部经理马舰说道："我们部门定下的销售额是1000万，但我发现，我们部这个月很难完成目标。其他员工能力比较弱，业务还是靠我们几个跑，而且还要加上他们本应做的工作，实在是难上加难。"
>
> 老总正要说话，邢方手下的员工进来了："邢经理，

你安排的事情我做了。可这件事的难度实在很大，我搞不定，你看怎么办？"

邢方看着老总，老总没说话。

邢方说道："你再尝试一下，实在不行，等我手上的事情忙完，我教你做。"

员工答应着正要出去，老总开了口："等等，这件事你自己做，如果你觉得自己胜任不了，你可以提出来，我们另选能够胜任的员工。"

员工沉默了一会儿，说道："好的，我一定做好！"

不多时，马舰手下一位员工也敲门进来，在跟老总和几位经理打过招呼后，他张口便说："马经理，我们又有了一个新问题……"

马舰还没接话，老总直接打断了他："是你有问题，还是你跟马舰都有问题？"

员工愣了一下，说道："……是我有问题。"

老总说道："如果你有问题，就不要在心理上连带着马舰，这种越俎代庖的行为是被授权员工最忌讳的问题。他可以为你解答，但你至少要列出3点提议后，再拿着方案来问他！"

员工答应着出去了，不一会儿，丁芃手下的员工也进来了："丁经理，前两天跟您说的那个事，您想好怎么做了吗？"

老总一皱眉："丁经理交给你的事，你问丁经理应该怎么做？是你在管理丁经理吗？"

员工一边道歉，一边走出了办公室。

例子中的3位经理，就是典型被"反授权"的例子。他们的下属分别给他们出了难题。

我们先看邢方的员工，当这位员工反过来问邢方"怎么办"时，就是在进行"反授权"。

如果邢方回答了"怎么办"的内容，就意味着邢方接受了反授权。以后，邢方就会成为这名员工的免费助理，日后就会被他牵着鼻子走，处理那些本该由员工处理的问题。

如此一来，不但会让管理者的工作被动，还会养成员工的依赖心理和偷懒心理，管理者一边忙着应付下属，一边忙着本职工作，下属则在一边拿着工资与授权闲得发慌，上下两级都失职。

如果邢方不杜绝这种现象，让员工养成了习惯，就会发现自己越来越累，时间也越来越少，事务却多的应接不暇，变成真正的"救火队长"。

在遇到这种情况时，管理者应当拍案而起，对员工说："你搞不定？你要是没这个能力就回一线吧，你的位置我另外找人。"

我们再来看马舰的员工，他试图在心理上给马舰造成一个暗示"我的问题就是你的问题，你有义务给我解决"。这是非常高明的员工，如果管理者上了当，就一定会帮他解决问题，否则就是影响自己的绩效。

最后，我们来看丁芃的员工。这位员工不仅问"怎么办"，还追在管理者的屁股后面检查进度，真正把管理者当成了下属。

这种员工将问题抛给了管理者，让管理者疲于应付，而自己则逍遥地当起了监工。

对于所有"反授权"的下属，其目的只有两个：第一，是寻求答案；第二，推卸责任。因此，不管是出于哪种目的，只要下属无法直接提供结果，对于管理者而言，最好的办法就是让下属提供3个及以上的解决方案，管理者择优而用。

对于员工的"反授权"行为，这里有几点给管理者的建议：

首先，对主管人士进行追责。管理者需要直接与主管谈话，并向其询问岗位职责。如果主管人员连自己的岗位职责都无法解释清楚，那这样的员工也不必再留。

其次，对既定绩效方案进行反思。如果主管给出的绩效考核是无效的，只是走个形式罢了，那还不如重新制定一个，这样也能给主管以警示。

再次，对奖惩方案进行更新。在新设计的奖惩考核方案中，需要特别标明连带责任制度，如果主管不能完成指标，也要跟基层员工一样担负责任。

最后，对目标和任务进行分解。公司对目标和任务进行层层分解，就是让每个人都有各自的责任和目标，管理者要让主管明确一点，那就是公司不养闲人。

管理者学会"反授权"是十分必要的，否则很容易被员工牵着鼻子走。如此一来，也就失去了授权的原本意义。

头羊效应，管理者要学会利用从众心理

从众心理，指的是群体由于引导或压力，使个人的行为朝着与大部分人一致的方向发生改变的现象。从众心理在管理学上说，也就是人们通常说的"随大流心理"或"头羊效应"。

"头羊效应"可以说是人类共有的心理，其本意如下：

羊群是一种很散乱的集体，它们不懂团队分配，平日里就只会盲目地横冲直撞。当一只头羊发现一片肥沃的青草地，并在那里吃到鲜美的青草后，其他羊就会闭着眼睛跟上来，毫无思考能力和警惕之心。

它们眼中只有头羊和被头羊啃过的青草，完全不顾草地旁边慢慢逼近的狼群，也看不到旁边更肥沃鲜美的青草。

实际上，"头羊效应"就是一种跟风行为，如果盲目地跟从领军者，就很容易陷入骗局，造成失败。

不管是经济学、管理学还是心理学，大部分学者都对"头羊效应"持否定态度。其实，我们应当学会对"头羊效应"进行辩证地理解。

在管理学中，有不少企业在前期因为信息短缺，都是通过模仿别人而取得了很大的进步。在刚构建团队时，一些缺乏判断力的管理者也可以使用优秀团队的经验进行管理。

人们常说，"木秀于林，风必摧之"。

在管理学中，团队内部一些违规的成员就像"秀木"——当然，这里的秀木并非是优秀的树木，而是十分扎眼的树木——而团队的规章制度，就是摧毁秀木的"风"。

当团队中所有的成员都严格遵守规章制度时，想必"出头鸟"也不敢违规。因为他知道，团队里没人站在他那边，他注定是孤立无援的。如果他的行为太过火，违背了其他成员的意志，就会受到"风"的强烈攻击。

这也就是说，从个人的角度看，一个人若想有更好的发展，就必须在某种程度上迎合主流社会的导向。一个人只有顺应团队，才能在团队中得到生存和发展。当一个人与团队格格不入时，他就会被团队孤立。

某公司管理者新组建了一支团队，并请自己的好友担任团队里的"头羊"。团队的其他成员不知道身边的这个人是高管的好友，只觉得这个人能力很强，因此做什么事时都愿意效仿他。

一日，管理者带领团队攻坚一个项目，他问团队成员们都有什么想法。团队里大部分成员都从未有过做项目的经验，于是，他们纷纷看向"头羊"，想知道这种情况下他是怎么做的。

只见"头羊"拿出平板电脑，开始在网上搜索项目的相关信息，以及其他公司的情况。于是，团队成员也纷纷拿出平板电脑，开始热火朝天地收集起资料来。

不多时，"头羊"和成员们都整理好了资料。管理者问道："你们都有什么建议吗？"

几个成员面面相觑，又把目光投向了"头羊"。

"头羊"没有说话，于是，团队的另一名成员开了口，提出了方案A。

大家都觉得方案A还不错，管理者也点了点头，继续问道："还有其他方案吗？大家可以畅所欲言。"

这时，"头羊"整理了一下资料和思路，然后慢条斯理地说出了自己的方案B，管理者也对这个方案频频点头。

听到"头羊"的方案后，很多成员都表示更加认同方案B的计划，即便他们连计划的一些细节都没有听懂。

"应该是方案B更好吧？"

"我也觉得方案B不错。"

"那我们都选方案B吧。"

就这样，连之前提出方案的员工也认为方案B更好，于是，团队成员开始拧成一股绳，开始讨论方案B的具体实施细节。

在例子中，团队成员一共用到了两种从众心理，分别是"信息性从众"和"规范性从众"。

"信息性从众"，指的是当你面对一个陌生环境，或者面对一个新鲜事物，而又不知道该怎么做时，你通常会采取观察别人的做法，然后跟着做出相同的方式。

"规范性从众"，指的是人们感受到一种压力，这种压力是来源于群体中的。为了不让自己被群体排斥，人们会自发地选择与大多数人或"头羊"保持一致。

就像一个问题的答案有3种选项，分别是甲、乙、丙。虽然大多数人都能看出，乙才是这道题的正确答案。但如果团队里有一个"学霸"说：我觉得问题的答案好像是甲……那么，团队里大部分人都会出现这种情况：

"好像真的是甲！"

"啊，我算出来了，结果就是甲！"

"让我好好想一想，嗯，没错，就是甲！"

"真的是甲！"

"虽然我不确定，但学霸和大家都说是甲，那就选甲吧。"

这时候，几乎确定乙就是正确答案的人，也会因为群体压力，而被迫选择甲来保持一致性。

有时，从众心理是个人维护良好人际关系，避免与他人发生冲突的好方法，也是个人增强自我安全感的一种手段。况且，从众心理对管理者来说实在不是件坏事。

首先，从众心理可以很好地增强团队的集体意识。管理者只需要在团队中选出一个颇有能力，也颇有人缘的"头羊"，就能让团队产生新的思维方法。团队成员都会向"头羊"靠拢，大家交流互补，努力争先。

即便团队里有一些不自觉的后进者，也会因为从众心理，改变自己原有的观念与行为，让自己能够符合团队的目标。

一般来说，团队成员的规模越大，采取一致性意见或一致性行为的人就会越多。而采取其他意见的个体，就会受到很大的压力，也就更容易产生从众心理。

比如当你去看一场音乐会，音乐结束，前排观众站起来鼓掌后，其他观众也会陆陆续续站起来鼓掌，最后，你身边的人都站起来鼓掌了，你还会坐在椅子上稳如泰山吗？

再比如，当你去看一场足球赛时，其实你对足球并不太喜欢，可一个狂热的球迷站起来大声为自己心仪的球员助威呐喊时，其他球迷的心也会被激发，然后纷纷狂热地呐喊。这时候，你还能静静地坐在那里看比赛吗？

其次，从众心理更让团队成员更集中地达成团队任务及目标。当今社会是竞争、挑战与机遇并存的社会，只要团队成员紧跟头羊，至少不会出现拖后腿的情况。从众心理能让成员们适当地发挥集体力量，达到更好的效果。

这就是从众心理所带来的凝聚力效果。在团队合作中，成员都会有意识地得出一个最佳方案，形成一个统一目标。而从众心理会帮助这种目标的制定，一些持有其他意见的人，也会受到气氛的感染，从而把"决定哪个方案"转变到"如何实施这个方案"上。

最后，从众心理有利于培养团队成员良好的作风及习惯。管理者只要善于运用从众心理，在团队或企业中树立几个"典型"。那么，员工就会不自觉地被身边的"典型"所带动。如果一部分人都选择紧跟"典型"的脚步，就会让另一部分人也产生从众心理，继而全团队、全企业的人都会投身到积极的工作中。

其实，从众心理并不一定是坏事，尤其是"信息性从众"。当管理者在管理团队时，不妨运用从众心理，让成员跟随"头羊"的行为，这也不失为一种恰当的策略。

忙碌的管理者不一定是优秀的管理者

　　管理者经常对员工说："不要让自己闲下来。"但对于管理者本身，忙碌的管理者，却不一定是好的管理者。

　　有人奇怪，身为管理者，难道辛苦点、忙碌点是错吗？是的。因为一个有效率的管理者，应当把主要的精力放在更重要的地方。

　　优秀的管理者懂得给自己定下需要优先考虑的重点内容，并依照重点优先原则进行管理。他们会把琐碎繁杂的小事交给下属完成，自己只需学会用人、懂得用人即可。

　　如果一名管理者每天都很忙，那必定是一个不懂用人的管理者。这样的管理者"事无巨细"都要"事必躬亲"，这样必然会浪费自己的宝贵时间和精力，还有可能对员工的积极性和责任感进行挫伤，反过来也会加重自己的负担。

　　总之，有条不紊地办事，才是管理者的管理艺术。

　　卓越的管理者，总会恪守"要事为先"的原则。因此，不管他们手下的公司是价值数十亿数百亿美元的大财团，还是一些小公司甚至小团队，他们都懂得应该如何用人，如何经营。相反，有些管理者不懂得优先次序，也不懂得知人善任，就只会把自己活活累死。

　　那么，为什么有的管理者每天都把自己搞得很忙呢？原因主要有以下3点：

首先，管理者想当然地认为，取得成就的形式就是忙碌。他们忽略了这一点——其实忙碌并不等同于生产力，忙碌也不等同于成就。

其次，不懂得安排优先次序的管理者，是一个无法进行超前思考的管理者。他们不明白什么才是管理者最重要的任务，也不知道下一步应当做什么，甚至不会把事情放在全局的角度来看。这样的管理者是无法进行管理工作的。

最后，管理者把自己的思想局限在了狭小的空间里。他们不愿或不敢按照优先次序进行工作，因为他们不想做发号施令的角色，只想当个"实干家"。

经理人兼作家的马克斯·德普雷说过，"管理者的首要责任就是定义现实。"这就体现了优先次序法则的重要性。

尽管有时候，管理者的决策不受员工欢迎，但管理者依然有责任按照"优先次序法则"对员工进行管理。在这一点上，通用电气的杰克·韦尔奇很有发言权。

在杰克·韦尔奇接管公司的几个月后，他就在通用电气开展了著名的"硬件革命"。这场革命彻底改变了通用电气公司的整体结构及重点。

杰克·韦尔奇说："对GE（通用电气）这几百项业务和生产线来说，我们采用了单一的评价法，那就是——它们是否能占据全球市场的第1位，或至少占到第2位。在GE所经营的348项业务中，我们会把无法达到前两名的业务进行关闭，同时把另外的全部脱手。在这番拍卖后，GE就能获得100亿美元。GE的管理者可以将100亿美元，投给公司优选的业务中，同时购入一些相关企业，对GE的优选业务进行强化。在1989年，通用电气精简到只有14项世界级的业务，还有少量的后援企业。可是，由这14项业务组成的事业部，是GE最为坚强的实力，甚至在90年代的世界市场中独占鳌头。"

在很多人严重，杰克·韦尔奇都不是一个受欢迎的人，但他在管理方面的能力确实是行之有效，堪称艺术。

杰克·韦尔奇对通用电气公司的优先事物进行了重新安排，并且凭借自己优秀的领导能力，以及专注的管理精神，为通用电气公司做出了巨大贡献。

在杰克·韦尔奇的任期内，通用电气公司就已经有4次派股。而且在他退休的时候，通用电气的每股市价已经达到了80美元之多。《财富》杂志也将通用电气公司评为"全美最令人羡慕的公司"，同时，通用电气还成为了全球最具价值的公司。

韦尔奇说："在评估优先事项时，我常用的指导原则就是'3R法则'。我的3R法则是：必须要做的分内之事（requirement）、回报效益高之事（return）以及高回报之事情（reward）。在我看来，任何优秀的管理者，都需要根据'3R法则'安排他们的优先事项。"

通用电气能取得这样的成就，是因为韦尔奇擅长在管理中运用要事为先的法则。

韦尔奇不认为"忙碌"等于"成就"，只有专注于真正重要的事项时，才能取得真正的成功。

除了杰克·韦尔奇的"3R法则"外，帕累托原理（即二八法则）也是管理者经常使用的指导原则之一。

帕累托原理的重点是：管理者需要在所有任务中，把时间和精力集中在最重要的20%上，如此一来，管理者就可以获得80%的回报甚至更多；如果管理者把时间和精力，都浪费在80%的琐碎杂事上，就只能收获20%的回报甚至更少。

那么，管理者应当如何进行管理工作，才能取得事半功倍的效果呢？

首先，管理者必须明确，什么才是自己分内的事。 在生活中，每个人都需要对重要的人士负责，比如我们的父母、子女及配偶。同样，在工作中，每位管理者都应该向某位上司，或者某个机构负责，比如老板、股东和团队。因此，管理者的"优先次序表"，就是以你必须亲自做的事情为主，其他琐碎小事，你需要交给下属，因为这是他们的分内之事。

如果管理者正在做一些根本没必要亲自去做的事时，就要学会停下来，反思一下为什么这件事落到了你头上。至于那些必须亲自去做，却不用非要本人出面的事，管理者也要学会对员工授权。

其次，管理者需要明确，什么才能带来最大的效益。 作为一名管理者，应当把绝大部分时间都用在最擅长的领域上。马库斯·白金汉与唐纳德·克利夫顿在《现在，发现你的优势》这本书中，对这个问题进行了广泛的研究。

如果管理者做的工作，正好是自己擅长的领域，那他们就会更有效率地完成工作，同时会获得更高的满足感。在理想情况下，管理者应该走出那些让他们感到舒适的领域，转而投向让他们能发挥优势的领域。

同样，管理者也应当做到知人善任，把员工恰到好处地安排在符合他们优势与能力的岗位上。如果有些员工具有一定的管理能力，那管理者也可以考虑适当放权，把不必亲自完成的一些工作交给他们。

最后，管理者需要明确，什么才能带来最大的回报。这个问题与个人的满足感有关。领导力研究所主席蒂姆·雷德蒙德曾说："有许多东西都会吸引我的目光，但只有少数几件能吸引到我的心。"

这就意味着，管理者必须懂得"忙碌不等于成就"。如果管理者想要持续发展，实现自己的目标，就必须按照"要事为先"的原则做事。

在企业中，忙碌的员工或许是好员工，但忙碌的管理者却不一定是优秀的管理者。

第四章
用心理学营造团队交互力
——让整个团队良性互动起来

鲶鱼效应，有竞争才有提升

无论是管理学还是心理学，鲶鱼效应都是非常重要的一点。

鲶鱼有这样一个特性，就是当它到达陌生的环境后，就会性情火爆，四处乱窜。于是，渔夫在捕捞喜好安静的沙丁鱼后，都会在网里放一条鲶鱼。

这对于沙丁鱼来说，鲶鱼起到了搅拌的作用。当沙丁鱼们发现安静的同伴中出现了一个"外来者"，就会感到非常紧张，这样才能保持沙丁鱼的活力。

这种管理心理学效应对团队管理是非常适合的。当团队稳定时，员工的积极性与工作效能都会降低。"一团和气"的团队是具有良好氛围的团队，但却不一定是高效率的团队。

此时，运用"鲶鱼效应"就能让原本安逸的员工群体得到很好的"医疗"作用。如果每个组织里，都能有一位"鲶鱼式"的人物，就会把员工队伍激活，同时提高工作效率。

可以说，"鲶鱼效应"是管理者用来激发员工活力最有效的措施之一。

首先，企业需要源源不断地补充新鲜血液，如果管理者能把那些富年轻且富有朝气、思维敏捷的生力军引进团队，就能让那些只会因循守旧的员工抛开懈怠心理，带来竞争压力。唤起"沙丁鱼"

们的生存意识和竞争心，是团队保持高效的重要秘诀。

其次，管理者要时刻关注并引进新技术、新工艺和新设备，只有让自己的管理理念时刻保持活力，才能让企业在市场中拥有抗击打的生存能力。

归根结底，"鲶鱼效应"就是管理者保持团队竞争力的手段。而"竞争力"一词，也一向是任正非所重点提倡的：

> 作为20世纪80年代初期就崛起的标杆企业之一，华为公司拥有世界500强企业的称号，而且其2015年的营业额更是超过"BAT（百度、阿里巴巴和腾讯）"之和。但这几十年的风雨路，华为却并非一帆风顺。
>
> 任正非知道，华为面临着内外部的激烈竞争，也面临着多次转型挑战。其中，比较重大的转型就是从最初的贸易代理，转变为自主研发。任正非这种"农村包围城市"的战略转型，也为华为开启了国际化之路。
>
> 从结果来看，华为的转型都是比较成功的。华为在销售收入和净利润方面，都保持了稳定的攀升状态，并且收入增加了将近2000亿元，净利润也从116亿元飙升至369亿元。
>
> 不管是国内的科技巨头还是国外的科技巨头，转型都不是一件容易的事。任正非之所以能带领华为实现一次次的转型升级，就是其组织内部的文化建设相当优秀。
>
> 任正非在华为公司设立了大家都耳熟能详的华为精神，即："危机意识""自我批判""开放、妥协、灰度""共享""主航道""先僵化、后优化、再固

化"等。在这些精神的背后，最核心的价值理念就是"竞争"。

对于竞争的文化，华为的重视程度可谓到了极致，正如任正非所说："世界上一切资源都可能枯竭，只有这一种资源可以生生不息。"

关于"鲶鱼效应"的应用问题，已经在企业的人力资源管理以及团队管理中得到广泛认证，包括从用人机制、竞争机制的建立，以及管理风格的变革等，都给管理者带来了良好的辅助。

鲶鱼效应的分析与应用非常广泛，随着管理者思考问题的角度不同，利用"鲶鱼效应"解决问题的方法就不同。

首先，若团队的管理者是"鲶鱼"。管理者是带领或影响员工完成任务的人，员工就像沙丁鱼群，具有很强的同质性。在死气沉沉的"沙丁鱼箱"内，员工们便会缺乏创新性和主动性。在这种情况下，员工的工作效率自然很低。

如果"鲶鱼型"管理者到来，就会利用"新官上任三把火"的状态在团队内部整顿纪律、规范制度，同时合理地配置员工岗位。

"鲶鱼型"管理者能将无能的"沙丁鱼"赶走，而有能力的"沙丁鱼"便会受到刺激，甚至进化成员工中的"鲶鱼"。如此，整个团队就会呈现出欣欣向荣的景象。

只有在"鲶鱼型"管理者的带领下，整个团队的活力才能被调动起来。这样才能让团队的力量更强大，也更具竞争力。

其次，若团队中的一员是"鲶鱼"。这种情况是指团队中有成员的观点、能力和行为等与其他员工不一样，通常是指"鲶鱼型"员工比其他员工综合素质要高。正因如此，团队其他成员的智慧和能力才会被激发出来。每个团队都需要性格迥异、技能互补、工作经历丰富的成员。

在管理者注重团队建设，注重团队交互力的今天，如果能适当地将一些"鲶鱼型"员工引进团队，就会为团队带去活泼的工作气氛，也能带来创新与竞争力，真正实现优胜劣汰。

但有一点需要注意，那就是正确控制"鲶鱼"的数量。如果一个团队全是"鲶鱼"的话，就会出现"个体是英雄，整体是狗熊"的局面。

"鲶鱼"是有能力的，如果每个"鲶鱼"都坚持自己的观点，那就不存在合作与沟通了，整个团队也会乱作一团。因此，日本不少企业都信奉"一流管理者、二流员工"的用人信条。

如果一条鲶鱼就能带动一群沙丁鱼，那还有什么必要去放第2条、第3条呢？"一山不容二虎"在管理学中一样适用。从这个角度看，管理者也需要让团队中的"鲶鱼分子"注重与其他员工的良性沟通，加强彼此的合作。

最后，若工作内容是让人来劲的"鲶鱼"。有一些企业，把工作内容安排得枯燥乏味、单调无聊，甚至有些岗位的工作内容不合理，让人觉得没有前途。这样的工作内容就像沙丁鱼群一样没有激情。久而久之，员工就不愿在岗位上多加思考，也就慢慢形成了惰性。

若管理者能将工作扩大化，同时将其内容丰富起来，把"鲶鱼效应"应用到工作内容的设计方面，那就会极大地提升员工的工作积极性，这对企业也是大有裨益的。

"鲶鱼式"工作内容，能让员工们体验到丰富的工作活动，也能让他们对自己的工作结果有一定的荣誉感，对日后的工作更抱有激情和欲望。

在应用"鲶鱼效应"丰富工作内容时，管理者还需要注意将员工与岗位进行匹配，"鲶鱼"就要做"鲶鱼"的事情，"沙丁鱼"就要做"沙丁鱼"的事情。如果将"鲶鱼"放在厂区里，日复一日进行枯燥单一的工作，就会磨灭"鲶鱼"的能力与激情；反之，如果将"沙丁鱼"派去创造管理型岗位，就会将整个团队的效率拉低。

只有将员工的类型与岗位进行匹配，才能让"鲶鱼效应"真正发挥它的作用，否则，即便管理者把工作内容设置成"鲶鱼"类型，也不容易让员工为之奋斗。

从这个角度看，工作中的"鲶鱼"代表的就是丰富的工作内容，这样的工作内容能让员工有挑战的欲望和体验，也方便管理者对"沙丁鱼"进行管理。

因此，"鲶鱼效应"从不同的角度分析，所代表的内容也是不尽相同的。对于管理者来说，当你的下属里面出现"鲶鱼"时，别忘了在激励下属成长的同时，也给自己充充电，以免被下属吃掉；如果管理者的上级是"鲶鱼"，那么，你就需要和上级保持相同的方向，不要被落下太远。

"鲶鱼效应"是管理者用于管理的利器，只有竞争，才能提升。

坚决辞退公司里最"贵"的那些人

有句话说"21世纪最贵的是人才",其实不然。21世纪最"贵"的反而是庸才。

魔漫的创始人王挺曾说:"公司最贵的员工应该走人!"这句话中的"贵",并不是贵在价值,而是贵在成本。

那些年薪100万的员工,每年能为公司创造1000万的价值,这样的人才并不算贵。相反,那些每个月拿着7、8千块,却什么都不干,甚至连纸笔等公物都要拿回家私用的员工,才算是贵的员工。

对于这类员工,很多企业家都表示深恶痛绝。

奇虎360公司的董事长周鸿祎曾公开表示:"公司部门领导和人力资源部门要定期清理小白兔员工,否则就会发生死海效应:公司发展到一定阶段,能力强的员工容易离职,因为他们对公司内愚蠢的行为的容忍度不高,他们也容易找到好工作,能力差的员工倾向于留着不走,他们也不太好找工作,年头久了,他们就变中高层了。"

周鸿祎所说的"死海效应"是指:企业中优秀的员工就像死海中的水一样蒸发走,之后,死海的盐度就会变得很高,正常生物也不容易存活。

在周鸿祎看来，真正的人才都是有能力且挑剔的，他们不会容忍跟愚蠢的队友一起工作。因为这类员工总是成事不足、败事有余，把事情弄得一团糟。聪明人都不会与这类员工共事太久。

周鸿祎直言："创业不易，辨人更难。反思过往，有五类员工不能用，如不能迅速处理，就会影响团队的凝聚力，有害无利：张嘴说谎的、自我膨胀的、心胸狭窄的、吃里扒外的、拉帮结派的。"

就像周鸿祎所说，公司里有些员工实在太"贵"，如果将他们继续留在公司，只会让公司乌烟瘴气，还会流失好员工。

有些员工没有意志力，缺乏"痛苦让我强大"的想法。每个企业的团队都是经过千锤百炼而留下的，劣质团队和最"贵"的成员是没有资格继续向前的。

有些公司将团队发展到几十名员工，可经过一番淬炼与考验后，大部分员工都会被淘汰，最后只剩下寥寥数名。可是，这剩下的几名员工，却能创造出甚至超出之前几十个人的价值。

这是什么原因呢？就是因为大部分公司里，都有无数滥竽充数的员工，消耗公司的资源，磨损企业创造的价值。管理学中的"二八理论"正是如此，80%的价值是由20%的员工创造的，真正对公司有价值的员工，其实只有一小部分人。

当然，没有责任感的员工也需要淘汰。员工需要对企业担负的最大责任，就是对得起自己拿的薪酬。这句话看似简单，却有很多员工都做不到。

只有将自己本职工作做好，且不让管理者费心的员工，才算是

"物有所值"的员工。试想，若一个公司的主管做员工的事，而经理做主管的事情，董事长做总经理的事情，又会引发什么样的后果呢？这无疑会引发公司管理上的多米诺效应。

下面，我们来看看任正非的用人之道。

任正非说："没有什么能阻挡我们前进的步伐，唯有我们内部的惰怠与腐败。"

这句话细细咀嚼是很有道理的。华为公司的员工就像高级秀才，在任正非眼中，如何把高级"秀才"管理成能征善战的"兵"，是一件很值得研究的大事。

任正非在各种场合强调，华为的员工要服从组织纪律、建设流程化组织、建立业务规则。

任正非在致新员工的一封信中明确指出："华为公司反对基层员工在不了解公司情况的前提下，就给公司写个万言书，指点江山。基层员工必须按照流程要求，把事情简单高效做正确，不需要自作主张，随性发挥。"

当然不只是员工，如果华为的管理者出现问题，任正非同样不会手软。他说："对于管理者而言，你不去接受新市场的考验，不去攻克新难题，不去追求高标准。说明你不敢挑战世界，不敢挑战自己，那请你离开。"

对于华为公司的一些管理者，当他们对待遇挑三拣四，对工作却不尽职尽责时，任正非就会判定他们好逸恶劳，失去了作为优秀员工的品质，变成公司了最"贵"的员工。在这种情况下，任正非就会直接请他们回家。

正如任正非所说，对于公司里最"贵"的那些员工，管理者必须坚决予以清退。如果任由其留在公司，只能把其他员工的积极性也消磨干净。

那么，什么样的员工属于公司最"贵"的员工行列呢？

首先，道德品质有问题的员工不能用。管理者在评论员工好坏时，需要率先考察他的道德素养问题。如果员工表现出自私、歹毒、阴险、虚伪、懒惰等行为时，管理者就需要仔细考察，这个人到底能不能做出有正能量的事情。

所谓"路遥知马力，日久见人心"就是如此道理。那些道德品质有问题的员工，迟早会成为企业团队中的"害群之马"，甚至把整个团队拖进万劫不复之深渊。

因此，道德品质有问题的员工坚决要辞退。

其次，不懂得感恩的员工不能培养。这类员工通常被称为"白眼狼"，要想看清楚这类员工的本质，只需在几次关键事件中观察其态度就可得知。

如果员工是一个不懂得感恩的人，他们自然也不会与公司荣辱与共，即便管理者对他们有提携赏识之恩，他们也不会抱有感激的心态。

这类员工通常都是自负的，他们认为自己的能力很强，也觉得目前拥有的一切都是理所应当的。他们不会记得管理者的提携与教导，也不值得管理者悉心去培养。

因为当公司出现困难时，他们会成为第一批抛弃公司的员工。

再次，接受能力与领悟能力很差的员工，也不值得公司培养。这类人就是通称的"朽木"。正所谓"他山之石，可以攻玉"，但只有本身是璞玉，才有被发掘的价值，朽木确实是很难成材。

一个能力不强，且不会办事的员工很难让管理者委以重任。管理这样的员工，只会让管理者身心俱疲。就比如很多时候，管理者明明指出了他的错误，他还觉得自己很无辜。这类员工若只做简单的工作尚可，但实在是不堪大用。

最后，若员工是个不忠诚的"墙头草"，也坚决不能留用。 从公司管理者的角度看，员工必须对企业忠诚。对于损害公司利益的事情一定要予以拒绝，这是员工的基本操守。此外，管理者也坚决不能放纵员工对公司背信弃义。

不忠诚的人可以为了自己的利益，今天依附于A公司，明天又依附于A公司的竞争对手。这类立场不坚定的员工坚决不能留用。

对于管理者来说，员工的能力的确很重要，但有的东西比能力更加重要，那就是人品和操守。如果一个员工连基本的忠诚都没有，管理者也不必再对他心慈手软。

坚决辞退公司最"贵"的员工，才能让团队变得更高效。

高素质和低内耗构造完美团队

三国时期的"刘备团队"，一直被誉为管理学中的高效低耗完美团队。

因为诸葛亮从来不问刘备，为什么我们的装备不如曹操？关羽从来不问刘备，为什么咱们的士兵那么少？张飞从来不问刘备，如果曹军打来我要怎么办？

于是，历史上有了草船借箭、斩颜良、诛文丑，以及张飞喝退曹军的典故。

在职场上只有两种人，一种是对别人产生影响的人，另一种是被别人影响的人。在工作中，那些没有责任感和危机感的员工，一直都处在被动的工作局面。他们缺乏意志力，管理者说一句，他们才会往前走一步。

对于这样的员工，管理者应当及时清退，因为他们正是低素质、高内耗群体，不仅对团队起不到推动作用，反而会影响到其他成员的效率。相反，如果员工能积极向上，有良好的责任感和危机意识，他们就会在工作上感染身边的人，并且带动大家一起创造价值。

管理者需要明确，有些员工是"资产"，越多越好。团队需要资产，只有有了资产成本，才能创造出更大的价值；有的员工是

"负债"，负债型员工只能给企业带去负担。

如何把团队打造成高素质、低内耗的团队，是卓越的管理者必须做出的关键选择，也是管理人员需要不停反思的重要问题。

百度公司的李彦宏就非常重视优秀团队的构建。

李彦宏多次公开表示，百度公司对员工的年龄、性别、学历、毕业院校以及工作背景等都不太看重。

对于公司选用人才所需遵循的原则，李彦宏只列出了两条标准：第一是有没有能力和潜力胜任工作；第二是认不认同公司的企业文化。

通常，新人都无法顺利地完成工作任务。而在百度，管理者允许新人犯错。但是在经过一番培训或"点拨"后，新人就不能再犯相同的错误。所谓"一点就通"，即是新人的能力与潜力。

百度公司的企业文化就是"保持创业激情、愿意学习、富有创新"。李彦宏的意思，就是让百度杜绝出现"求稳定、不愿冒险、不愿高速成长"的员工。如果有些人只为了拿一份稳定的公资，那百度一定不适合他们。

李彦宏表示，每位"百度人"进入百度公司后，都可以按照自身情况，自由地选择未来的发展道路。在百度内部的晋升之路有两条：

第一，技术职称；第二，管理角度。对于技术人员，他们可以按照百度公司提供的技术职称一步一步往上发展，最高能做到副总裁级别。对于喜欢纯技术的员工，这条路是非常适合的。

如果有些员工在技术方面欠佳，但很擅长管理，那他们就可以从管理角度寻求晋升。

李彦宏举了个例子："7月1日，对于大部分大学生来说可能仍然没有毕业，但是在百度，一名实习生已经被提升为产品经理，管理60多名员工的团队。因为这名大学生在实习期间，体现了良好的潜力和能力。"

李彦宏无疑是将百度团队打造成了完美团队。那么，高素质、低消耗的团队应当遵循什么样的用人原则呢？

用人第1原则：执行力强。

高素质的员工一定是位执行力强的员工。完美团队的用人第一原则，就是员工需要具备强大的执行力。为什么呢？

首先，"无规矩不成方圆"。企业并非慈善机构，而是需要核算盈亏。对于企业来说，它必须优先考虑盈利问题，这是决定企业生存与发展的根基。

若想让企业盈利，就必须设置各种各样的规章制度，形成独特的团队文化。这就要求员工与管理者，共同向一个目标前进。

此时，如果员工的执行力不强，或者过于以自我为中心，就会对整个团队文化造成很大地冲击，甚至会把团队的文化毁掉。不管任何企业都是如此，需要优先保证盈利与核心价值观不被内耗型员工影响。

其次，企业始终处在激烈的市场竞争中，这也使得个人英雄主义不再盛行。每个企业，每个团队都强调集体系统作战；也只有团队系统作战，才能让企业在激烈竞争的情况下得以生存。

要想实现团队统一作战，就必须要求团队中的每个成员都具备高度听从指挥的能力，如果成员的执行力不够，就会让企业在激烈的市场竞争下被淘汰。

执行力强的员工主要表现在以下3个方面：

听从直接上司的指挥：这就是要求员工听从上一级管理者的指挥，如果越级听命或越级指挥，都可能造成信息不对等错误，出现各自为战的局面。

时间观念强：这类员工的直观表现就是不敷衍自己的工作，不拖延时间，能保质保量地完成管理者交代的任务。

高度的企业归属感和强烈的团队荣誉感：这类员工能够为了团队的利益，而抛弃自己的私利，他们能将身心全部融入团队中。

用人第2原则：专心工作。

对于职场的绝大部分员工来说，他们的聪明才智都大致相同，每个人都很难做到"一心二用"。因此，员工对待工作的认真程度，就决定了该员工的态度和高度。

"专心工作"是高素质员工的必备品德，员工专心工作的表现通常为以下3点：

（1）专职工作，严禁兼职：有些员工喜欢紧跟潮流，"兼职创业"。如果兼职创业在不影响本职工作的前提下，还是可以进行尝试的。

然而，现实中的绝大部分兼职创业，都是在用工作时间和企业资源，为自己谋取私利。最终结果是本职工作没做好，兼职创业也是一团糟。

因此，管理者应当明确禁止员工搞"兼职创业"。道理很简单，他们没有那个能力做到一心二用，耽误了本职工作，对企业对员工而言，都是更加得不偿失的一件事。

（2）定岗定员，各负其责：每名员工都有属于自己的专职专岗，也有属于自己的工作任务。只要在自己的岗位上，员工就应该把自己分内的工作做好。如果员工把自己的能力与智慧全部用到其他地方，或者管理者让多人同时负责一项工作，那最后的结果就是不负责任，越做越糟。

（3）运用"二八原则"，利用80%的时间和精力，从事20%最核心的工作：这是最能体现员工个人的价值与能力的一点，也是员工为企业或团队创造效益的标志。

每个员工在工作中都会遇到各种繁琐的杂事，这是在所难免的。但作为一名高素质人员，员工必须学会"二八原则"。也就是说，把自己最宝贵的时间和精力，都放到最核心的本职工作上。

只有这样，员工才能为企业和团队多做贡献，创造真正的价值与效用。

用人第3原则：勇担责任、主动暴露问题。

企业喜欢的员工，是不会逃避责任，勇于承担的员工。因为这类员工有自信，也有魄力，他们能让团队中其他成员感同身受，并且带领他们共同成长。

对于这样的员工，管理者是相当放心的。而这类员工身边的同事，也愿意跟随他们一同奋发前进。

这类员工勇于承担责任，同时也不怕主动暴露问题。因为他们懂得：只有把问题尽快地解决，才不会让问题越积越多，最后变成巨大包袱。

这样的员工明白就事论事的重要性，他们有担当、不逃避，能够直面职场中的挑战，并且带领团队中其他成员，配合管理者实现逆境突围。

当他们遭遇到问题或困难时，知道及时主动地将问题暴露出来，拒绝遮遮掩掩，这样方便管理者就问题进行分析，并且积极快速地予以解决。这类员工明白总结、反省和提高的重要性，也能提高自己的学习能力与解决问题的能力。

以上就是管理者在构建完美团队时的员工要求，只有高素质和低内耗双管齐下，才能构建出完美的团队。

真实的反馈来自真正有效的沟通

管理者从员工处获得的反馈，往往是管理者的一把管理利器。然而，坏消息通常不会传到管理者耳朵里，管理者只能听到下层员工希望他们听到的事情。

一名优秀的管理者，能够从团队成员处得到真实反馈，如此，他们就能在第一时间做出解决问题的行为。而且，对于一些中层管理者来说，能如实地对高层管理者诚实地反映问题，也是一件非常重要的事，特别是当中层管理者不知道如何处理出现的问题时。

如果管理者怀疑员工不愿向自己进行真实汇报，那就需要对自己的行为稍作改变。真实的反馈通常来自有效的沟通，只要管理者多与员工进行交流，并从中获得有效信息即可。

比如一些公司经常问员工这样的问题：如果你的工作可以作出改变，你会选择改变什么？这时候，员工往往会试探管理者的心意，想探知自己应当做出什么样的改变，才能更契合公司的现状，解决公司目前遭遇的问题。

因此，管理者不妨将问题做下改变，试着这样问员工："如果你是我，你会想要做一些怎样的改变？"

当员工感到惴惴不安时，管理者就很难从员工口中获得真实反馈。但只要重新组织语言，用一个简单的方法，让员工尽量用

"我"来代替"你"进行回答即可。

员工在遇到问题时，经常作为旁观者对当事人指手画脚进行指责，比如"你们不关心客户"或者"小周上班迟到早退"等。此时，管理者不妨让员工来引领改变。

管理者可以抛给员工这样的问题"如果你是他，你会怎么做"。此时，员工就会很热情地发表自己的意见，比如"我会给客户一些折扣或礼品""我会安装打卡系统"等，这些才是真实有效的反馈内容。

作为管理者，必须时刻牢记员工为什么要跟着你工作，这对管理层来说是一个非常重要的问题。管理者需要对一些员工的想法表示赞同，同时给予他们鼓励，这样才能获得真实有效的反馈，让公司得到质的飞跃。

史玉柱就是非常擅长沟通的管理者，他总能设身处地地从员工的角度看待问题，因此，他也总能获得对公司发展有利的真实反馈。

　　　史玉柱经常说："作为我就要琢磨员工，他为什么要跟着我干？感情有时候有不可替代性，除了感情因素之外，他跟着你干主要追求什么？要仔细罗列，能罗列出几十点，但我认为其中两点是最重要的：第1点收入，他个人是否改善，这个过去可能我们羞于启齿，包括我第1次创业的时候，老是用事业心、企业文化想去淡化这个，事实上是不对的。"

　　　在史玉柱看来，他觉得作为一个老板，心里要明白员工跟自己干是为了钱，而不是为了企业文化等虚无缥缈的东西。

明确了这一点后，史玉柱就会通过员工能接受的方式与其进行沟通交流，员工在史玉柱面前也不用打着"事业心""企业文化"等幌子，而是可以大声说出自己的需求和想法。

史玉柱坦言："为了钱这是很正当的，我跟你干，我要获得一个好的收入，我要改善我的生活，我要提高我的生活质量。既然非常正当，就可以放在桌面上去说，在条件允许的时候应该满足他，他做出多少贡献你就应该给他多少报酬，所以上级对下级一定不能抠。员工该拿的钱一定要给他拿，除了正常该拿的钱之外，如果他有贡献的话你还得给他特殊的收益，这是第一点。"

作为管理者，只有真实地对待员工，才能从员工处获得真实的反馈。如果管理者每天用"企业文化无私奉献"等绑架员工，员工又怎么敢吐露自己的真实想法呢？

史玉柱的第2个追求是个人自我价值的实现。他说："这个跟之前我说的事业心相关，他总是想个人的价值实现得到上级、同事以及同行的认可，你就要创造这样一个环境，这样一个条件，你要给他搭舞台。"

这就是为员工的事业与前途做打算，管理者需要让员工明确，他们所处的公司是一个能帮助他们实现人生目标的平台。只有明确这一点，员工才能更有主人翁意识，才能将自己的真实想法与建议反馈给管理层。

就像史玉柱所说，管理者要想走进员工内心，首先要做到对员

工真诚相待。如果管理者只是高高在上，夸夸其谈，那员工为了迎合，也只会用些套话敷衍管理者。

那么，管理者可以使用哪些问题从员工处获得真实的反馈呢？

首先，管理者可以询问员工："在工作中你感到最乏味的事情是什么？"

这个问题能让管理者走进员工的内心，也能从他们的答案中寻觅一些蛛丝马迹。比如，员工的答案是没有乏味的事情，那他就只是想跟管理者简单走个过场，走个形式；如果员工列举出很多乏味的点，但他们的工作效率却很高，则证明他们对这项工作很重视，管理者也可以通过他们的反馈，改善他们的工作环境。

员工的回答能让管理者对基层环境有更深刻的认识，只有创造出真正提高员工工作效率的环境，才能将公司的利益最大化。

如果员工指出工作中最乏味繁琐的部分，恰好也是最赚钱的部分，那么，管理者应当试着改变布置任务的方式，或者提高这部分的工作待遇与福利。不要让员工认为管理者问的问题都是无足轻重的，要让员工看到公司做出的改变。

其次，管理者可以询问员工："你认为公司明年会是怎样一番景象？"

这个问题的内涵就是让员工设想一下，他们明年在公司会做些什么。从员工的回答中，管理者可以明确，在员工心目中，自己引领的团队的发展方向是什么。

如果管理者发现，员工心目中的方向与自己所期望的发展前景不一样，那管理者就需要及时与员工进行沟通，把大方向拉回正轨。

同时，管理者需要向员工展示自己对他们与公司的期望，也要让员工们知道，他们的诚实反馈对公司的发展非常重要。如若一个团队的管理者，能对员工的诚实反馈十分重视，那员工就会乐于提供真实想法与意见，与管理者前往同一个目标。

再次，管理者可以询问员工："你最大的挑战是什么？"

在问这个问题前，管理者要明确自己是否做到了"以身作则"。管理者要先向员工坦白自己的问题与不足，要让员工看到身为管理者的困扰，在管理者遇到问题时，也可以向员工寻求帮助，与他们一同解决问题。

如此一来，员工就会想，既然管理者都需要寻求帮助，那么自己在工作中遇到问题，也可以向别人甚至向管理者寻求解决问题的办法。

这种开放式的沟通，能在团队中营造一种鼓励提问与互相帮助的气氛，员工也更愿意暴露自己的问题与不足，大家一起寻求解决方案。

需要注意的是，当员工对管理者详细说明自己的问题与不足时，管理者需要展示出对这些反馈的重视，并且优先解决员工遇到的问题，帮他们改善不足之处。

最后，管理者可以询问员工："你所在的团队表现如何？"

相对于自己的表现，团队成员更愿意诚实地发表自己对团队表现的观点。如果管理者询问"最近你团队的表现怎么样"？就会让员工把问题的焦点放在团队的整体表现上，这样既可以了解到整个团队的动向，也可以让员工避开自身的问题，更加客观诚实地将答案反馈给管理者。

通过这个问题，团队管理者能够了解团队成员最近的工作内容，也能把握员工对工作环境有什么样的感受，这也更能深入地洞悉公司的发展可能会出现的问题和忧虑。

真实的反馈都来自于有效的沟通，若想洞察员工内心真实想法与建议，营造团队交互力，管理者就应当从这方面入手，让管理变得更加简单有效。

利用好下属心理，实现"无为而治"

在老子的《道德经》中，有这样一段话：太上，不知有之；其次，亲而誉之；其次，畏之；其次，侮之。信不足焉，有不信焉。悠兮，其贵言。功成事遂，百姓皆谓"我自然"。

这段话于管理心理学上的意思是：最好的管理者，通常不会让员工感觉到自己的存在；次一等的管理者，员工会称赞他并且与他亲近；再次一等的管理者，员工会对他产生畏惧心理；最末等的管理者，员工都会对他表示轻蔑与不屑。当管理者不讲诚信时，员工也不会信任他。最好的管理者很少发号施令，却能把事办成，员工也会说"我们本来就是这样的。"后面双引号里面的这句或改为："我们自己完成的。"？

老子这段话，道出了我国古代管理心理学中的"四重境界"。其中，管理心理学的最高境界就是"无"，也就是"不知有"。

在老子看来，"有"是宇宙万物的自然状态，"知"则是指宇宙万物与人之间的关系。而管理心理学的最高要求，就是将"有"和"知"全部去掉，进而达到"无"的境界。

对于管理心理学，我国自古以来就存在"信与不信"的问题。老子认为，对管理心理学若取"信"的态度，就可以达到"无"的境界，并且寻找到"信"；反之，如果对管理心理学采取"不信"

或"不足信"（半信半疑）的态度，就不能达到"无"的境界。

高明的管理者，通常不会让员工感觉到自己的存在。也就是说，不管管理者在不在企业里，在不在岗位上，员工都能做到积极、主动地工作，这才是管理心理学的最高境界。

如果管理者能达到老子所说"太上，不知有之"的"无"境界，不仅是管理者强烈追求的，也是员工们迫切希望的。

说到"无为而治"型的管理者，又怎么能不提到万科的董事长王石？

王石于1984年创立了万科集团，他坦言，自己在3件事上的成功，使得自己成为中国职业经理人的楷模：

首先，管理者要有不断变革的战略和创新能力。

王石能在每次的市场环境变化下，都敏锐地带领企业进行战略转型。2006年，王石在地产行业进行宏观调控，随着中小地产商的资金链条吃紧，万科集团凭借王石早已构建好的融资通道，积极并购整合，进入了"资本+管理+品牌"时代，万科也成为中国地产的标杆。

其次，管理者要积极施行职业经理制度。

除了推动万科集团在中国率先确立规范公司治理结构外，王石还把股东、董事会以及管理层的职责和权利界定得更加清晰。王石率先倡导了打造职业经理制度，同时强调"弱化个人作用，强调制度作用"的理念。这样的职业经理制度也强调了管理队伍整体建设，定期业绩评价和鼓励称职的职业经理，也方便其更好地为公司进行服务。

最后，管理者要打造个人影响力。

说到宣传，王石可谓是"CEO明星化"的最早典范之一。他不但利用传统媒体进行宣传，还主动担任摩托罗拉和中国移动的广告代言人，这些都是王石的优势。而攀登珠峰成功，也成为王石宣传独特生活方式以及管理公司方式的顶峰。

1999年，王石辞去了万科集团总经理的职务。从此，王石就以董事长的身份负责公司一些不确定的事，而将确定性的事情都放权给了新任的总经理。所谓确定的事情，指的是董事会已经做出决议的事。

凭借自己优秀的管理能力，王石被誉为"中国第一职业经理人"。而万科集团培养职业经理的制度手册，也成为其他公司争相学习的模版。王石为公司宣传做秀的手法，也成为地产圈包括潘石屹等后来者学习的对象。

王石逐步把权力放给管理层的做法，也获得了经理人的广泛认可。在万科团队中，主要力量是由"80后"组成，而"80后"也成为总数占公司全体员工的80%左右的大团体。

王石还表示，自己会给管理层更大的权限："实际上到现在，万科的管理团队不仅在管确定的事情，也已经在管不确定的事情。就是说现在我份内的工作，他们已经切入，但他们的事情，我绝对不会切入。"

从例子中，我们不难看到王石独特的管理风格。得益于王石个人的管理素质与授权艺术，万科集团"80后"员工成长速度也非常快。王石通过"化实为虚"的管理艺术，让自己的公司达到了"无为而治"的管理境界。

这种"无为而治"的管理境界并非谁都能做到，而是要有3个条件做前提：一是企业管理者的个人管理素质，二是授权行为，三是员工的自我管理能力。

首先，企业管理者的个人管理素质是至关重要的管理基础。古语有云，"内圣而外王"，只有企业管理者的内心精神力量非常强大，才能做到统帅千军，行王者风。

正如前面老子在《道德经》中所言："信不足焉，有不信焉。悠兮，其贵言。"管理者必须凭借自身的诚信，来获得员工对自己的信任和拥护。只有这样，员工才会乐于听命，即便管理者不发号施令，员工也乐意追随管理者，愿意做到"管理者在与不在都能积极、主动地工作"。这就是企业管理者的"非权力性的影响力"。

其次，学会授权是企业管理者所必备的基本素质。管理者需要明确这一点——你无法控制所有事情，也无法制定全部决策。当管理者尝试控制所有事情时，通常会得不偿失，既效率低下，又会给其他员工造成混乱。因此，管理者最好放权给自己的下属去执行，基层的员工和管理者，可能比高层的管理者更加了解情况。

诸葛亮是三国时期的一代英杰，他虽身处茅庐之中，却已经看到未来三分天下的鼎足之势，并且帮助刘备制定了匡复汉室的宏伟计划。然而，诸葛亮事必躬亲，日理万机，从大事定测，到"自校簿书"。最终，诸葛亮终于因为操劳过度，留下了"出师未捷身先死，长使英雄泪满襟"的遗憾。

虽然诸葛亮为了刘备的事业而"鞠躬尽瘁，死而后已"，可蜀汉却是三国中最先灭亡的。为什么？最重要的原因就是"成也诸葛，败也诸葛"。诸葛亮大权在握，却不擅授权。

如果诸葛亮能把众多繁琐的杂事合理地授权给下属处理，自己只专心致力于蜀汉的军机大事、治国之方，那么，三国时期的历史或许就会改写。

管理者学会正确而有效的授权，非但不会削弱自己的权力与地位，还可以让员工创造出更合理、更出色的解决方案。

通常情况下，管理者不能正确对员工授权的因素主要有：对员工的能力不信任、对自己的职权地位看得太重、过高估计自己的能力与重要性等等。

归根到底，不能正确授权，是因为管理者对管理的作用与方法缺乏正确认识。

最后，员工的自我管理能力的高低也是至关重要的因素。只有拥有一批擅长自我管理的员工，管理者才能考虑"无为而治"。

管理者的工作属于战略思维，而员工的思维是追随性思维。管理者需要站在全局角度，综合性地考虑问题。只有选择擅长自我管理的员工，才能恰当处理组织协调问题，发挥员工潜力，齐心完成目标。

总而言之，只有利用好下属心理，才能实现"无为而治"。

第五章

组织文化心理学

——用科学方法搭建一流团队

构建优秀的团队组织，让工作变得更有趣

　　21世纪是讲究团队管理的时代，在这个时代中，几乎所有事业都围绕着团队进行。现如今，单凭个人的力量已经很难取得什么成就了。在企业中，若想打造一支具有凝聚力、向心力和战斗力的团队，就需要拥有一批彼此间互相学习、鼓励、支持、合作的员工。

　　企业管理中的基础模式就是团队架构，而团队架构也是影响企业荣辱兴衰的重要基石。为什么企业的工作大多需要团队来完成？就是因为我们每个人的力量都是有限的，只有依靠团队的力量，才能把工作完成的尽善尽美。

　　从管理心理学方面讲，团队的本质就是让员工的口头禅从"我"变成"我们"；让员工的行为从"我要努力"变成"我们一起努力"；让员工的心理从"我要赢"变成"我要共赢"。

　　那么，什么样的团队才算一个高效且优秀的团队呢？最典型的例子应该是《西游记》里的"取经团队"或《水浒传》里的"梁山团队"。

　　在管理学角度看，这两支团队一个是小型团队的代表，另一个是大型团队的典型。说到底，组建一支高效的团队，其核心只有一个，那就是人。

　　对老师来说，最大的财富就是他教出来的学生；对企业家来

说，最大的财富就是有责任心的员工。那么，把什么样的人组合在一起才能构建一个高效的团队呢？让我们来看看马云是怎样做的。

马云认为，一家企业最大的财富就是员工。阿里巴巴也一直把"员工"和"客户"看成公司最不能忽视的两件事。因此，马云专门提出了"把钱存在员工身上"的理念。

在阿里巴巴早期阶段，2004年的一次采访中，马云这样说道："我们认为与其把钱存在银行，不如把钱投在员工身上，我们坚信员工不成长，企业就不会成长。"

在马云看来，一个有凝聚力、向心力和战斗力的团队尤为重要。就像他说得那样："中国企业很少说使命感、价值观、理想、共同目标，而国外企业讲的最多的就是使命感和价值观。"

阿里巴巴的精英团队在业内可谓是无人不知，无人不晓。几乎每个人都知道，阿里巴巴有一种汇聚世界精英的能力。但在马云看来，构建一个精英团队却不是那么容易的。

"平时我们在用人上，'精英'根本不是首选，甚至连第2都排不上。我们选的是对公司的价值观有认同感的人，"马云这样强调。

相较于招来精英，马云更喜欢培养精英："进我们公司有一个月的专门培训，从第1天起，我们说的就是共同的价值观、团队精神。我们要告诉刚来的员工，所有的人都是平凡的人，平凡的人在一起，做件不平凡的事。如果你认为你是'精英',请你离开我们。"

就像马云在构建团队时的要求一样,每个企业在做企业时,都要根据管理心理学来组建一支优秀的团队。团队不仅能让工作效率更高,也能让工作氛围更融洽。下面是构建团队的具体方法:

首先,确立团队切实可行的共同愿景。每支高效的团队,其愿景都必须要与成员目前最关心的需求产生联系。如果将团队的共同愿景设置成"假、大、空",就只能成为任谁都会嗤之以鼻的口号。

比如有不少企业,把企业愿景设置成各种"世界领先""行业第一";不少团队都提出"最高效团队""最强团队"等愿景。

要知道,这些共同愿景的提出之所以不符合管理信息学,就是因为它们缺乏"分阶段目标"的支持。试想,某个团队只有两个人,他们第1个月创造的利润只有3万、5万元,离"行业第一"还差得很远。这时候,这支团队应当把共同愿景设置为"10万元团队",这样才能与成员的近期需求有所刺激和联系。

另外,人的需求都处在不断变化中,团队成员也是如此。随着时间的变化,团队共同愿景也需要做出适当调整。这样才能壮大自身的实力,建立优秀的人力资源。

其次,选择与淘汰团队成员。每支团队都是有目标的,如果这支团队里,有拖目标任务后腿的个体,那就会极大地降低团队的整体效能。因此,企业在团队构建的初期,需要重点注意团队成员的选择问题。作为团队的管理者,必须要用严谨的态度挑选每一位候选人。

马云在构建团队时,曾提出"兔子"成员要不得的呼声。

什么是"兔子"成员呢？就是很讨大家喜欢，但却做不出业绩的成员。这些"兔子"成员占着岗位与资源，久而久之，团队就会形成"兔子"文化，最终导致企业失去战斗力，也失去竞争力。

因此，管理者在构建团队的时候，除了要选拔优秀人才，还要注意淘汰"兔子"成员。如果一些团队成员跟不上团队的成长，为了保住效能，就不能不对其进行淘汰。

再次，制定团队运行的基本规则。规矩对团队来讲是至关重要的事，"三个和尚没水吃"的道理，实际上就是管理心理学中常说的"团队惰性"。

当个人与团队结合在一起时，总会有人产生"滥竽充数"的惰性。他们分开时工作都很起劲，但聚在一起，就会产生"我多干一点我就吃亏"或"反正我少干点别人也看不出来"等念头。因此，为了抵抗"团队惰性"给企业带来的危害，优秀的团队都会设置明确的规章制度。

团队规则既可以是隐性的，也可以是显性的。隐性规则通常是刚性规则，需要管理者言出必行，否则很难用一两句话来管理成员；显性规则是制定书面的制度、分工和责任等。需要注意的是，显性规则也需要根据外部条件加以修改，否则难以适应飞速发展的外部环境。

最后，提升团队成员个体的效能。在选择合适的人，并且制定了团队规则之后，企业要做的管理工作就是提升团队个体的效能。提升团队成员效能具体包括两方面：

（1）充分激发每一名成员的能力，通过后期培训，尽量不让个体掉队；

（2）从态度方面提升团队成员，培养成员的责任心与凝聚力。

对企业来说，构建高效能的团队并非一朝一夕就能完成的事。作为管理者，需要有持之以恒的耐心。因为就算知名的大企业，也很少有团队在构建之初就是高效能的团队。

今日的高效不等于明日的高效，因此，构建一支优秀的团队是每个企业永恒的话题，更是每个团队所追求的无止境目标。

制定清晰的组织规则

组织规则的制定是企业管理者必须要面对的问题，无论是正在发展中的中小企业，还是已经极具规模的大型企业，都需要拥有一个清晰的组织规则。这是企业生存延续的根本保障，也是企业发展壮大的重要力量。

大多数企业管理者在企业组织管理中，都会遇到一些常见的问题。

有的企业管理者认为自己管理太辛苦，但却依然对公司大小事务"紧抓不放"。有些企业的关键岗位一直空缺，但有能力的员工却得不到晋升。有些公司各部门间权责不清，经常出现一人身兼数职的情况。有些公司因为管理不规范，员工之间经常出现矛盾。

这些都是企业管理中经常出现的组织问题，如果这些问题得不到有些解决。不仅企业的管理者会感觉到管理上力不从心，员工也会对工作逐渐失去热情。这样，公司的业务也会跟着受到影响，企业的发展也会陷入停滞的状态。

这些组织问题的出现，大多是因为企业管理者在企业发展过程中没有指定清晰的组织规则。而组织规则的缺失让管理者无法对公司实现有效管理，也很难提高企业管理的效率。解决了组织规则的问题，也就能在一定程度上减少企业组织管理中的这些常见问题。

所谓组织规则，就是指为了让公司能够实现有效管理职能，通过提高管理效率来实现一定目标，而建立起来的管理机构所遵循的原则。其主要包括企业人员之间职权分明、企业机构之间相互协调、工作安排上的相互衔接等内容。

简单来说，如果将企业看作是一个团队，那企业的组织规则就可以看作是团队的行为准则。团队的行为准则需要规定团队成员该做什么、不该做什么、谁该做什么、应该怎么做等问题，企业的组织规则也需要明确这些问题，并且还要规范其他方面的问题。

不同于普通意义上的规则，企业组织规则并不是天然形成的行为规范，而是经过科学规范的分析判断之后得出的结果，并不是简单的片面思考，而是在众多企业发展实践中总结出来的规律性原则。

腾讯将公司的组织架构分成7个大的事业群，这些事业群之间也存在着相互配合，共享许多资源。之所以将公司分为7个大的事业群，主要是因为腾讯公司的业务范围太广、员工过多，因而导致组织管理难度过大。

腾讯7大事业群分别是微信事业群（WXG）、网络媒体事业群（OMG）、移动互联网事业群（MIG）、技术工程事业群（TEG）、企业发展事业群（CDG）、互动娱乐事业群（IEG）、社交网络事业群（SNG）。

微信事业群（WXG）：主要负责微信基础平台、微信开放平台和微信支付拓展、O2O等微信延伸业务的发展，同时还包括邮箱、企业微信等产品开发和运营。

网络媒体事业群（OMG）：主要负责网络媒体业务的运

营和发展，依靠腾讯网、腾讯视频、腾讯新闻客户端等核心产品，助力公司营造更优质的内容生产新生态。

移动互联网事业群（MIG）：主要负责移动互联网、安全和工具类平台业务的运营与发展，打造多款移动端平台产品，助力公司在移动互联网领域取得领先地位。

技术工程事业群（TEG）：主要负责为公司内部和各事业群提供技术及运营平台的支撑，同时为用户提供全线产品的客户服务，并负责研发管理和数据中心的建设与运营；

企业发展事业群（CDG）：这是公司新业务孵化和专业支撑平台，主要负责包括金融、支付、广告等重要领域的拓展，同时还要为公司各大业务提供战略、投资与公关市场等专业支持。

互动娱乐事业群（IEG）：主要负责互动娱乐业务的运营与发展，打造游戏、文学、动漫、影视等在内的多元化、高品质互动娱乐内容产品，促使公司在全球互动娱乐领域取得领先地位。

社交网络事业群（SNG）：主要负责以QQ和QQ空间为基础打造大社交平台，给用户提供即时通信和社交网络的综合性服务，拓展创新增值业务，推动云平台业务发展，为用户和合作伙伴创造更多价值。

可以看到，腾讯的组织架构划分的非常合理，既包括了公司全部业务，还明确区分了各事业群之间的业务和职权范围。每个事业群都相当于一家子公司，有主要负责人和其他层级的管理者，这样腾讯的管理者就可以直接对接这些事业群的负责人，并不需要每个业务都去亲力亲为。

那要如何管理这些事业群呢？制定清晰的组织规则，腾讯公司有一个总的组织规则，而每个事业群也都要有自己的组织规则。

具体的工作需要在组织规则规定的范围内开展，不得干涉其他事业群的业务执行，但同时还需要对其他事业群给予资源等方面的支持。它们就是相互依存，又相互独立的关系。

这些组织规则并不是凭空制定出来的，合理的组织规则需要遵循一些重要的原则。20世纪30年代之后，英国著名管理学家厄威克将穆尼、法约尔和泰罗等人的组织理论进行综合，提出了适用于一切组织的8项原则：

（1）目标原则：所有的组织都应该表现出一个目标。

（2）相符原则：权利和组织必须要相符合。

（3）职责原则：上级对直属下级的职责是绝对的。

（4）组织阶层原则；从管理者到一线员工都要形成明确的权力系统。

（5）控制广度原则：每一个上级所管辖和联系的下级不超过6人。

（6）专业化原则：每个人的工作都应被限制为单一职能。

（7）协调原则：组织的目的是为了协调一致的工作。

（8）明确性原则：对每项职务都要有明确的规定。

可以看出，厄威克的8项组织原则既是成立组织需要遵循的原则，同时也是制定组织规则需要遵循的原则。随着现代企业管理理论的发展，厄威克的理论也随着逐渐发生了改变，但归根结底来说，企业组织规则的制定所需要注重的核心内容并没有改变。

现代企业的组织原则主要包括：

（1）统一指挥原则：任何下级不应该受到一个以上上级的直接管理。

（2）专业分工协作原则：组织内的各项活动都应被明确划分，并组成专业化群体。

（3）分权原则：管理者不应陷入到例行的琐事之中，应该将权限适当分散下放。

（4）等级原则：组织内应该严格划分等级，同时要做到权责分明。

（5）适度管理幅度原则：根据不同管理者的具体情况，安排直接管理的下属人数。

（6）弹性结构原则：组织的部门结构、人员职责等应该是可以及时更换和调整的。

可见，无论是现代企业的组织原则，还是厄威克的组织原则理论，其主要内容并没有太大的不同。因此，在成立企业的时候，应该遵循这些组织原则。而制定组织规则的时候也应该按照这些组织原则来进行，这样才能保证企业组织规则的清晰和完善。

企业组织规则的制定，除了要遵循上述组织原则外，还需要得到企业全体成员的共识和认可。企业的组织规则不应该是自上而下的宣传和执行，应该让全体成员参与其中，共同制定符合自身发展的行为准则。

清晰的企业组织规则是确保企业这艘大船，在竞争激烈的商业大洋中，发展壮大的风帆。企业想要一路乘风远航，就要趁早挂起风帆。

建立及时反馈的组织系统

　　企业是一个复杂的组织系统，在其内部还存在着更多子系统。企业正常发展的一个前提就是各个子系统的功能不断完善，能够持久地维持企业组织的运行。

　　企业组织系统的完备，一方面在于各个子系统之间能够相互协调、相互支撑，另一方面则是各个子系统能够顺利完成自身工作，发挥相应职能。

　　一些企业因为组织系统功能并不完备，导致许多该做的工作没人去做，小问题变成大问题。或者是等到火烧眉毛了，才能够集中起力量完成工作。这些问题的出现会让组织运转效率下降，影响企业的长远发展。

　　企业这个复杂的组织系统想要高效运转，就必须对组织成员进行完美的分工。分工之后，还需要在不同的组织成员中建立起联系。这种联系主要用于进行信息反馈，将组织中不同成员联系起来，企业就会形成一个严密的体系，这一体系的一个重要功能就是进行及时有效的信息反馈。

　　在进行团队分工时，要根据团队成员的个人特点进行分工。只有让他们但当自己最适合的角色，才能让他们的工作更有效率。

贝尔宾博士和他的同事们经过多年的研究实践，提出了著名的贝尔宾团队角色理论。即一支结构合理的团队应该由8种角色构成，后来修订为9种角色，即智多星、外交家、审议员、协调者、鞭策者、凝聚者、执行者、完成者和专业师。

想要让整个团队更加高效的运作，就要团队成员默契协作。每个团队成员都要清楚自己扮演的角色，并了解如何去弥补不足，发挥自身优势。一个成功的团队应该是这9种角色的综合平衡，只有这样的团队协作才能够鼓励创新，提高生产力。

合理的团队分工很重要，但这却并不是我们在这里要讨论的重点。想要让企业获得更好的发展，单纯依靠合理分工是无法实现的。团队分工和协作只是一个基础，通过完善的信息反馈系统将团队中的不同成员连接在一起，才是企业高效运转的关键。

"用户反馈−改进−再反馈−再改进"，这一过程每一天都在腾讯的各条产品线中反复上演。与传统行业不同，互联网产品研发非常注重与用户感受的交互，而且，这个过程是非常快的。新产品刚一上线，如果用户不喜欢，通过用户点击、评论，马上就能够获得用户的反馈。

这些反馈会成为新产品进行改进的标准，腾讯公司形成了"10/100/1000法则"。这一法则要求产品经理每个月必须要进行10个用户调查，关注100个用户博客，收集1000个用户体验。马化腾曾说这是个笨办法，但确实是一种很好用的办法。

在捕捉到用户反馈后，腾讯研发团队则会采取"小步快跑、快速迭代"原则。在第一时间呈现出新的产品，拿到用户群体中进行测试，如果用户不满意，收到反馈之后，再马上进行调整，直到用户喜欢为止。如果用户喜欢了，就可以继续通过用户反馈来沿着这个方向扩大研究。

腾讯公司非常注重用户反馈，很多产品都是在用户反馈的基础上得到完善的。对于用户五花八门、千差万别的意见，腾讯的产品和研发团队会认真进行筛选，然后再对产品进行完善。

腾讯公司拥有完善的信息反馈系统，这也使得产品和研发团队可以在第一时间就收到用户的反馈信息，同时也能够在第一时间对产品进行改进，再投入到市场之中。很多时候，正是每个环节中节省出来的一点时间，为腾讯抢得了市场先机。

所谓信息反馈，指的是施控系统将信息输出，输出的信息对受控系统作用的结果又返送到施控系统中，并对施控系统的信息再输出产生影响的一个过程。这是一种通俗的说法，简单来说，就是管理者的某项决策实施结果，通过信息部门又传送回管理者那里。管理者根据反馈来的信息，调整原有的决策，然后再去实施。这样更能让决策取得预期的效果。

管理者通过对反馈信息的分析，可以找到决策出现问题的原因，或者是决策的不足之处。这样管理者就能够采取相应的措施，对信息进行修正，然后再次进行传递，进而提高信息传递的收益。这个过程中，信息反馈的越及时，后续信息传递的效果就会越好。

信息反馈是决策执行结果的反应过程，同时也是管理者修正决策的信息来源。因此，在企业管理中，尤其是进行企业决策的过程中，一定要建立起完善的信息反馈系统，这样才能够保证管理者的决策能够更加高效，同时也能够提高信息反馈的效率。

从反馈的方式上来看，信息反馈可以分为口头反馈、书面反馈、通信反馈和网络反馈等多种不同的形式。

口头反馈主要是指信息的接收者用口头语言将反馈信息传达给信息的发出者。书面反馈则是指信息的接收者通过书面形式向信息发出者传递反馈信息。通信反馈指的是信息接收者运用通信手段向信息发出者传递信息。网络反馈则是一种复合式的信息反馈方式，一方面是人员网络反馈，另一方面则是计算机网络反馈。

在建立信息反馈系统时，要综合利用多种信息反馈方式，不要局限在一种信息反馈方式之中。当然，何时运用、如何运用这些反馈方式，还需要针对具体的情况来决定。但在事先要对其进行一定的规定。

管理心理学认为，现代企业之间的竞争，信息是一种重要的因素。谁能够更快、更好地掌握更多的信息，谁就会在激烈的市场竞争中占得先机。很多时候，看上去只是节省了些许时间，最终的结果却可能会差之千里。因此，信息反馈的及时性应该受到企业管理者的重视，并将其作为建立企业信息反馈系统的一个重要原则。

疏浚团队内的"血管栓塞"

企业管理者必须要有一种人力资源的观念，如果在一个团队中发现了"害群之马"，就要尽快将其清退。绝不能姑息纵容，或是忽视懈怠。

每一个企业中都会存在一些问题员工，这些问题员工身上存在着各种不同的缺点，这些缺点最终导致了同样一个结果——影响工作效率。这里所说的影响工作效率，并不只是影响他们个人的工作效率，同时，这些问题员工还会影响到企业中其他员工的工作效率，进而影响到整个企业的经济效益。

大多数问题员工都拥有一定的工作能力和经验，他们的表现在企业中并不是最好的，同时也不是最坏的。此外，还有些问题员工会存在自由散漫、持才自傲、眼高手低等缺点，这为管理者进行员工管理造成了很大的困难。

这些问题员工究竟该怎么管，如何管，是管理者进行员工管理必须要考虑的问题。他们就像是血管中的栓塞一样，有的时候只要稍微吃点药疏通一下就好了。但有的时候，必须要经过手术来进行治疗，简单的药物对它们已经起不到任何作用了。

管理者在进行员工管理的时候，对这些问题员工要有一套完善的管理策略。一方面要能够及时发现这些问题员工，另一方面还要能够将他们分门别类进行管理。

马云曾为阿里巴巴的员工量身定做了一套考核管理制度，这项制度被称作是"六脉神剑"。这套制度中主要包含价值观和个人业绩两个方面的内容。在马云眼中，只有既有能力又与阿里巴巴价值观相符的员工才是最优秀的人才。

"六脉神剑"制度的出台，不仅为阿里巴巴寻找到了许多优秀的人才，同时也筛选出了一批不合格的员工。在评定员工等级的时候，阿里巴巴将员工分为猎犬、野狗和小白兔3个类别。

"猎犬"指的是那些业绩突出、潜力较大，同时个人价值观和企业完全契合的员工。而"野狗"则是指个人业绩不错，但价值观与企业存在出入，不服管教、无组织、无纪律的员工。"小白兔"则是业务能力并不太好，但认同企业价值观，服从企业安排的人。

这些员工中，"猎犬"类型的员工大多会得到重用，"小白兔"类型的员工也会接受到一定的培训。而"野狗"类型的员工则是阿里巴巴不需要的员工。

马云曾提及，对于"猎犬"类型的员工，一旦发现，就要让他们立刻接受最好的培训，这类人才是公司所急需的。而"小白兔"类型的员工也会接受到公司有限期的培训，如果在个人业务上依然没有起色，或者业务水平也不见提高，那即使再认可公司的价值观，也会被阿里巴巴辞掉。

对于"野狗"类型的员工，业务能力虽然不用担心，但在组织纪律方面，阿里巴巴会给出一个期限。如果在期限过后，能改正这个问题，那这样的员工也是可以留下的。但如果在期限过了之后，依然没有改正，那阿里巴巴也会毫不客气地将这些员工剔除掉。任何违反"六脉神剑"制度的人都将会遭到阿里巴巴的淘汰。

阿里巴巴的员工管理制度很值得学习，在制定这项制度的时候，马云充分考虑到了员工的个性。并没有直接将"不认可阿里巴巴价值观"的人排除在外，而是选择给他们一定的时间，让他们对企业有一个大致了解之后，再去进行评判。

对于那些依然不认可企业价值观的员工，自然不需要再挽留。而对于那些能够理解并认可企业价值观的员工，自然要保留下来。

除了价值观，业务能力也是阿里巴巴考量的一个重要指标。如果业绩不达标，"三观再正"也无济于事，毕竟企业招聘员工是为自己创造利益，而不是像福利院一样赡养这些员工。正是这两点评判标准的综合，让阿里巴巴在员工管理上变得更加精细，既不会大量流失人才，也不会让出现"劣币驱逐良币"的现象。

企业管理者在进行员工管理，尤其是对问题员工进行管理时，一定不能进行"一刀切"式的管理。通过手术虽然能从根本上清除病灶，但同时也会对身体造成很大的伤害，如果能够通过用药来根治病情，即使会耗费一些时间，也是可以尝试的。

因此，管理者需要知道，这些问题员工也是可以扭转过来的，并不是要开除才能解决问题。问题员工如果用得好，在一些时候反而能起到意想不到的效果。一个能够改正自身缺点的问题员工，往往要比一个循规蹈矩的员工更能为企业创造价值。

在现代企业中，问题员工的存在是一种普遍现象。根据相关调查显示，问题员工在企业员工中所占的比例超过40%。如此庞大的问题员工群体，如果都用开除来解决，企业的正常运转很可能会受到影响。

管理心理学认为，如何管理好问题员工，让问题员工变为优秀员工，是企业管理者必须要面对的重要问题。而解决这一重要问题的关键就在于如何区分这些问题员工，如何做到"对症下药"。

正如阿里巴巴的"六脉神剑"制度一样，每一个企业都应该有属于自己的员工管理制度。管理者在进行员工管理时，应该首先了解清楚员工的分类，然后再去有针对性的进行管理。

按照四分法，企业的员工可以分为以下4种类型：

合格又合适的员工。这种类型的员工自然是最为优秀的员工，但这类员工往往只是少数。管理者应该重视这些员工，即使这些员工身上存在一些小的问题，管理者也并不需要太过关注。"瑕不掩瑜"，没有哪个人是完美无缺的。

合格但不合适的员工。这些员工往往具有一定的工作能力，但在一些方面，比如逻辑能力和沟通能力方面存在缺陷。这些问题通过公司培训并不能完全解决，因此管理者在面对这些员工时应该慎重。要充分发挥他们具有优势的地方，而不要让他们的劣势影响到正常的工作。

不合格但合适的员工。这些员工是管理者需要着重关注的一类员工，他们所欠缺的往往是职业技能，通过系统的培训能够得到有效弥补。如果对这些员工加以正确引导，这些员工很可能会转变成合格又合适的员工。

不合格又不合适的员工。 既不合格又不合适的员工，既缺少相应的职业技能，同时也不符合企业的要求。这样的员工对于企业来说毫无价值，应该最先被淘汰出去。

从上面的分类可以看出，哪种类型的员工中都存在"问题员工"。但对于有些"问题员工"，管理者并不需要花费太多的精力，只要稍加提醒，或是给予其一定的培训，问题就会得到解决。但对于另外一些"问题员工"，那些既不合格又不合适的员工就应该被尽早清除出去。

作为管理者应该善于发掘员工的长处，即使是问题员工也拥有长处，对于他们的短处则应该适当容忍。但如果涉及到企业发展的原则问题，即使是再微不足道的问题，也不能姑息。如果这些问题员工在企业中大量存在，那即使没有问题的员工也会受到影响。

想要让血液循环畅通，就要及时疏通血管中的"栓塞"。人体健康管理如此，企业员工管理同样如此。

设定明确的团队愿景

一个企业想要获得更好的发展，除了要注重企业的硬件设施，还需要关注一些软件内容。如果说企业对外在形象的管理是硬实力的体现，那对内部员工的管理则可以说是软实力的体现。

企业对员工的管理对企业发展有着至关重要的作用，只有一个企业的全体员工都拥有共同的愿景时，企业才能够获得最大的发展力量。团队愿景是管理者对企业发展前景和方向的高度概括，同时也是统一员工思想和行动的重要武器。

明确的团队愿景能够及时有效地向外界传递企业的发展信息，也能有效整合企业内外的资源，促进企业战略目标的达成。因为团队愿景的存在，员工能够了解到企业未来的发展远景，找到明确的奋斗目标和努力方向。

谷歌公司曾经进行过一项研究，这项研究的成果后来被命名为"氧气计划"。同时谷歌公司还开始对"优秀管理层所具备的基本能力和素质"进行了研究。结果发现了10项能力是优秀的企业管理者不可或缺的。

在这些具体能力之中，谷歌公司发现为团队设定愿景和目标是优秀管理者最重要的行为之一，研究团队认为清晰的团队愿景有以下几个好处：

首先，能够帮助团队获得成功。谷歌的一位优秀管理者认为："拥有引人注目的共同愿景对于团队的成功至关重要，因为它可以让你们保持专注并朝着同一个方向前进。相反，没有愿景的团队会因为难以聚焦和缺乏动力，而停滞不前缺陷。"

其次，团队成员可以知道方向。拥有一个清晰的愿景，这会让团队中的每一个成员都知道要向哪里走，现在的道路是否正确，做到什么程度才能算成功。

最后，帮助团队进行决策。清晰的愿景可以帮助团队做出决策，同时也能够衡量出事务的优先顺序。管理者在进行决策时，要与愿景联系在一起。

对于企业发展来说，团队愿景是必须要有的。就像一艘航船，如果不确定方向，就会在大海中漫无目的地漂泊。没有终点，最终只能被狂风巨浪所吞没。但如果能够拥有一个明确的方向，船上的所有人就会共同朝着一个方向努力，克服狂风巨浪，坚定地朝着终点前进。

想要所有员工都理解和接受团队的共同愿景，就要综合多方面的因素进行考量。具体来说，制定一个明确而有效的团队愿景，需要做好以下几点工作：

首先，从个人愿景到团队愿景。共同愿景按照范围大小，又可以分为组织愿景、团队愿景、个人愿景等不同的层次。这之中，个人愿景范围最小，但却是最基本的愿景。个人愿景决定着其他愿景的发展，它就像是一个重要的部分，影响着整个团队愿景。

对于一个企业来说，想要获得更多的经济效益，就要以企业内部员工的个人愿景为导向，进而去建立企业内部的整体愿景。为此，企业就需要去了解每位员工的奋斗目标，建立起员工的个人愿景体系。随后将这些个人愿景进行归纳总结，将基本的个人愿景提升为团队愿景，将其中的精华部分放大。

其次，设定不同的愿景目标。即使团队愿景是来源于个人愿景，但团队愿景在很多时候还是与个人目标相差甚远。这也是很多时候，企业员工会觉得共同愿景过于远大、不切实际的原因。目标高于现实是正常的，但如何让员工能够接受这种情况，就是一个值得思考的问题了。

为了能够更好地实现共同愿景，管理者需要将共同愿景分成不同的级别，或者说是不同的愿景目标。管理者可以将共同愿景分为短期愿景和长期愿景；短期目标和长期目标；简单目标和困难目标。在进行分类之后，再将这些目标在员工之间公示，尤其是短期目标和简单目标。

在看到简单目标和短期目标之后，员工就会觉得这些目标切实可行，就会对自己充满信心，对工作充满激情。同时，员工还会将短期目标和个人目标结合在一起，更好地朝着目标努力。

然后，管理者要身体力行。企业管理者也是团队愿景中的一环，而且还是最为重要的一环。在实现共同愿景的过程中，企业管理者应该身体力行，发挥带头作用。很多时候，管理者的带头作用将会为员工带来极大的动力。只有管理者充满激情的朝着共同愿景努力，员工才能同样斗志昂扬地朝着目标奋斗。

最后，将愿景与绩效挂钩。如果想要最大程度地调动员工的积极性，光靠共同愿景是不够的。只有将员工的工作收益与共同愿景结合在一起，才能够保障企业愿景更好地实现。企业愿景和员工的个人愿景契合度越高，员工努力的方向就会越正确，同时员工能够获得的回报也就会越多。

在设定团队愿景过程中，不能忽略团队中各成员的个人愿景。在处理个人愿景和团队愿景的关系时，经常会出现各种问题，如果这些问题处理的恰当，就会给团队带来一定的收益。但如果没有处理好这些问题，就容易给团队及其中的个人带来利益的损失。

对于一个企业来说，如果企业愿景设立的不明确，或是和企业员工个人愿景相互出入。那么这个企业就会在市场竞争中失去竞争力，同时也会让企业员工失去努力奋斗的信心和力量。

在设定团队愿景时，一定要注重团队成员的个人愿景。团队愿景不仅要明确而且要简单易懂，让各成员能够理解和接受。只有这样团队中的成员才能将力气向一处使，整个团队才能够团结成为"一股绳"。

第六章

管理制度背后的心理学博弈

——融入心理学，让制度自己发挥作用

管理的本质就是通过别人完成任务

　　组织管理中的一个核心问题就是要通过别人来完成任务，这同时也是管理的本质。作为管理者需要考虑的是如何通过管理来调动员工工作的积极性，而不是调动自己的积极性。因此，一些激励人心的技巧是企业管理者需要掌握的重要能力。

　　管理的本质是通过别人来完成任务，如果一个管理者自己完成了很多工作，那可以说这个管理者很勤劳。但如果有很多工作，管理者一件也不做，其员工帮助他完成了所有工作，那就要说这个管理者很有能力。也就是说，这个人很有管理能力。（这段说服力较弱）

　　对于企业管理，柳传志曾经对管理者在企业中应该如何进行管理，进行过一番论述。他认为："总裁在企业里一般都要做两件事：第一是制定战略并设计实施战略的战术步骤；第二是带好员工队伍，让你的队伍有能力按照这个战略目标去工作。这两件事做好了，企业就能向好处发展。但在做这两件事情之前，还有一个更重要的事就是组建班子。企业必须要有一个好的管理层，否则你把事情布置下去之后，下面的人未必照你的意思去做。有了好的班

子才能群策群力，同时对一把手也就有了制约。没有好的
班子就制定不了好的战略，就带不好队伍。所以领导班子
实际上是第1位的。"

柳传志先生将企业管理者的主要任务放在管理上，这是完全
正确的。这并不是说企业管理者不去亲自工作，而是说企业管理者
通过管理方法，让员工更加积极去工作。这样企业的生产效率才会
提高。

前面章节中提到的授权就是一种重要的管理方法。企业管理者
通过将自己的权力交托给别人，然后让别人去代替自己完成工作。
无论是管理者将自己的权力全部授予一个人，还是管理者将权力分
散授予不同的人。最终，都是为了更好地提高工作完成的效率。

企业管理在很多时候都是结果导向的，管理工作的每一个步
骤、每一个环节都要符合结果的要求。如果做不到这一点，管理就
会流于形式，得不到预期的效果。

所谓结果导向，就是说每一项工作都要以最终结果来进行判
定。管理者没有时间去追求过程的完美，只能够通过结果的数字和
绩效，来考察这项工作完成的怎么样。管理者要时刻提醒自己"我
要达成的目标是什么？"然后再去思考"为什么没有达成这个目
标？"这样，工作才能够得到有效地改进和提高。

很多中层管理者在管理过程中，缺少统筹和创新的意识。在
向上级管理者请示问题的时候，总是带着问题，将问题抛给上级管
理者。同时在汇报工作的时候，中层管理者总是强调自己做了很多
事，付出了很多努力，但最终的结果却并不理想。殊不知，上级管
理者所关注的是工作完成了没有，最终的结果如何。

将工作交托给别人去完成，自己从整体上把握工作的各个环节，从结果对工作进行评判。找出相应的问题，及时进行改正。这是管理工作以结果为导向的重要要求。

虽然说管理工作以结果为导向，强调工作结果。但这也并不意味着工作的过程可以被忽视。管理者并不需要加入到工作的过程之中，但需要通过结果对过程进行批评和指导。

管理者可以通过管理方法将工作交给别人去完成，但并不能因此失去对工作任务的掌控。具体来说，管理者要从宏观上去对他人的工作过程进行监督。及时指出别人工作过程中的不足，让对方纠正这种不足之后，再去继续下面的工作过程。错误纠正的越早，工作结果就会越"完美"。

管理者不能过于理想化地去追求结果的"完美"，不能因为将工作交给了别人就掉以轻心。管理者可以从工作计划、工作过程中不断对工作进程进行调整和修正。不要指望可以通过固有经验达到目标，管理者要考虑许多具体的情况。

员工的工作执行能力就是管理者始终要考虑的一个问题。在面对一项工作时，管理者事先对工作的难度进行了评估，然后选择了一个能力较强的员工去完成这项工作。正常来说，这项工作只需要很短时间就能够完成，但这个能力较强的员工却迟迟没有交付自己的工作。等到管理者去查看员工的工作时，因为缺乏有效监督，这个员工一直在偷懒。

试想，如果管理者托付工作之后，直接放手不管。那即使很容易完成的工作，也可能因为员工的问题而没有办法按时完成。那这是不是说管理者不要将工作分配出去呢？当然不是，管理者想要提高企业的经济效益，就必须要将工作任务分配出去。但如果，在工作过程中发现问题，就要及时处理。如果员工在工作过程中偷懒，就应该及时指正，或者将工作收回，交由别人去完成。

有人将团队比做成一艘船，团队逐渐壮大的过程，就是管理者从一个人驾驶小船到指挥大船的过程。因为船比较小，所以管理者多学多练也能够驾驶。但如果面对一艘大船，管理者就不能再一个人驾驶了。这种时候，管理者需要转变自己的角色定位，要从驾驶者转变成指挥者。

原本需要管理者做的事情，必须要交给大副、二副和船员们来做。一方面是作为船长的管理者，一个人无法完成这些工作，另一方面则是只有这样，这艘大船才能更好地航行，更轻松地应对惊涛骇浪。

调动员工积极性，激发员工潜力

需要产生动机，动机激发行为，哲学上经常提到的主观能动性就属于动机的范畴。在管理心理学中，调动员工的积极性就是要让员工的心态从"要我工作"变成"我要工作"，从"为别人工作"变成"为自己工作"。

北美心理学家和行为学家维克托·弗鲁姆在《工作与激励》一书中提出了"期望理论"。"期望理论"又被称为"效价–手段–期望理论"，是管理心理学中的一种重要理论。这一理论可以用公式"激动力量=期望值×效价"来表示。

其中，激动力量所指的就是调动个人积极性，激发个人的潜在能力。期望值则是指根据个人经验判断达到目标的把握程度。效价则是指目标对满足个人需要的价值。这个理论的公式表明人的积极性被调动的大小与期望值和效价的乘积有关联。

这也就是说，一个人对目标的把握越大，估计达到目标的概率越高，那能够激发起的动力也就会越强烈，个人的积极性也就越大。这一理论对于调动员工的积极性具有重要的意义。

克莱斯勒汽车公司是美国第3大汽车公司，这家公司的汽车销售额在全球所有汽车公司中名列第9。在二战之前，创业仅10年的克莱斯勒公司迅速上升为美国第2大汽车公司。但到了20世纪40年代，为了降低成本，克莱斯勒公司始终不肯对原有车型进行改进，同时也不进行重大技术的创新研发。这让这家公司失去了迅速扩张壮大的机会，并且丢掉了很大部分的市场份额。

到了20世纪70年代，国际石油危机发生，为了应对原油价格上涨、以及不断上升的投资成本，克莱斯勒公司将大部分国外资产进行处理变卖，最后导致公司几乎破产。

1978年，李·艾科卡担任总裁后，开始解决公司内部部门重叠、任人唯亲、秩序混乱、缺乏沟通、效率低下的种种现象。仅仅两年时间，减少了12亿美元的留用职工薪金。此外，他还为克莱斯勒公司建立了内部沟通制度，聘用一流广告公司进行宣传。

在艾科卡的一系列做法之中，运用管理心理学，调动员工的积极性，成为了帮助公司扭亏为盈的关键。在这一方面，艾科卡主要做了以下几点工作：

首先，他积极与员工进行交流。艾科卡十分看重人才，同时对于那些中等或是才能平庸的人也十分看重。他认为这些人如果能够感受到自己被重用，将会发挥出重要的作用。

其次，让员工了解管理者的行动。艾科卡发现动员员工最好的方法是让他们了解整个精心策划的行动，使他们成为其中的一个部分。管理者不能让员工去猜自己的意图，而要明确地告诉他们自己想要做什么，想要得到什么。

最后，把握好奖赏的时机。艾科卡认为提升某人的时候，也就是增加这个人责任的时候。因此，要把握好奖赏的时机。

经过3年的调整和改变，艾科卡让克莱斯勒公司发生了根本变化，重新成为一家实力强大的汽车公司。

一个优秀的管理者，正应该像艾科卡一样，运用期望理论来调动员工的主动性。其实，激励的心理过程就是人的动机激发的过程，而动机的产生和实现，又是人的需要和目标相互转化的过程。如果一个人把实现目标的价值订得越大，估计能实现的概率越高，那能够激发的动机也就越强烈，个人的主动性也就越容易发挥出来。

人们的行为都是为了达到一定的目的，通过有意识地将自己的行为和目标对照，就能够了解到自己的前进速度和到达目标的距离，这样他们的行动积极性就会持续高涨。

因为个人的目标、需要是不同的，他们的价值观、能力和外部因素也存在差异，因此同样一个工作目标，在不同人的身上所起到的作用也会有所不同。因此，在调动个人积极性的时候，要注意目标的正确性，如果这个目标在大多数人看来太高、完成难度太大，那他们就会对目标失去信心。这种情况下，不仅不会激发他们的主动性，还会影响到原有的工作效率。

因此，在调动个人积极性的时候，管理者应该确立科学可行的奋斗目标。如果这一目标还能够提高职工的利益，那员工的工作信心、工作积极性就都会得到激励。继而更好地为完成目标而奋斗。

近些年来，越来越多的企业管理者开始注重调动员工的个人心理，来让员工为自己的管理提供价值。为了能够取得更好地效果，在具体的管理实践中，管理者需要注意以下几个方面的问题：

首先，管理者需要注重决策和目标制定的科学性和可行性。将企业发展方向、企业发展目标和涉及到员工利益的重大事情向员工公开。正如艾科卡在克莱斯勒公司，让员工了解管理者的行动一样。这是调动员工积极性的一个重要环节。

其次，真正让员工参与到企业的各项工作之中。充分吸取和利用员工的聪明才智和创造力，让员工能够以高度的主人翁意识，全身心地为实现企业发展目标而努力奋斗。

充分调动员工的积极性，是一种重要的管理方法。管理在很多时候也是一种行为力和领导力，在企业影响员工的众多因素之中，企业管理者的心理和行为也是其中的一个重要因素。想要调动员工的积极性，企业管理者也需要注意个人的行为。

企业管理者提出了节约各方面开支，全力进行创新研发的目标，但自己却依然在一些并不重要的方面大手大脚。这些行为员工看在眼里，即使脸上不表现出来，心里也会有所不满。这种时候，再想去调动员工的积极性，让员工加班加点投入到创新研发工作中，获得的效果就会非常有限。

管理心理学研究表明，即使工资、奖金、福利等因素发挥充分，也只能调动职工积极性的60%，另外40%的积极性则需要管理者以其卓越的行动来调动。

充分调动员工的积极性，是企业管理水平的体现，同时也是企业发展的动力所在。企业发展的方方面面，都需要员工的积极性发挥作用。这一作用在很多时候都是无可替代的。

纪律，给被管理者一个心理适应区

　　"无规矩不成方圆"，现在"规矩"这个词已经远远超过了它本身的意义，延展到了我们生活和工作的方方面面。"规矩"可能是束缚个人前行的羁绊，同时也可以规范人们行为活动的工具。"规矩"本身并没有什么好坏，关键是看怎么被运用。

　　"上课要遵守课堂纪律""在电影院不能大声喧哗""不能践踏草坪""不能乱扔垃圾"，这些都是规矩，而且更是社会公德的体现。相比于这些"规矩"，企业纪律这种"规矩"，显然要复杂很多。

　　在现代社会中，一个企业只有有"规矩"才能够有效率。每个公司都会有规章制度，这些规章制度就是企业的纪律、企业的规矩。企业的生命力正是来源于严格的规章制度和员工良好的精神风貌。没有明确的规章制度，工作就容易陷入混乱之中。如果有纪律却没有人遵守，每个人都按照自己的意愿去行事，那就会降低工作的效率，影响到企业的利益。

　　巴顿将军曾说："纪律是保持不对战斗力的重要因素，也是士兵们发挥最大潜力的基本保障。所以，纪律应该是根深蒂固的，它甚至比战斗的激烈程度和死亡的可怕性质还要强烈。"巴顿将军深知军队的纪律比什么都重要，正是对纪律有着如此深刻的认识，并能够严格执行纪律，巴顿将军的军队才会变成一支顽强不屈，具有战斗力的不对。

　　企业就像是一支军队，企业的管理者则是这支军队的将军。想要管理好自己的企业，就需要拥有完善的组织纪律，并且能够严格执行这种组织纪律。纪律是一切制度的基础，一个企业想要长久生存，最重要的一点就是要拥有组织纪律。

　　任正非在华为公司监管体系座谈会上，曾说："一个组织要有铁的纪律，没有铁的纪律就没有持续发展的力量。华为最优秀的一点，就是将17万员工团结在一起，形成了这种力量。"

　　华为公司之所以能够快速发展，在很大程度上得益于在管理和控制领域进行的监管。任正非认为公司发展越快，管理覆盖的就越不足，暂时的漏洞也会越多。鉴于此，华为公司设置了内部控制的3层防线。

　　对于纪律方面地建设，任正非提到："要建立严格而不恶的规则，明确收到供应商、个客户……单据、投诉的事务性员工，必须当天或者不迟于第2天，将消息贴在公告栏上。一周内必须把单据整理好上传，并给客户开具通知，审计凭此查不作为员工。前5年有意迟滞单据传递的，接受过供应商旅游度假……的事务性员工要反思，不合适的员工要进入末位淘汰资源池，但仍可以在职在岗自省。轻的可以降职降薪，弃除虚拟股ESOP或TUP。大胆把责任心强的员工破格提拔起来。"

不仅华为公司有着明确的组织纪律，腾讯、阿里巴巴等公司都有着明确的规章制度。规章制度制定的越清晰、越明确，就越能让员工理解、执行。许多企业发展过程中出现的问题，都需要用规章制度进行规范，通过规范员工的行为来解决这些问题，防止同样的问题再次发生。

在阿里巴巴的一次会议上，集团CEO张勇提到要建立阿里巴巴的"三大纪律八项注意"。这些纪律主要是针对客户服务方面，为了优化客户服务而制定的。

张勇说："我想我们每一个小二都要扪心自问一下，我们平时在怎么面对客户，我们怎么在服务客户，在这个里边，我已经跟蒋芳说了，我们必须有一些硬的纪律。我们今天面对客户的时候，我们淘系的所有同学，必须有一些共同遵守的行为规范，我们需要有我们自己的三大纪律八项注意。我请我们的HR，我们的业务团队的Leader，我们的班委一起来讨论我们的'三大纪律八项注意'是什么，我们只有这样，我们才能够让我们所有的小二，特别我们新进来的小二，我们来的时间不长的小二，不要很短的时间忘记了自己，没有想到来到这儿影响力那么大。"

在企业发展过程中，总会出现许多新的问题、新的挑战。企业需要拥有一个完整的规章制度，这一规章制度从整体上规范着全体员工的行为。但具体到细节工作或是岗位上，这些规章制度可能规范得并不到位，这时就需要制定相应的纪律来规范细节问题，以及出现的新问题。

　　企业纪律是每个员工都必须遵守的工作准则。作为管理者，在制定企业纪律时，不仅要考虑企业发展的需要，同时还需要考虑员工的意见。具体来说，在制定企业纪律时，管理者应该注意以下几个方面的问题：

　　首先，员工是否不满意这项纪律，由此产生厌恶情绪。不合理的企业纪律会导致员工积极性降低，出现纪律懒散的情况。因此，在制定纪律时，应该在一定程度上征求员工的意见，如果绝大多数员工不认同这项纪律，那如果要强硬推行下去，就会遭到员工的抵制，从而产生消极的影响。

　　其次，此项纪律是否覆盖了所有员工，员工是否深刻认识到了这项纪律的重要性。制定纪律时，应该更广泛地覆盖所有员工，同时也要将管理者融入其中。在执行纪律时，管理者的以身作则，往往能够起到更好地作用。此外，让员工认识到纪律的重要性，了解违反纪律的后果，帮助员工建立奖惩意识，建立纪律观念，这样能够更好地保证企业纪律的施行。

　　企业纪律是规范员工行为的重要保障。纪律并不是对员工的一味约束，违反纪律会受到惩罚，遵守纪律也应该获得一定的奖励。只有这样，员工才能够心甘情愿地去遵守纪律，在纪律的指导下，发挥自己的主观能动性。

团队的制度必须制定明确

任何一家企业，在创业之初都不可能有完善的制度，当然，初创企业也做不到这一点。创业公司发展的第一阶段是全力以赴拼业绩，只有在激烈的市场竞争中生存下来之后，才能再去考虑扩大规模的问题。

调查显示，中国中小企业的平均寿命不到3年。为什么会出现这样的情况？因为在企业初创阶段，创业者靠着拼劲和闯劲，在激烈的市场竞争中存活了下来。当竞争不再激烈时，创业者的进取精神也已消磨殆尽。失去了危机感之后，创业者就容易急躁冒进，认为自己无所不能，进而最终走向失败。

当然，这里最根本的原因还是创业者在管理上出现了问题，企业制度建设就是其中的一个重要问题。一个企业是否拥有明确的企业制度，这些制度是否被严格执行，是关乎企业生存和发展的重要问题。

如果能够拥有一个明确的企业制度，企业管理的效率就会提高。如果企业员工能够遵循这一制度，那企业的经济效益也会提高。如果管理者能够不断更新这一制度，那企业就会获得生生不息的生命力。

　　杜邦公司成立于1802年，是世界500强企业中最长寿的公司。其长寿的秘诀就是不断在企业制度上寻求创新。

　　早期的杜邦公司，在企业管理上，崇尚个人主义。在亨利·杜邦管理公司期间，即使是微小的决策，他也要亲力亲为，依靠管理者的亲力亲为，杜邦公司的发展达到了一个前所未有的高度。但此时杜邦公司取得的成绩更多来源于亨利·杜邦卓越的个人能力，而并不是完善的企业制度，这也为杜邦公司日后的发展埋下了隐患。

　　亨利·杜邦去世之后，杜邦公司的效益开始大幅衰退，为了挽救局势，杜邦家族决定开始实行集团式经营的管理体制。在实行制度化管理后，杜邦公司的效益得到明显提升。但由于杜邦公司的决策权过多集中在杜邦家族手中，导致很多决策不符合市场形势。

　　在20世纪60年代，杜邦公司遭遇了一次严重危机，致使他们不得不出手10亿多美元的通用股票来自救。出现这次危机，说明原有的企业制度已经不再适应企业的发展。于是，在科普兰·杜邦上任后，杜邦公司进行了改变，科普兰逐渐放弃管理职位，他让非杜邦家族的马可担任总经理，同时还放弃了财务负责人和董事长的职务。

　　杜邦公司能够长久发展的原因，并不是管理的人是谁，而是因为在每一个阶段，杜邦公司的管理制度都很明确。杜邦公司正是用制度来管理，按制度来执行，公司的一切都在制度的规范下正常运转。

　　杜邦公司的发展不仅告诉我们企业需要有明确的制度做保障，

同时还表明了企业的制度并不是一成不变的。再明确的制度也要随着现实环境不断进行调整，不断寻求创新。杜邦公司的壮大正是依靠着持续不断的制度创新而得来的。

在企业管理中，管理者逐渐形成了一个共识，那就是"要让制度管人，不要让人管人"。虽然大多数管理者都知道这一点，但如何制定明确的管理制度，如何让企业中的员工能够认真执行这些制度，却成为了管理者们头痛的问题。

想要让制度真正能够在企业、在组织、在团队中发挥应有的作用，就需要在制度制定方面多下功夫。具体来说，管理者应该做好以下几点工作：

全面总结，对症下药。管理制度的制定，需要考虑的并不仅仅是对错问题，更多还要考虑是否适用的问题。企业管理者应该对企业进行全面的评估，然后再去衡量制度的轻重。制度过于严格容易让员工产生逆反心理，过于轻松又会让制度形同虚设。因此，"下药的剂量"一定要把握准确。

充分协商，保障实行。没有哪个员工喜欢被制度束缚，如果管理者在制定制度的时候，不充分考虑员工的感受和意见，强迫员工去接受制度，员工就会产生逆反心理。为了防止这种情况的发生，管理者可以通过"协商"的方式与员工共同探讨一些问题，在一些方面征求员工的意见，进而出台更为完善的管理制度。虽然是共同协商，但更多还是由管理者所主导的，通过这种方式，却能让员工有参与感。

简单易懂，标准明确。制度的制定要尽量简洁，能用一条制度说清，就不要再使用另一条。同样的制度过程越繁琐、责任越分散、数量越繁杂，就越容易出现问题。同时，制度的制定还要明确标准，明确哪些可以做，哪些不能做，哪些应该做，做错了什么会遭到什么惩罚。这些内容都需要明确清楚，一个方面含糊不清，就会让整个制度失去准确性。

令行禁止，因时创新。企业的规章制度发布之前要经过充分考虑，一旦发布就不要出现朝令夕改的现象。这不仅会削弱企业的执行力，同时还会有损制度的权威性。这也并不是说不更改，制度要根据实际情况进行改良和创新。因此，作为管理者，要把握好"改"与"不改"之间的界线。

一些企业不喜欢进行制度建设，认为这些条条框框多余、沉冗，但实际上，制度是一种重要的判断标准，同时也是工作有序进行的一种保障。智能机器之所以能够自行处理任务，就是因为被植入了固定的程序，这种程序其实就是一种"制度"。

管理心理学将制度的明确性作为评判管理水平的一个重要标准，管理者的很多管理方式其实都是围绕着制度来进行的。即使是初创企业的管理者，也应该拥有一种制度意识，想要让企业发展壮大，制度建设是必不可少的。

"KPI 心理"，不要为了考核而考核

KPI是关键绩效指标的简称，这是将企业的战略目标分解为可操作的工作目标的工具，同时也是绩效管理的基础。关键绩效指标经常用于衡量员工工作绩效表现，是一种量化的指标。

而KPI心理则是指一切以数据指标为追求的心理。现在越来越多的企业、团体、组织通过量化的绩效评估来评判一件事情的好坏，一切以标准化的数据作为评估员工价值的标准，同时这些数据也是激励员工的重要方式。达到了指标标准就有奖励，没有达到标准就会被惩罚。正是如此，绩效考核开始逐渐变成为了考核而考核的工具。

绩效考核到底为什么而存在？考核的目的又是什么？是什么原因导致了大多数企业的绩效考核流于形式，无法取得好的效果？在现代企业管理中，很多企业用错了绩效考核，这些企业总是为了考核而考核，绩效考核反而成为了约束员工行为的工具。绩效考核的量化结果则成为了罚扣员工工资的标准。

绩效考核的重点不应该在落在考核上，而应该落在绩效上。绩效考核不能代替管理，企业管理者需要运用管理手段来约束员工，而不应该用绩效考核来约束员工。绩效考核更多应该成为一种激励工具，激励员工主动提高绩效，而不是变着花样的想要混过考核。

一位阿里前员工曾经描述过阿里巴巴员工对待KPI（关键绩效指标）的心理变化。当时，阿里巴巴每季度或每半年会进行一次KPI考核，主要看员工的绩效如何。对于用KPI来进行考核，许多员工都存在一些负面的看法，阿里的管理层也知道会有一些负面效果，但在没有找到更好的办法之前，更多还是依靠KPI来进行考核。

这位员工形容自己对于KPI，一共产生了4个阶段的心理变化。

在刚进入公司时，他对KPI的重视程度是70%。在大多数时间，他所做的都是KPI考核中需要涉及到的内容。同时如果有对公司有利的事情，即使不再KPI考核范围之内，他也会去做。这是第1个阶段。

随着工作时间的增长，它对KPI的重视程度下降到30%。这时他大多数时间所做的都是对公司有益的事情，至于是否是KPI考核范围内的事情，他并不在乎。这是第2个阶段。

此后，他发现做对公司有益的事情有时会导致自己的KPI不好，这样就会影响薪酬待遇，导致无发升迁。这时他对KPI的重视程度变成了100%，只要不是KPI考核的内容，他就不想去做。这是第3个阶段。

到了最后，他对KPI的重视程度变为了0。这并不是说他完全不在乎绩效考核，而是他已经对自己在这家公司的前途不在乎了，开始准备寻找其他的工作了。这是第4个阶段。

从上面故事中，可以看出员工处于第2个阶段时，对公司来说是最好的。而到了第3个阶段则是最为危险的阶段，如果处理不好，员工的心理就会过渡到第4个阶段，这时就会造成企业员工的流失。

对于一味追求数据表现，我们可以称之为"KPI心理"。管理者出现"KPI心理"对企业的影响是很严重的，这会影响企业的正常管理秩序，导致"指标至上"的现象。进而还会影响到员工，如果绩效考核只是为了考核，那员工也就只能为了完成任务而完成任务，为了达到目标而进行工作。

因此，管理者在制定绩效考核制度的时候，不应该将重点放在考核上，而应该放在激励上。绩效考核的目的是为了更加公平有效的激励，为的就是提高员工的工作积极性。

在这里管理者应该让员工区分好日常管理和绩效考核这两个概念。很多时候，不仅是员工，一些管理者也会认为绩效考核就包括着日常管理，这种观点是不正确的。

管理者将绩效考核作为公司扣罚员工的工具，将其与迟到早退、是否佩带工牌、是否遵守员工规范等内容相挂钩，然后按照公司的规章制度来进行批评、处罚。看上去这并没有什么问题，但实际上这些内容都应该属于日常管理，应该和绩效考核区分开来。

日常管理是十分必要的，迟到早退应该按照公司的规章制度进行管理。这是维持公司正常运转的必要手段。但这并不能和绩效考核混为一谈，日常管理是日常管理，绩效考核是绩效考核，这是两个不同的领域。

很多公司将日常管理和绩效考核混为一谈，这让员工产生了绩效考核就是扣罚自身的工具的心理。在这种心理作用下，员工就会对绩效考核产生抵触情绪，进而丧失工作的积极性。如果员工一直处于这种心理状态之中，工作的效率就会大大降低。

企业管理者要让员工摆脱掉这种心理，就要从绩效考核制度方面下功夫。

一方面，绩效考核制度的制定要切合实际，从企业的实际发展出发。不要制定过高、过严的绩效考核标准，不要让绩效考核成为约束员工开展工作的工具。另一方面，在执行绩效考核制度的时候，不要统一标准，教条般按照理论去执行。管理者不能只盯着数据和指标来判定员工的个人价值和对工作的付出。当然，这里并不是说结果不重要，而是要全面考量结果和过程，数据只是一个评判标准，而不是全部。

作为管理者，要及时改正自己的"KPI心理"，同时也要防止员工出现"KPI心理"。一两个员工出现"KPI心理"可能是其自身原因所致，但如果大多数员工都存在"KPI心理"，那管理者就要好好考虑一下自己的绩效考核制度是否合理，自己的管理方法是否合适。及时发现问题所在，才能减少问题的发生。

管 理 圣 经

不懂带团队，你就自己累

李向阳◎编著

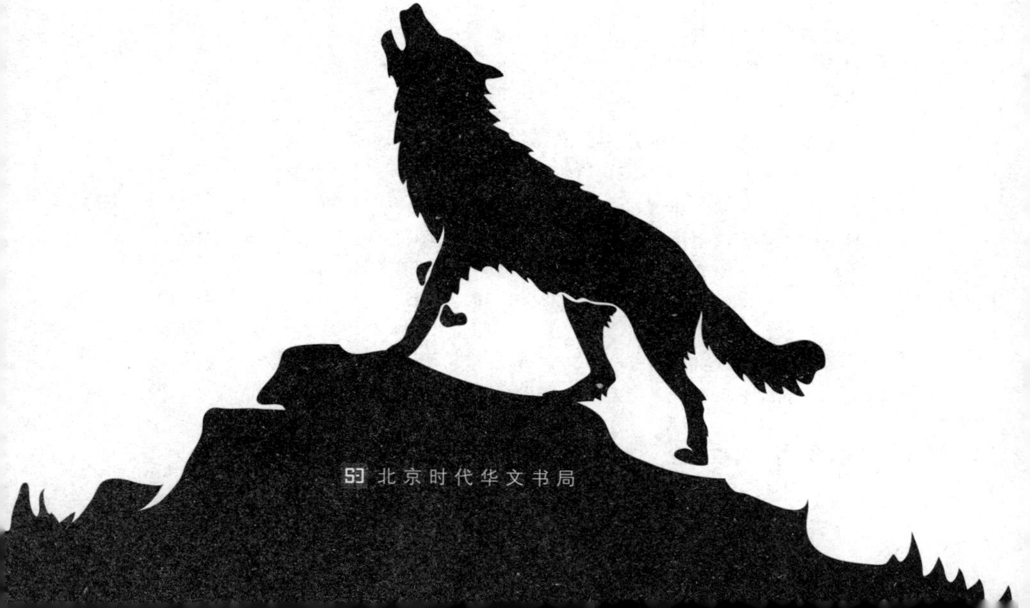

北京时代华文书局

图书在版编目（CIP）数据

不懂带团队，你就自己累 / 李向阳编著. -- 北京 ： 北京时代华文书局，2020.6
（管理圣经）

ISBN 978-7-5699-3657-5

Ⅰ．①不… Ⅱ．①李… Ⅲ．①企业管理－团队管理 Ⅳ．①F272.9

中国版本图书馆CIP数据核字（2020）第061897号

管 理 圣 经　　不 懂 带 团 队， 你 就 自 己 累

GUANLI SHENGJING　BUDONG DAI TUANDUI, NI JIU ZIJI LEI

编　　　者	李向阳
出 版 人	陈　涛
选题策划	王　生
责任编辑	周连杰
封面设计	景　香
责任印制	刘　银

出版发行 ｜ 北京时代华文书局 http://www.bjsdsj.com.cn
　　　　　北京市东城区安定门外大街136号皇城国际大厦A座8楼
　　　　　邮编：100011　电话：010-64267955　64267677

印　　刷 ｜ 三河市京兰印务有限公司　　　电话：0316-3653362
　　　　　（如发现印装质量问题，请与印刷厂联系调换）

开　　本 ｜ 889mm×1194mm　1/32　印　张｜5　字　　数｜116千字
版　　次 ｜ 2020年6月第1版　　　印　次｜2020年6月第1次印刷
书　　号 ｜ ISBN 978-7-5699-3657-5
定　　价 ｜ 168.00元（全5册）

在这个世界上，不管是几个人的小团队，还是成百上千人的大团队，管理者都需要去考虑如何把人带好的问题，都需要花费精力来重点思考内部管理的问题。因为谁都明白，要想让一个团队变得更大更好，就需要发挥出团队的整体力量。

尽管道理很简单，但是真正要想让一个团队产生价值并不容易。如何带人、如何管理团队一直以来都是管理者所面临的难题。

每年都会有大量的企业诞生，但并非所有的企业都发展顺利，可以说绝大部分企业在发展中都存在各种各样的问题，而其中最常见的问题，就是团队建设和团队管理问题。

很多管理者认为自己筹集了资金，掌握了技术，拥有了人才，就可以把团队做大做好，但实际上仅仅将这几个因素聚集在一起并代表着能真正把团队带好，也并不意味着能真正发挥所有人的能力和价值。

对于团队管理者来说，如何去管理内部的成员，如何去引导他们做出贡献，是一件非常困难的事情。充分发挥出团队的整体力量往往需要高明的管理技巧，需要一整套非常完善、非常合理的管理体系来支撑，而这些都是团队管理的关键因素。

当一个管理者不懂得如何管理人才的时候，当一个管理者不懂得如何完善管理体系的时候，团队往往会变成一盘散沙，已经有很多不善于管理团队的管理者在失败中证实了这一点。

最明显的例子就是，如果团队的管理者仅仅要求员工工作，仅仅给他们每一个人下达指令，而不采取必要的约束手段管理他们，不采用一些技巧来刺激他们，或者不想办法为他们创造更好的工作条件，那么员工在执行命令的过程中就可能会出错。

一些管理者会说"我们团队拥有很多员工"，但是单纯的人数优势并不能真正说明你的团队有多强，关键在于管理者是否能够驾驭好这么多的人，是否能够将这么多的人变成一个强有力的整体。

在管理学专家看来，任何一个团队在缺乏有效的管理之前，都是无序的。团队中的每一个人都按照自己的想法去做事，都按照自己的理解方式去思考问题，这样一来，团队的人数越多，管理的难度就越大，内部也越混乱。很多团队之所以会出现混乱、无序的状况，就是因为管理人员缺乏合理的管理手段，缺乏带人的技巧，他们不知道如何将整个团队凝聚在一起，不知道如何约束团队的行动，不知道如何去做好内部的工作安排，不知道如何引导员工做出正确的行为。

所以，对于管理者来说，掌握带人的技巧，掌握管理的方法至关重要，而这不能仅仅依靠个人的控制、引导和管理，还需要制定出合理的团队管理制度，营造良好的工作环境，建设富有特色的团队文化。

团队管理是一个非常复杂的大课题，它不是管理者个人的行为，也不是管理者和员工之间点对点的简单模式，更不是一种单纯依靠管理者的权力就可以控制一切的模式，而是一种思维模式，是一整套足以激发团队动力和活力的方法，更是一套完整的体系。

事实上，任何一种管理模式，任何一种管理方法，都是建立在整个管理体系的基础上的，并从属于这个体系。因此可以说，如何带人不仅是管理者个人的能力和技巧问题，还是一个管理体系是否完善的问题。

《不懂带团队，你就自己累》紧扣"管理"这一重要元素，以日常管理中最常见的一些问题作为案例，对团队建设、团队管理、团队发展等问题进行了深层分析和阐释，从管理模式、管理技巧、体系建设等方面为一些经验不足的团队管理者提供了切实可行的指导，能有效帮助他们掌握相关知识，学习如何成为出色的管理者并打造出一个优秀的团队。

目录

第一章

快速增强你的领导力

1. 领导力，是团队管理的核心要素   002

2. 树立权威，员工才会追随你   006

3. 灰度管理，让团队形成合力，让管理回归简单   010

4. 想让员工做到的事情，管理者必须先做到   014

5. 强化弱势环节，团队的优势才能更加突出   020

6. 合理授权，让员工更愿意为你做事   025

第二章

让团队充满战斗力的"五大武器"

1. 团队意识：打造超强战斗力的第一步   030

2. 艰苦奋斗：优秀的团队里，人人都是奋斗者   034

3. 执行文化：让员工说到做到，不为失败找借口   038

4. 自我批评：善于发现问题的团队，更具竞争力   043

5. 竞争意识：把团队里的"羊"，变成勇于拼搏的"狼" 048

第三章

体系化管理，让工作效率翻倍

1. 完善薪酬体系，员工更有拼劲　　　　　　　　054

2. 强化员工的纪律性，才会有强悍的执行力　　　058

3. 高效流程管理，花更少的时间，实现更高的业绩　062

4. 建立应急管理体系，提升团队的抗压、应急能力　066

5. 实行岗位轮换制，打通员工快速成长的通道　　070

第四章

目标正确，比做事正确更重要

1. 坚持运用SMART目标管理方法　　　　　　　　076

2. 管理者需要划分短期、中期、长期目标　　　　085

3. 统一内部的发展目标，团队的目标才能顺利实现　090

4. 引导员工，将个人目标与团队目标结合起来　　094

5. 建立更高目标，为团队注入追求卓越的"野心"　099

第五章

会选人会用人，平庸者变干将

1. 人尽其才，让每个人都发挥出自己的最大价值　　104

2. 别把"尊重"挂在嘴上，而是要放在心里　　109

3. 高薪"挖人"，不如内部培养　　113

4. 优秀的管理者，都是心理学高手　　117

5. 从一线员工中，选拔出你的"左膀右臂"　　121

6. 拥有包容之心，才不会埋没员工的才华　　125

第六章

学会有效沟通，工作变得轻松

1. 完善团队的沟通体系，说话才会有人"听"　　130

2. 完善监督和反馈机制，快速解决工作难题　　134

3. 建立信息分享机制，让团队效率最大化　　138

4. 赞美员工要有针对性，更要具体化　　142

5. 站在员工角度考虑问题，工作才能卓有成效　　146

第一章

快速增强你的领导力

1. 领导力，是团队管理的核心要素

我们对于优秀的管理者，会有一个大概的认识：一位优秀的管理者，能够制订最好的计划，能够让最聪明的人为他工作、执行计划；一位优秀的管理者，懂得为员工创造最佳的工作环境，并给予足够的尊重；一位优秀的管理者，具备那种让别人信任他并心甘情愿为之付出的魅力。

简而言之，一位优秀的管理者具备那种引导和影响团队成员的能力，这种能力就是一种领导力。所谓领导力，是指管理者在所负责的范围内充分地利用人力和客观条件，以最小的成本完成所需要完成的工作，以提高整个团队的办事效率。

作为衡量和鉴别管理者是否能够做好管理工作的一个标准，领导力直接关乎管理者个人的素养和水平。

通俗地说，领导力的本质就是具有前瞻性、冒险性和勇气，具有鼓舞团队成员对团队的使命或价值观产生向心力的力量。领导力的本质就是影响力，它往往需要管理者借鉴一些心理学知识来支配管理活动，从而使一个普通的管理者成为具有卓越才能的真正管理者。

领导力往往包括权力影响力和非权力影响力。

权力影响力主要包括信息权、关照权、法定权、奖赏权、关联权、强制权，这些权力通常都和地位、身份有关，和团队内部的职级差别有关。换句话说，这些影响力大都是建立在权力的基础上的，或者说是从权力中衍生出来的。

对于任何一个管理者来说，所拥有的这些权力影响力是一种自带的天然属性。也就是说，只要他们身居管理者的职位，只要他们拥有管理的责任和义务，只要他们掌控着管理和引导他人的权力，那么这些影响力就会存在。

在早期的管理体系中，管理者的管理模式大都是建立在权力的基础上的，管理者的领导力和对团队施加的影响力也是建立在权力的基础上的。那个时候，管理者都会加强对团队的控制，会运用各种权力和制度来约束员工，在确保员工的工作态度以及工作成果时，管理者最常用的手段就是下达命令，然后运用考核制度来约束他们的行动。

可以说，管理者会将权力作为管理的主要工具，领导力基本上等同于强制力。而即便是在现代管理体系中，权力也是构建领导力的主要因素。毕竟管理本身就是建立在职级差别的基础上的，可以说权力仍然是管理的基础，是维持整个管理体系的一种支配性力量，不过在现代管理体系中，权力影响力的分量已经缩减，一些非权力影响力得到加强。

非权力影响力主要指一些心理学上的暗示和引导，包括互惠、一致、认同、喜好、权威、短缺等。

比如，人们很轻易地就会答应一个在没有负债心理时一定会拒绝的请求，但是一旦接受了别人的某种馈赠，就会表现出回报的欲望，这就是互惠原理。在日常管理中，管理者会想办法给予员工一些奖励、赞美或者信任，这样就会促使员工做出更为非凡的成绩，以迎合管理者的需求。

> 有位企业家曾经说过这样一件事。
>
> 有一次，他准备安排一个工程师设计出一个新的液压机，不过由于技术指标非常高，而且有着严格的期限，因此很多工程师都觉得不太可能完成，他们也不愿意接受这个任务。
>
> 这时候，这位企业家在心里物色了一位能力出众的工程师，然后在一次会议上当着所有人的面称赞了这位工程师，并认为他的能力值得公司信任。在这次会议后，这位企业家找到了这位工程师，问他是否愿意去负责生产新的液压机，结果这位工程师由于先前的称赞，根本不好意思推辞，于是接受了这个艰巨的任务。而临危受命的工程师非常拼命，将全部的精力全部投入进去，最终在规定时间内他完成了企业家交代的任务。

非权力影响力是很多管理者身上都具备的特质。相比于对权力的运用，优秀管理者更不喜欢强制员工做事，不喜欢采取一些控制手段去约束员工的行为。相反地，他们更愿意从心理上对员工进行引导，采取一些更加温和的、更加人性化的或者更具技巧性的方法来加强自己的影响力。

总而言之，领导力在管理系统中是一个根本性、战略性的范畴，是管理者凭借其个人素质的综合作用，在一定条件下对特定个人或整个团队所产生的人格凝聚力和感召力，是保持团队卓越成长和可持续发展的重要驱动力。

如今，领导力已经成为综合管理能力不可缺少的构成因素之一。对于任何一个管理者来说，如何保持强大的领导力，如何运用领导力来打造强大的团队，是需要重点考虑的问题。

2. 树立权威，员工才会追随你

在提到领导力的时候，多数人想到的第一个要素往往就是权力，毕竟在一个团队内部，管理者的权力和领导力息息相关。但是，单纯地将权力当成领导力来看并不合理。

事实上，权力大的人不一定具备领导力，或者说权力大的管理者不一定具备很强的领导力。其实相比于将权力作为领导力，将权威作为一种领导力更为合理。

权威是管理者必须拥有的一个重要特质。对于管理者而言，必须懂得利用自己的职级、能力等多方面的优势对下属员工进行管理和指导。而这个时候，往往就需要建立自己的权威。

那么什么是权威呢？简单地说，权威是对权力的一种自愿服从和支持。在这个概念中，最重要的一个词是"自愿"。可以说权威并不是管理者释放权力增强影响力的表现，而是接受管理的人对于权力机制的有效反馈。

比如，对于有些管理者来说，虽然他们拥有同样的职级，但是有权威的管理者往往更具有说服力，员工也更愿意服从他的命令。

这种具有权威的管理者在团队内部的声望通常很高，管理成绩也非常出色。而缺乏权威的管理者，在管理方面缺乏足够的影响力，员工们不愿意为他工作，也不愿意听从他的命令，团队内部上下层的衔接工作做得并不好，工作效率也不高。

很显然，权威是一个影响个人管理能力和素质的关键因素，也是决定个人领导力的一个重要因素。因此，对于团队管理者来说，权威是一个不可或缺的要素。

正因为这样，团队管理者为了增强自身的领导力，首先就要提高自己的权威，要让自己变得更有话语权，变得更具影响力、号召力和凝聚力，并在具体的工作中体现出来。

管理者可以从以下几个方面来提高自己的权威：

——公正的赏罚

管理者的权威通常来源于日常工作中的管理活动。因为，对员工的赏罚往往最能展示出一个管理者的权威。

那些赏罚分明，能够按照规章制度公平对待每一位下属的管理者，往往更具权威性；反过来说，那些本身就不顾规章制度、公平原则的管理者，以及总是带有个人偏见地看待自己下属的管理者，往往会失去权威，也会失去员工的信任和支持。

因此，团队中的管理者如果想让自己变得更有权威，最应该做的就是保障规章制度的权威性，公平客观地对待每一位下属。

——以身作则

权威并不是权力，也不是依靠权力形成的一种强制性的影响力。权威，更多时候源于一种最基本的信任。

对于团队管理者来说，只要赢得下属们的信任，就可以更加轻松地建立起自身的权威。而在管理活动中，赢得信任的第一步就是要完善管理者自身的形象，要确保自己能够做好分内的工作，并以一种积极的、正面的形象来影响所有人。

以身作则，是树立个人权威的重要方式。管理者必须明白，要想影响到他人，让自己的管理工作更加轻松，让自己的领导力渗透到每一项工作中，就必须主动遵守各项规定，做好本职工作，更要率先为团队做出贡献。只有这样，管理者才能真正树立起自己的权威，才能确保整个团队令行禁止。

——做出成绩

在一个团队中，任何人要想提高自己的影响力，赢得别人的信任和支持，都需要依靠成绩来说话。这一点对管理者来说尤其如此。

团队的管理者，通常都是以团队核心的角色存在，在能力上必须获得他人的认可，在业绩上也必须更加出色和优异。只有做出拿得出手的成绩，管理者才更有底气和资格去影响他人。

因此，对于任何一个团队管理者来说，在树立权威之前必须创造出出色的业绩，必须拥有足够的业绩来增强权威。

——拒绝特殊待遇

任何一个团队都具有自己的权力体系。而在这个权力体系中，管理者会拥有更大的权力。但是拥有更大的权力并不意味着管理者就可以在团队中获得特殊待遇。对于团队管理者来说，权威并不是由特殊待遇来决定的，更不是通过特殊待遇来彰显的。

因此在具体的工作中，管理者应该拒绝特殊待遇，必须将自己摆放在一个普通员工的位置上。

——行事果断

对于员工来说，他们心目中权威的管理者应该是有一定魄力而且行事果断的人。这样的管理者无论面临多大的困难，无论遭遇什么样的困境，都会在最短时间内做出判断。

很显然，有魄力、有胆识、做事不拖沓的团队管理者往往会更容易树立起权威的形象，也更容易受员工的欢迎和信赖。毕竟没有人喜欢那些频频更换工作方向、做事拖沓、犹豫不决的管理者。因为，没有人会相信缺乏主见的人能够成为一个优秀的管理者，能够带领团队走向成功。

总而言之，一个有权威的管理者应该是一个具有主见、不会将个人利益凌驾于团队利益之上的人，并且懂得维护自己的正面形象，懂得为所有人做好榜样，懂得以最具说服力的成绩来赢得他人的信任。

此外，管理者个人的权威和团队的整体发展情况有诸多联系。因此，在提升个人形象的同时，管理者还要构建更为完善的、合理的管理体系。

只有在一个合理而成熟的体系中，管理者才能更好地发挥出个人的价值，才能在工作中表现得更加完美，才会逐步体现出管理者的权威。

3. 灰度管理，让团队形成合力，让管理回归简单

近年来，许多团队开始在内部实行灰度管理。想要理解什么是灰度管理，可以先回忆一下我们在日常工作与生活中为人处世的方式。

在通常情况下，多数人喜欢用对与错来对事物进行评判。这种非对即错、立场鲜明的观点，让我们在处理一件事情的时候，要么认为是对的，要么认为是错的；要么支持，要么反对……

而灰度管理的目的，就是要适当地打破这种是非、黑白、对错的界限。对于管理者来说，通常会面对不同类型的员工，他们有着不同的想法、不同的立场。在管理和引导这些人的时候，显然不能采取一刀切的方法，不能直接将那些想法不一致的人全盘否定掉。

> Y公司是国内一家著名的企业。在最近几年，公司为了迎合市场发展的需要，准备在公司内部进行全面的改革，首先就是管理体系的改革。当然，公司的负责人明白，对于一家保持了三十年管理模式的企业来说，要想立即改头换面往往很不容易，改革的阻力会很大。
>
> 当企业负责人提出改革计划的时候，就有很多高管明确站出来表态不同意进行改革。一方面他们担心自己的

利益会受到影响，另一方面也担心企业会在改革中迷失道路。

但是，也有一些支持改革的人认为，企业的一整套体系如今已经落后于时代，对于企业发展不仅毫无帮助，而且处处制约和阻碍着企业的进步。

企业负责人夹在支持和反对的意见之间左右为难。虽然他一直都希望企业可以摆脱落后的现状，获得更多发展的机会，但是也不得不考虑那些反对者的意见。

最后，他更换了"改革"这样激烈的措辞，采取了妥协性的改良方案。也就是说，企业负责人并没有激进地将管理体系进行彻底改革，而是适当地听取了那些保守者的意见，保留了一些原有的制度和规定。这样既满足了革新者的要求，又让保守者更加安心，因此确保了改革计划得以逐步实施下去。

事实上，很多团队都可能面临类似的情况。毕竟团队内部的调整，牵涉到的不只是一部分人，其影响往往是全方位的。因此，不管是赞同的人，还是反对的人，都必须在管理者的考量范围之内。

在管理的其他方面，情况也是如此。团队的内部总会出现不同想法的人，总会出现不同的利益群体，正视他们的存在并进行合理的协调，这才是一位优秀的管理者应该具有的能力。

所以，管理者在表达个人立场的同时，也要努力想办法去协调各方的立场，要懂得尊重那些持有不同意见和想法的人。

所谓的"灰度"，是管理者对各方意见、态度、行为方式的一种综合；是在坚持大的方向、原则不变的前提下，对其他各方意见的一种妥协；也是对不同意见、不同工作风格、不同个人习惯的一种宽容。

　　灰度管理主要包含三层意思：第一，是为了解决企业内部的矛盾冲突；第二，在处理冲突性关系时，管理者需要明确管理的最终目标是确保能够达成共赢、共识这样的原则；第三，管理者需要具有相当高明的管理技巧，需要掌握合理的策略、方法和尺度。

　　很显然，案例中Y公司的负责人把握住了"灰度"的管理原则。

　　对于团队管理者来说，最重要的是保持团队内部的团结。如果管理者有所偏倚，或者有比较明确的管理倾向，那么就可能会引发内部矛盾或分歧。而灰度管理的目的，就是为了团结彼此，为了让不同立场的人，尽可能保持在同一个方向，从而形成一股合力。

　　事实上，灰度管理的形式多种多样，管理者可以依据情况的不同选择相应的方法来解决问题：

——尊重不同的想法

　　任何一个团队中都会有不同想法的人，每一次讨论都可能会出现不同的声音。对于管理者来说，每一个不同的想法和声音都会对团队发展产生影响，如果忽略这些所谓的"异类"，就可能会影响对方工作的积极性，也会影响内部的团结。

　　因此，当有人提出不同的想法和建议时，管理者必须保持一个更加包容的心态，给予对方最基本的尊重。

——寻找模糊地带

　　为了确保团队内部能够团结成一个整体，管理者必须尽量避免做出一些单一的、片面的决策，而要从全局出发，考虑事情的方方面面。

当争议和分歧出现的时候，可以想办法从中协调，或者干脆寻找一个模糊的中间地带进行平衡，从而确保矛盾双方达成一致。

比如，当管理者既不表态支持A，也不表态支持C，或者说既表态支持A，又表态支持C时，往往可以很好地协调和管理团队。

——综合各方的选择

管理者应该具有全局性的眼光，应该懂得用系统综合的手段来协调各方的意见或者利益。

比如，当团队内部一部分人选择方案A，而另外一部分人选择方案C时，管理者可以想办法将两种方案综合起来，然后制定出一个方案B。

对于那些支持方案A和支持方案C的人来说，这样一个综合性的方案双方可能都会接受，因为它兼顾了自己的想法和利益。

除了以上几种方法之外，管理者还可以想办法构建一种灰度文化，允许内部相互交流，允许员工提出不同的想法，允许大家运用头脑风暴法来解决问题。只有这样，才能确保内部的灰度管理更加顺畅。

4. 想让员工做到的事情，管理者必须先做到

　　王先生曾在东北的一家设备制造公司担任总裁。事实上，当初王先生上任的时候，这家公司只剩下一个空架子，内部管理非常混乱，是一个人浮于事、组织松散、运转不畅的公司。那时候，公司已经濒临破产，甚至拿不出一点钱来维持正常的运转。

　　在这样恶劣的形势下，王先生依然选择走马上任。他先从公司组织机构入手，精简了内部机构；紧接着，又开始着手解决资金问题，而这是公司面临的两个最大问题。

　　一方面，公司已经处于破产的边缘，没有任何多余的资金，也无法在社会上进行融资。因此只能选择从内部入手，进行内部集资。另一方面，由于公司长期管理不善，导致内部管理散乱。

　　王先生了解情况后，想到了一个两全其美的办法。他在上任第一天就当着全体员工的面，宣布自己将会主动降低年薪——将原本的20万年薪降低到象征性的100元。这一举动让各个部门的负责人非常感动，他们在王先生的引导下也开始主动降薪，以腾出更多的资金用于企业的投资和生产。

不仅如此，王先生的行为还赢得了员工的尊重和支持，他们纷纷表态愿意支持新总裁。这样一来，他就顺利解决了资金和管理的问题，公司开始了新的发展。几年之后，这家设备制造公司就从一个濒临破产的小工厂发展为当地最大的制造公司之一。

王先生的成功之处，就在于他能够给团队内部的成员树立一个很好的榜样，而这正是一个合格的管理者应该做的事情。

事实上，在很多团队中，管理者通常处于强势地位，更习惯于利用高高在上的身份进行管理，更习惯于对员工下达各种指令。在这类管理者看来，自己的工作就是制定策略然后下达指令，而员工所要做的就是服从管理者的安排，将各个指令执行下去。

这类管理者在下达指令的过程中，通常都愿意利用自己的身份来强制要求员工按照要求执行，却没有想过，其实影响和引导员工专注地工作，并不能只依靠自己的身份和指令，还要适当地提升个人的魅力。而这种魅力值不仅仅包含自信、权威、温和、优雅等特质，还包含影响力。简单来说，那就是管理者在要求员工做到某件事或者表现出某种工作状态之前，自己必须想办法先做到这一切。

比如，为了确保员工保持更加积极的工作态度，管理者必须先表现出良好的工作状态，必须更加勤奋努力，必须保持更高的工作热情，以及必须拥有坚持不懈的毅力等等；而企业或者团队为了让员工遵守规章制度，管理者首先就要确保自己不会轻易违反规定，保证自己能够按照规章制度办事；如果管理者期待员工能够团结一心，将团队利益放在第一位，那么管理者本人就要摒弃个人的私利，懂得从大局出发。

　　对于管理者来说，树立一个正确的榜样，有助于提高自己在员工心目中的地位，并提升自身的影响力，从而引导员工按照自己的要求去执行。

　　事实上，从管理的角度来看，管理往往包含两个方面：一方面是对团队内部人员进行管理，另一方面则是管理者进行自我管理。

　　很多管理者专注于对其他成员进行管理，专注于一种上级对下级的管理，却往往忽视了自我管理。而自我管理其实是管理者培养其领导力的关键所在。毕竟，只有通过自我管理来提升个人的素质和能力，管理者才能够具备足够的权威和自信，也才能够具备足够的管理优势和说服力。可以说，自我管理实际上是管理者树立榜样的一种最佳手段。

　　具体来说，管理者在进行自我管理、树立榜样时可以从以下几个方面入手：

——品德与魅力

　　一位优秀的管理者，首先应该在个人魅力上产生足够的吸引力和影响力。

　　因此，对于希望能够提升自己领导力的管理者来说，不仅要专注于提升自己的业务管理能力和决策能力，更需要提升个人的品质。

　　毕竟管理者拥有良好的品质，往往更容易赢得员工的尊重，也更容易赢得员工的信任和支持。

　　那么，一位优秀的、具备强大领导力的管理者，需要拥有什么样的优良品质呢？

第一，管理者必须做到公正。

在一个团队中，为了确保内部的团结，就需要做到公正公平，要按照规定和原则办事，而不能有所偏袒。只有这样员工才会按照规则办事。

第二，管理者必须要有一心为公的团队意识。

这是管理者最应该具备的特质之一。在团队中，团队意识对于团队的发展始终起着决定性的作用，如果管理者自私自利，员工也会跟着做一些不顾团队利益的事情。

第三，管理者应该做到与员工坦诚沟通。

沟通是维持团队协作能力的关键，如果管理者不能与员工坦诚相对，员工也会遮遮掩掩，主动掩盖很多内部的问题，而这样就会导致整个团队的沟通出现问题。

第四，管理者必须具备积极乐观的心态。

无论遭遇什么困难，管理者一定要保持良好的心态。只有这样，才能够感染到更多的员工，从而保证团队的抗压能力。

第五，管理者需要拥有主动承担责任的品质。

责任感是管理者必须拥有的品质。优秀的管理者要有所担当，敢于冲在前面去承担责任，这样才会强化员工内心的责任意识。

除了以上这些品质之外，管理者还需要提升自己的道德修养，平时要注意自己的言行举止得体，要礼貌地对待每一个人。这样不仅会对员工的道德修养能起到提升作用，还能够增强管理者的吸引力与亲和力。

——不断学习

世界永远是不断向前发展的，每个人都必须懂得把握好这一趋势，而把握这一趋势的最佳方法就是不断学习，通过学习来进行自我提升。

一个团队要想在日新月异的环境中生存、发展下去，也需要不断学习。对于管理者来说，为了保持团队中良好的学习氛围，不能永远都以一种强迫的姿态去督促员工努力学习，提升各种业务技能，而应该采取引导的方式。

在引导员工学习时，管理者必须以身作则，拿出主动学习的姿态和劲头，为员工做出表率。管理者必须学得更多、学得更好、学得更加勤奋。同时管理者不仅仅是学习各种业务知识、专业技能，以及相应的管理知识，还需要增强学习的主动性、计划性、前瞻性、系统性，不断提高学习效果，以促进管理工作的不断提升。

很多跨国企业，通常会组织管理者进行培训学习，这不仅仅是为了提高管理能力，同时也是为了在员工面前做好学习的榜样，以此来带动更多的人主动学习和丰富自己的知识、拓展业务能力。

——主动执行

在管理实践中，很多时候，遭遇到的问题往往并不是策略不好，或者缺乏好的点子，也不是缺乏好的思路，而是执行力不足。这是很多团队都会遇到且为之感到头疼的问题。

在多数时候，管理者都会认为执行力不足的最大原因在于员工在执行环节中出了差错，要么就是执行的态度不够坚决。但很多管理者或许都忽略了一个问题，那就是自己在面对工作的时候，是否能够执行到位呢？自己是否也会习惯性地拖延，也会习惯性地应付了事，也会不顾别人的要求而自作主张呢？

其实，要想提升团队成员的执行力，管理者首先应该提升自己的执行力，培养出优秀的执行意识。

只有管理者自己能够执行到位，表现出强大的执行意识，才能给员工树立一个好的榜样，才能在潜移默化中强化员工的执行意识。

作为团队的管理者，在自我管理方面需要做的还有很多，比如加强自己的纪律性，提升自己的决策能力……而这所有的一切，其实都有助于引导员工保持更好的工作状态，对于团队的管理和建设有着重要的作用。

5. 强化弱势环节，团队的优势才能更加突出

　　美国管理学家彼得提出过一个著名的"木桶理论"：木桶通常是由许多块木板箍成的，而一只木桶盛水的多少，并不取决于桶壁上最高的那块木块，而恰恰取决于桶壁上最短的那块木板。可以说这块短板恰恰成了这个木桶盛水量的限制因素（短板效应），因此若要使此木桶盛水量增加，只有换掉短板或将短板加长才成。

　　在常规思维中，我们通常都会想尽办法对那块最高、最长的木板进行加高。因为我们总是会惯性地认为，只要将自己最大的优势发挥出来，就能够确保整个项目的成功，同时也能确保整个团队的成功。

　　但是，当我们将更多的资源集中在自己的优势项目上，当我们集中力量在某一领域获得更大的突破时，往往会发现最终的结局并不那么让人满意。尤其是在团队建设和团队协作方面，这种情况非常常见。

　　之所以会出现这种情况，就是因为忽视了短板效应。按照木桶理论的说法，只要存在短板，那么无论最长的那块板加长多少，最终的盛水量都不会得到提升，除非能够加长短板。

从竞争的角度来说，显然是自己的劣势决定了优势，决定了最终的生存概率和机会，而这恰恰是市场竞争中残酷性的重要体现。

因此，一个团队要想变得更大更强，要想提升自身的竞争力，并非是要一味地想办法来加强和扩大自己的优势，以及想办法强化自己的优势项目。而恰恰是要从最弱的环节入手，从最弱的项目、最弱的人入手，完善并提升那些最弱的环节。

在一个团队中，我们常常会忽略那些弱势部分，并将所有资源集中在自己的优势部分上。比如一辆汽车，它的引擎非常出色，甚至还可以变得更好（可以说，引擎就成为这辆汽车最大的竞争优势），但这辆汽车车身的框架和轮胎却都不行（并且也从未去重视这些不足）。

那么，即使这辆汽车拥有了最大马力的引擎，也不会跑得太快太远。因为我们还没有找到支撑起这辆汽车的框架和能够确保其发挥出最大速度的轮胎。很显然，当车身结构和轮胎无法与引擎达到良性匹配时，引擎再好的汽车也无法高速行驶。自然，这辆汽车也就称不上是一辆好汽车。

国内有一家公司曾经进军欧洲市场，依靠的就是价格优势和出色的创新能力，正因为如此，这家公司在短短三个月内就在欧洲市场获得了很大的突破。

可是过了一段时间之后，公司的发展遇到了问题，很多竞争者开始抢夺市场，造成这家公司的市场份额急剧下降。

经过分析之后，公司很快找到了原因，那就是服务体系不够完善。公司一味地将资源集中在价格宣传以及创新上，而导致服务并没有得到足够的重视，而这恰恰成为被对手轻松超越的地方。

实际上，服务是守住市场的关键要素之一，一旦服务方面的工作做得不够好，那么企业在市场的形象就会受到影响。

在分析了原因之后，这家公司决定继续强化自己在价格以及创新方面的优势，同时又积极提升自己的服务。经过一年的发展，公司建立起比较完善的服务体系，结果公司的市场份额又开始慢慢回升。

"任何个体、群体，在某一个方面获得成功和进步，就会产生一种积累优势，就会有更多的机会取得更大的成功和进步"，这就是著名的"马太效应"。

在一个团队中，我们常常会想办法增强自己的优势，将所有的资源和精力都投入到增强优势的工作上。对于自己的劣势却总是置若罔闻，甚至还会将原本用于薄弱环节的资源分配到优势项目上，结果导致团队中出现严重的不平衡，强的方面越来越强，弱的方面越来越弱。对于一个团队管理者来说，一定要想办法改变这种状况，需要注意把握一些重点项目和优势项目，但更要注意把握团队工作的均衡性，要注意兼顾其他方面尤其是弱势项目的提升，这样才能真正做到全方位的进步。

团队管理者要想做到这一点，可以从以下两个方面入手：

——强化弱势项目

任何一个团队或者企业都会有自己的优势和弱势。对于团队管理者来说，发挥优势的同时更要强化自己的弱势。

因为在竞争中，对手们总是尽量避开他人的优势，而选择他人的弱势项目入手，而这就导致了弱势项目更容易暴露出来并遭受攻击，以致使公司整体受创。

为了增强团队的抗击打能力，增强团队的生存能力，团队不仅要通过发挥自己的优势来击垮对方，同时也要强化弱势，以避免被人掣肘。

——不要让弱者落伍

一个团队需要依靠整体的实力来保持竞争力，任何一个人都具有自己独特的价值和作用，任何一个人都在团队中扮演着自己的角色。

也许这个角色、这份工作并不起眼，但往往却是不可缺少的。就像机器上的螺丝一样，虽然看起来不起眼，可是一旦螺丝质量不好，或者螺丝松动，就会对机器的整体性能产生重大的影响。

管理者一定要充分照顾好每一个成员。无论对方是否扮演着重要角色，无论对方是否能力出众，都要给予足够的尊重，还要想办法投入精力帮助那个最弱的人成长起来。

总之，一定要确保那个工作能力最差、竞争力最弱的人不会拖后腿，不会影响团队的整体竞争力。

通常，管理者只看重那些干大事的人，只看重那些重要的工作岗位，只看重那些优势最明显也是最重要的项目，这已经是一种普遍现象。

　　其实，管理者重视核心人才并没有错，但是千万不要因此就忽视那些小角色和小项目，不要忽视那些看起来不起眼的工作，那些小事同样是这个团队不可或缺的一部分。管理者必须要给予足够的关注，要给予更多的时间和精力来强化它们，否则整个团队的均衡就会受到制约。

　　此外，团队中的这种均衡应该是全方位的。在个体层面，则需要实现个人能力与工作职责的动态均衡；在部门层面，应该实现部门经营目标与管理效率的动态均衡；在公司层面，则要实现经营与管理、组织战略目标与组织能力的动态平衡。

　　从整体上来看，均衡的发展理念实际上是将客户价值、企业效益、管理的效率和工作的高绩效，有机地结合在一起，以确保团队处于一种动态的均衡之中。

6. 合理授权，让员工更愿意为你做事

随着现代管理制度的不断发展和完善，企业也慢慢发生了变化，比如企业从粗放型的管理模式，逐步转变成为精细化的管理模式，这成为一个最明显的转变。

而除此之外，还有一个重要的转变，就是企业正在从过去的集权管理模式中脱离出来，开始实施分权制衡的管理模式。如今，这也成为一个重要的发展趋势。

集权管理模式的出现通常和时代背景有关，同时也和企业发展环境有关。比如，在20世纪90年代，大部分企业都具备高度集权的特质，那是因为大部分的企业往往是一步一个脚印慢慢发展壮大的，而在这一艰辛的创业过程中，企业的创始人为企业的发展付出了巨大的心血。尤其是创始人在企业的发展过程中建立起了强大的个人权威，这也使他们拥有了绝对的威望。再加上当时国内企业的管理体系不合理，管理意识非常薄弱，因此大部分企业都是创始人一个人说了算。

在这类企业中，创始人往往拥有绝对的权力，他们通常也会牢牢控制这种权力。最明显的就是，创始人不仅掌控了人事调动，掌控了财务大权，还对内部大小事务有着最终的决策权。

可是随着企业规模的扩大，随着竞争的日益激烈，创始人会慢

慢发现企业的管理已经渐渐跟不上形势的发展了，也满足不了企业发展的需求了。因为创始人在管理中慢慢发现自己往往会做出很多错误的决策，让整个团队的发展思路变得更加狭隘，更会挫伤员工工作的积极性。而这些错误不仅容易让企业发展走弯路，还容易造成企业发展失衡的局面。

在这种情况下，很多企业家开始注重建立更为合理的管理体系，其中分权管理成为必然的选择。

所谓分权管理，就是一种将管理权划分给更多的参与者的管理方式。它的核心是企业管理权的合理分配和稀释，这样就可以确保每位管理人员都能够集中精力去做自己最擅长的事情，从而使企业的工作效率得到显著的提升。

不过，要想做到合理的授权和分权，从而打造出完整的管理体系，团队的管理者需要做好以下几方面的工作：

第一，团队的管理者要有分权意识。

作为团队管理者，在决定采用集权管理还是分权管理方面往往具备抉择权。因此在很多时候，管理者对于管理权的态度，将决定其在工作中所采取的管理模式。

正因为如此，管理者如果渴望让自己的工作变得更有效率，渴望让更多的人才融到团队工作中来，就需要培养自己的分权意识，主动将管理权划分给更多的人，从而确保所有的工作都可以找到合适的人来完成。

可以说，不同的管理者往往具有不同的认识和想法，但一个优秀的、具有领导能力的管理者，往往会做好授权和分权工作，而不是独自一人负责所有事务。

管理者不用事事亲力亲为，可以将一部分工作分给其他人，比如对于那些不太重要的事情可以分给其他人去做；对于那些自己不擅长的工作可以分给其他人去做；对于那些自己没有精力去做的事情可以交给其他人完成……

但需要注意的是，在分发任务或者进行工作安排的过程中，一定要懂得给予其他人适当授权，要确保他们在各自的工作岗位上具备一定的自主权，可以适当制订工作计划，可以决定工作方法，可以适当做出一些决策。

在员工做自己分内的工作时，管理者需要给予他们一定的权限和个人空间，不要进行过度干涉。

第二，团队的管理者要打造一个更为合理的团队结构。

在一个团队结构中，团队的负责人虽然占据核心地位，但是他不再是整个团队结构中唯一的决策者，将会有更多的组织机构来分担部分管理权和承担相应的责任。

比如，在一个团队中，通常会设立决策层。这个决策层不仅包括团队的负责人，还包括其他一些高级管理者。就像公司总裁之外还设有副总裁的职位，他们都有决策的权力。

在决策层之外，各个部门都设置了相应的负责人，即部门经理和副经理。在部门内部还设有各级主管，主管下面则还会继续设置相应的下属管理团队。总而言之，通过层层划分，结构的分支会越来越多，管理权也会得到分化和细化。

第三，团队的管理者要建立一些授权制度。

这些授权、分权制度可以有效避免管理权集中在某一个人身上，同时也可以避免形成一些利益圈子。比如很多公司会设置多个相互联系、相互制衡的部门，这些部门具有不同的职权，形成了相互补充、相互制约的特殊关系。

在深圳，有一家公司成立了办公会议、行政管理团队，并在公司各功能组织间成立了跨部门的委员会（包括战略与客户委员会、人力资源委员会）。当工作展开之后，各个部门存在相互协作、相互制约的关系。

其中办公会议主要负责企业内部的日常工作，由企业负责人最终决策；行政管理团队主要负责人事任命和调动的相关工作，具有提议的权力，团队管理者有否决权，但没有批准权；委员会侧重于专门讨论和制定各种规划，对重大决策有否决权。

除此之外，还有一些公司会选择轮值制度。这些公司会在一些重要岗位上实行轮值制度，也就是说安排几位部门负责人在这些岗位上轮流担任职务。

其实，无论是哪一种授权、分权的管理方式，其最终的目的都是保障团队内部管理权力的分配保持在一个均衡状态。因此，只要是能够保持均衡的方式，都可以纳入到管理体系中来。

第二章

让团队充满战斗力的『五大武器』

1. 团队意识：打造超强战斗力的第一步

2004年，CCTV将任正非评选为"年度经济人物"。事实上，"年度经济人物"向来有经济界"奥斯卡"之称的美誉，而这也是很多企业家梦寐以求的奖项。

在众多优秀企业家中，即便是能够获得提名，都已经是无上的荣耀了，更不必说获得了这一奖项。可是，面对这样一个大奖，任正非却根本不为所动，直接拒绝了出席颁奖典礼仪式。

其实，央视很早就得知任正非的为人，知道他根本不会去出席典礼，所以多次诚恳地邀请他，但是任正非最终还是没有出席典礼，主动放弃了这一奖项。

当时，很多媒体都对任正非的举动感到疑惑，毕竟这个大奖无论是对于他个人还是整个华为公司来说，都是非常有利的。

可是任正非却表示自己不应该拿这个奖，对任正非来说，一个企业的成功应该是全体成员努力的结果，而不是某一个人的，因此华为的成功绝对不能归结到自己一个人身上。

换句话说，华为是一个利益共同体和命运共同体，即便是华为的创始人，也绝对不能独揽这份荣耀，因此拒绝领奖实际上是出于对个人英雄主义的排斥。

任正非的举动实际上是由华为出色的团队文化决定的。这种团队文化使每一个员工、每一个管理者都能够意识到自己所扮演的团队角色，而不是个人角色。

而在任何一个团队中，这种团队主义或者团队文化都是不可或缺的，作为管理者，需要对整个团队负责，需要将团队放在第一位，更需要培养员工的团队意识。

一个好的团队最终决定着企业是否具有竞争力，决定着企业是否能够朝着好的方向发展，决定着企业是否能够更长久地生存下去。而判断一个好团队的关键在于整个团队是否具有团队意识，取决于团队中的每一个人是否将企业当成团队的共同所有。

对于团队管理者来说，打造一个团结一致、同心协力的团队，打造一个具备向心力和凝聚力的团队，前提就是构建一个好的团队文化体系。具体包括以下几点：

——摒除个人主义

一个好的团队首先必须要走向规范化、职业化，要淡化个人对团队产生的影响，摒弃个人英雄主义。

无论是决策还是执行，都要注重考量团队的意志力和思维，要懂得集思广益，让所有成员参与进来，使每一个人都能贡献自己的力量。

对于整个团队来说，既要确保给予个人发挥自身能力的平台和机会，但是也要避免个人英雄主义的出现，要防止出现某一个人单枪匹马解决问题的情况。

总而言之，只要是团队内的一分子都应该得到尊重。对于整个团队来说，必须遏制个人主义，必须从团队的角度思考问题，必须依靠团队的力量解决问题。

——团队利益至上

作为团队中的一员，无论是管理者还是员工，都不应该将个人的名利看得太重，不能盲目邀功。

要想让团队获得更快的发展，首先就需要确保每一个成员都以团队利益为重，要将个人利益纳入到集体利益当中，要培养集体主义意识。

只有以团队利益为重，整个团队才能形成足够的凝聚力。企业的管理才能变得更加到位、更加高效。

——合作分工必不可少

事实上，团队存在的基础通常不是简简单单的资源累积，不是规模的扩大，而是一系列资源的重新整合和配置。在一整套合理的合作机制下，内部分工会变得日益明确，从而实现最优化的配制。这时候，技术资源和人力资源都可以充分发挥最大的优势，这种优化配置带来的直接影响就是工作效率的提升。

此外，团队合作还有一个重要的优势就是风险的最小化。道理很简单，当大家形成团队的时候，个人原本所承担的风险会分摊到所有团队成员的头上。如果出现什么困难，个人所受到的压力会被缓解和弱化。并且通过优势互补的原则，团队可以有效弥补个人工作中的不足。

其实要想打造好的团队文化，避免个人主义对团队发展造成伤害，管理者还需要建立有效的沟通机制，要加强内部成员的交流和沟通，及时分享自己的观点和思想，这样一来也可以强化内部的交流氛围，并提升员工的集体意识和团队精神。

当我们提起团队和团队意识的时候，自然不可避免地要提到蚂蚁。作为世界上最小的物种之一，它们的确算是自然界最卑微和弱势的动物。但实际上，在所有动物中，蚂蚁的种群数量是最庞大的，它们的生存能力也是最顽强的。其中有一个很重要的原因——蚂蚁是世界上最注重团队合作的动物。

在一个蚂蚁族群中，往往分工明确，有成员负责搬运、筑巢、照顾蚁卵、清理巢穴，也有成员负责打仗和防卫，还有成员负责生产，它们依赖团队协作来生存并繁衍种族。可以说蚂蚁的生存法则就是团队精神，而坚持团队至上的理念使蚂蚁成为大自然中最强势的种群之一。

对于团队来说也是一样。确保团队内部的合作性，确保团队的完整性与协调性，确保团队的统一性，这些都会对团队的发展产生深远的影响。为了让团队变得更加优秀，就需要尽可能消除团队中的个人主义，在所有成员的头脑中注入团队意识，从而构建起完善的团队文化体系。

2. 艰苦奋斗：优秀的团队里，人人都是奋斗者

国内某企业的官网上曾经出现了这样一段话：

> 我们没有任何稀缺的资源可以依赖，唯有艰苦奋斗才能赢得客户的尊重与信赖。奋斗体现在为客户创造价值的任何微小活动中，以及在劳动的准备过程中为充实提高自己而做的努力。我们坚持以奋斗者为本，使奋斗者得到合理的回报。

其实对于任何一个团队来说，情况都是如此，艰苦奋斗的精神是一个团队保持发展动力、维持发展良好态势的关键。

艰苦奋斗是团队发展的文化底蕴，是促进团队发展的一个巨大动力，只有始终保持艰苦奋斗的作风，只有在艰苦奋斗的精神下保持工作劲头，团队的发展才能够得到保障。

一个好的团队应该是一个奋斗者的团队，只有大家都拿出不怕苦、不怕累的劲头，只有表现出人人争先、人人奉献的团队精神，整个团队才能够更好地协同作战，整个团队才会变得更有战斗力。

在20世纪90年代，国内有很多公司处于发展初期，它们面临着

很大的困难，比如缺乏资金、没有技术、没有太多的专业人才、没有更好的发展环境和更多的资源等，这几乎是那个时代企业发展的特点，但也正是在那段时期，很多公司都具备一个共同的特质，那就是具备艰苦奋斗的精神。

有人曾对20世纪90年代的企业做过调查，发现当时那一批公司多半都存在加班现象，而且加班文化非常浓厚，尽管那个时候很多公司可能穷得连工资发不出来，但是大家往往都能够保持一条心，往往都保持着一种能吃苦、能奋斗的态度。而正是依靠着这种艰苦奋斗的精神，这些企业才能够在艰难的环境下一步步发展壮大起来，那个时候所培养的艰苦奋斗文化也开始慢慢建立起来，并形成了一种企业文化。

如今，很多团队非常重视技术、重视资金、重视人才，却往往忽略了工作状态和团队的内部文化。而且随着工作环境的改良，随着工作待遇的提升，很多人已经放弃了原先那种艰苦奋斗的精神，已经放弃了那种拼劲。

很多人甚至觉得像过去那种艰苦奋斗的作风已经失去了生存的土壤，已经无法迎合现代企业的发展了。事实上并非如此，随着社会竞争的不断加剧，随着企业发展节奏的不断加快，谁更能够吃苦，谁更有拼劲，谁发展的机会就更大。

在国内，很多最优秀的团队都保持着艰苦奋斗的作风，员工的待遇是国内最好的，工作状态也是最好的，而且也是最能吃苦的。即便是那些以工作氛围自由、宽松而著称的外企，它们的员工也经常处于加班状态，那些企业的管理者更是每天只休息几个小时，他们仍旧保持着很强的拼劲。所以对于团队管理者来说，在团队内部保持艰苦奋斗的作风仍旧很有必要。

对于团队管理者来说，如何才能培养这种艰苦奋斗的精神呢？如何才能让团队内部保持艰苦奋斗的工作作风？

建议从以下几点入手：

——灌输奋斗的思想

富士康的创始人郭台铭经常会召开会议，向全体员工灌输奋斗的思想。他会一遍遍强调艰苦奋斗的重要性，会不断强化员工艰苦奋斗的工作作风。当然他也以身作则，成为一个非常能吃苦的工作狂。也正是因为公司内部建立起了艰苦奋斗的文化氛围，富士康成了世界上最大的代工厂之一。

需要注意的是，对于整个团队而言，真正的艰苦奋斗，必须是所有人自发的、主动的，而不是一种被迫接受的工作态度，因此管理者不要试图通过各种加班策略来实现。

对任何一个团队来说，保持艰苦奋斗作风的关键在于经常向成员灌输奋斗的思想，通过精神和思想上的强化，以此来培养团队的奋斗文化。

比如，很多管理者会经常开会讲述一些艰苦奋斗的故事，或者在工作中带头做出奋斗的表率，以此来引导团队成员保持良好的工作状态。

——必要的激励

要想让员工养成艰苦奋斗的习惯，要想让团队内部形成艰苦奋斗的工作氛围，管理者必须想办法采取必要的激励措施。

比如在团队内部推行一些奖励制度，给那些艰苦奋斗的员工提供更大的奖励，其中包括增加工资和福利，使艰苦奋斗的员工成为管理者。通过一些物质奖励，管理者可以更好地刺激员工保持艰苦奋斗的状态。

国内有很多企业明确规定，只有那些进入到一线进行奋斗的员工才有机会晋升；而那些被分配到艰苦环境中工作的员工更容易获得奖励和晋升的机会。这些企业往往会将是否能够吃苦当成考核的一个重要标准。正是因为通过各种考核制度上的利益刺激，才能够保障员工养成艰苦奋斗的习惯。

事实上，技术、产品、资源、资金等都是企业发展的关键要素。这些要素可能都会成为左右成功的关键因子，但无论怎样，"奋斗的意识"始终是团队内部不可或缺的一个要素，毕竟任何一种成功都是奋斗得来的结果，而且也都需要一个合理的奋斗过程。

如果说团队的能力、技术、资源是奋斗过程中的工具，那么奋斗精神或者奋斗的意识就是奋斗过程的一个重要发动机。

3. 执行文化：让员工说到做到，不为失败找借口

《把信送给加西亚》这本书曾经风靡全球。

书中讲述了1898年美国和西班牙交战期间发生的故事。当时美国总统希望能够和古巴盟军将领加西亚取得联系，于是就派中尉安德鲁·罗文前往送信。

而对于这个任务，罗文其实根本无从知晓。首先，加西亚正在丛林中作战，谁也不知道他具体在哪儿。其次，如何把信送过去也是个难题。毕竟恶劣的丛林环境对任何人来说都是一个巨大的挑战。最后，再加上西班牙军队的追杀和阻拦，完成任务的难度非常大。

面对这一切困难，罗文根本没有多想，也没有考虑那么多，直接就接受了命令，前去送信，并最终出色地完成了任务。

在很长一段时间里，这本书几乎成为职场人士的必读书籍。而企业的管理者也希望自己可以拥有像罗文那样的员工：对工作认真负责，拥有出色的工作意识。并且，永远不为失败找借口，永远不会借故拖延，永远不会说得多做得少……

事实上，罗文所体现出来的就是一种强大的执行力。而在谈到执行力的时候，很多管理者都会发生误解，认为执行力就是一种单纯的口号或者规章制度，认为执行力就是上级管理者说什么，下级执行者就去做什么。

其次，这些管理者都错误地将"迫使员工听话"当成了管理的主要方式，狭隘地认为执行力需要通过管理者的权威来体现，或者是依靠规章制度来明确。

实际上，对于一个团队来说，真正的执行力更应该源于出色的执行文化，应该源于整个团队文化体系中的执行体系。

所以，对于管理者来说，如果希望能够拥有类似罗文这样的员工，最重要的就是要在团队内部培养出色的执行文化，要培养和锻炼员工的执行意识，从而确保整个团队拥有强大的执行力。

2013年夏天，我在一家管理咨询公司上班。当时有一位广东企业家一直在抱怨说，"如今的员工不听话，公司布置的任务常常不能按时完成"。

我当时给出的诊断意见是"公司的执行力不足"，并且建议让他在公司内部打造强大的执行文化。

可是对方并没有采纳，而是将执行力不足单纯地理解为自己的权威不够，自己给员工施加的压力不够，并且在管理中推行了更为严格的管理方法。

一年之后，员工虽然变得更加"听话"了，可是工作情况并没有得到改善，并且存在效率低下的情况。

这家公司的老总再次找到我，希望我能够帮忙打造完善的执行文化体系，我于是给出了以下几条建议：

——不要拖延

> 苹果公司已故的总裁乔布斯是一个非常偏执的人，他不喜欢拖拉，不喜欢在某个想法上来来回回讨论好几次，他觉得一旦有了想法，快速执行下去，才是最要紧的。
>
> 所以，乔布斯总是要求公司员工具备出色的执行力，只要出现了机会，制订了合理的计划，就要果断出击，绝对不能拖延。

执行力体现的不仅仅是单纯的服从。执行者在接受管理者的工作安排后，应该立即行动，而不是借故拖延。执行力是有时间效力的，任何一个任务如果超过规定期限，很可能会丧失最佳的机会。

所以团队管理者必须杜绝拖延现象，只要有执行者借故进行拖延，就一定要给予严厉的惩罚，从而强化执行者的执行意识。

——没有任何借口

很多执行者在执行任务的时候，往往会替自己寻找借口。比如，向上级反映"工作难度太大""最近身体不舒服""获得的资源和帮助太少""有人给我设置障碍"等等，这些借口通常会让执行者不能竭尽全力去完成任务，甚至逃避自身的责任，因此往往会造成任务执行的失败。

为了避免出现类似的情况，管理者必须明确告知执行者，任何一次任务的执行都不允许出现借口，而且管理者也不会听信任何借口和理由。

在接受了任务之后，执行者唯一要做的就是努力去完成这项任务。对于执行者而言，成功了就是成功了，失败了就是失败了，根本毫无借口可言。

——对事负责

在一个团队中，管理者要负责管理和引导每一位成员做好自己分内的工作，同时也要帮助员工培养出足够强大的责任感。

因为，真正的执行力首先是一种自觉的工作态度。这种自觉性取决于每一个个体成员对自己身上所肩负责任的认识，管理者需要通过各种方式来强化员工的责任心，全身心地为自己的工作负责到底。而这种责任心往往能帮助执行者承担重任，提高执行力。

——坚定不移的意志力

一个优秀的执行者，首先是一个心理强大的人。对于他来说，任何困难都不能阻挡自己去完成工作任务，哪怕经历挫折和失败，也会坚持一路走下去。

因此，管理者必须强化团队的意志力，必须想办法提升团队的抗压能力，因为只有确保成员都养成坚持到底的好习惯，只有提高坚定不移的意志力，团队才有足够的信心和耐心执行下去，才有机会把工作做完。

从另一方面来说，好的执行团队通常都是意志力非常顽强的团队。

除了以上几点之外，执行力实际上还兼顾了工作中的时间、效率、质量与价值，可以说按时、保质、保量地完成工作是执行力的基本要求。

如果员工仅仅只是去做，并不代表员工有意愿将工作做好，或者一定能够将工作做好。所以，好的执行力是需要有一个好的执行效果的，没有结果的执行力就不是合格的执行力。

因此，在培训员工执行力、培养团队执行文化的时候，还应该将其和具体的绩效考核制度紧密联系起来，通过考核来保障执行力。

4. 自我批评：善于发现问题的团队，更具竞争力

在很多团队中，管理者和普通成员都非常害怕出现什么纰漏或缺点，他们总是想方设法让自己的团队变得更加合理，让所有的工作都做得更加出色，尽量避免出现错误和问题。

但是，不管是对于个人，还是对于团队，都难免会出现一些差错，有时甚至是不小的错误。而这在工作过程中往往是无法避免的。也就是说，在工作中偶尔出错是很正常的情况。

管理者真正需要担心的，其实是团队中的成员出现错误后，是否能够及时发现和改正。而这往往涉及一个基本问题，那就是团队内部是否具备批评和自我批评的习惯，是否存在批评和自我批评的良性氛围。

毕竟在很多时候，为了保持更好的形象，为了让自己看上去更加强大，无论是管理者还是团队的普通成员，常常会选择忽略或者掩饰自身的缺陷和不足，会主动过滤掉那些错误。

一些人为了维持表面上的团结，也不好意思对他人的不当行为提出批评，而这样往往就会导致团队内部存在的诸多问题被掩盖和忽略掉，并且导致问题变得越来越多，最终让问题变得越来越严重。

类似的情况在团队中往往数不胜数，而这也是导致团队发展缓

慢和团队内部管理不善的一个重要原因。

为了避免团队内部出现这些不合理的现象，及时发现和解决内部存在的各种隐患，管理者需要想办法形成一种特定的批评文化和自我批评文化，或者说想办法将批评与自我批评纳入到公司的文化体系中。因为只有让它们融入团队的血液中，只有让批评与自我批评成为一种常态，成为一种文化基因，团队内部才能建立完善的纠错机制，才能够有效避免出现更多的错误。

那么管理者应该如何培养批评与自我批评的团队氛围呢？

从管理的现实要求和现实情况出发，最直接的方法就是将批评与自我批评制度化，确保整个团队在进行批评与自我批评时有"法"可依。

很多公司会推行责任制，即每一个团队或者部门内部，每一位管理者或者员工都对自己的工作负有责任。

只要工作出现问题，那么公司就依据每个人具体的责任范围进行追究，问题出在谁的工作范畴内，错误是由谁引起的，公司就追究谁的责任。

这种责任制有效地划分了每个人的权职范围，因此很少会出现一旦出现问题而找不到责任人的情况。

反过来说，只要出现了问题，大家也就会主动站出来承认错误并加以改正，而不会出现遮遮掩掩、躲躲藏藏，甚至是相互推诿的状况。

可以说，责任制的实行有效避免了逃脱责任的行为，同时也为批评和自我批评的文化氛围提供了坚实的基础。

除了责任制外，很多公司将批评与自我批评纳入到管理文件中，公司的管理者可以明文规定犯错者必须进行自我批评，而他人也有对其进行批评的权力。

事实上，管理者身上最不可能出现批评以及自我批评的情况。因为在多数人看来，权威仍然是社会关系和人际关系中的一个重要元素，多数人都不会去挑战权威，因此一旦管理者犯了错，员工通常都不会进行指正。

管理者本人为了确保自己的权威和形象不受任何负面的影响，也不会主动进行自我批评，这样就会导致接受批评和自我批评的往往都是普通员工，而那些管理者则没有任何错误可以纠正。

针对这种情况，企业必须想办法打破这种不合理的现象。比如推行严格的规章制度，明确要求中高层管理者必须经常进行自我反省和自我批评，并且不得对那些提出批评的员工进行报复。事实上，通过指令和制度的规范，往往可以有效保障批评者的权益，同时也能够督促犯错者及时进行自我批评。

曾经D公司是一家管理比较混乱的外贸公司，各部门的管理者只关心自己的利益，员工缺乏责任心和归属感。每次公司出现问题，都没有人站出来承担相关的责任。

正因为如此，公司新上任的总经理决定改变这一现状。他认为公司最大的问题在于沟通和监督机制不够完善，如果员工与管理者之间能够相互监督，就可以确保大家少犯错误。

于是这位总经理果断地在公司内部开辟了一个社交平台，规定全体员工都需要在这个平台上进行沟通、交流。任何人都可以指出工作中存在的各种不合理的现象，其他人一律不得干涉。

有一次，一位员工在这个社交平台上批评了一位部门负责人任人唯亲的事情。结果这位部门负责人向社交平台的管理人员施压，让他查出那些对自己不利的评论并且把那个员工的信息交出来。

平台管理人员感到有些为难，毕竟一方面他不敢得罪这位部门负责人，另一方面也不敢违背公司的制度。所以，这位管理人员只好将这件事汇报给了总经理。

总经理听了这件事情后勃然大怒，直接在大会上点名批评了那个违背公司规定的部门负责人，并对他做了降职处理。

有些团队之所以缺乏批评与自我批评的氛围，就是因为缺乏规章制度的保障，使员工不敢随意批评。通过一些强制性的规定，团队管理者往往可以为批评与自我批评的活动提供足够的制度保障，这样就能够保证整个团队在批评方面的沟通效率以及沟通效果。

无论如何，在培养团队的批评文化方面，制度化是一种比较有效的方法，它能够在一定的强制措施下强化管理者和员工的觉悟，能够强化他们的批评和自我批评观念。

除了制度保障之外，管理者也可以额外进行一些批评与自我批评的交流活动，并通过这些活动来促进团队内部的良性沟通。

比如，有些公司会定期开展批评与自我批评的娱乐性活动。在活动中，公司鼓励那些犯错者进行自我批评，指出自己身上的不足之处，然后加以改正；同时也鼓励员工对其他员工或者管理者提出合理的批评，帮助犯错者了解自己，督促他们改正错误。

无论是公司规章制度的保障，还是一些非正式的交流活动，管理者都必须明确一点，那就是整个团队内部并不是为了批评而批评，而是为了工作优化和团队建设而批评。

团队在批评与自我批评的同时，其总的目标还是要以团队整体核心竞争力的提升为主，因此批评与自我批评应该适当合理，应该以激励为主，而不是恶意的打压和排挤。

5. 竞争意识：把团队里的"羊"，变成勇于拼搏的"狼"

现在，越来越多的团队都在提升团队内部的竞争意识。竞争意识能使人精神振奋，勇于拼搏，努力进取，是个人以及团队发展过程中不可缺少的一种积极心态。有竞争的团队，才会有活力，团队也才能发展得更好、更快。在竞争日益激烈的市场环境中，团队竞争意识能够发挥很大的作用，对于团队的生存和发展也至关重要。

A公司是国内一家中等规模的民营企业，公司发展的一直不错，在国内市场也颇具竞争力。2013年，公司决定进入北美市场，可是正当公司的创始人满怀希望地想要在加拿大和美国拿下订单时，却发现公司在西方企业的攻势下一蹶不振，根本没有任何还手之力。

实际上A公司虽然并不是什么跨国巨头公司，但是在技术、资金上都不落后于人，而且公司具有一定的成本优势和价格优势，按道理来说，应该不至于在北美市场上节节败退。

当时A公司的负责人李先生找到了一家管理咨询公司，希望能够找到发展落后的原因，结果当咨询公司派人进行调查和分析后，发现A公司最大的问题在于整个团队缺乏竞争意识。这个团队过去在国内，面临的竞争压力不大，而且对手的实力也不那么强劲，因此能够比较轻易地发挥出优势。可是进入国际市场之后，在强大的竞争对手面前，团队不够努力、意志力不强、分工协作不完善、纪律性不强、执行意识薄弱等问题就被放大了。

经过分析，咨询公司认为A公司缺乏竞争力的主要原因在于团队不具备狼的拼搏精神，因此最好注入一些竞争意识，否则在强敌环伺的环境中很难找到生存的空间。

在接下来的两年里，咨询公司对A公司进行了改造，帮助这家公司打造出了新的企业文化：竞争意识。两年之后，A公司成为加拿大市场上最具竞争力的外国企业之一，就连西方巨头们见了也忍不住惊呼："狼来了。"

很多人觉得竞争意识使得团队具备强大的竞争力，而有些人则认为竞争意识会在团队内部造成高压管理的现象，导致团队面临巨大的压力。

但事实上，如果一个团队要想变得更加优秀，想成为最顶尖、最具竞争力的团队，就要想办法提升团队内部的竞争意识。

毕竟在激烈的市场竞争下，只有保持强大的竞争意识，团队才能想办法赢得更多生存和发展的机会。

那么一个团队管理者该怎样培养竞争意识呢？一支像"狼群"一样勇于拼搏的团队又需要哪些特质呢？

——持续不断地进攻

多数人会认为富有攻击性并不是一个好词，但在工作中保持"攻击性"非常重要，保持攻击性意味着自己有决心完成工作任务，也意味着具有更高效的执行力。持续不断地进攻也是一种气势和威慑力，对于竞争对手而言是一种巨大的打击。

尤其是在发动进攻之后，狼群会持续不断地发起攻击，根本不给猎物任何喘息的机会，因此像狼一样持续发动攻击最能够体现出竞争意识，也最让对手感到恐惧和绝望。

——出色的耐力

在所有动物中，狼的耐力是最强的，只要盯紧了猎物，就不会轻易放弃，这种耐力同样是团队所需要的。

实际上，这个世界从来不乏优秀的团队，从来不乏优秀的企业，但是很多优秀的企业由于无法在激烈的竞争环境中坚持下去而被淘汰出局。

其实，最优秀的团队往往是那些能够在困难中坚持下来的。所以对于团队管理者来说，一定要强化团队的意志力，要重点锻炼和提升团队的耐力，平时遇到困难一定要鼓励大家坚持下去，一旦出现了机会，就要想办法抓住机会，即便遭遇再多的困难，也不轻言放弃。

——危机感

对于团队来说，应该具有强烈的危机意识，如果团队成员都在谈论机遇，谈论即将到手的收益，谈论各种发展的良好势头，那么就可能在危机到来的时候被轻易摧毁。

因此，对于团队管理者来说，培养团队成员的危机意识非常重要。对外要养成"不进步就要失败"的警惕心，对内要具备"不提升就要被淘汰出局"的危机感。

通常情况下，管理者可以采取危机教育的方式以及内部竞争考核的方式来提醒员工，对于那些表现不佳或者考核不过关的员工，直接予以降级处理，这样就能激活整个团队的危机意识。

——团队协作

团队协作是团队文化中最重要的组成部分之一，也是最能体现团队精神的特征之一。

事实上，狼群的生存就是建立在团队协作基础上的，而且狼恰恰是组织性、社会性最强的动物之一。

对于团队管理者来说，希望把团队里的"羊"，变成勇于拼搏的"狼"，就需要将团队打造成一个合作型的队伍，要确保内部形成良好的合作氛围。其中包括加强团队培训、加强分工协作、加强内部沟通、统一目标、统一行动方案等等，通过这些方式来提升团队的协作能力。

——纪律性

狼群是最有组织性和纪律性的群体之一。每一只狼都熟悉自己在团体中的位置和所扮演的角色，没有任何一只狼会在团队中轻易犯错，而这正是优秀团队的重要特质。

对于一个团队来说，保持良好的纪律非常重要，而要想为团队注入纪律性，管理者就需要运用规章制度和自己的权威来要求团队成员，并且制定出严格的惩罚措施来确保纪律得以贯彻执行。

其实，除了以上几种特质之外，团队还需要注重提升员工的执行力，还需要拥有灵敏的"嗅觉"，拥有强大的冒险精神等，而这些特质都会有效提升团队的生存能力和竞争水平。

第三章

体系化管理，让工作效率翻倍

1. 完善薪酬体系，员工更有拼劲

提到管理，我们首先想到的就是对人的管理。从某种程度上说，管理其实就是对人的管理，毕竟人是一个团队中最核心重要的因素。而在对人进行管理的时候，有一个重要的话题始终是管理者无法绕开的，那就是薪酬问题。

可以说薪酬问题往往是对人管理的一个重要基础，只有解决了人员的薪酬问题，整个团队的管理才能顺利铺展开来。

那什么是薪酬呢？简单来说，薪酬即薪酬体系中的经济性报酬，它涵盖了员工为某一组织工作而获得的所有直接和间接的经济收入。

在整个薪酬体系中，薪酬所包括的范围非常广，囊括薪资、奖金、津贴、养老金等各种收入，因此所谓的薪酬实际上就是员工因为雇佣关系的存在而从雇主那儿获得的所有各种形式的经济收入、有形的服务和玩形的福利。

在谈到薪酬问题时，往往涉及一个冲突，那就是多数员工通常都和管理者存在一定的分歧，毕竟管理者通常考虑的是团队发展的长远利益，所考虑的是如何不断提升团队的长期竞争力，而多数员工主要考虑的是短期利益，是自己将来能不能在团队里获得更多的报酬，能否在团队里长久地发展下去。

从马斯洛需求层次理论来说，每个人都有追求物质享受的欲望和需求。在团队中，员工的一个基本目标就是尽可能获得更高的工资，对他们来说，工作的基本动力或者说最直接的动力往往就是为了获得更多的报酬。

正因为如此，当团队与个人出现矛盾和分歧的时候，管理者所要做的就是在团队的长远利益和员工的眼前利益之间找到一个平衡点，而打造这个平衡点的关键就在于制定出一整套完善的薪酬体系，可以说薪酬体系是确保人员管理和团队稳步发展的关键。

那么管理者应该如何打造一整套完善的薪酬体系呢？

首先，要明确团队的基本工资体系。

基本工资通常和团队的待遇、环境、员工的满意度息息相关。

一般情况下，基本工资比较高的团队，往往发展状况比较良好，而且资金雄厚。在基本工资体系中，团队必须针对不同职位、不同层次的员工制定出一个最基本的工资标准，因为不同层级、不同岗位、不同职务的员工，他们拿到的基本工资并不相同。

这种层级划分实际上明确了个人的价值与能力，也明确了个人在团队中所扮演的角色和所处的地位。

比如，国内某企业就曾制定了这样的基本工资标准：

第一级：C：4500，   B：6000，   A：7000
第二级：C：7500，   B：8500，   A：10000
第三级：C：10500，   B：12000，   A：14000
第四级：C：14500，   B：17000，   A：19000

第五级：C：19500，　　B：22500，　　A：25000

第六级：C：26000，　　B：29000，　　A：32000

第七级：C：32500，　　B：36000，　　A：40000

第八级：C：40500，　　B：44500，　　A：49000

第九级：C：49500，　　B：54000，　　A：59000

其中，初级员工只能拿到最低工资，而随着工作时间年限的增加，随着工作级别的提升，员工的基本工资也会不断上涨。

此外，在同一级别中，也会分成三个层次，其中A层员工的基本工资最高，B层员工的工资次之，C层员工的工资最少。

事实上，基本工资是薪酬体系的一个基本体现，也是最重要的一个组成部分，它为团队薪酬体系的完善奠定了基础。

基本工资标准中之所以要分层、分级处理，主要是为了体现个人能力的真实水平。毕竟薪酬往往着眼于团队的战略，团队的高层管理决策者要从团队自身的价值导向和战略目标二维层面来考量团队的薪酬框架，并在这个基础上对团队内部各类人员进行价值排序，以此来确定每一个内部成员在纵向与横向的价值。基本工资标准的实施，往往可以有效显示出个人在团队中的价值与作用。

除了基本工资之外，构成薪酬体系的第二大部分就是所谓的福利和奖金，其中奖金是比较常见的薪酬体系的有机组成部分，也是管理者需要重点考虑和完善的部分。

对于绝大多数团队来说，奖金制度往往都体现在年终奖以及每个月的出勤奖。出勤奖主要是对那些兢兢业业工作，不迟到早退和无故缺席的员工设定的一种奖赏措施。而年终奖则是对员工一年来工作能力和工作业绩的肯定，更是一种奖赏。在实施年终奖的制度时，管理者必须想办法打造一套完善的考核制度，以此来评估每一个员工在一整年的工作当中所创造的业绩。

不过，也有很多团队开始对年终奖进行调整，即对员工颁发过程奖，只要员工在某项工作中做出成绩，那么团队就会及时予以奖励，从而保障员工的个人利益，并激励员工更加努力地工作。对于管理者来说，不管是年终奖还是过程奖，实际上都可以作为完善薪酬体系的一个制度来推行。

需要注意的是，任何一个奖金制度在和具体的考核制度挂钩时，最好可以制定不同的层级标准，即按照业绩的好坏和高低进行奖金分配。

比如管理者可以将绩效考核分为ABCD几个档次，这几个不同档次之间的绩效奖金差距是3000元左右，这样就可以确保在进行激励的同时，保证薪酬分配的公平。

除了利用奖金作为基本工资的补充之外，管理者还可以适当设置一些福利制度，比如给予员工假期补贴、食宿补贴、生育假补贴、差旅费补贴等，也可以实行股权分配制度，将团队的股权适当进行分配，以便让更多的员工享受到团队发展的红利。

对于团队管理者来说，在建立完整的薪酬体系时，一定要注意以下几点原则：

尽量将员工和团队的利益捆绑在一起；薪酬体系必须体现出内外部的公平，体现员工之间的公平竞争；任何一种分配必须以员工的贡献、能力、工作态度为依据。只有坚持以上几条原则，才能够建立起比较合理的薪酬体系，最终有效提升管理的效率。

2. 强化员工的纪律性，才会有强悍的执行力

很多团队拥有出色的管理理念，拥有出色的计划方案，拥有出色的人才队伍，可是却没有办法保障团队的执行力，没有办法让团队将先进的理念转化到实际的工作中去。

这其中很大一个原因就是团队的纪律性不强。从而导致团队在工作中经常会出现懈怠、拖延；常常按照主观意愿行动；员工之间各自为政，缺乏默契，行动不统一；甚至还会做出违反规定的事情。一旦员工缺乏足够的束缚，他们就无法全身心地投入到工作当中去，整个团队看起来也会像一盘散沙。

事实上，纪律是一个团队维持正常运转的关键要素。缺乏纪律性，整个团队的管理就会失去效力，团队的整体性也会受到严重的影响。

正因为如此，管理者通常都会制定和强化各种规章制度来保障纪律性，还有一些管理者会从一些细节方面要求员工保持纪律性。

比如有的企业会推行军事化管理，员工早上要按时起床，要把被子叠得整齐，要按时上下班，走路的步子要正，站立时要昂首挺胸，说话要铿锵有力，要认真完成上级交代的工作任务等。为了确保员工能够严格遵守规定和纪律，团队管理者往往会制定严格的惩罚措施，只要有人违反规定就必定会遭到相应的处罚。

在强调纪律性方面，很多企业都做得非常好。比如国内某公司曾经在内部实施军事化管理，而且从新员工培训之始就加强纪律培训。

据说这家公司在培训员工的时候非常重视作息时间的安排，公司明确要求员工在晚上十二之前准时入睡，早上五点半之前起床。

对于那些刚从学校毕业的学生来说，他们还无法适应这种约束。为了让新员工尽快养成按时上下班的习惯，为了帮助新员工提升纪律性，公司做出了严格的规定：任何一个迟到的人，每次都要扣除2分（基本分是20分）。

这样的规定并没有让新员工引起足够的重视，毕竟他们在大学生涯中习惯了那种相对松散的生活方式，适应了那种比较惬意的作息方式，因此一时之间难以调整过来，对于扣分也毫不在意。

面对这种情况，公司再次做出规定，不仅要对迟到者扣除2分，而且对违反规定的员工所在宿舍的每一个人都扣除2分，就连与该宿舍相邻的几个宿舍中的培训者也会受到牵连，每人扣除2分。

这样一来，实际上就对新员工造成了很大的压力，为了不影响到其他人，员工开始积极遵守相关规定，几乎没有人再随意违反规定。而正是依靠着强有力的管理和制度规范，使每一个员工在培训期间就养成了良好的作息习惯，也让他们对于纪律有了更强的认识。

在面对纪律性不强或者不遵守纪律的问题时，团队的管理者必须想办法通过制度来进行约束，而一些惩罚性的措施可以有效督促团队成员更好地遵守纪律。

通常情况下，管理者可以将其与业绩考核制度联系起来，比如对于违反规定的人可以减少奖金甚至取消奖金的惩罚方法。这种通过工资、奖金方面的惩罚措施往往是提升纪律性的重要方法。

除了惩罚性措施的负面激励之外，还可以选择一些相对正面的激励措施，比如每个月都奖励那些遵守纪律的员工，就像一些公司制定全勤奖之类的规定，只要员工一个月内没有出现迟到早退和缺席的情况，就可以得到一笔奖金。通过物质奖励，管理者同样可以想办法刺激员工做出改变，去适应和遵守规章制度的约束。

总而言之，对于团队管理者来说，最重要的还是要确保团队内部管理制度的完善，并确保所有能够提高纪律性的制度落到实处。

毕竟很多团队之所以会存在纪律性较差的问题，一方面是因为规章制度不完善，导致很多不合理的行为未能得到有效的监督和制约；另一方面是因为很多规章制度无法顺利落实下去，或者说在落实的过程中，团队的管理者没有给予强力的支持，也没有给予强力的保护，导致很多员工明知道有这样或那样的规定，却偏偏拒不执行和遵守。只有当管理者严格按照规章制度进行管理，并通过正面激励和负面激励的相互刺激，才能够有效提高员工的纪律性。

需要注意的是，很多员工会反映太多的纪律约束会让他们觉得自己没有获得足够的自由，但实际上管理者应该向团队成员明确一点，那就是这个世界上根本不存在绝对的自由，可以说自由原本就是受到约束的，自由原本就是束缚在特定的制度框架或者特定的环境之内的，完全脱离束缚的自由其实恰恰是对自由最大的破坏。

因此，管理者一方面要在管理中给予员工一定的自主活动空间和思维活动空间，确保员工可以按照自己的想法在一定程度和一定范围内规划自己的工作，管理者不应该去过度进行干涉。

与此同时，也需要适当提高管理水平和制度约束力，将员工的自由行为约束在特定的规章制度之下。也就是说，员工的行为必须遵守规章制度，必须服从团队的管理，这种高度自觉的纪律性才是员工充分享受自由的前提。

3. 高效流程管理，花更少的时间，实现更高的业绩

在某次中小企业联合会议上，一位公司的副总裁提到了效率问题。当时，这位副总裁给出了自家公司的一份报告，报告中有一大串的数据，而这些数据都是该公司一些发展指标与国外同类公司发展指标的对比。

比如第一组数据是，公司的研发费用浪费比例是国外同类公司的2.5倍；产品的研发周期是国外同类公司的2倍；人均效益是国外同类企业的1/3……

实际上，这样的数据反映的并不是这一家企业所特有的现象，而是国内中小企业普遍存在的问题，即管理不到位、运作不流畅、工作效率低下……而造成这一切的根本原因往往就是管理水平低下，尤其是流程管理的缺失。

事实上，随着中国经济的发展，很多国内的中小企业都具备足够的资本和技术，但绝大多数大公司都是从小公司脱胎而来，而且在发展过程中还保留着小公司的工作习惯。无论是内部的运营操作还是发展的战略思维都还不够职业化，其整体的管理处于一个低水平上，在运营和管理上存在交叉、不衔接、重复低效、全流程不顺

畅的现象，这些严重阻碍了公司的长远发展。简单来说，就是这些企业没有形成一整套完善的流程管理制度。

所谓流程管理，指的是一种以规范化的构造端到端的卓越业务流程为中心，以持续的提高组织业务绩效为目的的系统化方法。它是一个可操作性的定位描述，指的是流程分析、流程定义与重定义、资源分配、时间安排、流程质量与效率测评、流程优化等。

流程管理的核心是流程，流程是任何企业运作的基础，企业所有的业务都需要流程来驱动，就像人体的血脉流程把相关的信息数据根据一定的条件从一个人（部门）输送到其他人员（部门）得到相应的结果以后再返回到相关的人（或部门）一样。

一家企业将不同的部门、不同的客户、不同的人员和不同的供应商之间衔接起来都是靠流程来进行协同运作，流程在流转过程中可能会带着相应的数据：根据文档/产品/财务数据/项目/任务/人员/客户等信息进行流转，如果期间流转不畅一定会导致这个企业运作出现问题。

从本质上来说，实施流程管理的目的就是从方法论上确定一种管理的规则，而这个规则就是"流程的核心要反映业务的本质，在还原以后，能够明确各环节的负责人"。也就是说，每一个人都应该知道这个工作究竟由谁来做、自己又应该做些什么、自己主要为谁服务、自己应该怎么去做。这样就可以形成比较完美的分工协作，形成一个环环相扣又相互促进的工作流程。

流程管理制度的实施能够有效解放企业内部的劳动力，让所有人都找到精准的职业定位，也能够确保员工在海量、低价值、简单重复枯燥的工作中更好地体现出自己的价值。尤其是流程管理对于权责的明确定位，可以有效保障企业内部的运作效率。

在20世纪八九十年代，很多国内企业都在粗放式的发展过程中获得了发展，但是由于管理滞后，出现了很多问题。

比如，很多员工的工作劲头很足，可是公司整体的工作都缺乏章法，部门之间、员工之间缺乏沟通，很多部门甚至擅自做主，常常陷入各自为战和盲目的工作状态。这样就导致了浪费、重复、效率低下等一系列问题的出现。

进入千禧年之后，这些企业开始从国外引入了管理体系，其中流程管理是一个重中之重。而这种改变也让这些企业的管理发生了很大的变化，无论是效率还是竞争性都得到很大的提升。

不管怎么说，流程管理通常是整个管理体系中的一个重要组成部分，也是撑起整个管理体系的一个重要基础，因此团队管理者应该努力想办法引入或者打造一套完善的流程管理体系，应该制定完善的流程管理制度，并通过制度来保障流程管理的效果。

也就是说，在实施流程管理时，在明确内部分工，明确每一个部门、每一个人的职责时，应该将管理制度化，要用规章制度来约束每一个人的工作，确保每一个人都能够出现在自己的岗位上，确保每一个工作流程都能够按照特定顺序进行运作。

而除了制定完善的管理制度之外，为了确保能够将流程贯彻到每一个细节，企业的管理者最好能够给每一个部门、每一个员工制定一份详细的流程图，以明确不同成员的工作步骤和工作内容，同时要帮助他们了解整个流程和环节。

事实上，很多团队的管理者都会为下属的部门分发流程图，这种流程图就像是一个指导性的文件一样，可以让员工从宏观和微观上把握自己的工作，并且提高工作的协作性，也可以让管理者的管理工作变得更加轻松。

　　需要注意的是，为了确保流程的顺利，团队的管理者还要制定严格的考核标准，用来规范和约束流程中的执行情况，只要有人按照规定做好了分内的工作，管理者就应该予以嘉奖，而对于那些无法完成分内工作并影响整个流程运作的员工，则要予以相应的惩罚。一旦将流程管理制度和业绩考核制度结合起来，就可以确保流程管理更好地执行和落实。

4. 建立应急管理体系，提升团队的抗压、应急能力

在团队的发展过程中，有很多问题是因为自身发展不合理引起的，也有很多是因为自身发展条件受限引起的，还有一些则是由一些突发性事件所导致的。

比如，一些不可预知的意外事件发生时，由于准备不充分，常常会给团队的发展带来很大的压力，甚至造成很大的伤害。正因为一些突发性事件具备不可预知的风险，很多团队开始积极打造各种预防机制，希望能够在意外事件发生时，及时做出反应，尽量减少损失。

在提升应急能力方面，不同的团队会采取不同的方式，往往会想办法打造出一个扁平结构，因为扁平结构通常会缩短团队的决策链。

事实上，在扁平结构中，中间层会被大量删除和压缩，使团队的管理者和一线员工之间的沟通距离大大缩短，这样就能够确保管理者快速感应到市场环境的变化并及时做出反应，也确保管理者几乎可以在第一时间就了解到运营管理中出现的各种不确定性的问题，并且快速做出反应。

很显然，当团队偏向扁平化结构时，可以有效降低具有动态性、复杂性等高度不确定性组织环境所带来的威胁，从而确保团队内部的稳定。

除了对团队的结构进行改造之外，构建一套比较完整的应急管理体系也是最常见的方法，而构建应急管理体系的根本原因就在于确保团队在出现某种意外时，相关负责人知道该做什么、该怎么做，而不是等到问题越来越棘手时才感到手足无措。

实际上，很多团队在应急管理方面存在空白，它们缺乏那种处理紧急情况的能力和经验，也缺乏相应的管理体系来保障自己最基本的应对能力，因此一旦出现一些不可控的或者不可预知的状况时，往往会迅速陷入困境之中。

有很多优秀的企业就是在一些突发性事件当中陷入困境的。最显著的例子就是下面这个：

美国"9·11"恐怖袭击事件发生的时候，世贸大厦双子星中的很多公司遭遇了灭顶之灾，公司的很多设备和资料毁于一旦。然而有些公司则早就做好了远程备份系统，将所有的资料和重要信息进行备份，从而保护了公司内所有的重要资料。

其实，这种远程备份系统就是一种应急机制，可以有效预防一些突发事件所带来的毁灭性伤害。

很显然，建立一个应急管理体系对于团队的稳定性、抗压能力和应变能力的提高会有很大的帮助，可以帮助团队更好地适应日益多变且复杂的竞争环境。

那么管理者应该如何去建立健一个相对完善的、合理的应急管理体系呢？

——成立应急小组

当一个团队遭遇突发性事件时，往往会让整个团队不知所措，为了避免类似情况的出现，管理者有必要专门成立一个应急小组，这个小组的主要任务就是处理那些应急事件，处理那些预料之外的事件。

在平时，管理者需要对这个小组进行培训和指导，以提升小组处理特殊问题、处理突发性问题的能力，从而确保他们在关键时刻可以帮助团队减轻压力。

现如今，很多大公司都专门成立了应急小组，他们对于各种意外事件都有过培训和处理的经验，因此，一旦真的有什么不可预料的困难到来的时候，应急小组就会快速出击，争取在最短的时间内解决问题。

——制定应急预案

对于一个成熟的团队来说，不仅要具备解决问题的能力，还要具备预防问题的能力。简单来说，优秀的团队必须具备危机感，必须提前对各种困难做出预测和评估，因此团队管理者往往要制定各种应急预案。

比如，当发生自然灾害时，该如何确保团队成员与财产的安全；当团队突然面对巨大的竞争威胁时，该如何确保最基本的生存空间。无论遭遇什么突发情况，团队都必须制定出相应的应急预案，这样就可以尽量减少意外事件的危害。

应急预案主要包括综合应急预案和专项应急预案。综合应急预案是从总体上阐述处理事故的应急方针。应急组织结构及相关应急职责，应急行动、措施和保障等基本要求和程序，是应对各类事故的综合性文件；专项应急预案是针对具体的事故类别、危险源和应急保障而制定的计划或方案，是综合应急预案的组成部分，应按照综合应急预案的程序和要求组织制定，并作为综合应急预案的附件。对于团队来说，这两种应急预案通常都是不可或缺的。

——制定应急管理制度

在整个应急管理体系中，任何一种应急方法、应急措施和应急方案都应该得到制度的认可，因此管理者必须在团队内部推行比较完整的应急管理制度，通过制度来明确规定面对突发性事件时应该怎么做。

同时，制度实际上也赋予了应急小组或者相关责任人一定的权限，可以保障他们在处理突发事件时拥有一定的权力和责任。

通过对应急小组的组建、应急预案的制定以及应急管理制度的保障，可以打造一个相对完善的应急管理体系，增强团队的抗压能力和应急能力。

除此之外，要想让团队免于突发事件的威胁，管理者可以对员工进行培训。比如一些公司就会重点培养员工的应变能力和紧急事件处理能力，帮助他们更好地解决一些突发问题。

此外，对于管理者来说，他们也必须给予员工更多的自主权，让员工在遭遇突发性事件时有自主处置的权利，而不用事事向上级请示，以免耽误了最佳的解决问题的时间。

普通员工同样要提升自己的责任心和勇气，不应该将所有的希望寄托在管理者身上，必须拥有自主选择权。比如在接受了某个项目之后，需要做好充分的准备，需要对各种可能出现的情况尽可能进行考虑，同时保持专注和警惕，一旦出现问题，需要勇敢地面对，而不要总是在慌乱中将责任推给上级。

5. 实行岗位轮换制，打通员工快速成长的通道

在2000年前后，很多国内企业的考察团都将IBM公司作为一个重点学习的目标，他们不仅去学习IBM先进的技术，同时更加看重其先进的管理体制。

事实上，那个时候的IBM是整个世界上管理体系最完善的企业之一，而这也是国内考察团争先恐后的原因。

而在诸多管理制度中，有一个制度引起了很多考察团的关注，那就是独具特色的"2-2-3"制度，所谓"2-2-3"制度实际上指的就是一种岗位轮换制度，该制度的独特性在于特殊的轮换风格。

比如IBM公司规定，如果一名员工在某个职位上工作2年，而上一年的绩效考核达到了2（即良好）以上，那么他可以在花费3个月时间处理完在原职位所遗留的事务之后，申请调换岗位。这样就引起了一个现象的发生，那就是IBM公司内部的人员调动和岗位轮换是世界同类企业中频率最高的。

让一家企业的员工在不同的岗位上换来换去，这似乎不符合常规，毕竟在多数人的思维中，"做一行，爱一行，专一行"才是每一个员工应该坚守的原则。

很多国内的企业家都会认为，让管理者或者普通员工在不同的岗位上换来换去不仅会打乱原有的工作部署，也会让各个岗位上的工作乱套，造成企业内部工作的混乱和职权的失衡。

但实际上，在考察过程中，考察团发现在很长一段时间内，IBM公司的执行效率始终处于世界同类企业的前列，而且该公司也一直都是最团结的公司之一。

而且这种制度确保了IBM内部人才的快速流动，也激活了企业内部的潜力与活力。而在国内，很多管理者或者普通员工都不希望被调离原职，都希望能够坚守自己的岗位，这也就形成了国内特殊的企业文化。

但在国外，不仅仅是IBM公司，像德国西门子公司、瑞典爱立信公司都是岗位轮换制度的忠实拥趸，而美国柯达公司也曾经多次进行了成功的岗位轮换，这些大公司都喜欢通过岗位轮换来刺激内部的活力。

实际上，岗位轮换是一种比较开放的管理制度。其最重要的内容就是要求员工每隔一段时间就进行岗位轮换，这种岗位轮换的时间并没有固定的标准。有的企业可以实行三个月一换，有的实行半年一换，有的适合一年或者几年一换。而不管怎么变换，不管变换的岗位是怎样的，它都能有效刺激内部的劳动力市场。

第一，能够提升员工工作的积极性。

比如在团队中，管理者和普通员工经常会出现职业倦怠症，会讨厌和排斥自己的工作，从而产生非常消极的工作情绪，这对企业的发展非常不利。

而岗位轮换则能够有效激活员工的欲望，这种制度可以确保工作者接触到不同的岗位和工作项目，从而增加工作的新鲜感，使得员工在工作的过程中能够保持更大的新鲜感和积极性。

第二，能够激发出员工新的创造力和潜能。

岗位轮换能够促使员工成长为多面手和复合型人才。很多员工会发现自己不仅仅可以处理好本职工作，还可以处理与本职工作相关的工作，而这对于员工的成长是很有帮助的。

第三，能够直接促进内部经验、技术的交流，以及不同岗位之间的信息流通。

岗位轮换造成的人员流动，实际上也是让员工在新的岗位上带来自己以往的工作经验。

此外，在实行岗位轮换之后，各个岗位的工作标准往往会得到提升，工作的新方法不断被应用，而员工们的思维也变得更加活跃，团队的整体工作效率会变得更高。

同时，岗位轮换制度要求管理者和员工每隔一段时间就要更换岗位，这恰恰可以避免管理者或员工因长期负责某个领域，而形成不利于团队发展的"小团体"。

那么对于团队管理者来说，如何才能够在内部推行岗位轮换制度呢？岗位轮换分为哪几种形式呢？

——新员工巡回轮换

对于那些不熟悉工作环境、工作内容以及自身工作能力的新员工来说，管理者需要在培训的时候安排他们在不同的岗位上进行巡回轮换，这么做一方面是为了让员工接触部门内的各项工作，进一步适应工作环境，同时也为日后的团队协作奠定基础。另一方面则是观察新员工在各项工作中的表现，从而了解他们最适合做什么，了解他们最大的优势是什么，通过观察和分析，管理者通常都可以尽快地将每一个新员工安排在最适合的岗位上。

——培养"多面手"员工轮换

为了适应日益复杂的经营环境，很多团队都在设法建立"灵活反应"式的组织结构，而这就要求员工具有较宽广的适应能力和复合能力。

简单来说，就是要求员工在不同的岗位上学习各种技能，这样一来，当经营方向或业务内容发生转变时，员工也不至于因为专业不对口而无法应对。

在培养"多面手"员工的轮换方面，管理者往往对轮换有着更多更高的要求，同时也必须确保这些多面手能够接触到更多更有价值的工作项目。

——培养经营管理骨干轮换

对于管理者来说，培养经营管理骨干是管理任务中的重中之重，这也是为了确保团队能够获得长远发展的关键。

对于那些经营管理骨干来说，往往应该具备对企业业务工作的全面了解和对全局性问题的分析判断能力。培养这种能力，必须使管理人员在不同部门间横向移动，开阔眼界，扩大知识面，并且与企业内各部门的同事有更广泛的交往接触。

这种培养以主管、部门经理级员工为最多，轮换周期一般为2~5年不等。

需要注意的是，当部门经理或者部门内主要管理者进行岗位轮换时，为了避免员工在工作中出现混乱，管理者必须想办法建立起一整套与职务轮换相配套的制度体系，其中包括清晰而标准的工作说明、一套全行业通行的员工绩效评估标准体系、一套员工福利制度和报酬体系、培训开发计划等。

只有相关的配套制度体系足够完善，这样员工的绩效才不会出现因为不同的上司而出现下降的问题。

第四章

目标正确，比做事正确更重要

1. 坚持运用 SMART 目标管理方法

对于很多处于发展初期的团队来说，常常会遇到一个比较严重的管理问题，那就是一些员工在工作的过程中，常常搞不清楚自己为什么要做这些，也不知道自己做这些究竟有什么目的，他们甚至不清楚自己该做到何种程度才能够让上司满意。

以至于很多员工都只是坚定地指令接受者，只要任务一下达，他们就开始埋头苦干，至于自己需要做到什么程度，需要完成什么样的目标，则根本就不知道。

由于目标的缺失，员工的工作开始出现混乱，比如工作方法的不统一、工作目标的不统一、工作计划的随意变更、各部门出现任务重复的现象等。这些乱象往往会导致团队的分离和冲突，会造成工作效率低下。

这个时候，团队的管理者需要思考一个基本的问题，那就是做好团队的目标管理。

那么什么是目标管理，目标管理包含哪些内容，团队的管理者又该如何做好目标管理呢？

1954年，美国管理学大师彼得·德鲁克在《管理实践》一书中首次提到了"目标管理"这个概念。

在德鲁克看来，无论是企业还是个人，最正确的工作方式应该是目标先行，也就是说我们并不是在投入工作之后才开始去制定目标，而是将目标放在工作前面，企业和个人应该先制定目标，然后才开始按照这个目标去执行。很显然，在这个过程中，目标起着一种重要的指引作用。

尤其是对企业来说，必须尽力地将自己的使命和任务，转化成为合适的目标，而对于那些缺乏目标的企业来说，它们在特定领域内的工作将无法顺利展开，也无法取得一个令人满意的效果。

德鲁克积极主张推行目标管理，其主要内容就是团队的管理者需要设定一个更加合理的目标。一旦团队的管理者确定了目标，就需要对其进行有效分解，并转变成各个部门以及个人的分目标，然后管理者根据分目标的完成情况对下级进行考核、评价和奖惩。

那么在整个流程中，团队管理者该如何制定目标，又该制定什么样的目标呢？

在这里，德鲁克提到了一个重要的概念，那就是SMART目标管理方法，所谓SMART目标管理方法实际上指的就是Specific（具体明确）、Measurable（可度量）、Actionable（可实现）、Relevant（相关联的）、Time-based（时间限定）这五个基本标准。

——Specific（具体明确）

所谓"具体明确"，实际上指的是管理者要制定具体明确的目标，或者说要用具体的语言清楚地说明团队将要达成目标的行为标准。

这个标准是团队想要实现目标并获得成功的一个基本条件，因为只有拥有一个明确的目标，团队的发展和员工的奋斗才会有一个准确的方向，才会有一个基本的着力点。

在很多团队中，管理者常常抱怨员工执行力太差，常常抱怨员工的工作没有达到自己心中所设定的那个标准。但根源有可能在于，管理者在下达任务的时候就没有将这个目标说清楚，没有具体描绘出自己心中所想的那个标准。

或者说，管理者在制定目标的时候一直模棱两可，没有为这个目标设定一个明确的界限。在这种情况下，执行者往往很难准确理解和把握管理者的意图，他们很容易在执行的过程中出现动摇，或者偏离目标的情况。

事实上，很多管理者经常会犯这样的错误，他们会这样告诉自己的下属，"在今年年底之前，一定要努力增强服务客户的意识"，这个口号看上去没什么问题，但是严格说来却存在很大的漏洞。

增强客户的服务意识究竟指的是哪个方面？是要求员工提升服务速度、增加服务的次数、减少客户投诉的次数，还是多用礼貌用语来规范服务流程等？这些都没有明确的说明和要求，员工在执行的时候肯定会产生疑惑。

这时候，要想让员工真正提升自己的服务水平就可能会显得有些困难。同样的，有些管理者会说"我们需要完善管理"，但是管理的范畴很广，如果不明确指出来完善管理的哪一方面，其他部门的负责人就很难执行下去。

对于管理者来说，必须尽量给执行者制定一个明确的目标，这个目标首先应该拥有明确的项目（做什么），拥有明确的衡量标准（怎样才是达标），拥有明确的措施和方法（具体怎么做），拥有明确的期限（什么时候开始，什么时候完成），拥有明确的要求和条件（需要何种资源）等。

所以说，只有管理者制定了比较明确的标准，员工才能够按照具体的要求去执行，并最终实现目标。

——Measurable（可度量）

"可度量"指的是团队制定的目标要有一个具体的可衡量标准。简单来说，就是团队的管理者应该有一组相对明确的数据，并以此作为衡量团队是否达成目标的依据。

在过去，很多企业的负责人会在会议上强调企业需要做到怎么样，却并没有提供一个明确的可度量的数据，这样就给工作的审核带来了麻烦，因为企业的负责人并没有提供一个可以衡量的数据和标准，那么员工们就无法判断目前所做的工作的业绩是否满足了企业的目标，或者说无法判断这个目标是否已经实现。

很多时候，当团队的管理者觉得工作还没完成的时候，员工却以为自己做出了管理者想要的业绩，这种差距和分歧会给团队的发展带来严重的负面影响。

事实上，很多企业会制定五年计划或者十年计划，比如强调"下一个五年需要让产量提升40%，需要让效益提升50%"，在这里的40%和50%其实就是可度量的数据，执行者通过这些数据可以明确地知道自己需要做些什么，要达到什么样的高度。在现代企业管理中，管理者制定可衡量的目标已经成为一个基本要求。

　　无论是制定目标的人，还是执行的人，都会建立一个统一的、标准的、清晰的可度量的标尺。

　　最明显的就是公司一个月需要生产多少产品；员工一个月的考核成绩必须达到多少分；产品的合格率必须达到百分之几十；成本的增加必须控制在几个百分点以内。所有的工作都需要用准确的数据标注出来，必须以一种可以衡量的方式告知所有执行者。

——Actionable（可实现）

　　对于团队的管理者来说，任何不切合实际或者根本不能完成的目标都是无意义的。由于没法实现，这样的目标根本不能带来任何的价值，反而会增加资源的消耗量，浪费大量的时间。

　　因此，任何目标的制定都必须确保是可操作且可实现的，"可实现"是目标管理一个最基本的要求，也是团队真正能获得发展的一个基本要求。

　　但是在很多时候，管理者由于过于自信，或者对于团队发展期望过高，常常会制定一些员工根本做不到的目标，或者根本不符合团队实际情况的目标。这样不仅会增加员工的压力，更会让团队遭受失败和损失。

　　此外，这些不切实际的目标还会破坏掉团队的执行文化和执行体系。事实上，一些优秀的团队就是因为制定的目标过大，或者目标不切合实际而遭受了巨大的损失，最终被巨大的浪费拖垮了；有的则是因为过度追求一些高大上的目标，而导致自己错过了很多商机。

　　美国摩托罗拉公司曾经就犯下过这种致命的错误。

1991年，美国摩托罗拉公司决定建立由66颗低轨道卫星组成的移动通信网络，因此组建了铱星公司。目标是打造一个不受地面移动通讯局限的通信体系，而公司可以通过太空向任何地区、任何人提供语言、数据、传真及寻呼信息服务。

事实上，在当时的技术条件和经济条件下，摩托罗拉公司要想完成这样的工程根本就不可能，但是为了实现这个超级目标，公司的负责人还是坚持推进这个计划。

1998年5月，筹备了7年的铱星系统完成了复杂的组网工作，并于当年的11月正式投入商业运营。但铱星计划在1999年第一季度仅仅带来了145万美元的营业收入，亏损却达到了惊人的5.05亿美元。

这个时候，摩托罗拉公司才意识到自己根本没有办法填补这么大的漏洞，只好宣布铱星计划终止，而组建的铱星公司也迅速破产倒闭。

很显然，对于摩托罗拉公司来说，由于这项工程太过超前，成本太大，技术难度太高，公司根本没有办法实现这个目标，失败也就成为理所当然的事情。正如《华尔街日报》评论说："它们做了一个伟大的梦，但是却最终被这个梦给拖垮了。"

通用电气的总裁杰克·韦尔奇就认为企业管理者需要将自己沉淀下来，需要更加谦卑地看待市场，需要更加聪明而准确地看待自己，不要总是想着做成一件大事，不要做一些自己无法控制的事情。

在韦尔奇看来，抓住那些可实现的目标才是团队的管理者最应该做的事情，也是最应该向下传达的指令。管理者必须明白自己的团队是跳起来摘桃子，而不是跳起来摘星星。

对于任何一位团队的管理者来说，确保目标的可实现性是一个基本的管理要求。它能够确保团队管理者更好地掌控发展的节奏和步骤，可以确保团队始终保持在一个合理的、稳定的发展区间，而不会盲目实施扩张计划，不会在一些超级目标中浪费时间和金钱，以避免陷入泥潭之中。

——Relevent（相关性）

目标的相关性是指实现此目标与其他目标的关联情况。简单来说，就是制定的任何一个目标都不应该保持独立，它必须和其他目标有所关联。

比如，一个团队往往会有多个目标，这些目标可能会存在先后顺序，这个时候，如果最初的小目标和后面的大目标缺乏联系，工作的连续性就会被打断。

再比如，很多企业的老板会帮助下属制定去哈佛商学院深造的计划，但是制定这个计划和目标并不仅仅是为了让员工充实自己的知识，或者拿到一个哈佛大学的毕业证书，而是为了让员工日后可以在管理国外市场的时候发挥作用。由此可见，去哈佛深造学习的目标实际上和开发国际市场和管理市场密切相关。

事实上，团队在制定目标的时候应该是循序渐进的，而管理者必须确保任何一个目标不会是孤立存在的，目标的制定和执行，必须是为了其他目标更好地执行下去，而这才是团队不断获得发展、不断实现超越的前提。

——Time-based（时间限定）

在制定目标的时候，团队的管理者不能仅仅告诉员工们需要做什么，或者需要做到什么程度，同时也需要明确给他们设定一个实现目标的期限。

事实上，对目标进行时间限定是实现目标的一个约束和规范条件，目的就是引导执行者更好地完成任务，就是引导执行者要注意工作的时效性。

试想一下，如果管理者不对目标做出时间限制，或者没有任何时间上的限制，那么执行者在完成目标的过程中可能会一拖再拖，甚至根本就不会认真工作；或者他们可能会搞不清楚事情的轻重缓急，常常做一些次要的工作，而将主要工作放在一边。这些情况显然不利于工作目标的快速实现，不利于团队的发展。

正因为如此，团队的管理者必须要对实现的目标做一个期限上的设定。这种设定首先意味着对员工工作的一种束缚和要求，意味着对员工时效性和纪律性的一种考验，他们必须明确告知执行者什么时候一定要完成什么任务。

而在给出具体的时间期限时，管理者必须根据工作任务的重要程度，拟定出完成目标项目的具体时间。不仅如此，为了确保工作的顺利进行，一定要定期检查项目的完成进度，及时掌握项目进展的情况变化，将所有的工作牢牢掌控起来，从而方便给予员工一些必要的指示。

以上这五个标准或方法实际上就构成了目标管理的内核以及主

要内容，而对于团队的管理者来说，只有严格按照这五个标准来制定目标，只有严格把握这五个基本原则，并且将它们有机地统一在一起，才能确保团队能够按照特定的目标和节奏发展下去，才能确保团队的执行力得到保障。

2. 管理者需要划分短期、中期、长期目标

团队在发展的过程中，通常会制定一系列的目标，比如期待着自己会成为同行业中的第一名或者前三名，又或者会制定一些两年计划或者五年计划。

还有一些团队会进一步细化目标，比如争取今年取得什么成就，或者要求在某一个季度甚至是某一个月达到什么目标。不同的团队往往会有不同的目标，而且同一个团队，也会在不同时段制定不同的目标，或者说制定不同时段的目标。

在这些目标的设置中，所有的目标都可以划分为三类，那就是短期目标、中期目标和长期目标，而这三种目标往往也是团队在发展过程中不可获取的。

事实上，团队始终是需要向前发展的，环境也会不断出现变化，团队从起步、发展，到量的增长以及规模的扩大，这些都要求目标设置是有更加丰富的层次。

对于团队来说，如果仅仅只有长远目标，那么具体的工作流程和部署就无法实行。如果仅仅只有短期目标，那么团队最终只能在一些蝇头小利上纠缠，这样会限制团队的视野和发展空间，使团队缺乏足够的大局观以及战略生存空间，自然也就无法走得更远。

所以，团队必须将短期目标和长期目标结合起来，同时还要设

置一个中期目标来进行过度，这样既保证了目标实现的阶段性与合理性，也可以确保团队时刻把握发展的方向。

那么什么才是短期目标、中期目标和长期目标，团队的管理者又该如何设置目标呢？

——短期目标

短期目标实际上是指时间在一至两年内的目标，它是中期目标和长期目标的具体化、现实化和可操作化的一个目标，也是最清楚的目标。

对于短期目标制定者来说，短期目标和短期计划的存在能够有效保证管理者以及执行者不会冒进。

而且由于小目标更容易实现，这样就降低了执行过程中的压力，从而提升了执行者的自信；对于整个团队来说，管理者可以通过对各个短期目标进行分析，从而更为直观地看待团队和个人的发展，也可以预测出团队发展的基本趋势和规律。

一般而言，短期目标具有很多特征：

具备可操作性；
明确规定具体的完成时间；
把握现实目标；
服务于更高级的目标；
上级安排或者自己制定的目标；
依据实际环境来制定。

正因为如此，对于团队管理者来说，在制定短期目标的时候，一定要注意确保短期目标切合团队发展的实际情况，要确保短期目标和中期目标、长期目标联系起来，而不是孤立地来对待它。

——中期目标

中期目标是指在一定的目标体系中受长期目标所制约的子目标，是达成长期目标的一种中介目标。

由于短期目标的时间太短，缺乏战略指导的价值；而长期目标时间又太长，很容易导致员工在具体的执行中失去对方向的明确把握，也容易因为目标太遥远而失去信心。

这个时候，中期目标的设置就显得尤为重要，它可以在短期目标和长期目标之间牵线搭桥，实现完美的过度，对团队的持续性发展和不断扩张有着重要作用。

通常情况下，中期目标的时间限度稍微长一些，一般为三到五年。

中期目标具有以下特征：

与长期目标保持一致；

结合了自己的发展需求和企业的环境及要求；

进行定量说明；

评估实现目标的可能性；

明确的时间；

适当调整。

作为一个中介目标，团队管理者在设置中期目标的时候一定要注意将中期目标和短期目标、长期目标结合起来，尽量不要出现脱节，这样才能确保整个团队发展能够持续进行下去。

此外，为了确保团队能够及时调整中期目标，管理者一定要对团队的发展以及目标实现的过程进行监督。

——长期目标

长期目标是指团队通过实施特定战略所期望达到的结果。一般来说，长期目标与战略的时间跨度保持一致，其内容指标包括：资产增长、销售增长、营利性、市场份额、多元化经营的程度和性质、纵向一体化的程度和性质、每股收益、社会责任。

通常情况下，长期目标是指五年以上的目标。

长期目标的质量衡量具有以下特性：

迎合企业发展的宗旨；

实现目标的时间进度是可以度量的；

迎合企业管理人员的期望和偏好；

确保各级战略管理人员可以理解他们所要实现的目标，以及了解评价目标效益的主要标准；

具有激励性和挑战性；

随着周围环境的变化而及时调整。

从这个意义上来说，长期目标是一个发展大纲，是团队发展总的方向和目标，也是团队执行的潜在动力。

如果说短期目标和中期目标更加注重当前环境中的可执行性，那么长期目标则看重对团队长远发展的指导，而且它往往决定了团队发展的上限，同时也决定了团队执行力的上限。

短期目标、中期目标和长期目标作为企业目标的三种形式，它们并不是孤立存在的，可以说三者是相互联系、相互影响的。

其中短期目标是基础，长期目标是战略指导，而中期目标则起着中介作用。对于任何一个团队来说，都必须在发展过程中制定出合理的短期目标、中期目标和长期目标，只有将这三种目标有效结合起来，才能确保所有的工作按照特定的步骤进行下去，才能确保团队的发展更加稳定、更加合理。

3. 统一内部的发展目标，团队的目标才能顺利实现

对于个人来说，每个人的追求不一样，喜好不一样，能力不一样，因此个人的发展目标也不一样。

通常情况下，一个团队内的员工往往具备各自不同的目标，有的人想要获得更高的工资，有的人想要获得更高的职位，有的人想要赢得更多的尊敬，有的人想要获得更多发挥价值的机会，等等。即便是在具体的工作中，员工也常常会有不同的目标，而这些目标往往会影响到每一个员工的工作状态和工作心态。

此外，团队内的不同部门之间也会有各自的发展目标，这些部门在发展过程中所制定的策略和流程也会不相同。

因此，无论是个人发展目标还是部门的发展目标实际上很容易造成一个问题，那就是各自为战。由于个人以及团队内下属的各部门过于看重自己的目标，常常会按照自己的规划和选择去做，常常会按照自己的节奏和期望去安排工作，但是任何一个团队都需要保持自己的整体性，都需要以一个整体的形式去发展，而这种整体性首先就体现在目标的统一上。

一个团队在发展的过程中，应该保证内部的目标是统一的，保证所有人、所有部门都是在向同一个目标发力。

有很多新成立的公司，或者体系不成熟的公司，在发展过程中往往会出现非常混乱的状况，每个部门都在做自己的工作，都按照自己的主观需求制定发展规划，结果导致各部门各忙各的，彼此缺乏合作与默契，并且很容易出现工作重复和遗漏的现象。员工之间同样缺乏团队意识，每个人都在想办法为自己的个人目标而努力，并没有形成统一的工作节奏，没有按照统一的要求去奋斗。

当所有人和部门都处于不同层次和节奏上时，当所有人和部门都按照自己的追求去制定发展目标时，就会对整个团队的发展造成破坏，会导致内部混乱和分裂，并最终阻碍团队的生存和发展。

所以对于团队的管理者来说，最重要的任务就是统一团队内部的发展目标，就是将所有人、所有部门都纳入到同一个目标体系下去奋斗，个人和各部门都需要接受同一个目标的引导。

上海有家公司在成立之初，由于管理不善，经常出现各部门各自为战的情况，导致内部工作步骤不统一，这样就造成了各部门相互制约的不利局面。

公司的老总在弄清楚问题的原因后很快进行了改进，强化了分工协作的制度，同时还特意统一了工作的目标。

每天，公司的老总都要求员工佩戴一张小卡片，小卡片上面写着公司这个月要完成的目标，主要目的就是提醒每一个员工在努力工作的时候，一定不要忘了自己是在为公司的统一目标而奋斗。

这种统一目标的做法实际上为团队的发展提供了一个重要的保障，因为只有目标得到了统一，团队成员的工作才会更具针对性和目的性，而这不仅提升了团队的合作性，还提升了团队工作的专注度，从而保障了团队的工作效率。

那么团队的管理者，该如何去做好统一发展目标的工作呢？

最直接的方法就是，依据团队的发展要求，直接制定一个比较大的发展计划，这个计划的制定应该从团队发展的大局出发，能够体现出整体性，同时也应该符合团队长远发展的利益。

在制定这个大目标之后，管理者应该及时对这个目标进行分割，将其分解成不同的几个任务，然后分发下达给各个部门或者各个负责人。然后再由各部门或者各负责人进行进一步分解和安排。通过这种层层分解的方式，就可以将整个工作任务划分成更具可执行性的几个小部分。

实际上，很多团队也同样有明文规定：每次一有重大的工作项目，首先就要将这个重大工作项目进行任务切割，每一个部门都有不同的任务安排和要求。针对这样的规定，虽然从表面上来看，每个部门都有自己的小目标和小任务，但所有的部门始终都是为同一个目标而奋斗。

在一般情况下，这种分解任务的方式不仅可以调动团队中的各种资源，还可以有效促进内部的分工与协作，提升彼此之间的默契，从而提升内部的工作效率。

国内某公司在开拓欧洲市场的时候，为了提升市场公关能力，为了提高开拓市场的机会，公司特意增加了市场营销人员的数量，将原先一对一服务于客户的机制提升到五对一的服务等级，并且利用整个公司的力量打好市场攻坚战，这样就在抢夺客户方面增加了更大的优势。

　　这种集中力量做某一件事的做法实际上就需要管理者对所有参与者制订同一目标，这样才能将所有人结成一股合力。

在很多讲究合作，尤其是在拥有成熟的分工协作体系的团队中，这种任务分解方式最为常见。除此之外，还有一种比较常见的统一目标的方法，那就是针对一些竞争激烈的项目，团队的管理者尽量调动更多的部门和更多的人参与到这个项目建设中来，这个时候，所有参与者并不存在什么分工，大家所接受的任务都是一样的，所有参与者最直接的目标也是一致的。简单来说，就是集中更多的力量来做一件事。

　　团队的管理者在进行管理时候，为了确保目标的统一，还需要做好其他一些基础工作，比如构建一个完善的沟通体系，以便促进团队内部的交流与分享，从而保障工作的协同性与一致性。

　　除此之外，管理者还需要强化制度和纪律，要确保每一个工作者都可以听从上级的调度，对于那些违反规定或者自主行动的员工，管理者要依据规定给予处罚，从而保证所有人都接受统一的管理。

4. 引导员工，将个人目标与团队目标结合起来

在人才管理中，有一个问题非常棘手，那就是如何处理个人目标与团队目标之间的矛盾冲突，而这几乎是所有管理者都会遇到的难题。

其实有关个人目标和团队目标的冲突，本质上就是个人利益与集体利益的冲突。对于员工来说，他们通常会将工作当成是一种获取个人利益的手段和工具，比如他们会单纯地追求薪水，会单纯地将这一年度获得多少奖金作为目标，会单纯地将自己想要做某项工作或者达到某个高度（职位晋升）作为奋斗的目标。

这些都是个人工作需求的体现。在一般情况下，有一些个人目标和追求与企业目标是同步的，两者是一致的，也就是说个人对于工资和职位的追求往往和自身的业绩息息相关，和企业实际的发展情况也息息相关。

但是有时候，个人过分追求自身的利益或者想要迫切地实现自己的目标可能会对团队目标的实现带来损害。

比如有些员工在工作中缺乏计划，缺乏明确的安排，他们不服从上级的管理，常常自作主张；有人自视甚高，拒绝与其他人进行配合；有的人缺乏最基本的职业素养，经常中饱私囊，甚至为了私利而损害团队利益。这些人往往比较自私，没有建立良好的归属

感，也缺乏最基本的集体意识，更不会为了团队目标而努力奋斗。相反，他们往往会为了满足自己的私利而违反团队的规定，甚至会影响团队的正常发展。

在这种情况下，个人目标的实现实际上成为一个负面因素，成为损害团队发展的不利因子。而管理者需要特别重视这个问题，并且想办法将个人目标与团队目标进行平衡，尽量确保个人的利益追求和发展目标能够约束在团队目标之下。

简单来说，管理者在对员工做出利益许诺之前，或者在尊重员工追求个体目标的前提下，一定要提醒和引导员工，让他们明白自己应该做些什么，不应该做些什么，让他们明白做什么对自己有利，而怎样做会给团队带来损失和伤害。

虽然任何一个人都有权利追求自己的目标和利益，但是在一个团队之中，个人的选择和决策首先必须迎合团队的利益，个人在做出决策和选择之前必须以团队利益为先。

这种对集体负责的态度是一个团队得以生存和发展下去的前提。对于团队来说，要想确保内部结构的完整性、内部合作的密切性以及团队能够顺利实现目标，就需要培养员工的集体主义精神，就需要鼓励和引导员工在团队目标面前适当做出妥协和牺牲。管理者有义务来协调好个人目标与团队目标的关系，也有必要保障团队内部的统一。

> K公司在过去十年间是河北发展速度最快的外贸公司之一，这家公司之所以能够获得高速发展，很重要的一个原因就在于他们制定了周详而合理的发展计划，这些计划和目标对企业发展起到了很好的引导作用。

但与此相对应的则是公司的所有员工都在实现公司目标的过程中制定了属于自己的目标，以此来迎合公司的发展需求。

2007年，公司老总的儿子张先生留学归来，并从父亲手里接过了管理公司的大权。而正是从这一年开始，他为公司制定了详细的发展计划，并且制定了年度目标和五年计划的发展目标。而为了确保这些目标能够顺利实现，他想到了一个办法，那就是让员工在迎合企业发展目标的前提下都写下自己的工作目标和需求，然后将这些目标和企业发展的目标进行对照，以确保所有的个人目标与企业目标不会发生冲突。

而在实行这样的管理方式之后，K公司的业务增长非常迅速，在十年中的年均增长率达到了23%，而营业额更是每年增长37%，公司更是每年都提前完成年度目标。

显而易见，对于管理者来说，一定要懂得将个人目标与团队目标结合起来。比如，管理者可以进一步完善考核制度，规定员工完成多少工作量，或者达到什么样的工作业绩，就可以获得何种奖励。

更重要的是，对于团队的管理者来说，必须打造和强化团队建设，努力让每一个员工都纳入到整个工作体系中来，努力让员工们为了共同的目标而奋斗。

具体来说，管理者需要从以下两个方面入手：

首先，管理者需要进一步强化和完善团队的考核制度或者利益分配制度。

这些制度实际上与员工的利益息息相关，但同时也是团队实现目标的重要保障。可以说，当管理者完善考核制度和分配制度之后，员工的个人利益也就得到了有效的保障，而且也为团队的发展奠定了坚实的基础，因为员工在个人利益的刺激下会想办法努力实现团队的目标。

其次，管理者需要加强团队内部的文化建设。

管理者要在潜移默化中影响员工的态度。这里涉及一种工作氛围或者价值观的问题，即好的团队往往会形成一种良好的工作氛围，员工们能够准确意识到自己的定位，能够养成良好的团队意识和集体主义精神，他们会将团队目标、团队利益放在最重要的位置。

总的来说，管理者的工作不仅仅是让员工意识到团队需要达到什么样的目标，也不仅仅是让员工意识到他们需要将工作做到什么程度。为了确保整个团队发展和奋斗过程的顺利，管理者还需要想办法协调好个人利益与集体利益之间的关系，需要给予员工更多自主发挥的空间，需要充分尊重员工对个体目标和个人利益的追求。

不过，需要注意的是，当管理者努力引导员工将个人目标与团队目标结合起来的时候，当管理者想办法将个人目标纳入团队发展目标的框架之中时，并不意味着就要忽视员工个人的权益，也并不意味着完全意义上的压制员工个人的目标，而是要在两者中寻求平衡一致。

事实上，有些团队的管理者过分看重团队的目标，而忽视了对个人目标与需求的尊重，结果导致员工工作缺乏积极性，导致员工缺乏最基本的认同感和归属感，最终会影响到团队的发展。

因此，对于团队的管理者来说，一方面需要积极引导员工以集体利益和团队目标为重，另一方面也不要为了追求团队目标而忽视了对员工个人利益的尊重。

如果说只有确保团队目标的实现，员工的个人目标才能够得到保障，那么反过来也是一样，如果员工的个人目标得不到满足，团队的长远目标也会成为空谈。

5. 建立更高目标，为团队注入追求卓越的"野心"

阿里巴巴的创始人马云讲过这样一个故事：

在阿里巴巴创立的时候，他只能东拼西凑弄到50万元，而这点钱相对于一家电子商务公司来说，的确显得有些微不足道。很多人当时劝马云不要创业开公司，但是他并没有听从劝告，毅然决然地投身于互联网的事业当中。

在公司创立起来之后，发展举步维艰，由于起步较晚，阿里巴巴在国际上根本不具备太大的竞争力，尤其是在eBay这样的电子商务巨头面前，更是不值一提。

在那个时候，阿里巴巴内部几乎所有的人都觉得只要将公司发展成为一个盈利的企业，或者发展成为一家大公司就行了。但是马云却坚定地告诉所有人，自己不仅要把阿里巴巴发展成为一家盈利的大公司，还要让其成为中国最大的互联网商业平台，最终成为世界上最大的电子商务公司。

这样的话听起来有些天方夜谭，但马云就是这样告诫所有人的：要做就要做到最好，要做就要充分释放自己的野心。而事实上，正因为拥有庞大的野心，正因为对国际市场和电子商务平台的发展有着更高的期待，阿里巴巴在马云的带领下，很快就步入正轨，并且真的慢慢成长为全世界最大的电子商务公司。

有人问马云成功的秘诀是什么，他的回答只有两个字：梦想。但实际上这个梦想可以替换为另外两个字：野心。

尤其是考虑到马云曾经在创办黄页时取得的成功，他无疑具有更大更高的目标，并且一直都在努力将这些野心注入整个团队中去，以便让整个团队变成一个有野心且容易被野心驱动的超级团队。

有些团队的管理者往往非常低调、谦卑，凡事着眼于自己所能做到的事情，这原本是一个非常好的特质，但是从另外一个角度来说，一旦管理者过度追求稳重和低调，往往会束缚团队潜在的能力，遏制住团队发展的动力，因为发展往往是依靠梦想和野心来推动的。

法国富翁巴拉昂在去世之前，在报纸上刊登了一条遗嘱，主要的内容是一个问题："穷人最缺少什么。"

事实上巴拉昂年轻的时候穷困潦倒，一度连饭也吃不饱，后来通过自身的不懈努力，他慢慢改变了命运，并成为法国最有钱的人之一。功成名就的巴拉昂在回顾自己一生的时候，将自己成功的经验总结出来，然后浓缩在这个问题中。为了奖励那些能够提供准确答案的人，他还设立了100万法郎的奖金。

当报纸刊登出遗嘱之后，吸引了世界各地的回答问题的人，但是在几千个回答者当中，只有一个小女孩给出了正确答案，那就是"穷人最缺野心"。如果将这个问题进行延展，就可以发现，它同样适用于团队发展，如果说阻碍个人进步和成功的因素是缺乏野心，那么阻碍团队发展和壮大的同样也是因为团队缺乏野心。

微软公司并不是一开始就能强大，苹果公司也不是一开始就能成功，如果对世界上那些强大、成功的企业进行分析，就会发现它们其实都拥有一个特质，那就是拥有足够的野心，无论是创业者、管理者还是团队的普通成员，他们都坚信自己可以变得更好，都曾野心勃勃地要想成为最好的那一个。

当华为公司进入世界五百强的时候，没有一个人为之高兴，整个公司和往常一样，因为所有人都明白华为的上限远不止于此，华为的追求远不止于此。同样的，当三星公司成为韩国国内最大的电子产品公司时，市场部的管理者准备举办庆功宴，而老板李健熙却非常生气，他认为这件事并不值得高兴，因为公司的终极目标是征服整个世界，是占领全世界的市场，而不是将目光停留在小小的韩国市场上。

对于这些企业来说，它们的成功并不是偶然的，它们之所以能成为世界上最优秀、最成功的企业，主要就在于从一开始，它们就设定了类似的目标，就拥有成为世界最佳的庞大野心，而在野心的推动下，它们都在不断强迫自己变得更好，都在促进整个团队不断实现自我突破。

因此可以说，野心是造就一个伟大团队的基因，它会促使团队从平凡走向出色，从出色走向优秀，然后从优秀变成卓越，从卓越变成伟大。

很多团队会将野心当成团队执行文化中的一个重要标配，目的就是让所有的团队成员可以大胆地去想象更多更好的东西，可以尝试着去追求更高的目标，这种野心不仅仅体现在对整个团队战略目标的把握，还体现在对个人成长目标的把握。

比如，戴尔公司的创始人戴尔先生说过："我喜欢那些有野心的人，拥有野心是我选拔人才的一个重要因素。"在这种文化氛围的刺激下，很多员工往往会爆发出更为惊人的创造力，他们会因为渴望获得更多而不断激发自己的能力，并且不断强化自己的执行力。一旦团队形成了这种自我提升的文化之后，野心就会促使整个团队变得更具攻击性和创造力，团队的竞争力会得到提升，创新能力会获得快速发展和提升。

在2015年的百度年会上，一位高管在发表年会演说时说："当你要想成为更好的那一个时，你才能成为更好的那一个。"这句话实际上不仅适合所有的员工，也适合所有的团队。只有让员工成为最具野心的人，只有让整个团队成为最具野心的团队，团队才会变得更加强大，也才有机会走得更远。

因此，对于管理者而言，如何为团队注入更多的野心，这本身就是管理工作中最重要的一个任务。

第五章

会选人会用人，平庸者变干将

1. 人尽其才，让每个人都发挥出自己的最大价值

我们在工作的时候，通常都会倾向于做那些自己认为值得去做的事情，而什么样的事情才值得自己去做呢？

这往往需要符合几个条件：符合自己的价值观；适合自己的个性与气质；工作中能让自己看到成功的期望。达到了这几个标准，人们在工作时就能保持更高的专注度和热情；而一旦达不到这些标准，人们就会倾向于懈怠和反感，这个时候，人们做事的效率就会下降，成功的概率也会降低。

针对这一切，管理者首先应该解决的问题是想办法处理好人与职位的匹配度。那么，具体该怎样去做呢？

英国著名的管理学家德尼摩认为，凡事都应有一个可安置的所在，一切都应在它该在的地方，这就是有名的"德尼摩定律"。

按照德尼摩定律的说法，每个人、每样东西都有自身特有的价值和作用，而且都有一个最适合发挥这个价值的位置和平台，因此只要把它们安放在这个最合适的位置上，往往就能发挥出最大的功用。

德尼摩定律一般被运用到人员管理尤其是人事安排上。也就是说，管理者应该根据员工的特点、能力、喜好来合理安排任务，要让员工去做自己最擅长而且最能发挥价值的工作。

比如技术能力强的，适合搞研发和生产；组织与协调能力强的适合当管理者；成就欲强烈的，应该给予他更多高难度的工作；团队感强的人，适合做一些分工精细的工作。如果能合理按照每一个员工的能力与特点进行职位分配，就能确保员工发挥出最大的价值，能确保企业的生产效率更进一步。

更加通俗地说，德尼摩定律就是所谓的知人善任，知人是前提，善任是手段。实际上，很多团队的管理者对于人才管理存在一个重大的误区，他们会觉得所谓管理就是将一大堆工作者集中在一起，就是设定几个职位，然后将人员安放在这些职位上即可。

因此，他们通常都会觉得一个好的团队必须拥有世界上最顶尖的人才，一个好的团队必须拥有最出色的员工，这些员工必须拥有高学历，拥有出色的技术，他们必须是精英中的精英。

所以，很多管理者在进行员工招聘和人事安排的时候，常常很随机地安排人手，尽量确保每个位置上都有人工作。对他们来说，只要保障每个工作岗位上不缺人就可以了。这个时候，他们实际上是以职位为主的，而忽略了对人的价值和特点的关注。

有的管理者则会走极端，那就是过分看重职员的能力，而忽略了他们和职位的匹配度，这些管理者往往会想到从名校中招收职员，从国外引进职员，或者选择一些海归派担任要职，却忽略了一点：这些人是否与职位相匹配，他们是否能够在工作中发挥出自己的优势。事实上，随机安排员工或者专门招聘那些高学历的人才，未必能对工作产生积极的影响，有时候反而会进一步降低办事效率，甚至阻碍企业和团队的发展。

对于一个优秀的团队管理者来说，他们更看重的应该是人才的挖掘和合理运用，他们需要深入挖掘或者了解每一个员工的特长，了解他们最大的优势在哪里，然后根据这些优势来合理安排职位。

建立汉朝的刘邦曾经非常自豪地说："夫运筹帷幄之中，决胜千里之外，吾不如子房；镇国家，抚百姓，给饷馈，不绝粮道，吾不如萧何；连百万之众，战必胜，攻必取，吾不如韩信。三者皆人杰，吾能用之，此吾所以取天下者也。"

这就是管理者的用人之道。虽然刘邦并没有什么打仗和治军的能力，但是却了解团队中每一个成员的能力，懂得合理安排职位，以便更好地运用团队中每一个成员的优势，并成功借助张良的谋略与智慧、萧何的管理才能、韩信的军事才能建立了汉朝。

可以说在整个团队中，刘邦才是那个最有能力的人，因为他不仅了解每一个人才的优势，并且将所有的人力资源都整合起来，而这才是一个优秀管理者最应该去做的事情。

很多管理者在羡慕刘邦拥有出色的部下时，却没有想过其实自己同样具有很多合适的人选，只不过在很多时候，我们单纯地将个人的能力和学历当成团队的即战力，不懂得如何进行合理的调配和安排。

成立于20世纪90年代的某公司，曾经是国内某行业的龙头企业，无论是市场占有率还是资本都是行业内首屈一指的。

但是进入2000年以后，随着国际资本和技术的入侵，某公司遭遇了市场占有率下滑的危机。公司当时认为真正的问题在于内部员工的素质普遍偏低，已经跟不上时代发展的潮流了，因此就决定从国外公司引入一批人担任管理者，并且每年都从名校招收大批高学历人才。可是几年之后，这些管理者根本就没有产生任何作用，企业的发展也越来越糟糕。

万般无奈之下，公司只好求助于管理咨询公司。管理咨询公司经过诊断，发现了一个最重要的问题，即人事任用太过混乱和主观。

事实上，那些引入的高学历人才并没有什么管理经验，他们更擅长的是技术，反倒是那些工作多年的老员工对管理非常有心得，更加适合做管理。

经过劝说和指导之后，公司进行了人事变动，让一批更有经验的老员工担任管理者，让那些国外引入的人才进入技术研发部工作，新招收的高才生则下放到一线进行锻炼。公司的业务才开始慢慢好转起来。

老子在《道德经》中说过这样一段话："善行，无辙迹；善言，无瑕谪；善数，不用筹策；善闭，无关楗而不可开；善结，无绳约而不可解。是以圣人常善救人，故无弃人；常善救物，故无弃物。是谓袭明。"

这段话的意思就是说善于行走的人不会留下任何痕迹；善于说话的人不会留下任何破绽；善于计算的人用不着任何工具；善于封闭的人不设机关也没有人能打开；善于束缚的人看不到绳结却没有人能解脱。圣人一贯善于挽救人，就不存在没有用的人，能够最大限度地利用物力，就不会有废物。这就叫作因循自然的智慧。

对于团队的管理者来说，应该专注于打造一个更加合理的团队。在这个团队中，不一定所有人都是精英，不一定所有人都是高学历的人才，重要的是每一个人都需要出现在最合适的岗位上，做最正确的事情。

简单来说，团队的管理者就是要确保内部人才都可以发挥出自己最大的优势，都可以在自己最擅长的位置上发挥作用，这才是做好企业人力资源管理的关键。只有这样，整个团队的办事效率才会提高，确保产生"1+1＞2"的效果。

2. 别把“尊重”挂在嘴上，而是要放在心里

在1995年，上海一家公司准备以5万元的年薪招聘一位从事芯片研发的工程师。在当时，5万元的年薪可以说是很高的工资待遇，很多上班族一年的收入只有几千元，因此当公司的老板为工程师开出这份天价年薪后，立即引起了内部人士的议论，他们纷纷表示反对，毕竟这样高的工资在国内公司中并不多见，而且对于一家正在起步的公司来说，这会成为一个不小的开支。

可是老板并没有因此改变心意，而是坚持要给这个工程师开出支票。他认为公司中一直缺少一位专业的芯片研发工程师，这严重限制了公司在技术方面的发展，而如今好不容易可以找到相关的人才来改进这个薄弱环节，对于企业来说，即便付出再大的代价也是值得的。

在这位老板看来，人才比什么都重要，企业为人才投入资本是理所应当的。

在团队发展的所有要素中，我们经常会提到“知识是第一生产力”“科技是发展的第一生产力”，而无论是知识还是科技，其本质上都是在说明一点：“人才是企业发展中最重要的要素。”

任何一个团队的发展都需要人才来推动，任何一个团队要想获得持续的发展，要想保持强大的竞争力，人才绝对是不可或缺的资源因素。正是因为人才在团队中的作用和价值不可忽视，因此团队管理者一定要给予人才足够的尊重，因为只有懂得尊重人才，只有想办法给予人才更多的关注和保障，才能够更合理地利用他们的价值。

通常情况下，管理者对于人才的尊重体现在对他们个人价值的尊重，而体现个人价值的最好方式就是给予更好的待遇，简单来说就是在薪资上给予足够的保障。

比如有很多团队都实行高薪养人的策略，他们愿意花更多的钱来挽留人才，尤其是一些占据重要岗位以及掌握核心技术的人才。因此团队管理者完全可以在薪资上大做文章，不仅给人才提供更高的工资，还可以通过给予高奖金、高福利，甚至是股权分享的方式来吸引人才。

此外，一些管理者会将职位晋升作为人才管理的一个重要手段，一些表现出色的人才往往会优先获得晋升的机会，这种奖励方式往往会对人才形成强大的吸引力，无论是在人才招聘还是在人才挽留的过程中，都可以发挥出重要的作用。

除了在物质层面予以足够的支持和保障之外，在精神层面和思想层面上，管理者同样需要给予人才更多的尊重，给予人才足够的信任和支持，以确保对方在精神上获得满足。

精神激励的方法多种多样，比如给予对方更多的机会，给予对方更多的认可。按照马斯洛需求层次理论，每个人都有获得赞美和认可的需求，也都有自我实现的需求，这是一种比单纯追求物质奖励更高的需求。

因此，团队管理者应该为人才创造更好的工作环境，也应该给予他们更多的支持，帮助他们实现自我价值，帮助他们在工作中建立起更多、更大的成就感。

一个优秀的团队不仅仅是利用人才的价值，还会为人才提供更好的发展空间，会为人才实现自我价值提供更好的平台，因此团队管理者一定要尊重人才的个人目标，一定要想办法为人才实现个人目标、展示个人价值提供更多的机会。

除了满足人才的精神追求，管理者还需要在精神层面上予以宽容，要懂得尊重和包容一些人才的另类想法，要给予他们更多的自主权，给予他们更多的自由空间，这样就可以让他们产生更强烈的存在感。

比如，很多人才会在发展中提出不同的看法和意见，会拥有不同于其他人的理念，在面对分歧的时候，管理者不要一味按照自己的标准和立场去看待事情，不要按照自己的主观想法去衡量他人的工作。

当团队中的人才提出一些不同的想法和观点时，管理者应该以更加豁达的心态来面对，要懂得尊重他人的意见，懂得给予他人足够的信任。

1996年，有家企业的厂长曾经花重金从北京大学招聘了一位硕士生，这位硕士生在入职后虽然干的是最基层的工作，但是一直表现很出色。

因此，在硕士生工作的第五个月，厂长就让他负责一个重要的跨国合作项目，这样的安排在公司内部引起了很多人的不满。不仅如此，由于这位硕士生提出的项目策划方案与大家所提出的想法完全不同，因此引起很多人的反对，大家觉得让一个缺乏工作经验的人负责这样大的项目简直如同儿戏，何况他的方案也不能完全说服大家。

在认真分析和思考之后，这位厂长还是觉得硕士生的方案有些道理。于是力排众议，不仅力推他担任项目的负责人，还将整个项目完全交到了他的手中。

最后，这位硕士没有辜负厂长的信任，项目获得了很大的成功。这家企业也顺利打开了国际市场。不久之后，这位硕士生成为部门经理。

这件事曾在业内引起轰动，很多人都佩服厂长独到的眼光。但是却不知道厂长对于人才的尊重，才更加值得管理者学习。

因此，团队的管理者如果要想充分发挥出人才的价值，要想充分利用人才的竞争优势，那么首先就要尊重人才，并且在物质和精神上给予他们足够的保障。而只有真正地懂得尊重和保护人才，才能够激发出人才身上潜藏的巨大能量。

3. 高薪"挖人"，不如内部培养

很多企业都想要成为百年企业，都想让自己更长久地存在下去，而一个企业要想保持基业长青，要想保持可持续的发展状态，很重要的一点就是保持内部人才源源不断地更新。

不过，在人才更新方面，很多团队通常会选择从外部引进人才，就连苹果公司、谷歌公司这样的世界顶级企业每年都会从外部招聘人才。但从团队长远发展来看，外部引入人才并不是团队发展的长久之计，而且随着人才竞争越来越激烈，团队在人才争夺战中所要付出的代价和成本越来越大，在这种情况下，很多团队在引进人才方面始终不太理想。

那么，团队的管理者究竟应该怎样去把握人才呢？最简单、最直接的方法就是内部培养，内部培养人才对团队的发展非常重要，甚至直接决定了团队能否长久地发展下去。通过持续不断的培养，可以有效实现团队内部人才的新老更替，以此来确保团队的人才不会出现断层。

此外，很多外部招聘的员工存在水土不服的情况，存在难以融入工作岗位、难以融入工作团队的问题。相比之下，内部培养的员工基本上不存在这类问题。因为他们从一开始就习惯了本团队的工作环境，了解了团队的工作流程，也明确团队的独特文化。可以说从一开始，内部的员工就不会存在太多融合的问题，能够更快速地投入到新的工作中去。

显而易见，内部培养的人才往往比外来人才更有优势。也正因为如此，人才培养才成为团队管理工作的重中之重。

对于团队的管理者来说，不仅要养成重视人才的习惯，也要具备培养人才的意识，更需要做好人才培养的相关工作，这才是团队保持长久竞争力的关键所在。

团队管理者究竟该怎样进行人才培训呢？在整个人才培训工作中，管理者需要从哪些方面入手呢？

——制订合理的培养计划

人才培养并不是一朝一夕的事情，也不是某一个阶段的事情，它需要保持一种延续性，而且必须是团队发展规划的一部分，因此为了确保团队未来可以获得更好的发展机会，为了保证团队在将来依旧具备强大的竞争力，团队的管理者必须提前就制订合理的人才培养计划。

此外，人才培养是一项大工程，它牵涉到企业发展的各个岗位、各个部门，与企业各个方面息息相关，因此在进行培训之前，一定要制订完善的计划，这样才能确保培训工作不会出现遗漏。

对于一个优秀的团队管理者来说，为了尽量保证培训工作的顺利，为了保证培训工作的合理性，必须要提前制订一个比较合理的、完善的培训计划，在这个计划中，要弄清楚培训的具体内容、培训的对象、培训的项目、培训的时间、培训的目的等，任何一个培训环节都要进行合理的配置，这样才能确保培训工作顺利展开。

——制定合理的培养机制和方法

人才培养制度一直都是团队管理制度的重要组成部分，不同的团队往往具有不同的人才培养机制。

比如在国外企业中，最常见的人才培养机制就是常见的"导师制"，或者说"教父制"，这是一种非常有效的"传帮带"的管理机制。

所谓导师制，实际上就是安排一些有经验的老员工担任新员工的导师。在平时的实习和工作中，导师不仅要教会新员工相应的工作技能，还要帮助他们解决一些工作上的难题，并传递一些好的工作经验。

还有一些团队会选择开设培训班或者培训课程，定期给新员工进行培训。培训内容通常包括技能培训、业务培训、服务培训、团队合作培训、应急能力培训、自我管理培训等等。新员工在接受培训之后通常还需要进行考核，只有成绩合格的员工才能够获得重用，而那些成绩不合格的员工往往要接受更多的培训。

有一些团队会专门寻找内部具有发展潜力的员工进行培训，会专门对那些工作能力突出的人进行强化训练，有意将他们培养成团队的骨干员工或者管理人员。这种类型的培训通常具有很强的针对性，而不是普遍意义上的培训。

对于团队管理者来说，以上几种方法和机制都可以用于人才培训当中，而具体该如何进行培训，还要依据各个团队的实际情况来确定。

——投入更多的精力和资源

人才培训并不是一个独立的工作项目，可以说是涉及各个部门的人才培训，再加上人才培训又是管理工作的重中之重，因此在培训人才的时候，往往需要动用整个团队的力量和资源。

比如，在很多大型企业中，每年都会提供很大一部分资金用于人才培训。毕竟整个培训活动需要涉及培训导师、培训场地、培训材料、培训工具、培训资金等等，如果没有团队足够的支持，整个活动是难以有效展开的。

因此，管理者在制定人才培训计划和方案之后，一定要投入更多的资源和精力，以便为人才培训活动提供必要的支持。

但是一些管理者仅仅将人才培训当成一个口号，却没有给予必要的支持，而这通常会导致人才培训计划的破产，让整个培训活动失去应有的效果。

以上三个方面的工作，是团队管理者必须要去做，而且需要顺利解决的问题，若任何一个工作没有做到位，都会影响人才培训工作的开展。而人才培训工作一旦受到影响，就很难形成比较完善的人才梯队，团队的长远发展也会遭受重创。

4. 优秀的管理者，都是心理学高手

　　随着现代企业管理制度的不断完善和发展，越来越多的人意识到，团队管理和心理学有着紧密的联系。从某种意义上来说，团队管理其实就是一种心理学，它是研究和了解人性心理变化的学科，是正确把握人心的一种方法。

　　管理者要懂得把握人心，掌握员工的心理，了解对方在想些什么以及真正需要什么，然后尽量去满足。

　　不过，在理解团队管理和人员管理的时候，一些团队管理者会陷入狭隘的想法中，他们会认为员工所追求的无非是薪酬和职位而已，因此只需要按照员工的工作业绩适当给予一些正面激励即可。比如，增加薪水和奖金、提高福利、增加员工持有的股份，或者对员工进行职位晋升等。

　　其实，从员工的角度来说，他们的确需要证明自己，需要各种各样的机会来获得发展和提升。但与此同时，他们也需要获得一些心理上的安慰，需要获得一些更加人性化的关怀。

　　另外，现在越来越多的团队重视制度管理，但是它们往往会将制度管理当成唯一的管理方式，依靠制度来约束员工的行为。这本来是非常有效的管理方式，但是一味借助制度管理，很有可能会让整个团队的管理缺乏弹性，会使员工觉得团队缺乏人情味，团队的管理太过单调和冰冷。

事实上，一些比较严格的管理方式，一些完全制度化的管理，虽然有助于约束员工的工作状态，但是也给员工的生活带来了很多负面影响，比如会让员工对企业管理产生恐惧心理，让他们对工作产生厌恶和反感情绪，而这些往往会影响员工的工作积极性。

最近几年，越来越多的职场人士出现了职业倦怠症，以及各式各样的心理问题，比如焦虑症、抑郁症、失眠等等。而这些心理问题以及职业病的出现往往和员工承受了巨大的工作压力有关，而这种压力不仅仅是工作任务当中的，还有管理者实行的过于严苛的管理方式，这让员工很难有放松的机会。

总而言之，物质奖励并不是万能的，它不可能对员工产生持续性的刺激；而制度管理也同样不能成为唯一的管理方法，因为它对员工的管理也会产生负面的影响。

实际上，团队的管理最终是对人的管理，人是团队中最重要的因素。因而在管理人的过程中，团队管理者不仅仅需要依靠规章制度进行管理，依靠规章制度进行考核，还需要从正面来激励员工的工作态度，对员工进行人性化的关怀。

因为，人本身就是有感情的动物，而感情是维系个人生活与言行的重要因素，人性化的、富有感情的管理方式往往会让员工在情感上获得足够的尊重，也使员工更容易与管理者产生情感上的互动，从而更容易产生主人翁意识和归属感，并对团队产生足够的忠诚和信任。

最近几年，国内外很多企业的员工都出现了抑郁症的现象，这样的情况引起了H公司的关注。

H公司的董事长专门成立了一个调查小组，为所有员工进行心理调查，确保公司可以提前发现那些出现心理疾病或者因为心理压力而影响到生活和工作的员工。之后，公司立即专门安排了心理医生为那些患有心理疾病的员工进行治疗，并且还返聘那些退休的老员工，让他们担任公司的心理顾问，用他们的工作经验和生活阅历来指导在职员工尤其是新人的工作。

从那之后，公司开始更多地关注员工的心理健康问题。比如员工们发现自己的邮箱经常会收到来自董事长以及其他高级管理者的邮件，这些邮件的内容非常简单，大部分只有一两句话，内容是提醒员工要注意劳逸结合，注意身体健康，以及注意交通安全。虽然看起来很简单，但是对于员工来说，这一切至少证明了公司一直都在关注员工的健康问题，一直都在想办法给予员工更多的关怀。

一开始，很多人都批评公司不过是在作秀而已，但是一连好几年过去了，H公司的董事长每个月都会专门开会讨论员工的健康问题，而且相应的心理检查、心理辅导和关怀工作并没有停止。而H公司也成为最近几年发展势头最猛的公司，员工的跳槽率几乎是业内最低的，而员工的归属感则是业内最高的。这些不仅和公司的高薪资有关，更和管理者的人性化管理息息相关。

在很多人看来，卓有成效的管理方式，应该是让员工意识到他们的存在，意识到管理者在关注他们的存在，而不是让员工意识到管理者的存在。而这就要求管理者在情感上给予员工更多的关照和帮助，必须让员工在情感上获得尊重和满足。

　　制度管理和一些考核上的激励措施虽然更加正规，也能够产生很强的约束和激励作用，但是对于员工来说，他们不仅希望管理者能关注他们的物质需求，更希望能关注他们在心理上的需求。

　　所以，对于团队的管理者而言，在规章制度的规范之外，仍旧需要确保管理上的弹性，需要坚持以人性化的方式来进行管理。毕竟，管理者如果希望员工能够在工作中建立起真正的责任感，能够产生更为坚定的执行力，还需要在感情上给予员工更多的保障，在感情上让员工获得更大的满足。

5. 从一线员工中，选拔出你的"左膀右臂"

在过去很长一段时间里，企业在选拔管理人员的时候，往往将个人的学历来作为衡量的重要标准，很多海归派、名校毕业生以及曾在外企工作过的员工成为企业优先选择的对象。甚至一些企业还在招聘广告中明确做出了保证：安排那些高学历的人进入管理层。

可是，当这些企业在任命那些所谓的高学历人才以及海归派人才担任管理者后，却发现这些人根本没有办法做出预期的成绩，他们根本没有表现出与自己所获得的薪酬相匹配的业绩。也许很多人都会产生这样的疑问，为什么那些高学历人才以及外企的高级人才反而当不好管理者，而那些老员工却在管理工作中干得风生水起？

其实，这里有一个重要原因就是"锻炼"。相比于那些高学历人才，老员工的缺陷很明显，那就是理论知识不够，但与此同时老员工也具备了那些外聘人才所不具备的优势他们多半都经过一线环境的锻炼，他们在一线待过，非常熟悉企业的工作流程，也经受过严格的实践锻炼，因此在团队管理上具有很大的发言权。

这一切恰恰是很多常年坐在办公室里办公的外聘人才所不具备的，这些人缺乏实践的历练，不了解公司一线工作的情况，常常只懂得纸上谈兵、夸夸其谈，遇事则手忙脚乱，根本拿不出具体解决问题的方案，因此并不适合做管理者。

还有一些高学历或者外企的高级人才平时最喜欢做的事情就是开会，就是大谈各种潮流、各种理论、各种观点，他们更擅长在理论知识上大做文章，更喜欢用一些专业性的、说教式的理论知识来展示自己的观点和能力，并用这些理论来指导自己的工作。

可是，他们并没有尝试着深入一线了解情况，并没有在最基层的岗位上经受过锻炼，因此他们始终不知道企业发展的真实状况，不了解企业发展需要什么、缺少什么。而这样的人无论如何也不可能真正管理好公司，不可能带领团队走向成功。

国内一家公司曾经制定了一项独特的管理人员选拔制度，就是要求每一位管理人员必须有过至少两年一线工作的经验，同时还要达到考核的标准。在考核过程中，公司会刻意设置一大堆技术操作的项目考核，而只有在一线进行过锻炼的人，才能够顺利通过这些技术操作的项目考核。

对于中、高级管理人员的选拔，要求则更为严格。不仅需要满足以上条件，还必须在一线参加过重大项目的建设。只有这样，才能够对一线工作有着充足的了解，也才能更有效地进行管理工作。

因此，管理者需要明确的是，真正的管理经验和技能往往是在实践活动中积累起来的，尤其是在一线活动中锻炼出来的。所以，任何一级的管理人员都应该经历实践锻炼，都应该在一线中接受历练。或者说，管理者应该从一线来选拔下级管理人员，即部门负责人或小组负责人。

对于管理者来说，一定要把"是否经历实践锻炼"作为检验下级管理人员能力的一个重要标准和重要依据。原因有以下几点：

第一，任何一位管理人员都要从一线中进行选拔。

这也就是说，"在一线工作"是一个硬性的条件和规定，任何人、任何部门都不能轻易违反。对于那些没有在一线接受过锻炼的下级管理人员，上级管理者应该取消他们的任职资格，可以说"一线"会成为一个最基本的管理者选拔范围。或者说，一线的工作经验是检验下级管理人员是否合格的试金石。

第二，将那些有潜力的员工安排进入一线进行锻炼。

让这些有潜力的员工更好地体验一线工作，也了解一线工作的内容，从而将理论知识和具体的实践相结合，确保知识的消化和经验的积累。

通常情况下，管理者可以安排那些有潜力的员工进入一线部门工作，或者安排他们去一些比较艰苦的环境中工作，以此来提升员工的工作能力，提升员工的承受能力。对于管理者而言，那些已经获得升职的下级管理人员，也必须经常进入一线去进行锻炼。

管理者需要将这种实践机会作为员工进一步提升的前提，这样就会打造一个"进入一线锻炼—获得晋升—进入一线锻炼"的循环系统，从而确保下级管理人员能够积累更多的实践经验。

第三，管理者需要完善和改进人才选拔制度。

比如，主动设置一些特殊的晋升通道以及晋升模式，设定一些基础锻炼的科目，设定一些具体的实践考核，只有通过这些考核，只有在实践工作中做出了出色的业绩，员工才有机会获得提拔。

比如有些团队的管理者会做出这样的规定：只有在一线工作满3年，并且每一年的工作绩效都达到A，才有机会获得提拔，这种选拔制度可以有效确保下级管理人员的实践能力与实践经验。

任何一个团队的发展都不是仅仅建立在理论基础上的，都不是依靠理论就可以获得进步的，团队的发展和进步需要建立在实践的基础上。

管理同样如此，倘若仅仅依靠一些理论知识，仅仅依靠一些主观上的判断是没有办法真正做好管理工作的。管理主要来源于实践经验的积累，来源于实践对理论知识的检验，如果没有实践工作的经验积累，那么管理就会成为一纸空文，成为一个毫无价值的花架子。

正因为如此，团队的管理者对于下级管理人员必须提出更为严格的实践要求，必须提供更多实践锻炼的机会。

6. 拥有包容之心，才不会埋没员工的才华

在2011年，有位企业家在某次大会上抛出了这样一个话题：中国的企业里拥有很多潜力巨大的人才，但却始终出不了乔布斯，出不了一个足以改变世界的天才。

这个话题很快引发了热议。很多人都认为这个话题道出了中国企业管理中的现状，当然也有人对此进行深入挖掘，希望找出内在的原因。

而随着讨论越来越激烈，不少人便将这个话题引申到宽容问题上，在他们看来，中国企业之所以出现不了改变商业格局的人才，就是因为没有为这些人才提供生存和成长的土壤。

就像在团队管理中一样，管理者通常都愿意为那些高学历的人，那些有能力的人提供更好的待遇，提供更多的机会。

在他们看来，通过更好的物质奖励，往往可以体现出管理者对于人才的重视，可以体现出管理者将人才摆放到一个重要的位置上。但除了物质奖励之外，管理者所能做的并不多，或者说他们并没有意识到物质奖励并不是全部，一些精神上的支持和宽容的态度往往更加重要。

在相对传统的管理模式和商业环境中，多数人都被束缚在传

统的思维之中。团队的管理者往往喜欢那些循规蹈矩的人，那些听话本分的人，他们不需要异类，也不会接受那些行事乖张、不拘一格，甚至具有反叛精神的人。

管理者可以提供优渥的物质条件，却不能给予对方自由发挥的空间，不能允许对方提出一些打破常规的想法和理念……而正是因为缺少这样的包容性，才导致很多优秀的人才没有获得应有的发展机会，出色的才华被埋没。

"包容与宽容"是一个很容易被忽视的话题，事实上，很多管理者甚至根本没有想过自己是否有必要对自己的员工保持包容与宽容之心。在他们的思维中，自己是制定策略和下达命令的人，员工只需要按照规定的要求规规矩矩执行任务即可，根本没有必要去想其他的事情。

但实际上，每一位员工都有不同的想法，也都会表现出不同的优点和缺点，对于他们的优点，管理者需要给予足够的认同和支持，对于他们的缺点，也同样需要给予一些包容与宽容。

　　林先生是某某公司中的部门经理。毕业于名校的他能力出众，在很多项目上都做出了很出色的成绩，也正因为如此，他一直受到公司老总的重用。老总甚至将其当成重点人才来培养，并给予了他很多帮助。但是林先生为人比较孤僻，而且有些高傲，在公司内部一直不怎么讨人喜欢，尤其是一些副总，总是在老总面前数落他的不是，认为他为人太狂傲，经常口无遮拦地说一些没头没脑的话。

　　对于这一点，林先生也有自知之明。他承认自己不擅长和别人打交道，而且过于执着和坚持，加上脾气很冲，经常说上几句话就与人发生口角，几乎从来不会退让。正是因为这些缺点，让他不受大家欢迎。大家都觉得这样的人会成为破坏团队合作的不安定因素。

尽管他一直备受争议，但是公司的老总始终对他非常宽容，老总觉得林先生虽然在交际上有很大的问题，但是他的工作能力有目共睹，而且林先生的自信是有道理的，毕竟他很少犯错误，而且每次提出的观点和建议都对公司的发展有很大的帮助。

在老总看来，林先生虽然有些另类，但却是一个对公司发展有价值、有贡献的人，因此公司应该给予这样的人才更大的包容，只要对方遵纪守法，没有违背原则，那么就没有必要处处批评他，抓住那些无关轻重的问题不放。

不仅如此，老总还在多个场合维护林先生，并且明确要求公司要对那些能够提出不同意见的人给予足够的包容，要对那些表现另类但是有真才实学的人给予足够的信任。而正是因为老总处处包容林先生，林先生这些年才一直留在公司里工作，而且为公司的发展做出了很大的贡献。

对于团队的管理者来说，必须明白一点：自己的团队中，没有任何一个人是完美的。他们的身上总会有这样或者那样的缺点，他们中的某些人常常会表现出一些另类的特点。

比如，他们的想法可能是不符合常规的，他们可能存在一些性格上的缺点，可能存在一些不被人喜欢和接纳的性格，这往往会导致他们与团队中的其他人存在隔阂。

那么，团队管理者在面对这些容易被人误会的分歧时，是否也要以一套常规的用人标准去衡量他们存在的价值？

其实，任何一个团队都应具有不同类型的人才，任何一个团队都不应是机器，它不应千篇一律地制造一大批同一类型的人才，不应千篇一律地制造一批完全服从和统一的人才，优秀团队应是允许百花齐放的，应具有强大的包容性。

在这个团队中，既拥有那些言行举止符合常规标准的人，也应该有那些所谓的"歪瓜裂枣"（这里的歪瓜裂枣指的是一些言行古怪、脾气怪异、想法另类的人）。实际上很多非常好的点子，往往是从那些不符合常规的人中产生的，很多优秀的人才具备一些不被人理解的怪异行为。

如果团队管理者不能容忍那些违背常规的行为，不能容忍那些与常规理念不同的想法，就可能会错失很多出色的人才，也可能埋没团队中那些具有才华与潜力的员工。

第六章

学会有效沟通，工作变得轻松

1. 完善团队的沟通体系，说话才会有人"听"

在提到团队发展的时候，我们通常都会提到资金、技术、人才的合理配置问题，这就要求团队必须拥有出色的管理体系和管理能力。而对于团队来说，要想达到良好的管理效果，就不能忽视一个问题：沟通。

从某种意义上来说，一个组织的沟通效果决定着该组织的管理效率，在团队的经营管理过程中，管理者如果能做好组织内部的沟通工作，不仅有助于内部信息的交流，也有助于增强内部管理，并保证组织决策的科学性与合理性，这些对促进团队的绩效目标的实现能起到事半功倍的效果。正因为如此，管理学大师彼得·德鲁克才将沟通当成管理的一项基本技能。

对于管理者来说，如何确保团队能够进行顺畅沟通，是管理的一个重要课题，那么管理者究竟应该怎样去做好团队的沟通工作呢？

团队的沟通体系主要包括两个方面：对外沟通和内部沟通。其中，对外沟通实际上指的是与客户、股东、供应商、合作伙伴等进行交流，确保自己可以与外部环境发生良性的互动。

在商业环境日益复杂、瞬息万变的情况下，管理者有必要做好对外沟通工作，努力构建对外沟通机制，开拓沟通渠道，确保团队可以更好地把握时代发展的潮流，及时了解市场行情，并捕捉商机。

在构建对外沟通体系方面，团队可以设置一些负责处理对外合作的部门，其主要作用就是负责对外交流与沟通工作，加强对外合作。

除此之外，在整个经营管理过程中，服务是不可或缺的。因此，管理者需要设置一些市场服务部门来加强自己与客户的联系。比如，为客户设立专门的服务机构，开通客户服务热线，以及创立客户之间监督反馈机制，客户可以提出自己的要求，并且及时对自己所享受的服务质量进行反馈。

为了让外界更多地认识自己，团队除了要设置一些职能机构之外，还需要借助媒体和广告来宣传自己的品牌形象，这也是对外沟通的一种有效方法和常见模式。所以管理者有必要提升自己开展广告业务的能力，坚决做好对外的形象宣传工作。

由于对外沟通方面的灵活性比较大，因此管理者可以按照确切的需求来制定相应的措施，但是在内部沟通方面，管理者必须明白一点，那就是内部沟通往往需要更加严谨，更要求做到制度化，也更加复杂和多变。

事实上，所谓的内部沟通，在管理中常常就是指狭义上的沟通，这是内部管理中一个不可或缺的环节，也是管理体系中不可或缺的一部分，内部沟通的好坏与否，直接决定了管理的水平以及管理者的管理能力。

在一些团队内部，由于人与人之间、部门与部门之间缺乏有效的沟通和交流，常常会导致内部发生摩擦、矛盾、冲突和误解，这不仅影响到了整个团队的工作氛围，导致内耗增大、效率降低，甚至还会导致团队走向失败。而那些优秀的团队，通常都拥有非常完善的沟通体系，它们依赖于内部强大的、灵活的沟通体系来解决问题，并增强团队的生存能力。

正因为如此，团队的管理者一定要做好沟通工作，要尽量在团队内部构建完整的沟通体系，拓宽内部的沟通渠道。

那么，如何在团队内部构建完整的沟通体系呢？

第一，管理者必须打造更为得体的沟通文化。

管理者需要努力打破团队内部的职级标准，树立正确的沟通理念，确保每一位员工都能够养成相互沟通的习惯，不同层级的管理者，都能积极与下属员工做好交流工作，而不是千篇一律地等着下属们做工作汇报。

国内某公司的老总曾经制定了一个非常奇特的规定，那就是每一位参加会议的部门或小组负责人，必须认真倾听5名来自下属的不同意见。虽然这种量化的模式往往会让人觉得有些不自在，但是公司的用意非常明确，就是确保每一位不同层级的管理者能够和下属员工主动进行交流，防止因为管理者的决断与下属员工的工作相脱节。这个规定在实际工作中有效地加强了管理者与下属员工之间的交流，也减少了工作中的失误。

第二，要建立完善而有效的沟通渠道。

对于任何一个团队的管理者来说，拓展沟通渠道就意味着增加交流的机会，意味着团队内部的信息循环会进一步得到加强。

因此，管理者需要带头做好沟通工作，比如定期召开会议，定期做工作汇报，做好双向交流和信息互动反馈工作，以确保管理者和员工之间可以及时就工作情况进行深入交流；要注意建立信息交流的平台，包括企业内部刊物和一些电子交流平台，保障内部信息的交流与共享；定期展开联谊会和其他社交活动，管理者平时需要多关心员工的生活，加强与员工之间的日常交流。

第三，完善团队内部的管理结构，使之趋于扁平化。

扁平化结构可以压缩管理层与普通员工之间的差距，从而确保沟通的时效性。很多团队内部机构众多，结果导致团队的管理者与普通员工脱节，导致上面的工作安排无法准确、快速地下达到一线的执行者手中，而一线的执行者也无法将信息及时反馈上去，这样就导致沟通上的障碍。

管理者一定要想办法进行调整，去除那些不必要的部门，简化团队内部的办事流程，压缩沟通的流程，将有助于提升沟通的时效性和准确性，从而提升团队的反应能力和生存能力。

其实，对于一个成熟的团队而言，其内部所有组织机构都不应该是孤立、闭合的，而是保持彼此开放、彼此联系的状态。

管理者需要通过构建完善的沟通体系来确保企业内部交流的顺畅，确保内部可以进行互动与合作，这是所有工作得以顺利进行的基础。

2. 完善监督和反馈机制，快速解决工作难题

在一次有关企业管理的讨论会上，有位来自苏州的民营企业家问了我一个问题："如果我要想了解员工究竟在做些什么，那么我应该怎么做呢？"

事实上，这位苏州的企业家在过去一直不知道该如何进行管理，也不知道该如何去了解员工的行为与想法，因此管理起来非常费力，而且效果也不好。

面对这个问题，我给了他这样一个答案："监督与反馈。"在这里，所谓的"监督"就是指监督员工的工作流程，这是具体了解员工做什么、怎么做、是否按时去做、做的效果怎么样、谁在做等基本信息的一个重要方法。

而"反馈"主要是指管理者要懂得接收员工的反馈信息，要鼓励员工提意见，或者说出工作中存在的一些问题，这样一来，管理者就可以及时对自己的计划方案做出调整。

对于一个想要变得更加成熟且有所作为的团队来说，必须要建立比较完善的监督和反馈机制，管理者一定要懂得运用监督和反馈的机制来完善工作流程，确保工作按照计划顺利进行下去，同时也能及时地解决工作中遇到的困难。

在这套机制中，"监督"是一种带有约束性的管理方式，目的是弄清楚员工是否按照管理者的规定执行任务以及执行的进度。整个监督流程往往也是整个工作流程，而在这个流程中，管理者要主动去询问工作进度，主动去了解工作的详情，并适当给予工作中的一些指导，尤其是当执行流程出现问题或者出现与预期计划不相符合的情况，管理者就一定要在第一时间内予以修正，强化员工的执行力。

而"反馈"则是"监督"制度下的一种回应，管理者在试图了解工作情况的同时，并不仅仅只是为了进行约束和指示，还需要与员工进行更加深入的交流，而这就要求员工及时对管理者的提问进行回应，并主动反映工作中遇到的一些问题与情况。对于管理者来说，这些反馈是非常有必要的，它可以确保管理者真正了解团队的工作中存在哪些不足。

事实上，很多团队的管理者对于"管理"仍旧停留在下达任务的最初阶段，对于他们而言，他们的工作就是制定发展策略、下达工作指令，然后就坐等一个好的结果。或者仅仅将管理停留在监督层面上，而忽略了对员工反馈信息的接收。

这种管理模式往往会阻碍团队内部的交流，导致管理者的想法与执行者的想法脱节，最终影响办事的效率。正因为如此，管理者必须想办法加强内部的交流，必须强化干部与员工之间的沟通。

V公司是一家船舶制造公司。最近几年，公司的发展一直不太顺畅，主要原因就是公司在员工管理的问题上存在很大的漏洞。由于缺乏足够的沟通，公司的管理人员常常不了解员工们的工作情况，也不了解员工真实的工作状态和想法。而员工由于缺乏足够的监督，在工作中随意性很强，缺乏组织性和纪律性，对于自身工作要求不严格，这样一来就导致了公司的管理一直都处于非常低的水平上。

面对这种情况，公司的总经理徐先生果断地采取了强化内部纪律、完善管理制度等措施，可是情况还是没能得到改善，最后他只好邀请国外一家管理咨询公司的专家帮忙解决问题。对方在了解公司的管理情况后，认为管理中存在一个大漏洞，那就是在沟通管理方面做得不够到位，因此他建议徐先生完善公司的监督和反馈体系。

在专家的建议和指导之下，徐先生后来从国外引入了一套流程跟踪体系：各个部门的负责人会专门对部门内部的员工工作情况进行记录，对部门内部员工的工作情况进行监督，一旦工作中出现了什么意外情况，管理者可以在第一时间了解相关情况，然后及时做出指示。

另一方面，公司向员工开通了信息反馈的热线电话和电子平台，只要出现了问题，或者有什么好的建议和意见，员工都可以向上级反映情况。公司要求每一个员工必须对自己的工作负责，如果谁没有及时反馈情况，导致公司出现了重大的失误和损失，那么员工将对此负有重大责任。

这套跟踪体系在落实到工作中之后，公司在流程管理方面有了很大的改进，整个流程变得更加顺畅，执行效果也得到了提升。更重要的是，通过上下级尤其是管理者与执行者之间的沟通交流，企业在运营过程中出现的很多问题都暴露了出来并得到了及时的解决，而企业的办事效率也获得了很大的提高。

很多团队都会出现类似于V公司的问题，而主要原因就在于多数管理者没有意识到监督反馈机制的重要性，他们还不习惯于过多地在工作流程中与员工产生互动交流，也还没有意识到这样的沟通机制对于工作会产生多么重要的影响。

其实，掌控和管理好一个团队的关键就在于对这个团队有更多的了解，所以团队管理者需要及时了解员工的情况，在这个时候建立监督反馈机制就显得很有必要了。

不过对于任何一个管理者来说，在建立监督和反馈机制的时候，一定要确保做到以下几个方面的工作：

第一，管理者需要经常深入一线去检查工作。

这样就可以确保了解团队最基础的工作，而且也能够拉近与员工之间的距离。

第二，监督与反馈机制需要制度化。

管理者需要将监督与反馈机制制度化，才能够将这一机制真正落到实处。

第三，管理者的监督和员工的反馈应该是相辅相成、合二为一的。

管理者不能仅仅只看重监督，而忽略了给予员工真实表达的权利。只有将两者相结合，员工才能为团队的发展贡献出自己的意见和建议。

除此之外，管理者需要完善团队的工作流程，只有确保流程合理，管理者才能够准确地了解问题究竟出现在哪一个环节上，从而更好地解决工作中的难题。

3. 建立信息分享机制，让团队效率最大化

　　一家中小企业的老板在提到内部沟通时，曾做了这样一个设想："当公司中某人要想获知更多有关某种型号的新产品信息时，只需要将这个问题公布在公司内部的信息网络上，市场部将会为它们提供最新的市场调研数据和行情报告，技术资源系统的产品部会将客户反馈的信息提供给他，生产研发部会提供产品的一些重要数据和特性……"

　　不得不说，这个设想对于任何一个团队来说，都是一个非常理想的运作模式：团队内部的各个部门相互联系、相互协作，彼此之间提供各种重要的信息。

　　实际上，现如今有很多团队都在内部实现了信息的共享，只要团队中某一部门或者某个部门的员工在工作上有什么需求，就可以通过一些团队内部的交流平台或交流渠道获得必要的帮助。

　　在这些团队中，内部信息的交流与共享往往没有太多的阻碍，一切都显得非常顺畅。而这一切都得益于团队内部建立起的信息分享机制，可以说正是因为拥有完善的分享机制，各个部门之间才能在第一时间内进行必要的交流，确保相关部门能够获得有价值的

信息。

　　国内一家跨国公司的员工曾经这样描述自己的工作：某一天，客户来公司谈生意，我在接到通知后会立即做好接待的各项准备工作。对于我来说，是否了解接待的流程和服务的方式，是否具备足够的能力来接待好客户，似乎并不那么重要，因为只要在接到公司的指令后，我完全可以先通过电子邮件来提出相关的接待申请，然后用不了1分钟，系统就会给予肯定的回复，并主动帮忙联系其他部门。

　　这个时候，各个部门会率先为我提供各种必要的帮助，包括一些日常工作的建议、一些必要的接待工作流程以及一些相应的资源。在这个时候，一项日常的接待工作往往会运用到整个公司的力量，使得我这样的市场部员工的接待工作做起来会更加轻松，效果往往也会更好。

通过电子邮件提出申请，这是团队内部电子化、信息化水平的一个重要体现，但真正的优势还在于内部的协调与信息共享，这让整个团队的工作效率得到了最大化的提升。

在不同的团队，打造信息分享机制的方法不一样，有的团队会通过电子平台进行交流和沟通，比如在内部成立一些电子社区，成立一些内部的交流网站，任何人有什么问题都可以在这些电子平台上求助，反过来说，任何人有什么好的工作经验和工作建议，也可以借助平台与他人进行分享。

建立电子交流平台是团队进行信息分享的一个主要手段，而有的团队管理者更加看重对知识库的管理：各个部门会将自己的工作经验存入团队内部的知识库中，这样一来，等到有人想要查询相关的信息，就可以进入知识库调查。

这里涉及"知识管理"的概念，所谓知识管理实际上是指在团队中建构一个量化与质化的知识系统，让资讯与知识通过获得、创造、分享、整合、记录、存取、更新、创新等过程，不断地回馈到知识系统内，成为管理与应用的智慧资本，这有助于团队做出正确的决策，以应对市场的变迁。

比如，很多企业在进军海外市场的时候，会特意将不同海外市场的工作经验存储下来，然后存入公司的知识库中，等到公司在另外的国家和地区开辟市场时，就可以借鉴这些保存起来的经验，从而减轻工作负担，减少工作中遇到的障碍，避免企业在开发市场的时候走太多的弯路。

对于团队的管理者来说，除了积极打造更为开放的信息共享平台之外，还需要想办法完善内部的信息共享制度。

简单来说，就是在制度上对信息共享给予保障。比如在很多团队中，各部门之间往往存在严重的内斗现象，各部门都有自己的私利，这就导致了部门之间缺乏默契，并且刻意保持封闭状态。这样就影响了团队内部的沟通和信息的传播。因此，管理者必须在规章制度上予以基本的保障，要明确内部的分工行为，要统一团队的发展目标，要明确每一个部门的职责。通过制度的规范和约束，将所有的部门和员工凝聚在一起。

如今还有很多团队都开始提倡透明化办公，部门之间常常在一起工作，而员工之间也取消了办公室的划分，取消了办公桌的隔板，这样就为员工之间的交流创造了更好的条件。虽然这样的方法不一定适合所有的团队，但是尽可能地消除交流障碍，是管理者应该努力去做的事情。

对于一个优秀的管理者来说，需要充分调动整个团队的智慧，将所有的部门和员工结成一个统一的整体；他们从来不会孤立地看待问题，不会孤立地解决问题，多数时候他们更善于借助共享平台和机制来强化内部的沟通，更善于通过强化沟通来提升团队的活力。也只有强化了内部的信息分享机制，与之相关的管理工作才会事半功倍。

4. 赞美员工要有针对性，更要具体化

  有位企业家找到一位管理咨询专家，向对方询问管理的问题。

  事情是这样的，企业家发现员工似乎总是有意躲着自己，发现如果公司里出现了一些问题，他常常是最后一个才知道的。事实上，没有人愿意和他说话，更没有人愿意和他说太多真话，而他本人也不知道该如何与员工进行沟通。

  专家听完企业家的诉苦后，给了他一个管理的妙方："如果你不懂得如何与员工说话，那么就不妨多赞美一下他们。"

  企业家听了觉得很惊讶，他不明白其中的道理，但是专家还是劝他按照要求去做。结果几个月之后，这位企业家兴致勃勃地跑过来感谢专家，因为自从听了对方的建议后，有很多员工主动向他汇报工作中遇到的问题，还有很多员工会向他的邮箱发送邮件，里面大多是一些工作中的小建议，企业家也开始更加积极地与员工产生互动。

  "给予员工更多的赞美"，这个口号以及相应的故事，曾经在

企业圈中非常盛行，但实际上并没有引起管理者们的关注。有关上下级的沟通，很多管理者并不是那么重视，也许定期下达指令就是他们所谓的沟通方式了，而这显然不足以让他们与员工之间建立起更多良性的交流，不足以帮助他们去赢得员工的信任。

对于很多管理者而言，他们仍旧停留在那样的阶段："我是管理者，我的责任就是及时向员工支付工资，来完善我的契约精神，而员工的责任就是完成我交付的工作，然后领取自己应得的工资，双方都不过是按照契约办事罢了，或者说只不过是一种交易。"

而持有这种想法的人，他们并没有真正将员工纳入到团队体系当中来，甚至可以说根本没有任何团队的概念，这样的团队往往是建立在简单的利益交换的基础上，员工没有任何归属感和责任感，而管理者也觉得没有任何深入交流和保持亲密性的必要，既不会给予员工更多的赞美，也不会给予相应的鼓励，双方的交流往往停留在"命令"或者"指令"的层面上。

作为人际交往中的一种常见形式，赞美是一个非常常见而有效的举动，无论是亲人之间、朋友之间、上下级之间都可以通过赞美来促进彼此的交流，强化彼此的感情。

从心理学的角度分析，人们通常都喜欢听到他人的赞美，这就确保了赞美在人际关系中产生的积极作用。而这一点在团队管理中非常重要，尽管这看上去是一种非正式的管理方式，甚至并不能作为严格意义上的管理手段，但是对于一个团队来说，赞美是管理中一个非常有必要的举措。

实际上，很多团队的管理者出于对自身地位的看重，会自觉不自觉地造成一种疏离感，他们不愿意亲近下属，不愿意与员工主动交流，以至于很多员工都觉得上司看起来很严肃，喜欢摆架子，一旦双方的隔阂加深，就会导致沟通越来越困难，并影响到日常的工作。

如果管理者愿意放下架子，主动去赞美那些做出成绩或者表现积极的员工，那么双方之间的沟通将不会变得那么困难。

赞美，是对员工工作能力和成绩的一种肯定。这种肯定会让员工的工作变得更有积极性，其最直接的意义在于它有助于消除双方之间那种职位差距带来的隔阂，确保员工从单纯执行命令的人成为一个可以提出自己想法的人。

> 戴尔公司的创始人戴尔先生曾经是一个非常自负的人，下属们也从来不会和他主动进行交流，以免担心说错话。
>
> 直到有一次，他公开称赞了在会议上提出了好建议的一位部门经理，结果在那之后，这位经理不仅会经常主动提交一些不错的方案，还乐于和戴尔先生分享自己的工作计划，令戴尔先生喜出望外。

另外，赞美在更多时候代表了一种姿态，这种姿态往往可以引导管理者和员工彼此之间进一步的交流。相比于直接下达命令，或者直接听取员工的汇报，赞美员工更能够体现出管理者对自己与员工进行交流的渴望，而这种渴望毫无疑问给了员工一些更为积极的暗示，从而促使他们主动去沟通。

不论如何，赞美往往会带来更多正面的激励，而这种激励有助于内部交流走上正轨。事实上，我们会发现，那些更加喜欢赞美他人的管理者，往往更容易与人亲近，他们的下属通常更容易主动与其进行交流。赞美制造了一系列良性互动的可能，可以说它打开了一种沟通交流的局面。

总而言之，一个懂得赞美员工的管理者往往会赢得员工的信任，会为相互之间的沟通创造绝佳的条件。

不过赞美也需要讲究技巧，更要有针对性。比如当员工工作出色时，要给予赞美；当员工表现出良好的工作态度时，要给予赞美；当员工提出一个好的意见或者建议时，要给予必要的赞美。各式各样的赞美都要做到真诚，都要言之有物，而不是泛泛地进行赞美。

5. 站在员工角度考虑问题，工作才能卓有成效

管理者与员工之间的沟通，是团队内部沟通中最常见也是最重要的沟通形式，无论是在下达指令，还是在做好信息反馈时，都需要强化他们之间的交流。

不过与此同时，管理者和员工之间往往也最容易出现问题。管理者在制定发展战略、制订发展计划并下达指令的时候，往往是站在一个管理者的角度来想问题、看问题的，对于一线的实际情况并不熟悉，对于员工是否有能力理解并完成这些工作同样不清楚。在这种情况下，他们很可能就会下达一些错误的指令。

有家公司曾经在内部做过一项调查，发现每年大约有50个指令是无法顺利执行下去的，也就是说公司下达的任务中有50项没有完成。

一开始，总经理认为是员工的执行力度不够、执行态度也存在问题，于是多次对员工进行提醒，希望他们强化执行意识。

到了第二年年底，公司统计发现，仍旧有48个任务未能完成。经过分析之后，总经理认为问题并不全都出在执行者身上，毕竟这一年来，公司不仅加强了培训，也特意

提高了员工的待遇，按道理来说，公司内部的执行力应该得到了加强，可为什么问题还是没有得到任何改变呢？

接下来，总经理特意找出那些未完成的任务进行重点考察和分析，结果发现其中有一半以上的任务是不符合实际情况的，无论是工作的难度，还是任务的时间安排都不够合理。

此外，还有一部分任务是因为员工没有准确理解上级的意思，导致了工作任务出错。这样看来，在这些未完成的任务中，绝大多数并非是因为执行力不够引起的，而是内部的沟通出现了问题。

类似的问题其实在很多团队里都存在。管理者在下达任务的时候，并没有设身处地地为员工考虑，没有站在员工的角度来看问题。

事实上，管理人员尤其是高层管理人员，经常会制定一些超出执行者能力范围之外的任务，会制定一些不符合现实情况的任务，从而造成员工难以准确执行的情况。

要想解决这些问题，要想让管理者准确制定各种合理的策略和计划，那么在制订这些计划前，就要懂得换位思考，要主动站在员工的角度去思考问题，弄清楚一线工作的实际情况；了解员工的真实水平；了解员工最擅长做什么或者不擅长做什么；对员工遭遇的现实问题和困难要予以充分的理解，而不是强制性地要求对方执行下去，这样才能有效确保指令的合理制定，才不会与实际情况相脱节，才能确保员工更好地执行上级的安排。

在一个团队中，进行换位思考是非常有必要的，尤其是在管理者和执行者之间更是如此。毕竟，双方存在地位和职能上的差别，一些管理者由于很少到一线走动，加上内部机构比较臃肿，导致在信息接收方面很有限，这样就造成了他们对团队的实际情况并不那么了解，这个时候所制定的任务就可能会偏离实际轨道。

因此，管理者需要放低姿态，拿出换位思考的态度，这样才能与一线员工进行更好的交流，双方可以针对现状进行深入交流，这样反而有助于管理者制定合理的计划和任务。

管理者应该想一想，如果自己是执行者，应该如何来完成这些工作，自己是不是能够按照要求来完成工作；而管理者同样需要鼓励和引导一线员工进行换位思考，想一想如果员工处于管理者的位置上，该如何制定更为合理的安排，该如何将目标与实际联系起来。

无论如何，通过这种换位思考，管理者与员工通常会发生一些更为积极的沟通，彼此之间会有更多的了解，也会有更好的默契。更重要的是，这种做法有助于管理者进行更为深入的交流，这样就能将整个团队凝聚成一个信息交流畅通无阻、上下层联系紧密的团队。

事实上，不仅仅是在下达任务和接受任务方面需要换位思考，在日常交流的时候，管理者同样需要懂得站在员工的角度上来看待问题。

比如，很多管理者总是觉得自己比任何人都更了解情况，觉得自己的观点比任何人都更加正确，因此他们通常不怎么倾听别人的意见，也不怎么去征求别人的意见，一旦员工提出了不同的看法，或者员工的想法违背了管理者的意愿，他们就会毫不犹豫地予以反驳。

但实际上，在很多方面，管理者未必有员工知道得多，在很多方面，管理者的想法未必就是正确的。

没有任何一个管理者是无所不能的，没有任何一个管理者可以做到通晓一切。总有一些领域、总有一些事情是管理者不甚了解的，而在这种信息不一致甚至失衡的情况下，保持换位思考的姿态就显得非常重要。

如果管理者愿意进行换位思考，弄清楚为什么员工会产生这样的想法，为什么员工会提出这样的建议，那么他就能够在第一时间理解员工所说的话，就可以避免自己一味对他人进行否定和排斥。

总而言之，无论是下达指令时出现的错误，还是在日常交流中信息的缺失，这些都是内部沟通交流出现问题的表现。对此，管理者需要及时做出调整，不要理所当然地认为自己的一切都是正确的，不要理所当然地认为一切都要围绕着自己的想法来转，不要将问题全都推在别人身上。

管理者平时如果能够多进行换位思考，多站在员工的角度和立场上看待问题，就可以减少更多的误会和摩擦，从而保证团队的和谐统一。

管理圣经

不懂说话，
你怎么带团队

李向阳◎编著

北京时代华文书局

图书在版编目（CIP）数据

不懂说话，你怎么带团队 / 李向阳编著. -- 北京 ：北京时代华文书局，2020.6
（管理圣经）
ISBN 978-7-5699-3657-5

Ⅰ. ①不… Ⅱ. ①李… Ⅲ. ①企业管理－人际关系学 Ⅳ. ①F272.9

中国版本图书馆 CIP 数据核字（2020）第 061954 号

管 理 圣 经　不 懂 说 话 ，你 怎 么 带 团 队
GUANLI SHENGJING　BUDONG SHUOHUA，NI ZENME DAI TUANDUI

编　　者｜李向阳

出 版 人｜陈　涛
选题策划｜王　生
责任编辑｜周连杰
封面设计｜景　香
责任印制｜刘　银

出版发行｜北京时代华文书局 http://www.bjsdsj.com.cn
　　　　　北京市东城区安定门外大街136号皇城国际大厦A座8楼
　　　　　邮编：100011　电话：010-64267955　64267677
印　　刷｜三河市京兰印务有限公司　　　电话：0316-3653362
　　　　　（如发现印装质量问题，请与印刷厂联系调换）
开　　本｜889mm×1194mm　1/32　印　张｜5　　字　数｜106千字
版　　次｜2020 年 6 月第 1 版　　印　次｜2020 年 6 月第 1 次印刷
书　　号｜ISBN 978-7-5699-3657-5
定　　价｜168.00元（全 5 册）

口才训练大师戴尔·卡耐基说过："一个人成功，约有15％取决于专业知识，85％取决于沟通能力——发表自己意见的能力和激发他人热忱的能力。"可见，在竞争日益加剧的今天，口才是一种不可或缺的能力，谁能拥有它，谁就比其他人多了几分胜算。

正如英国管理学家威尔德所说："管理者应该具有多种能力，但最基本的能力是有效沟通。"作为团队发展的领导者，管理者的管理工作离不开与员工沟通，语言是必备的工具，比如主持会议、布置工作、接待来访、发表演说等社交活动，样样都是依靠语言表达能力来完成的。因此，语言表达能力直接决定了管理者的管理水平。

毫不夸张地说，一个人的成功，20%取决于他的智商，80%取决于他的情商。情商的重要性就在于人际交往的能力，归根结底还是语言表达能力，话说得好与坏，也关系着管理者的人际关系，无论是与上司之间，还是与员工之间，都要考虑语言的使用和表达。好口才是管理者轻松应对工作挑战的武器，如果口才不佳，就会给自身的发展增添许多困扰和阻碍。

古往今来，口才都足以决定一个人的成与败，正所谓："一人之辨，重于九鼎之宝；三寸之舌，强于百万之师。"在历史的长河中，有毛遂自荐，救赵于危；有晏子使楚，不辱使命；有墨翟陈辞，止楚攻宋，更有诸葛亮舌战群儒，以一人之力力挽狂澜……

在西方有位哲人说："世间有一种成就可以使人很快完成伟业，并获得世人的认识，那就是讲话令人喜悦的能力"，有才能的人或许不善于口才，但有口才的人一定是人才。在现代社会，无论各行各业，口才都是成为人才的一种基本素养，那些能言善辩的人，可以轻而易举地俘获人心，这对管理者而言，堪称无形的魅力。

但是，善于说话并非易事，一个善于说话的人，首先必须具有敏锐的观察力和洞察力，能够深刻认识事物的本质，从而在表达观点的时候一针见血，说到点子上，而不是啰唆半天却言之无物。其次，还要具备缜密的思维逻辑能力，这样才能对事物进行判断和推理，在说话的时候有条不紊。毫无疑问的是，口才代表着一个人的综合素质，是事业成功的阶梯。

时不我待，社会在快速发展，管理者要在滚滚洪流中提升自我的价值，口才是重中之重。一个无法驾驭表达能力的管理者，无疑是失败的，注定会遭遇挫折。因此，要抓紧时间提升表达能力，做一个口才出众的人。

目录 CONTENTS

第一章　认识沟通的艺术，掌握沟通的技巧

一、不沟通，无团队　　　　　　　　　002

二、与"寡言者"沟通的技巧　　　　　008

三、要有一双善于倾听的耳朵　　　　013

四、谈话者不同，说话方式也不同　　018

五、寻求主动沟通　　　　　　　　　023

第二章　发号施令，不盲目、不随便

一、下达命令有诀窍　　　　　　　　028

二、与其强硬，不如商量着来　　　　032

三、发布命令巧变通　　　　　　　　037

四、委派工作有讲究　　　　　　　　039

五、主持会议的技巧　　　　　　　　042

第三章　激励的言语，是下属奋进的力量

一、赞美，屡试不爽的激励良方　　　048

二、学会"捧人"，调动员工积极性　052

三、第一时间加以肯定　　　　　　　057

四、激励的话因人而异 059

五、巧用激将法 062

第四章 幽默，让管理者更有魅力

一、幽默的力量 066

二、以幽默回击挑衅，化解矛盾 073

三、加入欢笑，更高效 076

四、幽默一刻，距离更进一步 081

第五章 卓越的演讲家，轻松征服下属

一、用感染力去引发共鸣 086

二、有条有理，让观点完整表达 091

三、恰当的肢体语言，为演讲效果加分 096

四、微笑是最伟大的语言 101

五、克服当众讲话的恐惧 105

第六章 巧言巧语，化解矛盾纠纷

一、管理好情绪再开口 110

二、巧妙调解矛盾 115

三、巧妙让员工改变主意　　　　　　　　　119

四、适时沉默让矛盾更易解决　　　　　　　123

五、挽留优秀员工　　　　　　　　　　　　127

第七章　有情有义，是管理者的明智之选

一、打好"感情"这张牌　　　　　　　　　132

二、换位思考，彰显管理者的气度　　　　　136

三、适时安抚，稳定军心　　　　　　　　　140

四、投资感情，团结员工　　　　　　　　　144

五、说"你"，不如说"我们"更能有效沟通　148

第一章

认识沟通的艺术，掌握沟通的技巧

一、不沟通，无团队

对管理者来说，除了领导能力、协调组织能力等之外，良好的沟通能力更为重要。管理者的本职工作就是协调各方资源，从而调动团队成员达成期许目标，无论哪个环节，都少不了沟通。值得注意的是，我们所探究的沟通，并非简单的说话聊天。有效的沟通能让管理工作顺畅进行，而且事半而功倍。

著名组织管理学家巴纳德认为"沟通是把一个组织中的成员联系在一起，以实现共同目标的手段"，毫不夸张地说，没有沟通，就构不成卓越的团队，而没有良好沟通能力的管理者，也并不称职。

良好的沟通能够让员工感受到企业对自己的尊重和信任，因而产生极大的责任感、认同感和归属感，此外，良好的沟通还能减少冲突，化解矛盾、澄清疑虑、消除误会，增强团队的内部凝聚力。员工是企业成功的关键所在。企业管理说到底就是做人的工作，其中观念整合是先导，所有的管理问题归根结底都是沟通问题。管理之道特别强调企业内部的沟通。

列夫·托尔斯泰说过："与人交谈一次，往往比多年闭门劳作更能启发心智。思想必定是在与人交往中产生，而在孤独中进行加工和表达。"同理，沟通即管理的真谛。

1. 信息交换

多与员工沟通，能够帮助员工更好地理解管理者的意图和决策，从而引导员工进行高效工作。多组织员工之间进行沟通，能够促进团队精诚合作。研究表明，团队成员80%的工作效率来自良好的沟通。杰克·韦尔奇说过："管理就是沟通、沟通再沟通。"沟通，就是管理者工作的重要组成部分，不要小看沟通的作用。

2. 赢得尊重和理解

缺少沟通交流，彼此之间也就无法明确互相的真实意图。多沟通，多交流，让彼此的想法得以互通，是赢得尊重和理解的好办法。

3. 避免无所谓的争论

沟通不到位，就容易产生误解和矛盾，在某一个时间节点上就有可能引发争论。因欠缺沟通而导致的唇枪舌剑，是完全没有必要的。猜忌是团队合作的大敌，往往是因为没有及时沟通或者沟通不到位造成的，"说破无毒"，只要开诚布公地沟通，就能尽量避免争论。

4. 增强员工的责任感、认同感

开诚布公地交流和沟通，能够增强员工的责任感和认同感。直抒胸臆，不必遮遮掩掩，营造一种坦诚的氛围，让沟通没有阻力和障碍。

5. 提升团队凝聚力

牛根生说过："企业80%的矛盾和误会都来自沟通不畅。一家企业的发展20%靠战略，80%靠执行，执行的80%在于充分地沟通，而企业80%的矛盾和误会也基本都来自沟通不畅。"孙武云："上下同欲，士可为之死，为之生。"唯有多加沟通，才能让团队更具凝聚力。团队最需要的就是上下齐心。

微软公司对沟通有明确的规定——"开放式交流"，就是要求全体员工在任何沟通的场合都能畅所欲言，无所顾忌地表达自己的观点。开会时，如果意见和观点存在分歧，可以无拘无束地发表看法。起初，微软的一些管理者并不认同这种方式，但是，随着技术人员不断提出有价值的意见时，"开放式交流"逐渐得到了支持。正如松下幸之助所说"企业管理过去是沟通，现在是沟通，未来还是沟通"，沟通如此重要，岂能轻视。

管理离不开沟通，那如何能进行高效的交流呢？

1. 和颜悦色

沟通时别忘了微笑，这是全世界通行的表达友善的方法。想要愉快地沟通，就不能板着脸，把氛围搞得很僵。表情是内心世界的反馈，员工看到了管理者脸上的微笑，才能真正放松下来，认真聆听，认真表达。

2. 宽容待人

宰相肚里能撑船，成大事者必要有广阔的胸襟。学会宽容待人，才能积极去认可员工，肯定员工，从而进行高效的沟通。人无完人，任谁都无法避免犯错，但同样也不乏闪光之处。不要因为员工一时的疏忽而影响沟通。

3. 换位思考

每个人都是独立的个体，因其学识、阅历诸多因素的影响，对待事物时难免会产生分歧。这时，管理者要学会换位思考，不要固执己见，多站在员工的角度去思考问题，换个视角，或许就能得出不同的观点。试着去接纳员工的意见和想法，多了解员工的处境和心情，让沟通更顺畅。

4. 衷心赞美

不要吝惜赞美之词，尤其是对待员工，时不时加以赞扬，可以调动员工的积极性。无论是谁，都渴望得到他人的认可和肯定，若是能够受到管理者的赞赏，对一个员工来说，是一件值得骄傲的事情，有了领导的赞赏，也会更积极投身工作。

5. 善于倾听

（1）勿以自我为中心：少谈论自己，少抢占主导地位。（2）尊重对方：在对方讲话时，不要随意打断，耐心听对方说完。（3）淡定从容：即便有许多分歧，也不要过于激动，不要急着去反驳对方，可以沟通交流，但避免激烈的争论。

6. 多些幽默

幽默是沟通时的调节剂，幽默风趣的语言，能够最大程度上化解隔阂。

7. 坦诚相待

沟通时，坦荡诚恳，不要拐弯抹角，不要遮遮掩掩。坦诚地将所思所想表达出来，只有管理者的态度是诚恳的，员工才会以真诚之心与其沟通。否则，钩心斗角的交流是没有意义的。

8. 深入浅出

少些深奥晦涩的大道理，将自己的观点生动浅显地表达出来，让员工更易理解和接受。不仅要明确表达自己的想法，还要让员工能够听得懂，只有领会了彼此的想法，才能进一步交流。

郭士纳是IBM的高层管理者，他十分重视与员工的沟通。上任之初，就给全体员工写了一封公开信，信中提到："在未来的几个月中，我打算走访尽可能多的公司营业部门和办公室，而且，只要一有时间，我就会去和你们会晤，以共同商讨如何巩固和加强公司的力量。"他坚定与员工沟通的信念，对此，并非所有员工都买账，有人支持，也有人反对，还有人不屑一顾。但是，郭士纳做到了，通过坦诚地互动式交流，他对企业及员工有了更为深入的了解和认识。这为他今后开展工作提供了依据。

我们不缺沟通的方式方法，我们最欠缺的是践行的决心和勇气。试着去改变吧，相信你一定会大有收获。

二、与"寡言者"沟通的技巧

在团队中，不乏寡言者。有些员工寡言，是由于本身性格内向，而有一些原本活泼的员工，却也同样不爱表达，究其原因，是员工有"开口表达"的顾虑。至于为何会产生顾虑，是基于管理者与员工之间没有建立起足够的信任关系，所以难以做到坦诚相待。

在一家知名大型企业的人力资源战略咨询项目启动会当天，董事长召集十多位公司核心高管开会，他滔滔不绝地讲了一个小时，从公司发展历史，到未来的展望，最后来了一番深情的"表白"，他让员工不要把他当成老板，这么多年风风雨雨一起走过，要把他当兄弟，把公司当自己的家，每个人要畅所欲言，而且承诺"言者无罪"。可惜，他的肺腑之言没能打动在座的战友，所有人都低着头做沉思状，几分钟过去了，会场一片寂静。

这样的场景不在少数，究其原因，在于员工之间并不信任彼此，无法互相坦诚。在会议上不愿开口的员工，或许心中并非无话可说，只不过是在设法逃避敏感尖锐的问题。当出现状况的时候，这类员工更是闭口不谈任何有关于实情的话题，管理者也就难以获取最直接的信息，问题也就无法得到妥善解决。

现代管理之父德鲁克说过："一个人必须知道该说什么，一个人必须知道什么时候说，一个人必须知道对谁说，一个人必须知道怎么说。"管理者如何才能与沉默寡言的员工进行畅快地沟通呢？

1. 建立沟通渠道

要有明确的连续的渠道，是长久之计，而非一时兴起。团队的人数较少时，还存在于每位员工面谈的可能，如果团队的人数较多，则需要建立其他可靠的渠道实现互动交流。比如，可以定期发送电子邮件，定期查看意见箱等。建立良好的沟通渠道，增大了与寡言者沟通的途径，能够更贴近他们的心声。

2. 耐心倾听

"沟通首先是倾听的艺术。"能言善辩是管理者的必要能力，而倾听能力也同等重要。尤其是面对不善于言谈的员工时，认真专注的眼神及耐心积极的耳朵，是让寡言者畅所欲言的前提。管理者要做一个积极的倾听者，而非沟通的主导者，沟通本就是双向的，管理者若是以自我为中心，那些本就不爱说话的员工就会变得更加沉默寡言，这不利于沟通。

3. 捕捉员工的情绪

积极引导员工畅所欲言，捕捉员工的情绪，适当加以疏通。有效的沟通，一定是互动式的，一旦一方陷入被动，那么沟通也就很难再有效进行。寡言者或是语言表达能力有所欠缺，或者本就是腼腆内向的性格，但只要管理者能够做出正确的引导，相信再喜欢沉默的人，也会打开话匣子，一吐为快。

4. 充足的沟通时间

为沟通提供充足的时间，不要仓促而行。给双方更多的时间相互交谈，时间足够多，才能让慢热的人逐渐产生说话的兴趣。不要露出不耐烦的表情，更不要催促员工，时间不急，你也不要急。

5. 不摆官架子

在沟通时，管理者要保持谦和的态度，不要让员工感觉到身份地位的不对等。既然要沟通，就拿出诚意来，取得员工的信任，方能建立感情。并且，既然要沟通，就要让员工畅所欲言，无拘无束地发表自己的观点，为彼此的沟通营造一种轻松愉快的氛围，给员工展现自我的机会，让员工勇于说出自己的想法。

6. 注意说话的方式

说话时，语速要放慢，语调要柔声细语，不能总是自己一个人在说，不要端着领导的架子，一味让员工倾听，尽量消除压迫感。

以上方法适用于所有员工，针对性格内向的员工，也有不少好的沟通方法。

1. 参加演讲会

可以让他们参加演讲会之类的培训项目，演讲能够帮助他们学会如何在受到广泛关注时即兴发言。斯坦布·莱施尔教授认为"这将能够提供给他们实际的训练和经验，以帮助他们变得更适应在别人面前发言。我见过很多人在这种安全的学习环境中变得不再害羞了"。

2. 主动寻求他们的意见

性格腼腆的人，常常不善于交际，很少能够有机会成为团队的焦点人物。管理者可以主动寻求他们的意见，让他们知道自己同样受到领导的重视和期望。在会议上，管理者可以引导他们发表意见，重要的一个步骤，是管理者要事先告诉他们，你希望他们能够发表意见。

《向上，向下或站一旁》的作者及领导力专家马克·桑伯恩说，"在交谈中，运用开放式问题是关键。特别是询问他们的意见，否则更自信的员工将会领导他们。"同时，他还强调说，"你需要为害羞的雇员创建出空间以便让他为谈话做出贡献。"管理者需要扮演引导者的角色，为他们创造可以毫无顾忌开口言谈的机会和环境。

3. 不吝惜感谢

当员工发表意见后，管理者不要吝惜感谢，顺其自然地加一句"谢谢"，能够增强员工被需要的感受，从而鼓励他们开口。当然，除了感谢，还可以多些赞美，提升他们的自信。

4. 点明不发言的危害

作为管理者，就要有能力应对那些不善于言谈的员工，团队中的每一分子都将会为团队做出贡献，如果总是不发言，对于团队的发展势必会造成消极的影响，管理者要让员工清楚潜藏的危害，让他们明白积极加入谈话事关团队的发展。员工与团队是一荣俱荣、一损俱损的关系，所以员工也会督促自己。

5. 撰写备忘录

一般在会议进行时，管理者都会要求员工做会议记录，其实，在会议或谈话之前，管理者可以要求员工撰写一份备忘录，列出他们在会议上期望讨论或准备与管理者就某些方面交换意见，将每人写好的备忘录引发给所有人，如此一来，大家对彼此的意见会有一个比较清晰的认识，从而促使不乐于开口的员工从被动谈话逐渐过渡到主动与人沟通。

戴尔·卡耐基说："将自己的热忱与经验融入谈话中，是打动人的速简方法，也是必然条件。如果你对自己的话不感兴趣，怎能期望他人感动。"所以，管理者想要打开员工的心扉，首先也要先融入自己的热情。

员工是团队的财富，员工所掌握的信息能否顺畅汇聚到管理者那里，也是团队发展的一大决定因素。因此，管理者要想方设法促使员工开口，积极发言，这对团队发展绝无害处。

三、要有一双善于倾听的耳朵

能言善辩是本事，善于倾听也同样是难得的素养。相信在众多管理者之中，有不少人忽视了倾听员工的意见和看法。实际上，这不利于管理者开展工作。遥想当年，即便是贵为九五之尊的皇帝，为了能够近距离贴近民生，还会特意微服私访。

松下幸之助被誉为"日本经营之神"，他从一个脚踏车学徒到后来成为跨国企业总裁，在接受哈佛大学教授的访问中，就"请用一句话概括经营诀窍"作答时，他的回答是："细心倾听他人的意见。"

事实证明，管理中遇到的许多问题，在很大程度上都是因为管理者忽视员工想法而造成的，单向的沟通难以获得互动式沟通的效果。不善于倾听的管理者，错失了与员工进行沟通的机会，也就影响了管理的成效。

戴尔·卡耐基认为，"现实生活中有些人之所以会出现交际的障碍，就是因为他们不懂得忘记一个重要的原则：让他人感到自己重要。"倾听，是一种乐于贴近员工的态度。管理者可以对员工的意见不认同或不采纳，但是不代表员工的想法不值得倾听。倾听，也是对员工的一种尊重和信任，既然是一个团队，那么人人就有表达想法的权利。善于倾听的管理者，一定会受到员工的爱戴和拥护，一个有耐心听取员工心声的管理者，也就不再只是领导，还是伙伴和朋友，多了一层肝胆相照的意味，团队也就更有活力和凝聚力。唐太宗"兼听则明"，由此成为一代明君，管理者若能有一双善于倾听的耳朵，也能取得成功。

倾听不仅为了听见，而是要真正用心去听。听到的不仅仅是三言两语，更是员工的态度和情绪。心理学理论中提到："没有人能控制住不让自己的心声从话语中流露出来。"

如何做一个善于倾听的人呢？

1. 真正理解员工

在倾听的过程中，要确切理解员工的真实意图，有时员工在表达的时候不够直接，管理者就要认真揣摩员工的心思，做到真正理解员工。在沟通之前，管理者也应对员工的工作状态及生活状态予以关注，有助于理解员工的想法。

2. 站在员工的立场上

管理者与员工存在上下级的关系，立场不同，看待事物的视角也就有所不同，得出的观点和结论也就存在差异。因此，当员工积极与管理者沟通的时候，管理者要改变思路，尤其是员工谈及与管理者观点相悖的内容时，不要急着反驳和争论。员工既然有这样的想法，必然是有原因的，管理者要认真分析员工的想法。

3. 听完了再表达自己的见解

不要在员工还没讲完时，就急着打断他而发表自己的见解。在没有完全听完他的讲话时，就需要耐着性子去倾听，只有等他表达清楚之后，管理者才能准确从中获悉员工的意见。

4. 记录并付诸行动

好记性不如烂笔头，在倾听员工讲话时，最好能记录一下，可以展现管理者对员工的尊重，让员工感觉到自己受到了领导的重视。之后，管理者还要认真思考员工所表达的意思，尽力去满足员工的需求。若是无法兑现当初的承诺，管理者则要在第一时间向员工坦白，并积极寻求能够替代的其他途径。

5. 注意目光接触

Sherry Turkle是麻省理工学院研究网络心理的教授，她认为，人们面临着一个重大选择，即"重新开始交谈"。与员工沟通时，不要东张西望，尽量不要随意走动，保持目光的接触，让员工知道你在认真倾听，而没有走神。

6. 多问多寻求答案

在听员工说完后，管理者可以就刚才的谈话内容提出几个问题，以此检验自己所获悉的内容是否准确，挖掘更多有价值的观点和意见。而且，员工在谈话时需要引导，管理者适时地抛出几个问题，能唤起员工的表达欲。

7. 好话歹话都要听

沟通的目的就是要了解员工真实的所思所想，好话歹话都是他们想要表达的内容，不要一味专听顺耳的话，而忽视了那些不中听的话。有选择性地倾听，就会造成无效沟通。

小马里奥特是万豪国际酒店集团的董事长和CEO，是创始人老马里奥特的儿子。他经常会四处巡视酒店，以求获得最真实、直接的信息。

一次，他在一家酒店发现，顾客对餐厅女招待的服务评分不高，随后他向酒店经理寻求原因，但酒店经理的回答是不知道。但是，小马里奥特却从经理不安的肢体动作中看出了端倪，他紧接着就问了一下女招待的薪资。原来女招待的薪资低于一般标准，而酒店经理不愿因此向总公司提出申请。

在这不到一分钟的对话中，小马里奥特就发现了尤为关键的三点，一是分公司的员工薪资还需要总公司批准，比较麻烦；二是比起让顾客满意，公司更注重争取更多利润；三是酒店经理之所以不愿向上级提出申请，在于他的上级必然不懂得倾听。了解情况之后，他及时出面解决了这些问题。他认为，他所做的只是改变了这位经理什么都不说的习惯，并且让这位经理明白，有人愿意倾听他的问题。

小马里奥特懂得倾听的重要性，不仅能够有这样的认识和觉悟，并且善于去倾听，善于从沟通中获取有价值的信息，足以见得，他是一位优秀的管理者。

苏格拉底说，上天赐予人以两只耳一张嘴巴，是希望人多听少说。对于管理者来说，少不了说，更少不了听。《哈佛商业评论》说："听，其实是我们有待开发的潜能。"这句话足以劝诫管理者，多花些心思在倾听上面，定能有意想不到的收获。

四、谈话者不同，说话方式也不同

沟通讲究方式方法，谈话者不同，管理者所采取的说话方式也就不同。管理者在沟通时，如果很少注意因人而异，对任何员工都是一个套路，这就会影响谈话的效果。

针对不同性格的员工，管理者可以有不同的应对之策。想要和谈话者进行一场愉快的交谈，管理者首先要对员工有大致的了解，摸清他的性格，以便用不同的状态去应对。

1. 完美主义者

这类员工时常是严于律己的典范，对待事物追求完美，做事有条不紊。

对待这一类员工，管理者在沟通时，要注重晓之以理，以严密的逻辑陈述自己的观点，不要天南海北乱说一通。此外，管理者还要注意自己的态度，认真地对待推崇完美主义的员工。同时，要适时地加入一些幽默风趣，缓和严肃的氛围，更容易让他们敞开心扉。这类员工通常都具有敏锐的洞察力和准确的判断力，所以管理者在谈话时，不要拐弯抹角，试图玩弄一些伎俩，一旦被看穿，会将自己的形象大打折扣。所以，直接一些，真诚一些，吐露自己的真实意图。

2. 渴求成功者

为了达到目的可以"不择手段"，他们专注于自己的工作，渴望能够获得成功。在与这类员工谈话时，管理者的思路是加以引导，言语之间要注重强调结果，并提出合理化建议，让他们能够真正从你们的谈话中获取有价值的信息。当管理者的谈话对这类员工起到了促进作用时，则就得到了他们的拥护和爱戴。谈话过程中，管理者可以先肯定他们的努力和目前取得的成绩，当他们感受到管理者的爱护之情时，自然而然愿意与之倾心交谈。

3. 多愁善感者

与管理者谈话时，员工本就容易产生紧张的情绪，毕竟现如今能够心平气和与员工交谈的管理者少之又少，多半是因为工作需要。性情多愁善感的员工，心思细腻，容易胡思乱想，在日常的交谈中，管理者首先应重视他们的感受，同时将自己的真实意图讲清楚、说明白，不要引起他们的猜忌。如果交谈时他们正处在某种情绪之中，管理者可以询问他们的感受，并给他们时间吐露自己的心声。了解过后，管理者可以想方设法帮助员工调节情绪。面对这类员工时，赞美是必不可少的，因为他们性格的关系，时常会因为一些挫败而否定自己。

4. 木讷沉默者

性格木讷，时常沉默寡言者，本就不善于交谈，管理者在与之谈话时，不要强人所难，非要让他们发表一番长篇大论，这只会给他们造成压力。在他们面前，管理者要适度展示自己的亲切友好，但不要过度亲密，保持适当的距离。

5. 忠于团队者

这类员工有极强的团队意识，他们作为团队的一员，尽全力做好自己的分内之事，不愿给团队带来麻烦。面对这类员工，管理者要多加赞美，肯定他们的付出和努力，尤其是他们协同合作的意识。正是因为他们对团队忠心耿耿，管理者更要以诚相待，多花时间去倾听他们内心最真实的想法，让他们知道，你愿意与他们肩并肩作战，给予他们最大的信任。

6. 活泼开朗、爱说爱笑者

这是管理者最好打交道的一类员工，他们在交谈时可以放松下来，只要管理者能够为其营造愉快的谈话氛围，他们很愿意与管理者真诚的交谈。而且，本身是活泼开朗的人，就不太喜欢严肃、拘谨的人，所以幽默风趣很实用。如果谈话时，需要针对他们工作中出现的问题加以指正时，管理者可以放低自己的姿态，不是去批评或指责，而是提供建议，这样会让员工更易接受。

7. 沉稳老成者

基于工作阅历的积累，这类员工多处事圆滑，管理者与之交谈时，不要废话连篇，要简明扼要地说明重点，否则会让他们产生不耐烦的情绪。如果与这类员工就某事的观点发生冲突时，管理者不要以自己领导的身份来压迫他们，而是要采取有效的沟通，冲突适当也是一种沟通，但避免矛盾激化。这类员工在面对批评时，心态是平和的，工作许久后早就适应了这种状态。但是，批评可以，取笑挖苦则是大忌，不要让他们产生敌意。

8. 脾气性格不突出者

这类员工的性格没有突出之处，平常在工作中不多言不多语，所以管理者在与他们谈话的时候，要懂得倾听，不要自顾自话，要给他们谈话的机会，并引导他们主动谈论自己的观点和看法。对于这类员工来说，赞美也尤为重要，管理者要给予他们认同和肯定，点明他们的优点和重要性。

此外，对于有能力而放任的员工，管理者要以信任和放权为沟通的基础，提升员工的主人翁意识，激发他的责任感，让他能够意识到自己所承担的责任，从而积极主动与管理者交谈。对于没有突出能力而且遵守纪律的员工，管理者要善于指导，对于他的短处要多指点，多鼓励，巧妙运用批评促使其进步。对于能力低下且纪律性差的员工，管理者不能睁一只眼闭一只眼，要采用赏罚并重的方式，积极与之沟通，督促他进步，树立他的自信心，同时，也要教他管理好自己的不良情绪。

管理者与员工是可以愉快交谈的，除了必要的工作沟通和批评外，管理者大可以在日常工作中多抽些时间与员工交谈，去了解一下他们的工作、生活状态，去倾听他们内心最真实的想法，去化解他们对待工作的抱怨和不满。

一场优质的谈话，会让管理者有意想不到的收获。团队的凝聚力、配合度，以及人际关系的和谐，都离不开交谈。找到适当的谈话方式，会让谈话更有意义。

五、寻求主动沟通

沟通是管理者与员工之间的一座桥梁，彼此之间能否创造出一段和谐的人际关系，就是要依靠沟通，而在这段关系中，管理者要积极主动地寻求沟通，而不是被动等待。

许多管理者认为，他们对员工的动向了如指掌，遗憾的是，事实并非如此，他们忽视了主动沟通的重要性。沟通绝不是程序化的环节，通过沟通不仅能够寻求解决问题的办法，还可以提高工作效率。既然主动沟通的益处多多，管理者何乐不为呢。

当然，想要加强主动沟通，就需要管理者与员工之间的良性互动，有了热切地回应，沟通工作才能真正得以运行。

1. 积极倾听员工

主动沟通不仅要有话可说，还要懂得适时闭上嘴，倾听员工在说什么。有效地沟通是双向的，单由一方主宰的沟通都会影响沟通的效果。管理者要积极引导员工来表达意愿，在员工说话的时候，管理者不要随意打断，而要认真倾听，认真分析员工的真实意图。

2. 亲自沟通

有些管理者为了了解员工的动向，喜欢指派某一位员工去征集大家的意见，管理者通过反馈来掌握员工的所思所想。然而，沟通效果最佳的方式还是面对面，中间所经过的人越多，所获取的信息往往越不够真实。所以，管理者既然想要去沟通，那就与员工当面交流，相信自己的耳朵，而不是依靠别人的嘴巴。

3. 定期沟通

沟通绝非管理者一时兴趣，而应是一项长期性、连续性的定期工作。管理者可以在本职工作完成的前提下，抽出一定的时间来与员工沟通。当团队内部的沟通形成习惯，营造出鼓励员工主动沟通的氛围，员工也就乐于与管理者沟通，而且是积极的、主动的。如此一来，也就形成了互动式的沟通。

4. 不设沟通范畴

沟通是管理者与员工和谐交往的重点，管理者作为领导，本就占据优势地位，也就掌握着沟通的话语权。在沟通中，管理者不要指定范畴，比如仅限于工作，仅限于表现突出的行为，而是应当鼓励员工广开思路，对团队积极的建议也好，个人工作所遇到的难题也好，甚至是对管理者或团队的不满，都可以说出来。

5. 平心静气地去沟通

沟通的氛围很重要，管理者要保持平和的心态，无论员工是在发牢骚倾诉不满，还是意志消沉寻求开导，管理者都应该以包容的心情去接纳员工。久而久之，员工也会更加信赖管理者，将不满倾吐而出，在管理者的宽慰下，心情也会畅快，工作也就更有积极性。

6. 建立感情

管理者与员工沟通的目的，就在于与员工就各自所掌握的信息进行交流，想让员工发表自己的意见，轻松和谐的氛围必不可少，此外，还要与员工建立起战友般的感情，在相互信任的前提下，员工自然会知无不言，言无不尽，积极向管理者提供意见。管理者可以放低姿态，主动向员工寻求意见，沟通过程中，要给员工创造展示自己的机会，这样一来，员工自然会对管理者多一分信赖，有了良好的感情基础，也就能促进有效沟通。

7. 提高彼此的信任度

团队依靠的是所有员工齐心协力，不是某一个人单打独斗就能成功的，所以作为亲密的伙伴，管理者要与员工彼此信任，而不能是互相猜疑。沟通时，信任也是尤为重要，管理者对员工的信任就表现在，他乐于给他们提供展示个人能力的机会。管理者要真心对待每一位员工，不偏不倚，让员工感受到自己是这个团队不可或缺的一分子。

8. 平等沟通

管理者与员工能否进行有效的沟通，很大程度上取决于管理者的态度，如果他所展示出来的态度是诚恳的，那么员工自然愿意与之交谈。这就要求管理者要对员工一视同仁，不特别厚爱某一位员工，不让其他员工感觉自己是受冷落的人，让沟通平等化、公开化。

当管理者意识到与员工主动沟通的重要性后，就应积极创造条件。在松下，所有分厂里都设有吸烟室，但其实并不是为了鼓励员工吸烟。在吸烟室内，有一个与松下幸之助本人极为相似的模型，当员工心情不佳的时候，可以来到吸烟室，用竹竿抽打这个模型，借此发泄心中的不快。虽然这种模式过于偏激，足可见企业家对员工情绪的重视。

人与人之间的好感不是凭空出现的，是需要平常的语言沟通建立起来的。一个优秀的管理者，懂得主动与员工面对面沟通，一方面将自己真实的想法传达给员工，一方面获悉员工的观点。对员工多加了解，才能在布置工作时合理分配，让人尽其才、物尽其用。

想主动与员工沟通的人，不能放过任何一个沟通的机会。无论是在走廊上碰面，还是在吃饭时偶遇，都可以大方地走到员工的面前，主动打个招呼，随口问几句有关工作的事，或者不谈工作，主动关心一下员工的生活状态，或许会取到意想不到的效果。

第二章

发号施令，不盲目、不随便

一、下达命令有诀窍

向员工下达命令、指派任务，是管理者的日常工作之一。而且，管理者的命令是否下达准确，是员工完成工作质量高低的一大影响因素。往往因为管理者下达命令的方式有所不妥，从而导致无法得到员工的鼎力支持，管理者要反思一下，命令是否传达到位，是否真的争取到了员工的认同。毕竟每个人性格、思想、经历等都不尽相同，管理者要想自己分派的任务圆满完成，就要对员工的思想、性格、强项及弱项有充分地了解，有了一定的认识再去分派工作，会取得更好的效果。

在下命令时，有五条基本原则需要管理者掌握：

（1）清楚，不要模棱两可，说些不确定的话；

（2）完整，有头有尾叙述完整，不要漏掉重要的信息；

（3）简明，不要啰哩啰唆说一堆有用的和没用的，在表达完整的前提下，言简意赅；

（4）自信，相信自己的判断，并在下达命令时将自信传达给员工；

（5）正确，确保命令的正确性，不要让员工做无用功。

此外，还应该注意以下几个问题：

1. 下达有必要的命令

命令是否有必要下达，是管理者首先要思考的一个问题，换句话说，就是管理者要考虑即将交付给员工的这项工作是否恰当。比如，有一些工作是管理者自身所应承担的，但由于时间紧迫，需要让员工分担一部分工作。但是，管理者要有预见性，如果一项工作员工并不熟悉，所以在执行任务的过程中，势必会不断向管理者询问情况。虽然将工作已经安排了出去，反而需要花费更多的时间去配合员工，最终得不偿失。

此外，管理者在下达命令之前，还要明确这项工作是否有必要。一旦在员工执行的过程中，发觉自己所做的一切都是无用功，不仅打击员工的积极性，还会有损管理者在员工心中的形象。不可否认的是，有些时候管理者之所以会下达命令，是因为觉得员工无所事事，从而故意分派任务。

下达没有必要的命令，只会降低管理者的影响力，引起员工的反感。所以，下达命令前，一定要三思。

2. 抓住要点

下达命令的目的，是让员工按照管理者的意愿准确完成工作，因此，下达命令时，管理者不能惜字如金，为了图省事，过于简单地介绍任务。为了让员工更好地执行命令，管理者有必要说明任务的重点，并尽可能地阐述清楚明白，尤其是目的及要求，聪明的管理者还会提点值得注意的事项。这样，能够帮助员工清楚了解自己的任务，随后顺畅地完成任务。

抓住要点，看似简单，实则有一定难度。管理者首先要明确任务的要点，真正疏通任务的轻重缓急，只有管理者自己先搞明白，才能在向员工下达命令时不会出岔子。分清主次，管理者才能把握全局，合理分配资源。

3. 让员工复述命令

管理者在下达命令后，可以让员工在第一时间复述刚才所接受的任务。在员工复述的过程中，管理者不要加以提示，让员工自己梳理任务。通过复述，员工可以检验自己是否清楚、完整地领会了管理者的意愿。需要注意的是，当管理者让员工复述命令时，难免会让员工不快，似乎是管理者在质疑他的记忆力和理解力。其实，这个问题很好解决，管理者只需要向员工表明，让他复述的目的在于检查自己是否遗漏重要的信息。如此一来，员工肯定是乐于配合的。

4. 让员工提问

给员工提问的时间和机会，员工难免会有没有听清楚或者没记住的时候。同时，员工有可能对管理者所下达的命令有所疑问，不理解或是有其他意见，管理者要给他机会讲出来，并一一作答。

5. 向员工发问

在员工表示清楚明白后，管理者可以就重点信息向员工提问，检查他是否真的听明白了。

发问的方式很多，比如"你打算怎样理解这个问题？""对于处理这件事情你有什么看法？""你明白为什么这件事情要这样做吗？"

管理者在下达命令时，要与员工达成共识，只有当员工真正领会并且觉得本项任务有意义的时候，才能调动员工的主观能动性。如果管理者希望员工能够在他的工作中发挥出最大的能力，出色地完成所交代的任务，管理者就要说明让他做什么，怎么做，要什么样的结果，以及何时看到结果。

松下公司前总裁松下幸之助认为，作为领导者，如果想要让员工心悦诚服，自动自发地做事，最重要的就是要与员工建立精神层面的沟通。他认识到管理者与员工进行有效沟通的必要性，作为团队的一员，他耐心地与员工分享心得体会，积极交流商量，这正是许多管理者难以做到的一点。

有些管理者习惯了颐指气使，凡事都喜欢以高高在上的姿态命令员工去做，在他们心中有一个误区，就是以为呼来喝去是雷厉风行的表现，其实大错特错。管理者有权力命令员工，员工也有义务服从管理，但是，现代企业已经渐渐淡化领导者的霸道式管理，取而代之的是更为关注员工。

下达命令是管理者的日常工作，正因为如此寻常，管理者才更应该关注其中的诀窍。聪明的管理者会想方设法提升自己的管理能力，与时俱进，而不是顽固地恪守自己的原则。要想带好团队，掌握好下达命令的方法是关键。

二、与其强硬，不如商量着来

命令可以下，但要避免下达强制性命令。

管理者大权在握，下达命令时最显威严之感，但是，权力是一把双刃剑，用得好能够顺风顺水，用得不好则最终会自尝苦果。尤其是在下达命令的时候，一定要把握好分寸，与其以强硬的态度逼迫员工，不如转换一下思维，用商量的方式。

许多管理者经常把"不用多问，这是命令"挂在口头上，或者在员工感到不满的时候扔下一句"照着做就可以了，不要有那么多意见"之类的话，任务的确是布置下去了，但是接受任务的员工心中会作何感想？

下达命令时，对员工的感受不管不顾，一意孤行的下场，就是让员工的心走得越来越远。管理者应该尽量避免下达强制性的命令，员工对此会产生反抗心理，即便是无可奈何地接受了任务，但在行动上也不会尽心尽力。

赵先生是一家企业的老板，有员工五六百人，企业的运营状况良好，业绩节节高升。无论是业务还是管理，赵先生都是一把好手，他的努力促使着企业的发展。作为企业的管理者，他如同战场上的将军，有横扫千军的气魄。

一天，在一次重要的采购会议上，围绕着计划采购价值1000万元的机器进行讨论，大家在两种方案中拿不定主意，一种是报价稍高的美国货，一种是质量不差报价稍低的日本货。总工程师极力主张采购美国货，但赵先生却早就有意订购日本货，毕竟质量相差无几，但成本更为划算。他心知赵先生平日里的作风，所以在会上只是简单地阐述了一下自己的建议，没有过多解释。

谁知，赵先生一改常态，主动与总工程师探讨，他重复了一遍总工程师的要点，细致地分析了其中缘由，这让总工程师不由得一愣，按照赵先生的习惯，他向来是说一不二，只要他决定的事情，别人很难再去改变他。之所以让总工程师发表意见，不过是一个形式而已。但这一次，赵先生却没有像往常那般强硬，而是主动与他商量，一下子就调动起了他的积极性，随后展开了热烈的讨论。

优秀的管理者，懂得使用权力的艺术，应当强硬的时候，绝不手软，而不该强硬的时候懂得收敛自己的剑锋。依靠命令来进行管理，并非明智之举，当员工对管理者的命令感到不满时，管理者先别急着发怒，而是应该主动找员工来进行沟通，问清楚缘由再作打算。

以上压下，或者以辞职降薪来威胁员工，都是自毁前程的做法，一是让员工感到自己不被信任，二是感觉管理者蛮不讲理，与其追随这样的管理者，不如另谋高就。因此，要想让员工效忠于团队，管理者首先要留得住人心。

那么，怎样下达命令才能更易让员工接受呢？

管理者要尽量少颐指气使，呼来唤去，"下班之前必须交"，"我说过多少次了，这样做没有水平，给我重新做"，"我不管，时间安排不开是你的事"，"效率太低了，加班也活该"……这些话听着真是刺耳，当管理者对员工说出这样的话时，员工的心里一定非常不舒服，而且是很不情不愿地执行管理者所下达的命令。

在日常的工作中，管理者在下达命令时，先扪心自问，如果是自己的话，面对如此强势的领导，工作的心情会好吗，积极性会高吗？如果答案是不会，那么请反思自己的所作所为。即便身为普通的员工，也有自己的人格尊严，不愿意被人命令着做事。管理者要想让员工乐于接受指派的任务，并且积极主动地去完成，就少说些强硬的话，试着去和员工商量，让员工多些自主选择权。

"你觉得这样做是不是会更好？""你可以考虑一下这样做""我认为你可以有更好的办法去解决这个问题"……哪一句都比"你必须怎样"好过百倍。能够以平和的态度、商讨的口吻与员工交代任务，员工岂会不愿意接受，甚至可能会更加积极地去完成，并且尽心尽力地想要做到最好。管理者只要照顾了员工的感受，但凡有些责任心的员工，就不会辜负他的尊重。

当管理者下达命令后，却发现员工积极性不高时，就应该反思一下，是不是下达命令时过于苛责员工。每一个管理者都希望在下达命令后，自己的员工能够打起十二万分的精神去完成，但是管理者忘了一件重要的事情，员工也是有血有肉的人，不是死板的机器，员工的心情在很大程度上影响着工作效率。所以，管理者既然希望员工能够全身心投入工作，就不如多多改善自己下达命令的方式方法。

李经理是一家工厂的管理者，一次，接到一张大订单，但是由于自己的工厂出货量有限，在限定的时间内很难完成这一份订单，可生意又不能不做。于是，他左思右想，还是决定接下来。他向员工下达命令的方式不同，结果也就不同。

第一种方式，他严肃地对员工布置任务，"我不管你们吃不吃饭，睡不睡觉，一定要把订单完成！"他的意思很明确，就是要求员工加班加点作业，甚至要员工牺牲掉自己休息的时间。

第二种方式，他将员工召集起来，向他们说明了这张订单对于工厂的重要性，并且向员工询问可否有办法能够提高出货的效率，可否想办法抓紧时间完成订单。

可以想见，如果采取第一种方式的话，员工们肯定会怨声载道，埋怨李经理只顾赚钱却不顾员工的死活。即便是大家没有异议，只是埋头干活，想必效率也不高，最终也很难如期完成订单。

如果是第二种方式的话，经过李经理的介绍，员工明白了这张订单的重要意义，在责任心的驱使下，甘愿多付出一些辛苦。更重要的是，李经理没有强制性地让员工们加班加点，而是与他们一起商量着对策，这就让员工感到自己受到了尊重，并且认识到这张订单不仅仅是为了工厂，而且是为了自己。大家各抒己见，积极献计献策，最终顺利完成订单，帮助工厂实现创收。

这就是差别，一个强硬，一个随和。管理者下达命令的情绪不同，员工所感受到的也就不同，从而产生不同的反应。如果强制性地要求员工如何去做，只会让员工发牢骚。但是，如果能够与他们商量，诚恳地听取他们的意见和感受，从而调整任务，这样就能调动员工的积极性，化解内心的不满。

　　方式好坏，管理者应该十分清楚，比照自己平日里的做法，就能够体会到员工的情绪。多一分理解和尊重，就能多一分信任和信服。

三、发布命令巧变通

下达命令，是管理者管理团队的一种手段，但却很少有人能够将下达命令运用得恰到好处。

1. 下达命令不要盛气凌人

管理者在下命令时要三思而后行，必须要慎重。下达命令的时机，命令的准确性，都要反复揣摩。当管理者在下达命令时，也要注意自己的心态，出发点是为了团队的利益，而不是单纯为了耍威风。对于年轻的员工，管理者要注意自己的语气和神态，不要盛气凌人，高高在上。对于年长的员工，更是要注意自己的态度，尤其是措辞，不要让员工感觉自己不受重视。

2. 遵循固有的习惯

如果管理者是新官上任，那么在下达命令的时候最好不要上来就烧三把火。起初，有必要遵从以往管理者的习惯，将事情交代清楚，而不是急于贯彻落实自己的管理方式，这样才能循序渐进，让员工慢慢接受、认可新的管理者。否则，员工一时难以适应，不但容易引起员工的排斥，还容易耽误正事。

比如下达命令时，原本是由小王完成的工作，却交给小李去做，那么小李就会产生怨言，为什么本该小王做的工作却要交给他来完成。对于固有的习惯，还是要加以留意，如果没有必要遵循则再作打算。不过，不管交给谁来完成，管理者在交代任务的时候都要明确责任人，到底是谁来进行，到底是谁来负责，都要讲清楚，让责任落实到人。

3. 允许部属按自己的喜好工作

每个人都有自己的短处与长处，各自的学识、技能等都会存在偏重，管理者在安排工作的时候，要因人而异，最好能够将工作交给最合适的人，达到资源的优化配置。

同时，保留员工对任务的选择权，准许员工在合理的范围内按照自己的喜好来执行工作。比如，某些员工擅长文案类工作，在与客户见面商谈前，会提前认真地写一封邮件注明谈话的重点发送给客户，随后再进行面对面的交谈。管理者可能觉得这样做有些麻烦，但不要直接对员工说这是在耽误时间。每个人都有自己的办事习惯，既然员工认为有必要这样做，那么管理者大可不必在一旁指手画脚，达成结果即可，不必要揪着过程不放。

四、委派工作有讲究

管理者是团队的领导者，大事小情都需要他来定夺，但是许多战略方针的贯彻落实则是需要交由员工来做，因此如何委派工作则成为管理者的一大考验。

最起码管理者的意图要得到员工的支持和认同，只有员工认为可行才会积极执行。当员工对管理者的意图表示质疑时，管理者先不要急着以官威压人，而是要拿出耐心来，说服员工接纳自己的主张，提高员工落实工作的积极性。

人与人之间存在差异，这是任由谁也无法改变的客观事实。因此，管理者在委派工作时，必须要做的就是对员工有一个清晰的认识，了解他们各自的优势和劣势、性格特点、办事能力及抗压能力等，在对员工有了全面且真实的了解后，再有针对性地分配工作，让每个人能够各司其职，在各自的岗位上发挥出最大的价值。只有员工对自己的工作内容表示认可时，他们的主观能动性才能最大程度地发挥出来，他们的信心和责任感就会随之提升。

在委派任务之后，管理者可以寻问一下员工的看法，确定他是否有信心完成任务，并且给予他鼓励。有些员工比较自卑，做事缺乏自信，工作中犹犹豫豫、瞻前顾后，对于这类员工，管理者要鼓励他们大胆去做，让他们振作起来，鼓起干劲儿，并在语言上加以肯定，比如对他说"我相信你，你没问题的，等你的好消息"。

面对年长的员工时，管理者的态度一定要谦虚。管理者对待长者的态度，往往会影响其他员工对自己的看法。在交代任务时，管理者要讲清任务的细节。在交代任务的过程中，谦虚的态度能够让年长的员工更加积极地对待自己的工作。"这个任务还是需要依靠您丰富的经验，交给年轻人来做我有些不放心，还是要靠您出马。"

让完成任务变成员工的乐趣。让员工能够在工作中挑战自我，实现价值。不再是简单的日复一日的工作，而是不断向自我发起挑战，通过一次次出色地完成任务，来证明自己的能力。提升成就感与满足感，让员工对工作产生兴趣。

肯定他们的能力，"对这种工作，你最为拿手，就看你的了。"给员工展现自我实力的机会。不要吝惜赞美，既然员工有过人之处，那么理所应当获得赞美。或许只是简单的几句话，一个赞许的眼神，都能够给员工带来无穷无尽的力量，自信催人上进，有了管理者在一旁督促，一定能够越来越好。

苏洵在《谏论》中，举了一个例子："今有三人焉，一人勇，一人勇怯半，一人怯。有与之临乎渊谷者，且告之曰：能跳而越，此谓之勇，不然为怯。彼勇者耻怯，必跳而越焉，其勇怯半者与怯者则不能也。又告之曰：跳而越者予千金，不然则否。彼勇怯半者奔利，必跳而越焉；其怯者犹未能也。须臾，顾见猛虎，暴然向逼，则怯者不待告跳，而越之如康庄矣。然则，人岂有勇怯哉，要在以势驱之耳。"

原文大意是，一个人勇敢，一个人勇敢、怯懦各半，一个人怯懦。有个人把他们带到深渊前，对他们说，能跃过深渊的人，才算勇敢，否则就是怯懦。勇敢的人会因怯懦而感到羞耻，一定会跃过深渊，怯懦各半的人和怯懦的人就做不到。这个人又说，跃过深渊的人奖励千两黄金，否则就没有。那个勇敢、怯懦各半的人为了获得奖励，就会跃过深渊，那个怯懦的人还是做不到。不久，怯懦的人回头看到一头凶狠的猛虎在向自己逼近，还没等其他人说话，就赶紧跃过深渊，就如同走过平坦的大路一样。

对管理者来说，同样需要利用形势来引导员工完成任务，关键在于分析员工的个体差异。员工能力的高低直接决定着工作完成质量的好坏，但员工在同等能力之外，还存在诸多不同，比如性格不同，就意味着适合不同的工作性质，所以管理者在安排工作的时候，各方面的因素都应该考虑到，以此提高工作的完成质量。委派工作时，管理者绝对不能糊涂。

五、主持会议的技巧

作为职场人士，开会这件事司空见惯，说不上天天开会，隔三岔五的频率还是有的。一般会议由管理者主持，开会的节奏完全是管理者在起主导作用。按照惯有的流程，是管理者发言，当管理者结束发言后，会议也就此结束。如此做自然没有错，但开会的效果也就差强人意了。

开会方式体现了管理者的管理方式和思路，也体现着管理者的管理水平。如果会议开不好，不但没能解决日常工作中的种种问题，还等于白白浪费时间和精力。一个不懂得开会技巧的管理者，只会浪费员工的青春。

调查显示，大多数的管理者在开会时，主要就是在不停地表达自己的观点，同时对日常工作中所出现的问题和弊端加以批评和指责，会议在压抑的气氛中度过。遗憾的是，虽然管理者苦口婆心说了不少，对工作却依旧没有什么起色。多少次会议，都是这样在做无用功，更糟糕的是，员工为此感到苦恼，甚至产生抵触情绪，但凡说到要开会，都是一副生无可恋的表情。

会议的初衷和目的，在于汇聚员工的智慧，解决问题，开阔思路，同时调动员工的积极性，如果会议开不好，只会适得其反。

1. 征集参会员工的意见

在开会之前，事先征集员工的观点，让大家各抒己见，尤其是与众不同的意见要提出来时，管理者要尤为重视。在征集观点时，只是征集，而不要直接点评，给员工畅所欲言的机会。随后，挑选其中管理者认为最为重要，或者急需解决的问题，在会议上与参会人员加以讨论，及时解决。

2. 讨论

对于会议上出现的每一个观点，管理者都可以号召参会人员一同加以讨论，无论有什么样的观点，都可以在会上坦诚地说出来。开会的目的就是要发现问题、解决问题，而不是一味地听管理者阐述。

3. 挑选解决方案

在每个人各抒己见之后，管理者可以从中挑选出最佳解决方案，并且分析优劣，尤其是要让员工清楚为何要选择这一种解决方案，它的好处在哪里，以期让员工心服口服，为日后实行方案做铺垫，减少阻力。

4. 形成系统的解决方案

在会议上提出执行落实的人选，讲明最终想要达成的结果，并规定一个大概的时间，比如下次会议来查看结果。大多数情况下，管理者在开会的时候喜欢说"你应该这样做"，但实际上并没有讲清楚到底具体要怎么样做，会议结束后，员工照样稀里糊涂，问题也就没有得以解决。明明是自己没有讲清楚，却还要反过来数落员工的执行力差，所以管理者要对自己加以反思。

管理者要心中有数，开会的目的不仅仅是为了展现管理者的口才，而是要求员工积极参与，发表自己的观点，提出自己的意见，做到充分参与，而不是只做一个听众。会议上，要求部门全体员工协调沟通，以便就某一问题达成共识，解决存在的矛盾，让彼此的工作更为顺畅，是形成团体意识的好时机。在开会时，管理者还可以借此机会鼓励员工奋进，向员工分享一些成功的案例，加强团队的精神文化建设。同时，开会不仅可以沟通有关工作的事，还可以通过会议加强管理者与员工、员工与员工之间的沟通，提升团队的向心力和凝聚力。

开会有几个值得注意的原则。

1. 要有目的性

开会不是为了打发无聊的时间，而要有明确的目的，确定要解决的问题后，在会议上就要围绕这个问题而展开详细的讨论，并且获得有建设意义的解决方案。没有目的的会，不要开，甚至是目的不明确的会都不要开，纯属浪费时间而已，与其让员工坐在那里听管理者唠叨，还不如抓紧时间完成手头上的工作。

2. 分清主次

会议上如果有超过两件事要说，那么也要分清楚主次，不能胡子眉毛一把抓。而且，重要的事情不要和芝麻蒜皮的小事放在同一次会议上来说，大事不能化小，小事也不能夸大。

3. 少、小、短

开会的次数尽量减少，避免无意义的会议。开会的规模尽量缩小，那些与会议内容无关的员工可以不用参会，避免浪费他们的时间。开会的时间尽量缩短，提高开会的效率，不要过长，让员工感到疲倦和厌烦，一旦产生抵触情绪，会议的作用也就会大打折扣。

4. 善于引导

作为会议的主持者，管理者要学会引导，将员工的注意力吸引过来，让所有参会的员工能够积极参与到会议的讨论中来。

一个优秀的管理者，必然要懂得如何利用会议提升效益，如何利用会议提升工作成绩。一次优质的会议，可以改善现状，提升团队竞争力，管理者只有开好了各种会议，才能让管理工作做得更加到位。

第三章

激励的言语，是下属奋进的力量

一、赞美，屡试不爽的激励良方

赞美，是管理者有效且实用的激励良方。管理者不该吝惜赞美，只要发现员工有值得赞美的闪光点，就应积极予以赞美，不论大事小情，都可以成为赞美的理由。

洛克菲勒曾经说："要想充分发挥员工的才能，方法是赞美和鼓励。一个成功的领导者，应当学会如何真诚地去赞美他人，诱导他们去工作。我总是深恶挑别人的错，而从不吝惜说他人的好处。事实也证明，企业的任何一项成就，都是在被嘉奖的气氛下取得的。"

洛克菲勒成功的秘诀之一，就在于他善于真诚地赞美他人。有一次，洛克菲勒的一个合作伙伴不慎在一宗生意上造成了百万美元的损失，这是一个相当大的失误，但洛克菲勒没有因此责怪他，反而庆幸地说："你能保住投资的60%已是很不容易的事。"赞赏代替了责怪，这让合作伙伴备受鼓励，在新的生意中，不仅获得了巨大的利润，还弥补了上次的损失。这就是赞美的激励作用。

赞美为何具有激励人心的效用呢？心理学家的测试找到了答案。

　　美国心理学家亨利格达德曾为此设计了一种测量疲劳程度的能量测定仪，当他向实验者说赞美的话时，能量测定仪上的指数就呈上升的趋势；当他斥责实验者时，能量测定仪上的指数就呈下降的趋势。至于赞美是如何对人的生理机制产生影响的，倒是还没有确切的研究结果，但可以肯定的是，赞美具有激励人心的功效。

　　试想一下，一个受到赞美的人和一个受到责罚的人，谁的心情会更愉快，谁在工作中会更积极？答案一定是前者。放眼全世界，没有一个人不渴望被肯定，人人需要他人的尊重和认可，尤其是在职场上。然而，管理者和员工在某些区域总是存在分歧。尼古拉斯曾对几千名销售人员和管理人员进行过调查，向他们询问"对于销售人员，什么是最重要的因素"，销售人员的答案是"工作成绩被肯定"，而在管理人员心中，这一项只能排在第七位。

　　或许，这就能够解释为什么管理者会吝惜赞美，他们只是缺乏共同感。作为管理者，在职场中身经百战，管理经验不在话下，但是，管理者的角色不再仅仅依靠某一种能力来维系，更多的是需要管理者适应企业界的变化。

　　企业日益国际化、信息化和科技化，而员工的性情也更加多变，想要成为一个出色的团队管理者，除了智商，还要有足够高的情商。人际关系也好，团队合作也好，决不能忽视员工的感受。一个真正成功的管理者，必然是一个对员工有影响力的人，而员工的情绪、态度和行为，都需要管理者加以重视。

　　赞美的目的是激励，而激励的意义在于：（1）满足员工对被认可的渴望；（2）调动工作积极性；（3）提高员工满意度，调整工作心态，从而提升工作效率；（4）增强员工与团队的黏性；（5）促进员工与管理者的人际关系。

美国第三十届总统柯立芝上任之初，聘请了一位年轻又漂亮的女秘书，然而她在工作中屡次犯错，虽然都是小毛病，但却直接影响着柯立芝的工作效率。

一天，女秘书走进办公室后，柯立芝一改往日严肃的风格，对她赞不绝口，称赞她的打扮，称赞她的美貌。总统先生的称赞让女秘书心花怒放，随后，柯立芝对她说，相信她的工作也可以像她的人一样，都办得很漂亮。此后，果然如他所说，女秘书鲜有出错的时候。有位知晓内情的参议员忍不住好奇，便说总统的这个方法很妙，是怎么想到的。柯立芝举了一个例子，如同理发师帮客人刮胡子之前，都会先涂上肥皂水，这样做的目的就是让别人在受刮时不会觉得疼痛，他就是用了这个方法。

显然，柯立芝深知赞美的力量，正是因为他的激励，女秘书开始重新审视自己的工作，向总统先生证明，自己的工作可以同自己的人一样办得漂亮。有时候，赞美远比责备来得更有效果。

美国的戴尔·卡耐基著有《人性的弱点》一书，他写道："一次我到纽约的一家邮局寄信，发现那位管挂号信的职员对自己的工作很不耐烦。于是我暗暗地对自己说：'卡耐基，你要使这位仁兄高兴起来，要他马上喜欢你。'同时，我又提醒自己：要他马上喜欢我，必须说些关于他的好听话。而他，有什么值得我欣赏的呢？非常幸运，我很快就找到了。"等到他给我寄信件时，我看着他，很诚恳地对他说："你的头发太漂亮了。"他抬起头来，有点惊讶，脸上露出来无法掩饰的微笑。他谦虚地说："哪里，不如从前了。"我对他说："这是真的，简直像是年轻人的头发一样！"他高兴极了。于是，我们愉快地谈了起来。当我离开时，他对我说的最后一句话是："许多人都问我究竟用了什么秘方，其实它是天生的。"我敢打赌，这位朋友当天走起路来一定是飘飘俗仙的。晚上他一定会跟太太详细地叙说这件事，同时还会对着镜子仔细端详一番。我把这件事说给一位朋友，他问我："你为什么要这样做？你想从他那里得到什么呢？""是的，我想要得什么？什么也不要。如果我们只图从别人那里获得什么，那我们就无法给人一些真诚的赞美，那也就无法真诚地给别人一些快乐了。如果一定要说我得到什么的话，告诉你，我想得到的只是一件无价的东西。这就是我为他做了一件事情，而他又无法回报我；过后很久，在我心里还会有一种满足的感觉。"

赞美并不难，只要多用点心思，便不难征服员工。

二、学会"捧人"，调动员工积极性

俗话："良言一句三冬暖，恶言一声暑天寒。"语言的力量是无穷的。从每个人生而为人的那一刻起，我们都在渴望受到表扬。小时候，是希望得到父母和老师的夸奖，长大后则是希望能够得到领导的称赞。我们天性如此，可惜，懂得赞美的人太少。

在一次调研中，来自数百家企业的数千名员工，通过调查问卷表明了心声。其中，有一半以上的企业管理者不会表扬员工，以此招致员工的不满。这也是导致人才流失的一大原因。

马斯洛对于人的需求层次做了详细的研究，最终形成了五个需求层次理论，也就是说当一个人不愁温饱冷暖，具备安全感等生理需求后，其次所追求的便是赢得尊重和自我价值的实现，换句话说，人们会追求更高层次的精神需求。通过自身的努力赢得赞许，便是人们对更高层次需求的一大需要。

管理者在赞美这件事上，大可以不遗余力。

1. 在最佳时机予以赞美

"好雨知时节，当春乃发生"，之所以称为"好雨"，就在于时机的把握恰到好处。赞美也是一样，抓住最佳时机予以赞美，往往比随意赞美的效果更佳。比如，员工刚刚在工作中受挫，士气低落的时候，管理者如果能够及时发现他的闪光点，由衷地说一些赞美的话，不仅仅能够让员工重整旗鼓，还能树立管理者在员工心中的高大形象。

2. 赞美要公开

比起私下赞美，公开地赞美，更能增强激励的效果。一位外国企业家认为，如果他看到一位下属杰出的工作，就会冲进大厅，让所有其他下属都看到这个人的成果，并且告诉他们这种工作的杰出之处，这样也可以当作激励机会。既然值得嘉奖，那就一定要人尽皆知，对于被赞美的员工来说，起到了很大的激励作用。对于其他的员工来说，也是一种潜移默化的激励，是管理者向员工发出的一个信号，只要表现得好，就能受到赞美。

3. 由衷的、真诚的赞美

赞美要发自内心，而不能是虚情假意，管理者应该由衷的、真诚地去赞美员工，语气和表情都应当注意，自然而然脱口而出。发自肺腑的赞美，经常能够达到意想不到的效果，前提是必须要真诚。卡耐基曾说："如果我们只图从别人那里获得什么，那我们就无法给人真诚的赞美，也无法真的带给别人一些快乐。"

4. 实事求是的去赞美

赞美也要讲究实事求是，只有当员工的所作所为真的达到了值得赞美的程度时，再进行赞美，如此一来，才能让员工真正受到激励，他会为自己所付出的努力而感到骄傲和自豪，从而更加兢兢业业。

5. 赞美要具体

赞美的时候，不要用假大空的套话唬弄员工，一定要针对员工的具体情况进行赞美。比如针对工作，"这次项目进度表做得不错"，"你的创意不错，值得深入考虑一下"等等；针对工作之外，"今天这身衣服真漂亮"，"今天气色真不错"等等。赞美能够让员工的自尊心及荣誉感得到满足，管理者的赞美能够让员工感受到自身的价值，也会因此提升自信心。管理者的赞美需要根据员工自身的实际情况，否则就会让员工感到厌恶，没产生好感反而会适得其反。

6. 赞美方式要有新意

赞美不应该一成不变，最好是要有新意。毕竟，人们都"喜新厌旧"，那些老套的赞美只会让员工听着无动于衷，所以管理者要在新意上多花心思，要让赞美变得新颖，得到赞美的员工才会由衷地感到愉悦。赞美的话语一定不能千篇一律，而且形式也可以多种多样，比如写有一句赞美的小纸条，一次轻轻地拍肩，甚至是一个赞许的眼神，都不失为好的方法。

除了随机的赞美，管理者还可以为员工创造机会，帮助他们赢得赞美。

1. 根据员工性格特质分配工作

性格特质不同的员工，适合不同的工作需要，有的人喜静，不好多言；有的人则喜动，爱说爱笑，因此，管理者可以根据不同性格特质的员工进行工作分配，让员工能够真正在岗位上发挥自己的价值，工作起来得心应手，自然也就能够提升工作效率，如此一来，得到赞美的机会也就增多了。

2. 设定明确、可操作的目标

明确的目标可以敦促员工进步，所以管理者可以为员工制定短期与长期目标，有了前进的方向，员工会将压力转化成动力，从而更专注于工作。这时，管理者要时刻关注员工的最新工作动态和工作进展，当员工取得一定阶段的绩效时，管理者应加以赞扬。

3. 练就一双发现闪光点的眼睛

员工从进入团队以来，就是团队的一分子，而他作为团队的构成部分，必然有自身的闪光点，但有时候管理者却偏偏视而不见，将员工出色的工作认为是理所应当，很少加以赞许。多听一下员工内心的诉求，除了与付出匹配的薪资待遇外，员工也希望能够在一个积极向上的氛围中工作。多赞美，多赞扬，让员工感受到管理者的关心和爱护，为员工创造一个身心愉悦的工作场所。

赞美之道，是管理者必修的一门学问。恰当的赞美无需多言，就能充分调动员工的积极性。适时的几句赞美，并无须多么劳心劳力，但无论对于团队、管理者还是员工，都有诸多益处。掌握赞美的技巧，绝对稳赚不亏。

美国耶鲁大学已故的英文著名教授费尔普曾讲过一个故事，在一个炎热的夏天，他在火车上的餐车用餐，当服务人员将菜单拿给他点餐时，他对服务人员说，那些在厨房中工作的伙计们，在这么炎热的时候工作，一定很受罪。服务人员对此感到惊讶，他没想到的是，平常来餐车吃饭的人，往往会抱怨餐车的服务不到位，而菲尔普是第一位为工作人员着想的客人。

马克·吐温曾经说过："一句表扬能使我生活两个月。"的确，赞美让人心生愉悦，也就有了奋进的勇气和动力。物质上的奖励能够激发员工的斗志，而赞美同样能够达到同样的作用，"润物细无声"，滋润员工的心田。

三、第一时间加以肯定

肯定的目的在于激励，激励的最佳效果是让员工得到最大的心理满足，因此，管理者要学会让肯定发挥出最大效力。

能第一时间加以肯定，就不要拖着，否则拖着拖着，或许连管理者自己都忘了，而且时间过得久了，也会渐渐减弱肯定的激励作用。

肯定要及时，用不着非得万事俱备再肯定，比如讲究仪式感，要办个颁奖仪式之类的，在日常工作中完全没有必要。盛大隆重的颁奖典礼有其优越之处，但更为简单易行且更为奏效的办法是第一时间给予奖励。

美国福克斯公司刚成立时，急需一项重要的技术。一天深夜，一位科学家拿着一台确实能解决问题的原型机，闯进了总裁的办公室。总裁发现这个主意非常妙，简直令人难以置信，琢磨着该怎样奖励这位科学家。他弯下腰把办公桌的所有抽屉翻了个遍，总算找到了一件东西，于是躬身对那位科学家说："这个奖给你了！"他手上拿的竟是一只香蕉，而这只香蕉竟是他当时能拿得出的唯一奖酬了。从此以后，香蕉演化成小小的"金香蕉"形别针，作为福克期公司对做出重大科学成就的员工的最高奖赏。可以看出，美国福克公司对及时表扬的重视程度。

在美国惠普公司，有一位市场经理深谙及时加以肯定的益处，一次，为了向员工表达感谢，巡视周遭一圈后，便将身边的一兜水果送给了他，"礼轻情意重"，要的是这个"及时"的效果。除了惠普公司外，还有一家公司有一位非常有名的经理，人称"一分钟经理"，他的观点更为明确，自创"一分钟表扬术"，但凡员工在工作中有出色的表现，他便会及时表扬。

及时表扬的益处多多，不能做到及时表扬的话，则问题多多。在一家小型技术公司中，研发人员时常加班，为的就是能够赶超对手，在时间上多做文章，牺牲自己的时间来提升公司的效率。可惜的是，经理对此认为理所应当，甚至在有些员工经过熬夜加班取得一定突破性成绩时，仍没有任何表示，赞扬的话不说，实质性的奖励更没有，员工唯一的盼头就是年末时，或许能够听到一声感谢。这种"表扬拖延症"，大大降低了员工的积极性，有成绩和没成绩得到的待遇是一样的，那么有成绩的就有可能心生不满，造成不平衡。久而久之，试问谁还愿意为公司效力呢。

及时肯定员工，及时赞美员工，让员工在第一时间得到认可，从而激发员工的积极性和创造性。管理者不要觉得无所谓，无数成功的例子都足以证明，及时肯定的重要性。所以，能第一时间说出口的赞扬，就不要等着以后再说。

四、激励的话因人而异

因人而异，可以说是老生常谈的话题了。世界上没有两片完全一样的叶子，也没有两个性格完全一样的人，每个人注定会因为各自不同的人生境遇而千差万别。作为管理者，在选择激励方式的时候，也要因员工的不同而不同，灵活运用才会有更好的成效。

对于管理者来说，充满积极性和创造力的员工是其心头好，但良将难求，而且暂时的激情或许不难，难的是管理者长久地维持员工的工作热情。更不要说，付出一番努力后，却没能凭借自己的付出而得到相应的回报时，对工作的激情也就会褪去。这个时候，管理者的激励大法就要派上用场了。

让倦怠一扫而光的秘密武器就是激励，但激励方法也各式各样。谷歌所采取的激励方法，被畅销书作家DanielPink称为"内在激励"。管理者向员工许诺，每周有20%的工作时间全权交由员工自己支配，他们可以任着性子"无法无天"，有些人依靠这些属于自己的时间去追逐梦想，而谷歌也因此受益，其产品更加丰富，其利润也随之提升，比如gmail，googlenews等产品都是激励产生的结果。

谷歌的激励方式无疑是成功的，但对于一般的企业而言，这样的激励方式不太现实。管理者面对激励法如何奏效的问题，该何去何从呢？

答案是从员工的需求入手，个体的差异包括需求的差异，比如有人追求金钱，他需要加薪；有的人追求名利，他需要一个职务；有的人追求自我价值实现的满足感，他想要不断被认可……因此，对待不同员工，管理者就要相对应地采取恰当的激励方式。

（1）安静型

这类员工性情安稳，喜安静，比起在众人面前热烈的鼓励，更喜欢私下交谈时，低调、不张扬的鼓励。

（2）创新型

这类员工非常有主见、有思想，善于创新，拒绝因循守旧。对于一般而言的鼓励方式，他们会觉得乏味、没有新意，所以想要鼓励这类员工，就必须多动脑筋。

（3）人际型

人际型员工善于人际交往，无论是与同事还是客户之间，都处理得游刃有余，他们乐于享受良好的人际关系所带来的成就感，所以领导可以当众对其表示赞扬。

（4）活泼型

这类员工有着外向的性格，多善于团队合作，所以在激励这类员工时，要热情洋溢，不吝惜赞美之词。

（5）条理型

这类员工在工作中有条不紊，无论何事都讲究条理。所以在对这类员工进行鼓励时，领导者要将细节处理好，比如一份书面的鼓励，或许成效会更好。

（6）主张型

这类员工有独立的思想主张，凡事喜欢发表自己的见解和观点，所以在公众场合，大可以对他们进行赞扬。

（7）平和型

平和型的员工不会刻意追求鼓励，对于鼓励的形式也并不在意，所以针对这类员工，领导出自真心去鼓励即可。

（8）驱动型

这类员工有极强的驱动力，他们往往是一个团队中的领军人物，所以领导者在面对这类员工时，对于他们观点的认可，就是最大的激励。

（9）结果型

这类员工注重结果，所以对他们最好的激励就是承诺一个他们认可的结果。

相信在了解了这十种类型的员工后，管理者会对自己的团队有新的认识。当然，以上所提到的并非全部，不过是尽力概括不同的类型。在实践中，管理者要对员工有充分地了解后，再去判断适合哪种方式。

管理者要学会去分析员工的特性，从而思考恰当有效的激励方式，如果人人大同小异就会逐渐失去激励的最佳效力，要明确的一点就是方法不在多，而在合适。除了采取相应的激励方式，管理者还要注意的是，奖励机制要遵循客观公正的原则，否则激励的方式也就失去了意义，不仅如此，还会引起其他人的不满和抱怨，反而得不偿失。管理者要记住："小功不赏，则大功不立；小怨不赦，则大怨必生。"

五、巧用激将法

激将法，原本指的是用刺激性的话使将领出战的一种方法，后来逐渐演变为用刺激性的话或反话鼓动人去做某事的一种手段。激将法的本质在于利用人的逆反心理，就是要让他不服，从而激发其潜能。

激将法是先人的智慧，在《三国演义》第七十回："请将须行激将法，少年不若老年人。"《西游记》第七六回："三魔见老魔怪他，他又作个激将法。"吴运铎《把一切献给党·制造枪榴弹》："我心里明白，小丁要打赌，是激我快点把枪榴弹制造成功。他使的是'激将法'。"

要想将激将法运用自如，并且恰当，考验的是管理者的口才和智慧。在使用的时候，要慎重，切勿滥用，否则就会弄巧成拙，不但不能达到目的，反而会产生不必要的矛盾。因此，激将法要讲究分寸，操之过急容易引起员工的不快，操之过缓则不易达成效果。

想当初，在号称百万雄师的曹军面前，孙权一直为是否与之决战而犹豫不决。诸葛亮见状，对他说道："曹军势不可挡，不如投降算了。"孙权岂是甘愿投降之人，他一向争强好胜，处处不甘落于人后，强敌面前，他岂能就此放弃，所以一听诸葛亮劝他投降，顿时火冒三丈，向诸葛亮发问："那刘豫州为何不降呢？"诸葛亮说："刘使君乃汉室之胄，雄才大略，英才盖世，岂能甘心投降，任人摆布呢？"孙权一听，胸中更是燃起了熊熊烈火，一代英才最受不了的就是被人瞧不起。随后，诸葛亮找准时机向他详细分析了一番孙刘联军抗击曹军的有利条件，让孙权坚定了信念，决心与之一战。

这就是激将法，在劝说孙权决战的时候，诸葛亮没有强调本军的各种优势，反而直夸曹军，这就燃起了孙权的好胜之心。

激将法是一种说话的艺术，管理者大可以在恰当的时机下，用此法激发员工的斗志，让他振作起来，从而积极主动地接受管理者的意见，当他决心勇敢一试的时候，管理者的目的也就达成了。俗话说"水激石则鸣，人激志则宏"，激将法用得好，就能收到意想不到的效果。

那么，激将法具体如何操作呢？

1. 直接贬低，达成激怒的效果

激将法的关键就在于一个"激"字，想要让激将法奏效，首先就要直接刺激员工，使之激怒。比如，公司要委派一人前往外地盘活当地市场，小赵的工作能力非常突出，是不二之选。但是，出于多种原因的考虑，他始终在犹豫。管理者直接把他叫到办公室，同时在场的还有其他几位精英骨干，他们之间存在竞争关系，当着其他人的面，管理者直截了当地对小赵说："就你还精英呢，一点小事就拖泥带水，也是让我怀疑自己对你能力的判断。"小赵一听，瞬间就有些不快，当场答应接受这次委派，并且暗自下定决心，一定会凯旋。

2. 让对比产生无形的压力

管理者可以在想要激怒的员工面前，不遗余力地夸赞其他员工，尤其是突出这位员工的弱项，让他感受到十足的压力，激发他超越他人的决心。实际上，这种方式比直接激怒来得更为稳妥，不易因过度激怒而适得其反。管理者大可以通过言外之意来刺激员工，委婉地刺激他，激发他的好胜心。对于那种不甘示弱，不愿屈居人后的员工来说，这种方式尤为有效。这类员工看重管理者对他的认可和信任，所以为了能够同样得到积极的肯定和评价，他会为此而努力。

3. 否定贬低之外，还有引导

激将法不是简单的否定和贬低，而是需要管理者暗中引导员工去达成目的。否定的话要斟酌来说，切记最终的目的不是激怒他，而是通过激怒他，实现暗中引导他的作用。只有激怒，没有引导，就不是激将法了。

管理者在使用激将法的时候，要摸清楚员工的脾气秉性，自尊心较强的人才容易让激将法奏效。同时，时机也要恰到好处，而且一定要注意分寸。这样巧用才能让激将法收到积极的效果。

第四章

幽默，让管理者更有魅力

一、幽默的力量

林语堂曾说："我很怀疑世人是否曾体验过幽默的重要性，或幽默对于改变我们整个文化生活的可能性——幽默在政治上，在学术上，在生活上的地位。它的机能与其说是物质上的，还不如说是化学上的。它改变了我们的思想和经验的根本组织。我们须默认它在民族生活上的重要。"

幽默具有不可小觑的力量，尽管依靠幽默无法获得一切，但却能够助管理者一臂之力。正如西方一位哲人曾说过，"幽默是我们最亲爱的伙伴"。

幽默可以体现管理者看待万事万物的根本态度和根本看法，当团队遭遇阻力，管理者的幽默能够以良好的心态去面对解决，感染员工面对挫折的勇气；当团队内部发生矛盾，管理者大可运用幽默来积极调解，避免团队出现裂痕。

美国人为了探究幽默感的重要性，曾对1000余名管理者进行了调查，结果显示，其中有77%的管理者会借助笑话来打破员工会议中出现的僵局；52%的管理者认为幽默可以帮助他开展业务；50%的管理者认为公司有必要为员工聘请专人来愉悦员工。

不要小看幽默，身为管理者若是不懂幽默，则会吃大亏。

1. 激励人心，鼓舞士气

管理者有自身的威信，但不等于说就一定要不苟言笑，太过严肃反而错失许多管理团队的技巧。在日常的工作中，管理者大可以将幽默作为激励人心、鼓舞士气的手段。懂得幽默的管理者，会在无形之中为员工营造一种轻松愉悦的工作氛围，人人都向往愉快的生活，对工作的期待也是如此，员工更愿意为富有幽默感的管理者效力，而且心甘情愿，有较高的忠诚度。

林肯了解到，军官们认为敌人的兵力是自己的三倍，因此士气低落，对胜利丧失了信心。在军官会上，有记者向林肯提问敌方有多少人时，林肯从容不迫地回答道："120万！"话音未落，记者和军官们都一阵惊呼，记者赶忙追问道："哪里来的120万啊？"

林肯不慌不忙地解释说，当他们的将领打了败仗时，将问题归结于敌人的兵力是他们的三四倍，现在他们的兵力是40万，以三倍计算的话，正是120万。士兵们听后，不由得明白了林肯的用意，他用幽默含蓄的方式，帮助军官士兵消除了低落的情绪，认清形势后，极大地提升了斗志。

2. 惩罚也讲究幽默

管理团队时，讲究赏罚分明，奖赏自然不用多说，但若是在罚的时候能够恰当地加入些许幽默感，不但能够达到惩戒的目的，还能最大程度上避免惩罚给员工带来的尴尬。管理者的幽默感，就是员工的福利，能够考虑到员工的自尊心，自然能够赢得员工的拥戴。

3. 放松心情，缓解压力

在日益激烈的社会竞争中，员工面临着巨大的压力，作为管理者，首先应该想到如何缓解员工无形的压力，从而调动他们的积极性。心情畅快，工作效率自然也就随之提高，洋溢在员工脸上的微笑，就是最好的调节剂。

一次，在倾盆大雨中，一家公司经理同工人一起卸货。雨水落在身上，每个人的衣服都湿透了，在这样的工作环境下，工人的心情自然不佳，人人埋头苦干，免不了在心中抱怨。这时，公司经理开玩笑道，他们的午餐要加道新菜，就叫清蒸'落汤鸡'。工人们马上反应过来，不由得哈哈大笑，原本凝重的气氛瞬间化解了，开怀一笑之后，大大减轻了身体上的劳累，从而干劲十足，继续抓紧时间工作。

4. 幽默激发创造力

幽默可不是简单的插科打诨，林语堂先生认为幽默意味着机智。心理学家爱丽斯·M·伊森认为："心情愉快时，人的创造力更强。因此，不应该忽略为员工创造幽默、愉快的工作环境。"

沃尔玛公司对员工的工作环境尤为重视，想方设法为员工创造轻松的氛围，让员工的聪明才智得以充分发挥。1985年，亚拉巴马州一家分店的助理经理因一时疏忽大意，在订货时下错了订单，导致馅饼的订单量比平时多了四五倍，因为馅饼不宜久存，卖不出去又没法储存太久，一时间竟找不到解决的办法。这时，平日里积累的幽默感就派上了用处，他提议举办一场吃馅饼大赛。意料之外的是，本是救急的主意竟成为沃尔玛每年秋季的一大盛事，在每年十月的第二个星期六，这家分店的停车场上，就会举办馅饼竞赛，单就此项活动就能为公司带来600万美元的销售额。

5. 融洽人际关系，化解内部矛盾

人都是感情动物，在竞争激烈的职场上，人际关系的交往时常影响着一个人的成败。一个富有幽默感的管理者，他的亲和力大大增进团队成员间的感情，从而提升团队意识。

6. 化解尴尬

一次，林肯与朋友白兰德先生一边走一边交谈，不多时，他们走到回廊处。在这里，一队准备接受总统训话的士兵早已在此等候多时，他们见到林肯后，立即欢呼起来。这时，一位副官走到白兰德先生的身旁，提醒他此时应该后退半步。白兰德先生随即意识到自己的失礼，赶忙向后退去。林肯见状，笑着说道："白兰德先生，你要知道，也许他们还分辨不清谁是总统呢！"看似随意的一句玩笑话，轻松打破了当时的尴尬。

7. 增添魅力

毫无疑问，人们都喜欢具有幽默感的人，所以作为管理者，更

应该懂得如何依靠自身的魅力去赢得员工的支持。凭借幽默感，管理者大可以在员工心中树立好的形象，无论是自己的员工还是自己的上司，都可以获得他们的好感。

以上，只是简单列举了几条幽默为管理者所带来的益处，只要掌握好，一定能够帮助管理者更加高效顺畅地管理团队。

法比奥·萨拉曾在《哈佛商业评论》上发表一篇研究性文章《笑到最后》。针对幽默，他先后收集整理了诸多研究资料，得出结论"娴熟地运用幽默，有助于改进管理部门的工作，因为幽默能够减少对抗，避免指责，缓解紧张关系，提升士气，还有助于复杂信息的表达"。

毫不夸张地说，幽默是一种健康的品质，对于人们而言，幽默是平淡生活的调味品，可以让生活增添乐趣，幽默的人堪比开心果，围绕在他周围的人们总是充满欢笑；对于管理者来说，幽默感更是必不可缺，在节奏越来越快的工作中，管理者不再是高高在上的权力者，而是与团队成员打成一片，说服、引领团队走向成功。

幽默是一种机智，也是一种创造力，它建立在学识的基础上。在团队管理中，恰当的幽默能够为员工带来欢笑和快乐的同时，也能最大程度上缓解矛盾冲突，从而促进人际交往，让员工的心贴得更紧。有才华的人不一定幽默，但幽默的人一定是有才华的人。

幽默不是天生的，管理者大可以通过后天的培养获得幽默感。

要成为一个富有幽默感的人，有三点需要注意：（1）管理者要放下领导的架子，敢于拿自己开玩笑；（2）幽默需要观察力和想象力，将不同的事物之间原本不存在的直接联系，通过联想和比喻的方法结合起来；（3）语言表达能力是幽默的基础，口才很重要。

俄国文学家契诃夫说过："不懂得开玩笑的人，是没有希望的人。"管理者可以从以下几个方面入手，来培养自己的幽默感。

1. 正确认识幽默

幽默绝非油腔滑调，也不是利用他人的缺点制造笑点，讽刺、嘲笑皆非幽默感。

2. 增加丰富的知识、见闻储备

幽默是聪明才智的一种表现形式，没有丰富的知识作为基础，一个人很难掌握高质量的幽默感。广博的知识、丰富的见闻是幽默感的前提，有了足够的知识、见闻储备，才能做到妙语连珠。管理者必须广泛涉猎，不断以学识充实自我，从书海中汲取养分。

3. 培养乐观宽容的精神

锱铢必较的人很难以平和的心态去看待事物，若一个管理者是斤斤计较之人，那么他对待员工的方式方法也就少了许多包容。悲观之人也很难拥有幽默感，一个整日愁眉苦脸的人，必然不懂得幽默，本身就缺乏乐观积极的心态，又岂会以幽默创造价值。

4. 提升洞察力

管理者要有一双善于发现的眼睛，透过这双眼睛看世界，以精妙的视觉洞察事物，从而培养自己机智、敏捷的能力，只有捕捉到事物的本质，才能意识到事物之间的联系，然后以幽默诙谐的语言表达出来，从而形成幽默感。

钱仁康说过："幽默是一切智慧的光芒，照耀在古今哲人的灵性中间。凡有幽默的素养者，都是聪敏颖悟的。他们会用幽默手腕解决一切困难问题，而把每一种事态安排得从容不迫，恰到好处。"没有幽默感的管理者，无形中就丢掉了诸多武器。经验老到的管理者深知幽默的重要性，要想维护与员工的良好关系，就需要以幽默来增强彼此之间的感情，从而拉拢员工齐心合作。

二、以幽默回击挑衅，化解矛盾

在人际关系交往中，窘迫、尴尬的局面比比皆是，有时候一不小心还会让本就不快的氛围变得更加僵化。管理者面对僵局时，要不慌不忙地去应对，避免坏了大事。这时幽默感，就成了救场的一大法宝，从而化解尴尬，直到摆脱窘境。

日本的大平正芳认为："可以说是能给人以微妙感的调剂生活的佐料。由于某种轻巧的幽默，就可以使当时的气氛为之改观，使陷于僵局的悬案豁然解决。"不用怀疑，幽默就是拥有这样的力量。

回击挑衅的方式多种多样，但是，考虑到回击会产生的后果，幽默的方式会更好。

威尔逊曾连任英国首相，一个国家的管理者自是有着卓越的能力，与此同时，威尔逊的幽默风趣也值得管理者学习借鉴。

在一次演讲中，威尔逊侃侃而谈，突然，台下传来刺耳的叫骂声。只听一个人高喊着："喂！狗屎！垃圾！"出言不逊者不外乎就是想让威尔逊当众出丑，让他的演讲无法照常进行。可是，威尔逊没有让捣乱者成功，虽然演讲被迫打断，思路被打断，但威尔逊仍淡定自若地说道："这位先生，请少安毋躁，我马上就会讲到你所提出的有关环保的问题。"

此话一出，全场立即响起了由衷的喝彩声。在不善的挑衅面前，威尔逊没有大声呵斥，只是温和幽默，如此轻松写意地化解了自己的窘境。最终，并没有出现尴尬的局面，辱骂没能让他下不来台，反而给了他展示自己幽默机智的机会。

同样以幽默回击挑衅的，还有俄国著名的马戏丑角杜罗夫先生，他不但有着高超的表演技艺，为人还十分风趣幽默，语言犀利。在一次演出的休息期间，一位傲慢的观众来到后台，用嘲讽的口吻向杜罗夫发问："亲爱的丑角先生，您在观众面前非常受欢迎吧。"杜罗夫回答道："还好"。随后，让人没有想到的是，这位观众竟然讥讽道："一个丑角想要在马戏班中受到欢迎，是不是就得拥有一张愚蠢而丑怪的脸呢？"面对如此无礼之举，杜罗夫先生不但没有发怒，反而温和地说："我想，假如我能拥有一张阁下这样的脸蛋儿的话，我准能拿到双薪！"傲慢的观众一时语塞，不知道该说什么才好，最后只得匆匆离开。

在心理学中，诙谐效应是一种防御机制，它指一个人处于困难和尴尬境地时，采用一些幽默的手法，自我解脱，渡过难关，达到心里的安宁。以幽默为自己解围，不单是素质的体现，更是机智的表现。

在这个个性张扬的时代，人人讲个性解放，这也就意味着团队之中难免会有不服约束的员工。况且，一个团队之中，管理者与被管理者本身就存在着一定的"不平等"，所以，管理者在与员工的沟通交流上，就注定存在诸多"坎坷"。双方的地位不同，对待事物的认识也会有所不同，难免会出现因沟通不畅而导致矛盾和误会，从而影响团队的人际关系，也不利于团队内部的和谐。

因此，管理者要格外重视幽默风趣的沟通方式，以此消减矛盾和分歧，让彼此之间的沟通更加顺畅，只有真正了解了员工的所思所想，管理者才能处理矛盾和危机。遇到观点相悖时，幽默感也可以成为功臣。

亚伯拉罕·林肯在1861年至1865年期间担任美国总统，同时，他也是卓越的演讲家，被评为美国历届总统中最具幽默感的一位，听他的演讲，总会让听众笑得直不起腰来。林肯总是能够运用自己的幽默风趣来赢得他人的认同，拥护他所提出的观点，这一点非常值得管理者学习。

遇到棘手的问题时，林肯总能依靠他的幽默感化解不必要的麻烦。有时，一些朋友会找上门来，向他提出一些不合理的要求，比如拜托他帮忙找一份稳定高薪的工作，如果直接拒绝的话，未免会显得不近人情，这时候他就发挥自己的幽默感去解决，所以人们常会说"总统用几则逸事趣闻款待了我们"，虽然结果是遭到了拒绝，但是却没让人觉得心中不快。

沟通交流中，加入些许幽默感，会更容易让人接受。在管理团队时，管理者在传达自己的意图时，大可以幽默一些，让员工更易接受，彼此交流起来也更加畅快。

三、加入欢笑，更高效

愉悦的心情有助于激发创造力，反之，紧张焦灼的心情则不利于员工发挥主观能动性。在进行团队管理时，作为团队的主导者，管理者不可忽视对员工心情及工作氛围的调节。身心愉悦，积极性自然就会高涨，有了创造力和积极性，团队的分工合作就会更高效。

奥·弗洛伊德曾说："并不是每个人都能具有幽默态度。它是一种难能可贵的天赋，许多人甚至没有能力享受人们向他们呈现的快乐。"可见，幽默感是很多人所缺失的。但凡优秀的管理者，都不缺乏非凡的洞察力及影响力。何时该埋头苦干，何时该轻松活泼，全凭管理者对团队状态的观察。

邓小平是伟大的"设计师"，在他的引领下，中国通过改革开放焕发了前所未有的生机和活力。他是一代伟人，同时，更是一位卓越的管理者。

在起草委员会上，中苏两党代表团的成员之间经常发生激烈的争论，紧张的气氛让大家感到十分压抑。在一次针锋相对过后，中共代表团成员返回大使馆用餐，受工作的影响，彼此之间几乎零交流。这时，邓小平开口说道："张毅啊，你是江西人，你知道'兔子吃鸡'这个掌故吗？"

张毅一时没反应过来，问道："什么，兔子吃鸡？兔——子？"

邓小平笑着说："对，兔子吃鸡。"

张毅丈二和尚摸不着头脑，只好说："哎呀，小平同志，我只听说过黄鼠狼吃鸡，可从来还没听说过兔子会吃鸡，而且还有什么掌故？"

邓小平解答说："当然有掌故，此事发生在20世纪30年代。"

原本凝重的气氛有了缓解，大家对邓小平的话颇感兴趣，纷纷发出疑问，有人问"是在延安吗？"邓小平接着说道："是在延安。但不是在延安的兔子，是有一次在延安做报告，谈到托洛茨基什么什么的，他那个无锡话就糟了。说来说去总是'兔子吃鸡'。我们有些同志听完报告，总是不相信'兔子吃鸡'，就像张毅现在一样，边出会场边四处打问：'兔子吃鸡'怎么回事？没听说兔子还会吃鸡呀……"

听完他的话，在座的各位这才明白过来，一时间响起了欢声笑语，刚才还是紧张的心情，一下子得到了缓解，心情好了，胃口也跟着好了起来。

压抑的氛围影响心情，心情不佳则会影响工作效率，这是管理者不愿看到的，但不是每个管理者都能对员工的状态有一个清晰的认识，也就拿不出幽默来愉悦员工的心情。

日本的管理者早早就意识到幽默对管理工作的重要性，时常为员工举办同乐会，管理者还会与员工一起表演轻松幽默的节目，欢声笑语响成一片，在其乐融融的氛围中，是管理者构建团队精神的大好时机。

不可否认的是，经济效益是团队为之拼搏的主要目标，但凡效益受损，未能达到预期时，员工的士气会大大受挫，若是低沉的士气得不到缓解，久而久之，员工也就丧失了斗志，这个团队也就丧失了战斗力。作为管理者，一定要注意员工心态的变化，否则员工消极怠工，迟早会出问题。

当低落的情绪在团队中蔓延时，管理者可以依靠幽默来鼓舞士气。最简单的，管理者可以让员工暂时停下手头的工作，亲自为大家讲一个笑话，开心一刻，轻松一时，重新鼓起勇气再出发。一个笑话，不会占用太长的时间，但在此时此刻，几句玩笑话绝对比苦口婆心的劝说来得更有效。

在充满压力的工作环境下，管理者若是能够用幽默为员工带来发自内心的笑声，大可以缓解压力，舒缓心情，当笑容堆满脸庞时，自信和活力又回来了。

一次，一位经理乘坐电梯时，对负责开电梯的工作人员说道："请尽快把我送到19楼。"工作人员先是一愣，随后说道："对不起，经理，这座大楼只有18层啊？"经理不为所动，接着微笑道："没关系，小姐！尽力而为吧。"工作人员忍不住笑了起来。

原来，经理并非不知道是18层楼，只是他清楚工作人员每天的工作就是负责开关电梯，实在很是无聊枯燥，便故意让她轻松一下。不过是几句话而已，经理的幽默让工作人员有了愉快的几分钟，相信在她随后的工作中，她会打起精神积极面对自己的工作。

对全世界人民来说，尤其是美国人民，"9·11"都是一段恐怖的记忆。恐怖分子的猖狂，让无数鲜活的生命消失在震天的爆炸中，生活在美国的人们日日担忧自己及家人朋友的安危。就在这种人人自危的气氛中，美国西北航空公司为了缓解人们的恐惧，特意将飞机座舱做了一番改变，原本单调的座舱变成了人们娱乐的地方，可以供人们尽情地跳着迪斯科，还能像在酒吧那样，喝酒聊天。这样做不仅化解了旅客的恐惧心理，同时也让工作人员从中感受到了工作的乐趣，带着好心情和最积极的工作状态，他们为乘客带来更优质、贴心的服务。可见，笑声是团队必不可少的美妙之声。

管理者如果能为员工带来轻松、欢快的心情，让他们从紧张繁忙的工作中感受到轻松和欢快，那么管理者就能够达成管理的目的，员工的工作将会更加准确和高效。

让员工保持乐观和信心，是管理者一项重要的工作，幽默在此时就派上了用场，让员工保持足够的工作热情，积极投身于工作之中，从而提高工作效率，创造更大的价值。幽默和严苛并不冲突，同样是管理团队的手段，所以二者并不是有你没我的关系，而是相辅相成，在最恰当的时机展现下幽默，其收到的效果或许会出人意料。

值得注意的是，幽默固然好处多多，但管理者要把握好分寸，不要忘乎所以，毕竟幽默是为了带领团队把工作做到位。所以，管理者在释放幽默感的同时，应当注意分清幽默和讽刺、嘲笑的区别，不要因为不当的幽默而招致员工的厌烦，甚至是对抗。

记住，幽默感的初衷是积极的、友善的，所以注意：（1）幽默必须得体；（2）注意技巧；（3）不要刻意；（4）排除敌意。

莎士比亚说："幽默和风趣是智慧的闪现。"当然，幽默感没那么难，只要怀着信心去积累，去磨炼，成为一位富有幽默感，受人尊敬且颇富领导力、影响力的管理者不是难题，关键在于你想并且愿意付诸实践。

四、幽默一刻，距离更进一步

幽默是每个人所追求的魅力之一，甚至可以将幽默风趣等同于魅力。幽默风趣的管理者比起古板严肃的管理者更具有领导魅力，员工更信服前者，也乐于追随前者。已经有太多事例向我们证实，学会幽默能够拉近彼此的距离，和谐人际关系。

在进行团队管理时，可以将幽默运用到管理工作的方方面面，包括用人、沟通、激励等环节，恰到好处地使用幽默，能够在严肃管理的基础上，缓解紧张的氛围，拉近管理者与员工之间的距离，增强管理者的亲和力，得到了员工的心，管理工作也就更易开展。

林语堂曾说"达观的人生观，率直无伪的态度，加上炉火纯青的技巧，再以轻松愉快的方式表达出你的意见，这便是幽默。"可见，幽默绝不简单，不是以滑稽搞怪，更不是挖苦嘲讽。幽默能够反映出一个人的智慧、诚恳、机智等等内涵，带着些许人情味，让人从中感到快乐。

在日常工作中，管理者与员工之间的接触，多是以严肃的工作为主，而且有上下级别的差异，必然存在距离感和隔阂感，管理者如果能在合适的时间和场合，在与员工交谈时幽默一下，说句无伤大雅的玩笑话，就能活跃气氛，让本来严肃的氛围轻松下来，从而让彼此之间的距离感消减。

西方有句谚语是这样说的："一个国家最古老、最宝贵的财富是幽默。"一个不懂得幽默的管理者，给员工一种很难接近的感觉，毕竟谁也不愿意与整日板着脸的人打交道，所以想要拉近与员工的距离，归根到底还是要学会幽默。

卡耐基有句名言："关于沟通，除了词汇之外，最重要的就是'趣味'！"可见幽默的作用非同一般。工作中离不开幽默，正如同幽默对于生活的重要性，可以增添乐趣，对于工作也是一样的。在人际交往中，谈吐幽默的管理者不仅拥有更多的朋友，还会有更多愿意与之并肩奋斗的员工。

给他人面子，其实就是给自己面子。

据说，当时，罗西尼穿着很随便，但又不能拒绝皇帝的盛情，罗西尼赶紧来到拿破仑的包厢，跪下请罪道："皇帝陛下，我没有穿晚礼服来见您，请恕我的大不敬。"拿破仑不怒反笑，说道："我的朋友，你认为在皇帝与皇帝之间存在这样的礼仪吗？"

一句幽默的话，轻易消除了罗西尼的顾虑和不安，随后两个人一同看起了歌剧。幽默，说到底，集合了一个人智慧的表现，只有在修养、学识、品格等方面有才识积累的人，才会有幽默的结晶。管理者随机发挥的三两句简短幽默的话，能够在不知不觉间发挥巨大的作用。管理者在平时，要善于学习、善于观察、善于积累，定能感悟幽默的艺术。

在生活和职场中，冲突在所难免，一旦双方处于对立面上，若不能妥善处理，必然会影响双方的关系。但是，如果其中一人懂得以幽默的方式去处理问题，则会有不一样的结果。同时，与人相处时，如果能够适当的幽默一下，不费吹灰之力，就能够让谈话的氛围轻松下来，管理者还能够在员工心中留下随和的好印象。

俄国文学家契诃夫说过："不懂得开玩笑的人，是没有希望的人。"人人都应当学会幽默，尤其是管理者。具有幽默感的人，不仅在生活中能够获得更多乐趣，在职场中也能如鱼得水。

曾经看到过一段关于人生的描述："0岁出场亮相，10岁天天向上，20岁远大理想，30岁发愤图强，40岁基本定向，50岁处处吃香，60岁打打麻将，70岁处处闲逛，80岁拉拉家常，90岁挂在墙上！"如此幽默诙谐地描述了人复杂的一生，可见幽默创造的趣味。

在工作中，每个人都难免会遇到尴尬的事情，而幽默正是化解尴尬的诀窍。一位著名的女钢琴家在美国迈阿密州的福林特市演出，现场气氛冷冷清清，全场只坐满了三分之一的座位，不由得让她有些难堪。在如此尴尬、糟糕的情况下，她平息了一下紧张的心情，微笑着走上舞台，从容淡定地说道："我初次来到贵地，然而这个城市的富有是我从来没有见过的，这里观众的热情也让我受宠若惊。我发现你们每个人都买了三个人的票，这足以表示大家对我演出的关注，谢谢大家的厚爱，我一定会尽最大的努力让今天的演出圆满成功！"话音未落，掌声伴着欢笑声一同响起，尴尬的局面被打破了。

我国的文学家林语堂先生认为："幽默本是人生之一部分，它处于俏皮与正经之间。"语言是人与人之间沟通的工具，幽默感则是让沟通更为顺畅的润滑剂。

老舍先生说："幽默者的心是热的，他必须和颜悦色、心宽气朗地去揭示事物的可笑之处，宗旨在于善意地规劝或纠正。"用幽默来处理矛盾和烦恼，能够让人们之间相融友好。而富有幽默感的人往往是具有一定修养和教养的人。这种幽默，往往不显山不露水，悄无声息间赢得真正的胜利。

第五章

卓越的演讲家，轻松征服下属

一、用感染力去引发共鸣

感染力，说得直白些，就是情感共鸣；正规的解释是"能引起别人产生相同思想感情的力量；启发智慧或激励感情的能力"。

既然是团队的管理者，必然是团队的核心，一言一行都将影响着团队的发展和进步。遗憾的是，一些管理者空有满腹才华，却很难通过言语上的表达传递出去，难以形成正面的影响力。

福胜·J·辛是美国最具感染力的演说家，上大学时，他曾被老师选中去参加学院里的辩论队。但是，在参加辩论之前，教授却对他一通批评，认为他是一个废物，是最差的演说员。他对此十分不解，搞不清楚教授既然对他如此评价，为何让他参加辩论队。教授给出了答案，是因为他会思考，却不会演讲。最终，在教授的指点下，他勤加练习，找出自己演说中存在的问题，原来是他在演说过程中不够真诚，所以欠缺感染力。

人人都有一张嘴，但未必人人都掌握了言语间的技巧。普通人或许不在乎自己是否能言善辩，但管理者必须对自己有一个清晰明确的认识，话可以少说，但尽量避免犯下低级错误。英国小说家、诗人约瑟夫·鲁认为"生来具有好口才的人才能当演说家"，对此，笔者无法认同。演说家都不是天生的，后天的积累尤为重要。

来看看演说者都存在哪些缺陷和问题吧。

1. 词不达意，主旨模糊

无论是管理者还是下属，时间都同样宝贵。可惜，不善言辞的管理者，在一番长篇大论之后，没能让下属听懂自己的主要意思，浪费了彼此的时间和感情。

2. 逻辑不清不楚

汉语言博大精深，同样一个意思，一百个字可以说清楚，或许十个字也可以。如何去说得明白，就要依靠清晰的逻辑来驾驭自己的表达，有主有次，有头有尾，而不是废话连篇，好像什么都说了，又好像什么都没说。

3. 语气单调，情绪干瘪

说话，就要带着情感，而不是一板一眼、一字一顿地朗读。管理者在讲话的同时，语调切勿一成不变，把握好语速、语调，会让讲话更富有感染力。

以上，是较为普遍的问题，许多管理者不重视，滔滔不绝一番后，不但没能让下属臣服，反而让人心生厌烦。没办法引发共鸣的话，说了等于白说，甚至不如不说，不但没有达到预期的效果，而且会大大有损自身的威信度。

那么，如何提升感染力呢？

1. 掷地有声，不卑不亢

在下属面前，既然开口，就要拿出底气来。讲话的时候，注意调整语调，在一般场合下，声音过大，会让听众不舒服，容易破坏气氛；声音过小，则会显得管理者唯唯诺诺，降低公信力。

2. 饱满的自信

无论是开会、讲演，还是一般的对话，管理者始终要保持着高度的自信，对自己有信心，对自己要表达的内容有信心。时刻记住，你是团队的关键人物，你所掌握的知识也好、经验也罢，都是佼佼者，如此一来，说话的时候才更易吸引人，更有说服力。需要注意的是，在讲话的时候，尽可能不要用"我认为""我觉得""我相信"等词语，相信自己的判断，坚持自己的观点，然后情绪高昂地表达出来。

3. 以共鸣入手

在讲话之初，不妨先揣摩同事的心思，先找到一点能够达成共鸣的观点，由此奠定一个良好的开端。一旦从最开始就得到了听众的认可，那么接下来的讲话，就更容易让听众接受，或许你的观点与他们的观点并非一致，但只要你在讲话的过程中把握好听众的情绪，想要达到讲话预期的目的也就不难了。

4. 以语速带动情绪

语速是产生感染力的一大法宝，在适当的语境下，以不同的语速来抓住同事的注意力，让他们感受到你情绪的波动。一成不变的语速是枯燥乏味的，让你所想表达的内容变得毫无吸引力。

5. 增强故事性

会讲故事的管理者，让讲话更有感染力。一板一眼的论述难以调动起听众的兴趣，即便是观点再正确，中心思想再正确，如果下属听不进去，也就成了空谈。要做一个会讲故事的管理者，在讲话中加入有趣的所见所闻，融入激动人心的桥段，想要让下属听得进去，就让自己的讲话多些生动形象，只有他们真的听到了耳朵里，入了心，才能让他们真正领会你的意图。

6. 合理利用肢体语言

肢体语言，不单单指的是手势，也包括表情、眼神，这一点是时常被管理者忽略的一点。恰当的手势往往能够吸引他人的注意力，而表情则可以去感染听众。在讲话的过程中注意要有眼神的交流，毕竟眼睛是心灵的窗户，眼神接触更有利于感情的传达。

7. 幽默必不可少

马丁在《幽默心理学》一书中，将幽默称为一种"取悦策略"，有利于取得他人的好感，从而获得认可。适时的幽默风趣，可以调节氛围，如同讲话中的调味剂。

8. 多设问

管理者在讲话时，要注重引导，多设问，让同事在不知不觉间参与其中。巧妙的设问，不但可以顺其自然地引出想要表达的观点，还可以在无形之中增加彼此的交流情感。

9. 敢于断言

敢于断言，不等于妄言，而是以不容置疑的语气亮明自己的观点，简短意赅，绝不啰唆，从而增强自身的气势。

10. 让激情燃烧

在讲话时，想要调动同事的情绪，首先自己的情绪要激昂，要充满激情，从而影响听众，打动他们的心弦。

以感染力去影响人，打动人，不再是干巴巴的阐述。试着去做一个有感染力的管理者，让说话成为一门艺术，用语言去征服员工。

二、有条有理，让观点完整表达

管理者的讲话言之无序、颠三倒四怎么办？啰哩啰嗦却不得要领怎么办？

我们想要解决问题，首先要明确问题的症结点在于：（1）对接收到的信息无法准确理解，也就无法准备整理出自己的观点和思路。（2）对自己的观点没有明确的认识，没有范畴的观点，自然是一锅烂粥。（3）思考能力和逻辑能力欠缺。（4）语言表达能力差，无法组织起精练的语言。

如何才算是会讲话，讲得好？抓住重点，有条有理。想要做到这些并不难，关键是思维要清晰，要有逻辑。在对想要表达的内容进行归纳和总结后，可以按照重要性排列、因果排列或者是时间排列以及结构排列来组织自己的观点。

在表达观点时，要注意三点：结论先行、以上统下、逻辑递进。

详细来讲，就是在说话之前，先想清楚自己最想表达的是什么，或者最想被员工记住的是什么内容，那么，开头就直接说出来。如此一来，即便管理者随后又给出杂乱的信息，员工依旧能够通过最初的概括总结而理解管理者所表达的内容。接下来，就是要围绕开头所提出的观点进行补充和说明，只要有了中心点，那么管理者就可以按照自己的中心思想来组织语言，一层一层将自己的观点阐述清楚。最后注意的是逻辑递进，所有推进都是有逻辑顺序的，而不是胡乱地想起什么说什么。

当然，光说不练是不够的，只掌握了理论却忽略了实践，等同于一无所知。所以，管理者要从多个方面来进行练习。

1. 培养抽象逻辑思维能力

抽象逻辑思维，指的是反映事物的本质属性和规律性联系的思维，是通过概括，判断和推理进行的一种高级的思维方式。想要提高逻辑性，就要提高抽象思维能力。客观来讲，受教育程度是影响逻辑性的关键因素，通过所受的教育，对抽象的知识有一个更为深入的了解。因此，管理者可以选择通过学习的方式来培养抽象逻辑思维能力。

2. 广泛涉猎

读书破万卷，下笔如有神，说话亦是如此。管理者可以在闲暇之余，广泛涉猎，尤其是哲学类的著作，不但能够捕捉认识世界的新视角，同时能够提升逻辑思维能力。此外，中外名著，都值得一读，书读的多了，脑袋里不会空空如也，也有助于清晰的表达。

3. 多动笔

写作对提升表达能力大有裨益。在表达能力有限的前提下，写作是有效的训练方式。在写作的过程中，管理者可以有充裕的时间去思考谋篇布局和遣词造句，这样就能逐渐提升逻辑能力。比如，每天规定一个题目，就时下最热门的话题阐述自己的观点。或者，最简单的可以记录自己的某些体验和感受。写完之后，并不是结束，还要进行校对和修改。实际上，不要小看校对修改的环节，每一次校对和修改，都是在重新审视自己的文章，也是一个不断进步的过程。

4. 辩论

参加过辩论赛的人都知道，辩手的思维逻辑能力特别强大，他们能够在短时间内组织精练的语言攻破对手的防线。管理者可以在业余时间参加辩论小组，或者直接在网上与网友进行辩论，这对提升思维逻辑能力有极大的帮助。

5. 说话之前认真听

思维再敏捷，也需要一定的时间来组织语言，这是肯定的。此外，还要认真听他人说了什么，重点想要表达什么，有哪些地方是值得深思或者值得补充，甚至是反驳的，都要认真听清楚，之后组织好自己的语言，有针对性地去表达自己的观点。边听边思考，也是一项重要的能力，听得进去，还要用脑子去思考。

6. 拓宽视野

对于任何事物，都不会只存在一种认识，所以对于任何问题，我们都可以从不同的角度去理解。当我们面对某件事物时，能够从多个角度去思考，可以让我们认识到事物的多面性及世界的多样性，在得到这样的认识之后，也就可以打破固有的单一思维模式，打破自己的局限性。

7. 不怕嘴笨，怕人懒

想要提高表达能力，就需要多加练习，谁也不是生来就能够有条有理地表达观点，通过不断地积累和学习，有了最基本的知识储备，就是要多开口练习说话。管理者要想在表达能力上有所提高，就不能懈怠，没有机会那就创造机会，让自己多说多练。熟能生巧，总有一天会由量变达到质变。

除了以上几种办法着重提升思维逻辑能力外，管理者还可以学习"三点论"，让语言表达的更有条理，更有组织性。

"三点论"普遍应用于多种实例中，比如初期、中期、后期；上、中、下；上司、自己、下级等方面。"三点论"通过其结构性，可以帮助管理者迅速形成一个完整的思路，不仅便捷，而且清晰、有条理。掌握"三点论"后，管理者无论是在会议上进行发言，还是在谈判桌上进行沟通谈判，都能够收到不错的效果。

不管是哪种方法，想要在表达观点时有条有理，就必须重视提升抽象思维逻辑能力，只有做到心中有数，就可以一边想一边讲，让组织语言不再是难题，就不会出现啰哩啰唆半天，却让人摸不着头脑的情况了。

比勒尔曾说过："不合乎逻辑的观点只需一根绳索就可将它绞死。"而没有逻辑性，没有条理的表达方式，基本是无效表达，毫无用处。没有人敢夸下海口说自己天生就说话有条有理，擅长与否全凭后天经验的积累。所以，多说多练，不怕出糗，才能越来越流畅，越来越有条理。管理者要给自己创造说话的机会，让自己多去适应表达时所产生的压力和焦虑，等时机成熟后，便能够在员工面前轻松又自信地表达自我。

三、恰当的肢体语言，为演讲效果加分

通过演讲，可以将一个人的综合能力展现得淋漓尽致。在规定的时间内，想要将自己的观点完整、清晰地传达给观众，并能够打动说服他们，这是不容易的。在演讲中，对演讲者的语言表达能力、随即应变能力、心理素质等都是一种考验。

想要完成一场优质的演讲，除了演讲本身的内容，演讲者的肢体语言也尤为重要。心理学家研究表明，表达一条信息需要语言、声音及肢体动作的配合，所占比例分别是7％、38％和55％，出乎意料的是，肢体动作竟然是最为关键的一部分。美国心理学家艾德华·霍尔就曾断言："无声语言所显示的意义要比有声语言多得多。"

肢体语言是一种无声的语言，通过手势、肢体动作，就可以传达一个人的思想意识及情绪的起伏。在沟通过程中，一个人的肢体语言往往是谈话者内心深处最真实的情感表达。

肢体语言是演讲过程中的一部分，不同的肢体语言也有不同的含义，功能也有所不同。肢体语言简单来说，具有4种功能：（1）表露功能。顾名思义，就是表达的功能，所表达的内容多是口语难以言明的；（2）替代功能。所替代的正是口语，通过肢体语言可直接与人交流和沟通；（3）辅助功能。辅助口语，完成思想的表达，而且促使表达的更为清楚、深刻。（4）调节功能。肢体语言能够向外界发出一定的暗示，从而与观众形成互动。

训练肢体语言，有两点需要注意。

1. 训练优雅的仪态

在演讲时，要注意自己的仪态，要优雅大方。弯腰驼背这是自毁形象的仪态，左顾右盼、手舞足蹈显得不够稳重，东倒西歪显得整个人没有精气神……管理者在演讲时，要注意自己的仪态，这是在无声地传达管理者的内涵。

2. 训练肢体的协调性

不要小看肢体协调性，这是对语言及肢体融洽的一大保证，有些人在演讲时，挥手的动作干净利落，虽然只是极短的时间内，却展现出一种气势，而有的人不仅拖泥带水，而且看起来极不协调，十分影响美观，也影响观众对演讲的整体印象。

提升肢体语言，也是一门学问，但并不深奥，只需要实践即可。

1. 双手自然垂于身体两侧

站在演讲台上时，让许多管理者苦恼的是，不知道自己的双手该如何处理，背着双手显得不自然，双手叉在胸前也不合适，揣在口袋里更是不雅。其实很好解决，就是双手轻握，自然地垂于身体两侧。

2. 手势要与信息一致

上文提到了肢体语言的功能之一就是辅助功能，也就是通过肢体语言来帮助口语，既然是辅助的关系，也应该一致。（1）内容一致。演讲者在运用手势时，要根据所表达的内容来决定手势的动作和幅度。（2）步调一致。简单来说，就是不能慢半拍或者快半拍，不一致的情况，只会引观众发笑。总结来说，手势要自然，跟随讲话的内容有节奏感地使用。

3. 挺胸、抬头、直视前方

对一个人的印象，往往取决于一个人的整体形象，挺胸抬头直视前方，不仅能展现一个人的精神面貌，还可以提升自信，给观众留下一个好的印象。不过要注意的是，不要抬着下巴，这就容易让观众误以为你很傲慢。肩膀要舒展，背部要挺直，千万不能弯腰驼背。

4. 站如松，行如风

站姿要注意，往演讲台上一站，要双腿张开，两脚与肩膀同宽，脚下要有力道，不能软绵绵的，要给人一种稳重、挺拔的感觉。如果想要展现号召力，可以将一只脚往前面稍微伸出去一些，身体的重心也随之向前倾斜。

走姿也要注意，身体是流动的，要稳健、敏捷，给人以感染力，彰显一个人不凡的气度。记住要领："头顶找天，两肩打开，肚脐眼向后贴，注意提收腹部、大腿以及臀部等肌肉，放松两肩，挺胸直背。"

5. 适时的动一动

演讲时，可以在恰当的时机动一动，否则一直保持一个姿势不变地站着，容易让人形成呆板沉闷之感。但是，如果频繁地变动，就会让人感觉浮躁散漫，所以这个动也是有讲究的。演讲者可以从演讲台的中间，先向右侧走动，随后走回中间，下一次走动则向左侧走，最后再走回中间。

6. 保持微笑

微笑是演讲中必不可少的调味剂，微笑也是可以加以练习的。注意，是微笑而不是傻笑，所以掌握训练方法，练就迷人的微笑。嘴型是练习微笑的关键。练习的时候要对着镜子练，可以咬着一只筷子，练习微笑的弧度。

7. 保持眼神的接触

意大利文艺复兴时代的著名艺术大师达·芬奇说过："眼睛是心灵的窗户。"所有情绪都可以通过眼睛来传达，眼神是表达内心情感的重要窗口。演讲时，要注意眼神的接触。目光注视某人时，可以进行视线的交流。目光扫视观众时，可以与观众进行广泛的接触，从而获得观众的反馈，以此不断做出调整。

　　肢体语言是演讲中不可或缺的重要组成部分，想要让演讲更加出彩，就必须对肢体语言的表达加以重视。多学多练，掌握了恰当的肢体语言，定能给演讲加分。

四、微笑是最伟大的语言

法国作家雨果说："笑，就是阳光，它能消除人脸上的冬色。"的确，微笑能够拨动人们的心弦，拉近心与心之间的距离，彼此沟通，化解紧张的氛围。

微笑绝不是简单的嘴角上扬，这种标准化的微笑往往给人一种虚假的感觉，反而容易引起员工的反感。真正的微笑要发自于内心，是真情实感的流露，表里如一，不掺杂虚假、造作的成分，这样才具有感染力。

微笑对于管理者来说，更是有诸多益处。

1. 微笑，能让声音变得悦耳

人在微笑的时候，面部、颈部、肩部、胸部、腹部都处在放松的状态，气息也就会随之自然而然地下沉到丹田，如此一来，上下通畅，声音自然也就会更清脆爽朗。而且，微笑的时候颧骨的肌肉会随之上拉，口腔随之打开，共鸣腔扩大，声音就变得好听了。

2. 微笑，能让思维变得敏捷

微笑时，人的大脑会很放松，思维也就会变得敏捷。这是因为微笑的时候，脸部肌肉会随之放松，太阳穴处的肌肉也随之放松，微笑就等同于给太阳穴做了按摩。大脑在放松的状态下，思如泉涌，整个人的精神状态都会不一样。如果脸部一直处在紧张的状态下，由于脸部的肌肉紧绷，太阳穴也就得不到舒展，大脑自然也就跟着紧张，容易反应迟钝。

20世纪90年代初，在广州主持第九届大众电视"金鹰奖"颁奖文艺晚会现场，杨澜在报幕退场时，不小心被台阶绊了一下，"扑通"一声滚倒在地，场内顿时一片哗然。面对如此窘境，杨澜起身后，微笑着说："真是人有失足，马有失蹄呀，我刚才狮子滚绣球的节目滚得还不够熟练吧？看来这次演出的台阶不那么好下哩，但台上的节目很精彩。不信，瞧他们的。"

一个微笑，不仅化解了尴尬，而且在轻松的状态下，她机敏地为自己打了圆场。试想一下，如果当时她一脸尴尬，只剩下紧张和焦虑，那么一定说不出那么一番机智的话来。

3. 微笑，能让身体变得年轻

"笑一笑，十年少"，绝非玩笑话。

著名国学大师南怀瑾出生于1918年，91岁高龄时，仍是鹤发童颜，精神矍铄。在与美国管理学大师彼得·圣吉关于禅、生命和认知的对话中说："你要学会一个动作，非常重要，嘴巴张开笑。因为这样脸上的神经都会拉开，脸上神经拉开你就会开心。大家要先学会笑，不会的每天把脸拉一拉。所以中国的道家做工夫有句很好的话，'神仙别无法，只生欢喜不生愁。'我看你们诸位，很多都很严肃，我们中国土话讲，这些脸都是'讨债的面孔'。所以人与人之间一笑，很多事情都解决了。"

4. 微笑，能让人交好运

时常微笑的人，能为自己带来好运，这与封建迷信绝对无关。试想一下，一个面带微笑的管理者，容易与周遭打成一片，也就更容易开展管理工作。这就是无形之中所带来的好运气。管理者想要员工如何对待自己，首先就要知道自己应该如何对待员工，只有做到"己所不欲，勿施于人"，才能将心比心，赢得员工的尊重和爱戴，得到员工的力挺，工作自然顺利。

小张原本只是公司一位普通员工，一次有机会与老总一同前往业务交流会，参会回来之后，老总就特意找到小张的组长，表扬他能力突出，嘱咐组长一定要多给小张机会。不出几个月，老总又将小张提拔为组长。在与老总单独相处的时候，小张忍不住好奇，问老总为什么对他如此关照，老总淡淡说道："因为你给我留下了非常好的印象。"小张接着追问，老总回答说："你的微笑让人觉得舒心。"原来，老总与小张并不熟悉，一同出差完全是机缘巧合，但是，无论多苦多累，小张总是面带微笑，这就给老总留下了好的印象，觉得他面善。

真正懂得微笑的人，往往比不爱笑的人收获更多机会。管理者在工作中，如果一直以严肃呆板的形象出现，员工就会觉得你拒人千里之外，不好打交道，也就不敢轻易与你交心。

寻常工作、生活中的微笑，于人于己都是益处多多。在演讲中，微笑的重要性更是不亚于口才，同样是不可缺少的一种语言。即便是严肃的场合下，微笑仍不可或缺。

一个面部表情呆滞的演讲者，即便妙语连珠，也很难真正打动观众。真正优质的演讲，需要演讲者走心，观众也走心，演讲者的微笑能够很好地向观众传达自己的思想，并且拉近与观众的距离。面对观众的不是一个呆板无趣的人，而是一个面带微笑、舌灿莲花的人。

微笑是一种无声的语言，更是一种伟大的语言，在每一个微笑背后，都蕴含着一种感情，是尊重，是友善。微笑其实不难，但一个简单的表情却能够产生无穷的魅力。对管理者来说，微笑无须任何成本，无须付出任何代价，但是却能够创造意想不到的价值。

五、克服当众讲话的恐惧

对于一些管理者来说，当众讲话时想要镇定自若，简直比登天还难。与员工私下讲话时还好，能够谈吐自如，但是面对许多人的时候就怯场了，完全不能正常发挥自己的讲话水平。甚至有些管理者恐惧当众讲话，一有这样的场合就犯愁，其他人都非常流畅，轮到自己时就磕磕巴巴，完全被紧张的情绪压得透不够气来。

作为管理者，当众讲话是必不可少的，如果不能克服当众讲话的恐惧，无论是对管理团队，还是对自己的发展，都是一个重大的阻碍。无法在员工面前树立威信，让员工看了笑话，也无法博得上级领导的欣赏，只会露怯，影响未来的提升。

要想成为管理队伍的精英，就必须克服当众讲话的恐惧，无论付出多么大的代价，都必须去努力尝试，努力克服。

1. 接纳自己的恐惧

既然存在当众讲话的恐惧，就需要正视这个问题，接纳自己的恐惧。

美国心理学家曾在三千人当中做过一次心理测验，实验者要回答"你最担心的是什么"的问题，答案让人意想不到，约占40%的人竟然担心的是当众讲话。实际上，这并不奇怪，即便是声名赫赫的演讲家，在最初开始学习演讲时，也并不是一帆风顺的。

马克·吐温在第一次演讲时，紧张极了，说起话来吞吞吐吐，心跳快得吓人；印度总理英迪拉·甘地初次演讲时，则"不是在讲话，而是在尖叫"；有"世纪之演讲家"之称的英国首相温斯顿丘吉尔，坦言自己在开始演讲时心里像是装着冰块。可见，当众讲话紧张不是个例，而是普遍都会存在的一种心理现象，无须因此而感到羞愧。不要太在意他人对自己的看法，而是首先要认识到自己的缺点，随后加以训练即可。

丘吉尔堪称20世纪最伟大的政治家之一，然而他在说话方面并没有天赋。初次在国会演讲时，为了尽可能地准备充分，他一连几天都在写稿、背诵、对着镜子反复练习，就是为了避免出差错，避免当众出丑。谁料，就在演说当天，还是出了问题。因为过度紧张，演讲时脑中一片空白，一时竟然忘了自己要说什么，一下子尴尬极了。此后，他开始勤加训练，尤其是注重心理情绪的调节，最终克服了紧张恐惧的情绪，成为一位颇具感染力的演说家。

2. 情绪疏导

紧张和恐惧只是众多情绪中的一种，是可以由人来进行调节的，学会转变情绪，就能够舒缓紧张和恐惧。调节紧张的方法有很多种，而且并不难掌握。

（1）回避目光法

对于一个新手而言，初次登上演讲台难免会紧张，场内的任何一点风吹草动都会影响到演讲者的心情，所以，演讲者需要转移目光，尽量避免目光对视，目空一切地去讲话，能够起到缓解紧张的作用。

（2）呼吸松弛法

在进行演讲之前，演讲者可以采用深呼吸的方式松弛紧张的情绪，找一个安静的地方目视远方，让整个人放松下来做深呼吸，反复几次，就能舒缓紧张的情绪。

（3）自我陶醉法

自我陶醉法说得直接些，就是要对自己有信心，坚信自己所表达的内容能够赢得观众的认可，坚信自己一定能够顺利完成演讲，甚至可以幻想一下演讲结束时，掌声雷动的场面，默默给自己打气。

（4）自我调节

音乐能够让人放松，演讲前不如听一些自己钟爱的曲子，跟着哼唱起来，也能缓解情绪。或者找来几个幽默诙谐的故事，开怀一笑，也能让紧张的情绪得到舒缓。

（5）转移注意力

当大脑处于极度紧张的状态下，演讲者可以有意识地转移注意力，不要一直想着演讲的内容，换一个关注点。

（6）自我暗示

演讲前，可以对自己进行自我暗示，比如对自己说"今天听众很熟悉，心情没必要紧张""我准备得很充分，很有信心""你能行！我们等着为你的精彩演讲喝彩"等等，通过自我暗示来缓解紧张的情绪。

3. 多体验，多锻炼

克服当众讲话的恐惧，最快速有效的方法就是实践，找机会多锻炼，多去人多的地方讲话，只有慢慢适应了当众讲话的氛围，才能自然而然地克服恐惧的心理。多锻炼的本质是系统脱敏疗法，又称交互抑制法，由美国学者沃尔帕创立和发展。这种方法主要是诱导求治者缓慢地暴露出导致神经症焦虑、恐惧的情境，并通过心理的放松状态来对抗这种焦虑情绪，从而达到消除焦虑或恐惧的目的。

讲话当中的紧张感和恐惧感，并非无法克服，无数鲜活的例子都足以证明，只要肯努力，想要从羞于开口到大胆开口，只差不断的锻炼。

第六章

巧言巧语，化解矛盾纠纷

一、管理好情绪再开口

现代管理学之父彼得·德鲁克说过："管理是一门学科，这首先就意味着，管理人员付诸实践的是管理学而不是经济学，不是计量方法，不是行为科学。无论是经济学、计量方法还是行为科学都只是管理人员的工具。但是，管理人员付诸实践的并不是经济学，正好像一个医生付诸实践的并不是验血那样。管理人员付诸实践的并不是行为科学，正好像一位生物学家付诸实践的并不是显微镜那样。管理人员付诸实践的并不是计量方法，正好像一位律师付诸实践的并不是判例那样。管理人员付诸实践的是管理学。"

"管理"两个字对管理者意义非凡，而在管理员工、团队之前，管理者首先要管理的是自己的情绪。内心强大的人懂得控制自己情绪，嘴巴不具有攻击性，但说出来的话却很容易伤人。因没有控制好情绪而说出不该说的话，是愚蠢的。

1998年，戈尔曼发表了一篇名为《是什么造就了领导》的文章，在文中，他将情绪作为智力的一种，并将其运用到有商业背景的人之中。

他指出，"情绪智力对于管理有效是必不可少的。领导的智力、技术、果断和有远见等都是成功所需要的，但并不充分，只有情绪智力才是辨别领导力的关键要素"。因此，他将情绪胜任力看作是最根本的领导能力。

一个人若是无法有效管理控制好自己的情绪，无疑不能算作成功，尤其是管理者，本职工作就是管理，岂能管理不好自己的情绪。

1965年9月7日，世界台球冠军争夺赛在纽约举行。路易斯·福克斯胜券在握，其优异的成绩遥遥领先于对手，只要再接再厉，赢下几分后，冠军便属于他。赛场风云瞬息万变，就在他准备一鼓作气赢下比分时，他发现主球上有一只苍蝇。起初，他没有在意，抬手轰走了苍蝇，接着准备发球。谁知，苍蝇绕了一圈后又落到了主球上。接二连三出现的状况让路易斯彻底爆发了，他一气之下用球杆去打苍蝇，谁知苍蝇没打到，却打到了主球。就这样，他失去了一轮机会。

约翰·迪瑞是路易斯的竞争对手，在失去理智的路易斯面前，他重新鼓起勇气，越挫越勇，最终战胜路易斯，夺得世界冠军。低落的路易斯只得悻然离场。意想不到的是，第二天就有人在河边发现了他的尸体。因为难以承受失败的打击，他自杀了。

这是一个多么可悲的故事。一个拥有世界冠军水准的人，却因为没能控制好自己的情绪而遭遇失败，甚至走向死亡。

飞人乔丹则正好相反，他对管理好情绪十分在意。为公牛队效力时，不得不面对芝加哥拥堵的交通，每次去赛场都要花费一个多小时，漫长的等待无疑是恼人的，尤其是面对即将到来的比赛，容易让人产生紧张的情绪。这时，乔丹就会用一支雪茄来对抗烦躁。

两个简单的故事印证了情绪对于言行举止的重要性。换言之，在人际交往中，情绪是否管理得当，直接影响着沟通和交流，这一点对于一个管理者来说，尤为重要。

人是感情动物，皆有七情六欲，情绪时有波动，喜怒哀乐都是寻常。但是，情绪掌控不好的时候，因此而造成的麻烦和困扰，也是数不胜数。作为管理者，在讲话前学会控制自己的情绪，才能在管理岗位上成为胜者。否则，不仅耽误自己，同时还耽误自己的团队。

管理者最失败的时刻，是因失去理智而口无遮拦时，由于自己的愤怒，一时口快说了不该说的话，直接输掉了管理者的气度。

说话前，先控制一下自己的情绪，不要带着情绪说话。控制情绪的方法有以下几种：

1. 不要得理不饶人

即便是员工犯了错误，或者与员工产生了摩擦，管理者也没必要得理不饶人，不满演变成愤怒，随后愤怒脱口而出，长此以往，管理者的形象会大打折扣。在与员工发生冲突时，要懂得顾及员工的面子，说话把握好分寸，如此一来，不仅没有丢了自己的身份，还可赢得员工的尊重。

2. 怀一颗宽容之心

作为管理者，不要只看到员工的缺点，要多留意他们的闪光点，以宽容之心对待员工。说话时不要带着敌意和嫌弃，言语上的贬低是极不可取的，很容易导致人际关系越来越差。宽容之心带来的就是言语上的淡定从容，受益的绝对是自己。

3. 注意方式方法

职场中，大事小情都免不了会遇到，该如何去说，如何去表达就是一门学问。

（1）着急的事，别急着说

遇到着急的事，反而要沉住气，先别急着说。耐心沉几分钟，琢磨一下来龙去脉，做到心中有数之后，再开口娓娓道来，做到不急不躁。如此一来，不但可以有条理地将急事说清楚，还能树立沉着稳重的形象，提升员工对管理者的信任度。

（2）无关紧要的事，愉快的说

遇到无关紧要的事，不必一副严肃的样子，大可以幽默的语气愉快地说出来。轻松的氛围，让员工更易接受和认可，尤其是当管理者向员工提出某些善意的建议时，可以注意一下语气，拉近彼此之间的距离。

（3）不确认的事，谨慎的说

即便是管理者，也有不能确认的事，所以不要妄加猜测，对自己没把握的事不要随意说。有必要的话，谨慎的说；没必要的话，就干脆保持沉默。

（4）没发生的事，能不说就不说

对于没有发生的事，最好能不说就不说，说得好听些是杞人忧

天，说得不好听是无事生非。不要让员工觉得自己的领导是个爱八卦的人，这样会让员工觉得你没有责任感。

（5）伤害人的话，不能说

人言可畏，足以见语言的力量。管理者要考虑到员工的自尊和心情，不要觉得自己是管理者，是团队的领袖，就可以随心所欲想说什么就说什么。记住，想要成为出色的管理者，就不能在语言上给自己树敌。

4. 坏心情留给自己

人难免会有糟心的时候，不要把自己的坏心情带到工作中去，不要因为自己的心情不佳，而影响对待员工的态度。可能只是偶尔向员工发泄了一下情绪，但造成的影响却是难以挽回的。况且，有修养的管理者是不会因为自己的事而影响工作的。

切记，控制情绪往小了说，是控制自己的心态；往大了说，是控制自己的人生。

二、巧妙调解矛盾

人具有社会性，是群居动物，正是因为群居，所以人一多，矛盾也就自然而然地产生了。在团队中，矛盾也无可避免，管理者既然是团队的领导，其职责就包括调解好各方的矛盾，营造一个和谐稳定的工作氛围，否则员工整日钩心斗角互相拆台，是不会取得好的成绩的。

化解矛盾要把握好三个原则。

1. 不偏不倚，公平公正

想要解决矛盾，前提是不偏不倚、公平公正，如果存在偏袒一方的情况，那么就不是解决矛盾，而是激化矛盾。管理者可以作为中间人来调解矛盾，但一定要秉持客观公正之心，不能让员工觉得厚此薄彼，从而产生抵触情绪。私心也好，偏心也罢，即便隐藏的再深，员工还是会感觉到，为日后的工作埋下隐患。

2. 了解来龙去脉，对症下药

管理者出面调解时，首先要秉着公正的心去了解来龙去脉，弄清楚具体的情况，了解矛盾产生的缘由，毛主席说过"没有调查就没有发言权"，解决矛盾也是如此，只有清楚个中的情况后，才能对谁是谁非、谁对谁错作出判断。了解后，才能顺畅解决矛盾。

至于如何去了解情况，管理者可以直接找到员工进行了解，不过要注意方式方法，要以沟通为主，在没有确定结果前，不要责备任何人。除了直接了解，还可以侧面了解，找来一些可能了解内情的员工进行询问。关键的一点是，不能只听一面之词，要多方询问，尽力去获得全面准确的信息。

3. 就事论事，彻底解决

解决矛盾要就事论事，不要翻旧账，不要由一个矛盾牵扯出其他矛盾。矛盾有其特殊性，所产生的原因、过程、时间、范围、性质以及影响程度都不尽相同，所以解决方式也不能一成不变。遇到矛盾，要具体问题具体分析，找到真正的矛盾点，从根本上解决这个矛盾，只有彻底解决掉，才能不留后患。引发矛盾的原因多种多样，可能是工作、可能是性格，也可能是由于误会，所以就要求管理者能够将矛盾的实质分析透彻，在分清主次关系后，找准问题进行解决。

调解矛盾不能一拖再拖，最好是一次解决，而不要反复进行。因此，为了让矛盾顺利解决，管理者要做好充分的准备。

1. 分清责任的主次

对矛盾的基本情况有所了解后，管理者要进行分析归纳，找出矛盾双方的主次责任。俗话说一个巴掌拍不响，既然会产生矛盾，双方就必然都会存在问题，至于谁应该承担最主要的责任，则要由管理者根据事实来加以判断。

2. 提前告知

既然管理者打算出面调解，就要事先与员工进行沟通，告知双方他的打算，与员工心平气和地沟通，最后促成双方和解的意向，有了员工的点头，矛盾解决起来也就会容易得多。思想工作尤为重要，"晓之以理"就是要讲清楚道理，"动之以情"就是要摆出同事之间的情意，当员工意识到自己的错误时，有了和解之心的时候，矛盾也就距离成功解决不远了。

3. 找准时机

解决矛盾的时机要掌握好，对于产生时间不长的矛盾，管理者可以根据矛盾的严重程度尽快解决，不要让小矛盾酿成大矛盾，直至无法调和；对于积怨已深的矛盾，管理者切勿急于求成，不要想着凭借一时半会的工夫就能彻底解决，要有条不紊地逐步推进。管理者可以让双方冷静一下，等大家能够心平气和坐下来聊天的时候，再进行调解。

4. 掌握火候

管理者在介入矛盾调解时，要选择恰当的时间和地点，而且要掌握火候。员工好面子，有自尊心，不能让一点矛盾就闹得满城风雨，这样不利于矛盾的化解，反而会让矛盾愈演愈烈。私下解决，尽量不要牵扯其他人，而且不要因为调解矛盾而耽误员工正常的工作。最好是下班之后，员工在完成本职工作后，管理者可以单独找员工私聊，开门见山说明情况，让员工表明自己的想法，到底问题出在哪里，想如何解决，都一一问清楚。如果遇到一些情况十分紧急的矛盾，管理者则要懂得如何做应急处理。当机立断，及时将矛盾说清楚，安抚员工的情绪，继而妥善解决。

矛盾是阻碍团队和谐的一大毒瘤，管理者绝不能轻视矛盾对团队的潜在威胁。只有在解决矛盾之后，团队才能真正地和谐共处，如此才能精诚合作，人心聚集一处，力量汇聚一处，一个团队才能快速发展。否则，受矛盾困扰，人心不齐，干劲儿也就会受到影响，而且两个人的矛盾绝非只影响两个人，甚至会影响周遭的其他员工。

管理者要掌握巧妙的诀窍来调节矛盾，作为和事佬出面，是为了解决矛盾，千万不能因为管理者调解的方式不当，造成矛盾的激化，致使火上浇油。

三、巧妙让员工改变主意

工作中，管理者与员工的主张难免会有所不同，在沟通的时候，管理者是选择强行将自己的观点说服员工接受，还是选择巧妙地让员工改变自己的主意而采纳管理者的意见呢？自然是后者更为人性，也更为有效。

愚蠢的管理者认为自己就是最高的指令，他所认定的一切是正确无误的，员工必须无条件服从，但凡有些许的反抗，就被视为不服从管教。明智的管理者则会巧妙地说服员工放弃自己的主意，而且不会引起员工的反感，员工是心悦诚服。

说服员工的能力，是管理者提升管理水平的一条捷径。那么，管理者如何才能做到巧妙说服员工呢？

1. 以彼之道

说得直白些，就是要站在员工的立场上，以他无法反驳的角度去说服他。常见的情况是，管理者在说服员工时，一再强调自己的观点是如何正确，却往往忽视了员工究竟为什么坚守自己的观点。这就是管理者没有从员工的立场出发，去揣摩员工的心思。所以，任由管理者如何自说自话，依旧没有说服力，员工仍旧不放弃自己的观点。与其强加自己的观点给员工，不如从他的角度出发去看待事物，找出他的论点，加以说服。

某精密机械工厂生产某项新产品，将其部分部件委托小工厂制造，当该小工厂将零件的半成品呈示总厂时，不料全不合该厂要求。由于迫在眉睫，总厂负责人只得令其尽快重新制造，但小工厂负责人认为他是完全按总厂的规格制造的，不想再重新制造，双方僵持了许久。总厂厂长见了这种局面，在问明原委后，他向小工厂的负责人真诚地致歉，表明这件事完全是由于公司方面设计不周所致，并且感谢他们的帮忙，随后提到事情的重要性，鼓励他们不妨将它制造得更完美一点。那位小工厂负责人听完，欣然应允。

2. 情理兼具

有些人认理，有些人认情，实际上，想要轻松说服员工，就是要"晓之以理，动之以情"，情理兼具，以理性去博得员工的认同，以感性去打动员工的内心。以理服人，以情感人，就是这个道理。单纯讲道理，容易发生争执，互不相让，势必要将道理讲清楚；单纯讲感情，就容易忽视了问题的客观性，不容易站住脚。因此，要情理相互结合。

3. 以退为进

以退为进，表面上是后退一步，实际上则是为自己做铺垫。尤其是面对那些主观性特别强的员工时，管理者不要硬碰硬，一副必须让你臣服的架势，而是应该后退一步，给员工留出一些空间，让员工感受到自己受到了尊重，从而缓和他的态度。

一天，一个男人独自经过一片荒山野岭，他的身上除了一把防身的手枪之外，再没有其他东西，长途跋涉，劳累和饥饿让他难以支撑下去。终于，他找到了一户人家，然而他担心的是，在这荒郊野外，人家岂会轻易让一个陌生人随便进入自己的家呢？如果主人认定他是不怀好意怎么办？如果主人还没等他解释清楚就直接动武怎么办？他的种种疑虑最终被饥饿打败了，便上前敲了敲门，随后走出来一位老汉。这个男人一边将枪交给老汉，一边诚恳地说："我能用这枪换点食物吗？"老汉犹豫片刻，还是让他进了屋，并且给他拿了一些食物。男人离开时，老汉不仅将那把枪还给了他，还给他指明了该如何走出这片荒山野岭的路线。

想要说服员工，单靠充分的理由是不容易奏效的，还得看员工想不想要接受你的说服。之所以不愿接受，多半是因为管理者的观点对自己不利。

松下幸之助说服员工依靠的是以身作则。1922年，在松下幸之助建成最早的正规工厂里发生了一件事。那是在年末，照惯例要进行大扫除。松下幸之助在巡视时注意到，工厂有50多名工人，竟没有一个人去打扫厕所。他察觉到工人们好像有些对立情绪，劳资关系有点紧张。松下幸之助选择的解决策略是：自己去打扫厕所。这样，他在把厕所打扫干净的同时，也把那种劳资关系上的紧张气氛一起扫掉了。

他说："打扫厕所时，我体会到，自己如果没有考虑到工人的想法就生气，并表现出自己的急躁情绪，给人的印象会很不好。作为工厂的主人，必须率先做出榜样。我亲自打扫厕所就起到了缓和紧张局面的作用，同时我也得到一个重要的启示：即作为主人，不能仅仅靠权力。当然，我的收获还远不仅于此。我还懂得了培养谦虚精神和耐心的重要性，而且如果在经营中以身作则，你可以得到很多意想不到的效果。"

四、适时沉默让矛盾更易解决

俗话说"沉默是金，开口是银"，其中蕴含着深刻的道理，尤其对于管理者而言，要认识到适时沉默的重要性。在与员工沟通时，如果管理者能够掌握沉默的秘诀，不仅能够解决许多"多说无益"的问题麻烦，还能树立个人权威，让员工信服。

能言会道是对管理者的要求，懂得沉默也同样如此。在与员工进行交流时，管理者向来习惯于成为主导的一方，滔滔不绝发表看法，原本是两个人的沟通，最终却变成管理者一个人的"表演秀"，在员工面前展现他的口才，从始至终忘了要给员工开口的机会。这样的管理者纵然有卓越的口才，但是，如此絮叨啰唆的管理者，也会引起员工的反感。

所谓"言多必失，言多坏事"。据《墨子闲话》记载，子禽有一次问他的老师墨子："多言有好处吗？"墨子回答说："青蛙日夜都在叫，弄得口干舌燥，却不为人们所爱听。而晨鸡黎明按时啼，天下不都被叫醒了！多言有什么好处？"其中的道理颇值得深思。

适当的沉默，也是与员工交往的一种智慧，巧妙地运用沉默，真正让沉默成金。

1. 训斥员工时，让沉默发挥力度

管理者在训斥员工的时候，可以考虑收起满腹的"怨言"，适当保持沉默。在面对管理者的批评时，员工的心情是比较沉重的，遭到批评后，必然会感到万分失落，工作也就没了干劲儿，比如"我早就和你说过，不能这样做，你耳朵不管用吗？"再比如，"让我说你什么好，工作这么久这点小事都办不妥，一点长进没有！"或许你只是恨铁不成钢，对自己的员工有着更高的期望，然而你的心情只有你自己知道，员工所能感受到的只有你的满腔怒火，以及对他的失望之情。你的苦口婆心只能转化成他的压力，如果遇到比较偏激的员工，或许就会让他彻底自暴自弃。

稍作点评后，管理者如果能够保持沉默，不再咄咄逼人，那么这时的沉默就会演变成为一种威慑力，真正达到"无声胜有声"的效果。员工但凡有点自知之明，就能够懂得管理者的用心良苦，给他留足了面子，一是可以展现自己的宽容大度，二是可以更好地教育员工，让他自省。

2. 沉默——缓兵之计

当管理者与员工发生争执时，适当的沉默可以让双方都冷静下来，等到恢复到正常交谈的气氛后，再坐下来心平气和地谈一谈。这是作为管理者的一种修养和素质，而不是妥协和退让，更不是懦弱，只不过是为了顾全大局，照顾双方的颜面而采取的缓兵之计。毕竟如果人在气头上的时候，就容易口不择言，一旦说错了话，更容易造成无可挽回的损失。

当员工之间发生争执时，他们如果找到管理者，想要请他代为评判是非时，管理者最好在没有真正分清对错的时候保持沉默。作为中间者，管理者不能随意发表自己的意见，即便是经过深思熟虑之后，得出谁对谁错的结论之后，管理者要做的依旧是适当的沉默。尤其是员工双方都不愿让步的时候，管理者不能贸然判定对错，这样做的后果必然会损伤一方的自尊心，甚至会认为管理者对某一方是有意偏袒。因此，适当的沉默才是最佳处理方式，等双方想清楚后，再做定夺。

3. 沉默让流言蜚语失去效力

员工之中，免不了有些人喜欢在管理者面前搬弄是非，颠倒黑白，唯恐天下不乱。当管理者发现自己的团队中有喜欢在背后嚼舌头的员工时，一定要留意他们，即便他们说得天花乱坠，绝对不能轻信。这时，管理者应当保持沉默，不予评价，并且不采取任何行动，让搬弄是非的员工知道，管理者不会因为闲言闲语而做出任何决定。管理者的沉默，就是抵抗流言蜚语最好的武器，如果管理者心有疑惑，大可以暗中观察，自己去查明是非曲直。

在很长时间内，心理学家普遍认为当我们有心事的时候，找人倾诉是调节情绪的最佳方式，然而，越来越多的事实证明，有些时候还是保持沉默比较好。在商业或私人交际中，"交浅莫言深"就是老祖宗传承给我们的智慧。

一个印刷业主得知另一家公司打算购买他的一台旧印刷机，对此他心里乐开了花。他着手核算成本，最终定价250万美元，并且准备好了说服买家的说辞。谈判当天，这位印刷业主时刻提醒自己要沉住气，不要轻举妄动。面对他的沉着冷静，买家先是坐不住了，一个劲儿地挑毛病，说这台印刷机哪哪都不好。面对买家的挑剔，这位印刷业主仍不做任何辩解。一个多小时过去了，最终，买家坚定说道："我们可以付您350万美元，一个子也不能多给了。"如此一来，买卖不但交易成功，而且完全超出了卖家的预期价格，这就是沉默带来的收益。

在人际交往中，有些时候是"说多错也多"，尤其是当管理者处于紧张的情绪下，或者面对自己并不熟悉的领域时，很容易因为说话不当而招致麻烦。

一位女士，当与丈夫的第一个孩子出世时，她的丈夫由于工作繁忙，对她和孩子有些疏远，几周以后，她感到筋疲力尽，并想大发雷霆。一天，她给丈夫写了一封信，字里行间充满愤怒和不满，然而不知为什么最终并没有把信给他。第二天，丈夫提出要给婴儿换尿布，并且认为自己现在应该学会这些事了。这位女士听后，非常高兴地把信撕了，并暗自庆幸自己给了丈夫时间。一场争吵就这样避免了，此后，丈夫一直对自己的妻子和孩子爱护有加。幸好这位女士没有将那封充满怒气的信交给丈夫，忍一时风平浪静，在沉默中峰回路转。

《谈话的艺术》的作者、心理教授格瑞德罗解释说："沉默可以调节说话和听讲的节奏。沉默在谈话中的作用就相当于零在数学中的作用。尽管是'零'，却很关键。没有沉默，一切交流都无法进行。"谨言慎行，该沉默的时候就闭上嘴巴。

五、挽留优秀员工

　　员工打算离职，是很常见的，俗话说"人往高处走，水往低处流"，员工想要离职，就说明他对目前的工作不是很满意。

　　递交辞呈的人，一部分是明确想要离开，之所以心意已决，大抵是已经找好了下家或者有了新的方向，所以这是最难挽留的那部分员工。还有一部分人，虽然对现状不满，有意离开，但是还并不是铁了心想要走，之所以递交辞呈，也是想要和管理者提一些要求。所以，这部分员工只要管理者好生安抚，是有可能使之回心转意的。除了以上两种员工，还有一种是为了试探管理者的底线，了解自身的价值。对于这类员工，管理者要谨慎处理他的辞职事项，避免日后让他总以辞职威胁团队。

　　松下幸之助说过："企业即人，成也在人，败也在人。"所以，员工离职绝非小事，管理者应当懂得如何挽留优秀的员工，为团队留住人才。

1. 及时沟通

　　无论是哪一种情况，在得知员工提出辞呈后，管理者都要有所作为。这种事不能拖，要及时加以处理，找到有意辞职的员工敞开心扉地进行沟通，了解员工的所思所想。一个团队的力量，来源于员工，员工就是一个团队最宝贵的财富，所以管理者必须重视员工。当与员工沟通时，管理者要坦诚地表达团队对于员工的重视，让他们感受到团队需要他们，从而打消他们想要离职的念头。

2. 为员工保密

在管理者看到员工的辞呈后，先别急着声张，不要弄得整个团队都知道某某要辞职的消息。日后，当管理者做通工作后，员工大可以没有任何顾虑地继续工作，而不需要被其他同事问来问去，影响他的心情。而且，如果其他同事一旦知道有人要离职，就会带来不好的影响，其他同事或许会猜测有意离职的员工是否与团队相处的不融洽等等。

3. 耐心倾听员工的心声

员工在打算离职的时候，会提出各种各样的理由，但为了避免双方的尴尬，一般都会以一些冠冕堂皇的理由做借口，本质上基本不会偏离"工资太低、职位不高、福利较差"等原因。因此，管理者在与员工沟通的时候，要尽量找出员工有意离职的真正原因，并且在最大限度内积极予以解决，可以根据员工的重要性考虑适当加薪、升职或者是提高福利待遇，改善员工的工作环境。即便是不能挽留住一个员工的心，也可以趁此机会调整团队，安稳其他员工的心。

4. 真诚与之沟通

管理者在与员工沟通时，要私下沟通，找一个安静且不受打扰的地方。沟通过程中，管理者既要拿出领导者的气势，引导员工回心转意，也要以同事的身份与之沟通，听取他的意见和看法，过程中，不宜涉及敏感的话题，以防让气氛变得尴尬且紧张。

挽回优秀员工，并非难事，关键在于领导者的态度和处事方法。人才留得住，企业才能长盛不衰，一个人才流失情况严重的企业，自然无法赢得最后的胜利。

第七章

有情有义，是管理者的明智之选

一、打好"感情"这张牌

常言道"谈钱伤感情"，但越来越多的例子告诉我们，"谈感情伤钱"。团队有自己的规章制度，员工要是想着通过和领导讲感情而漠视规矩，那必然是管理者不愿意看到的。

俗话又说"感人心者，莫先乎情"，所以企业管理者在处理企业与员工的关系时，在日常的生产生活中，可以将情感作为管理的手段之一，有了情义的注入，可以大大缩短企业与员工的心理距离。

一个效率高、业绩好的团队，肯定是员工对自己的团队有着极高的忠诚度。"感情"这张牌，要是握在管理者的手中，该如何发挥真正的效力呢？

1. 对员工多加关心

法国企业界有一句名言："爱你的员工吧，他会百倍地爱你的企业。"人的一生之中，最重要的两个场所就是家和公司，一份工作对于员工来说，不仅仅是谋求生存的手段，同时，对现代人来讲，工作更是实现自我价值，获得自我肯定的方式。因此，人人渴望能够从工作之中获得满足感和成就感，甚至工作对员工意味着另一个大家庭。管理者虽然与员工只是同事关系，但一个聪明的管理者就不会只看到这一层关系，他们还可以是伙伴，是朋友，是家人。作为管理者，除了在工作中扮演权威的角色外，还可以成为员工的依靠。定期且适时的关系，能够让员工倍感温暖，增强与团队的凝聚力。有了管理者的关系，员工会对团队更加忠心不二，也就能够为之付出更多的心血。

有远见的管理者已经悟出了"爱员工，企业才会被员工所爱"的道理，因而越发注重软管理的效果。管理者为员工营造"家庭氛围"，构建"情感维系的纽带"。管理者为员工搞福利，为员工过生日，当员工结婚、晋升、生子、乔迁、获奖的时候，管理者可送上祝福，目的就是让员工感受到家的温暖。感情牌，也算是企业的一种情感管理。在工作中，管理者要多些热心和耐心，一个"情"字可以有千言万语，对员工来说，就是带着亲切感。管理者热情对待员工，久而久之，员工就能够感受到管理者的情意，从而与管理者更加贴心。

2. 引导员工表达情感

人都有七情六欲，本身就是感情动物，岂能不谈感情。团队中也是一样，不是冷冰冰的只有工作，管理者要引导员工积极地表达内心的情感，无论是喜怒哀乐，都可以毫无保留的表达出来。当管理者侧耳倾听时，员工对管理者，对团队的依赖就又多了几分。如果员工乐于向管理者表达情感，说明他对管理者是充分信任的。团队虽然不是员工情感发泄的窗口，但是，管理者可以在不影响工作的前提下，通过引导员工表达情感，来提升团队的凝聚力。

3. 及时予以肯定

下到三岁刚会走，上到九十九，没有人会排斥赞美。管理者要增强员工的自信心和工作动力，就要学会及时地予以肯定，多表扬他们的工作，让他们感受到管理者的认可。一个和谐且懂得合作的团队，战斗力一定不凡。

4. 学会耐心倾听

但凡存在上下级别的关系，在这段人际交往中就必然有人处于被动，而员工必然是被动的一方。尤其是在沟通上，管理者习惯于成为强势的一方，员工多数时候只有被动去听，而没有机会吐露自己的心声。管理者要给员工一个表达真实想法的机会，在员工表达个人观点的过程中，管理者不能随意打断，要侧耳倾听，让员工感觉到管理者对自己的重视。

管理者与员工的亲密感，建立在相互尊重、互相理解的基础上，只有管理者能够耐心倾听员工的想法，并且设身处地为员工着想，真正理解员工，才能让沟通有效。管理者要坚持"公开、公平、公正"的管理原则，坦诚地与员工沟通，最大限度地调动员工的生产积极性。

5. 提供有人情味的工作环境

工作场所是员工一天之中待得时间最长的地方，因此工作环境的好坏直接影响着员工的工作心情。关爱员工，首先从改善员工的工作环境入手。

很多知名企业追求工作环境的完美，不惜斥巨资建设"花园式"企业，并且根据员工的多种需要建立和完善工作、生活设施，想方设法从工作环境上提高员工的舒适度。夏有空调，冬有热水，已经是最为基本的配套服务，还有一些写字楼，专为员工提供开展企业文化、文体活动的场所。

6. 保护员工切身利益

作为员工的"保护人"，管理者维护员工的切身利益，既是责任也是义务，除此之外，也是管理者笼络人心的法宝。《追求卓越》一书的作者甚至这样写道："这些优秀公司的经理每根血管里都渗透了关心人的精神，公司之所以需要各级经理，主要原因正是因为公司里有人，经理们完全明白这一点，并且以此作为生活的主要内容。"国外优秀公司之所以成功，有一条最基本经验，就是构建了一套完善的物质奖励制度，此外还有多种多样的精神鼓励的办法，以激励员工的工作热情。

情商越来越受到人们的重视。当前，有些企业在管理上实行面对面的"走动管理"，管理者常会去到生产现场与员工近距离接触，通过了解情况从而第一时间解决问题。在与员工的更多接触中，言行一定要发于心，密切感情沟通，培养牢不可破的信任感。管理者要善于进行充满人情味的情感管理，为团队内部增强黏性。

二、换位思考，彰显管理者的气度

《论语·卫灵公》曰："躬自厚而薄责于人。"换位思考是一种修养，更是一种能力。

换位思考要求管理者能够做到"以员工为本"，凡事多站在员工的角度思考问题。多一些宽容，多一些理解，多一些尊重，而少一些苛求，少一些埋怨，少一些指责，让团队氛围更加和谐。

毫不夸张地说，换位思考的益处良多，能让沟通更顺畅，能让管理更到位，能让团队更和谐。诚心与诚意是换位思考的前提，管理者面对员工时，要秉承一颗真诚之心，与员工坦诚相待，这样才能真正做到将心比心。相互了解，相互尊重，彼此信任的关系才能建立起来。

有一个小故事，可以说明这一点。有一头猪、一只绵羊和一头奶牛，被牧人关在同一个畜栏里。有一天，牧人将猪从畜栏里捉了出去，只听猪大声号叫，强烈地反抗。绵羊和奶牛讨厌它的号叫，于是抱怨道："我们经常被牧人捉去，都没像你这样大呼小叫的。"猪听了回应道："捉你们和捉我完全是两回事，他捉你们，只是分你们的毛和乳汁，但是捉住我，却是要我的命啊！"

立场不同，看待事物的角度也就不同，管理者与员工处在不同的地位，对于当下彼此的感受很难做到充分地理解。因此，管理者应该换位思考，以一颗宽容的心去了解，关心员工。

在推进新计划时，管理者的态度很重要，应该是谦卑地去与员工进行商讨，尤其是重视批评的声音，认真听取员工的意见，才能俘获员工的心，由此一来，员工也就会更加乐于为公司效力。想要得人心，就要舍得花时间和心思去琢磨人心。

管理者能够换个角度去思考问题，能够辩证地看待自己，从而保持心态的平和。多方位、多角度看待问题，才能把问题看得全面，才能确保判断得准确。作为团队的掌舵人，管理者务必要保持头脑的清醒，自以为是的管理者不仅不能带领团队赢得佳绩，反而会摧毁这个团队。

一个团队由多个个体组成，每个人都有各自不同的知识构成和人生阅历，所以看待事物也就存在不同的观点。管理者作为团队的统领，一方面要以大局为重，一方面也要照顾到个体的情绪，只有管理者认识到不同岗位是同等重要的，才能真正关心呵护自己的员工，做到了换位思考，就能够解决不少矛盾。

反思一下，管理者是不是经常要员工换位思考，要求他们站在团队或是管理者的角度去思考问题？可是，管理者往往忽视了最需要换位思考的人是自己。在换位思考的状态下，无论是寻常的沟通、下达命令，还是批评建议，都能收到良好的效果，有利于管理者开展工作。

管理者的言行举止可以影响团队的走势，当管理者能够做到换位思考时，这对整个团队来说是一件值得庆幸的事情，因为管理者对换位思考的觉悟，直接决定着团队是否能够和谐相处。一位懂得思他人所思的管理者，能够为团队建立起宽松和谐的工作环境，以及协同合作的团队精神。

换位思考的三部曲：

1. 增强换位思考的意识

一千名读者就会有一千种哈姆雷特，人们往往依据自己的学识、阅历、成长环境等诸多因素所形成的世界观、价值观、人生观去看待事物，所以才会有千差万别的主观认识。因此，管理者要增强换位思考的意识，积极认识到思想差异的客观存在。同时，正如"横看成岭侧成峰，远近高低各不同"所说，处在不同位置就会有不同的视角，不同的视角就导致不同的风景，所以管理者要时刻谨记一点，允许不同观点的存在。

2. 培养换位思考的习惯

有了换位思考的意识，还要养成换位思考的习惯，真真正正地懂得去站在员工的角度看待问题，克服以自我为中心。古语有云"己所不欲，勿施于人"，就是不能将自己的思想强加于他人，在团队中，就是管理者不能将自己的想法强加于员工。当双方存在分歧的时候，可以通过换位思考来缓和心中的不快，心平气和地进行有效的沟通，而不是一门心思地想要去反驳对方，强行要说服对方。

3. 坚定换位思考的决心

管理中所出现的问题，究其原因，是多种多样的，管理者与员工都具有不可推卸的责任。管理者要切实做到换位思考，不能固执己见，忽视了听取员工的意见，这样不但不利于沟通，而且不利于解决问题。如果管理者可以实践换位思考的心态和方式，从而及时理解对方的见解，就能快速找到问题的症结所在，求同存异、达成共识，进而推动管理升级。

归根到底，学会换位思考，就是要求管理者开放自己的思维，不要局限于自己的见解中，万事万物都不只有一面，而是具有两面性甚至多面性，这是不以人的意志为转移的，不是管理者可以规定的事情。

想要与员工达成良性的沟通，必然需要管理者开阔自己的胸襟，豁达面对管理工作中的是是非非。换位思考是其中的一种技巧，管理者如果懂得做人、懂得理解、懂得尊重，那么换位思考也是轻而易举的事情。

古往今来，孔子曰："己所不欲，勿施于人。"《马太福音》中写道："你们愿意别人怎样待你，你们也要怎样待人。"打破地域、种族、宗教、文化的界限，人们都在推崇换位思考。管理者与员工不是对立敌对的双方，恰恰相反，是紧密相连的一个整体，是利益共同体。克鲁泡特金在《互助论》中提到："只有互助性强的生物群才能生存，对人类而言，换位思考是互助的前提。"因此，管理者要学会换位思考，这才是一个管理者、领导者应有的气度。

三、适时安抚，稳定军心

人不是木头、石头，都是有感情和情绪的。情绪指的是人们体验到愉快、悲伤、恐惧、憎恨、热爱和忧虑等的意识状态。它常常是一种激动、强烈的情感状态，同时伴有许多生理的变化和特殊的感觉。作为管理者，在对员工进行管理时，有一项重要的工作就是安抚员工的情绪。优秀卓越的管理者，大多善于倾听员工心声，懂得贴心沟通，这就让团队易于处在平稳的状态中。

美国心理学家阿尔伯特·艾利斯创建了情绪ABC理论，指出："诱发性事件只是引起情绪及行为反应的间接原因，人们对诱发性事件所持的信念、看法、解释才是引起人的情绪及行为反应的直接原因。"推及到团队中，造成员工情绪的因素包括工作负荷、工作条件、角色冲突和角色模糊、职业生涯发展、人际关系、攻击性行为等。因此，艾利斯指出："正是由于我们常有的一些不合理的信念才使我们产生情绪困扰，如果这些不合理的信念持续下去，会引起情绪障碍。"管理者要缓解员工的情绪，就必须创造塑造员工信仰、价值观的企业文化。

管理者要清楚一件事，员工之所以会产生负面的情绪，多是因为各种各样的压力，尤其是当团队面临挫折的时候。作为管理者，要做的不是训斥员工的无能，而是要学会去开导他们，让他们在工作中找到乐趣，毕竟现代职场不再仅仅是为了谋生的手段。在工作中，员工只有保持平和的心态，才能全身心投入到工作中，幸福感提升的同时，工作能力也会提升，一个团队才能更具有竞争力。

当代风云迭起，机遇与挑战并存，甚至挑战愈演愈烈，无论是企业还是员工自身，都面临着非同一般的考验，企业要发展，员工要生存，压力可想而知。所以在重压之下，作为管理者，就有责任和义务引导员工在压力中提升自我。

1. SWOT 理性分析

每一个团队都会有主干核心员工，他们是团队的中流砥柱，一旦团队遭遇危机或者困难，管理者首先不能自己慌了神，要对目前所处的境况加以理性的分析。员工的情绪有所波动时，管理者可以采用SWOT分析法来分析团队，当明确团队的优势、劣势之后，再捋清团队的机会和威胁，通过理性地分析得出结论，从而可以找到解决措施，为团队制定切实可行的策略。

2. 制定可行的目标

员工为团队前景而忧心忡忡时，管理者可以通过制定有效目标的方式鼓舞士气，有了目标，也就有了奔头。需要注意的是，不要制定假大空的目标，更不能制定遥不可及的目标。员工明确了团队的战略规划，明确了要达成的目标，人心也就会稳定下来。内忧与外患二者相比，内忧其实更为可怕，人心一旦成了一盘散沙，一个团队也就丧失了战斗力。

3. 优待骨干员工

团队所创造的价值，其中80%价值是由20%的员工创造的，所以这就是为什么要优待骨干员工的原因。管理者可以为员工申请优渥的福利待遇，让骨干员工享有更多优待，比如增加他们可报销的项目，增加其家属配偶能够享受的待遇，总而言之，就是为骨干员工提供更多福利，让员工能够深切地感受到公司的一番心意。

4. 越是困难越要加薪

团队遭遇危机的时候，恰恰是一个机会。有些管理者会首先考虑运营成本，有意降薪裁员，但是，有远见卓识的管理者却偏偏相反，不降反增。这样的措施不但有助于稳定员工情绪，而且能够提升员工的忠诚度。

5. 小情绪及时安抚

称职的管理者，应该对员工的情绪变化起伏有所掌握，聪明的管理者懂得"察言观色"，他们会从员工的表情和言语之中，了解员工的状态。当发现员工的情绪不对劲儿的时候，管理者要及时与之沟通，问清楚缘由，并尽力帮助员工解决问题。如果缘由涉及员工的隐私，那么管理者就不要打破砂锅问到底了，稍加提点一二，让员工知道自己的情绪已经影响到了工作，苛责的话不要说，指点开导就好。

管理者可以看情况而定，并非所有员工的情绪都需要管理者去一一安抚，要是这样，管理者就变成了居委会的大妈，实在没有那么多的精力去操心每一位员工。需要管理者多加提点的，就是那些平日里容易因个人的情绪问题耽误工作的员工，管理者要加以注意。

6. 带头调整情绪

管理者的压力必然比普通员工更大，但管理者的压力不能外露，不能让员工感受到，尤其是不能将自己的情绪发泄到员工身上。积极的情绪可以与员工分享，与员工沟通交流，让自己的情绪去感染员工，但不能让消极的情绪影响员工。

如今，员工情绪越发受到管理者的重视，比如设立咖啡屋、放松室、发泄室等，并且允许员工在工作时播放音乐来舒缓心情。四川沱牌集团为了解决员工困惑、工作压力、人际关系处理、员工自身情绪低落等问题，特意为员工成立"沱牌兰草心理咨询中心"，不仅针对于本公司的员工，甚至为他们的亲属及周边关联群体服务。德勤会计师事务所特别开通了24小时员工私密心理咨询热线，以帮助员工缓解工作压力。

当然，情绪问题与心理问题不是对等的，所以管理者无须将员工的情绪看成是心理问题，要保持平和的心态去看待这个问题，积极做出回应。管理者要多关注员工的精神需要，关心员工成长进步和自我实现，既然是团队的一分子，管理者就要保证员工在此工作是积极乐观的，是心甘情愿的。

四、投资感情，团结员工

团结员工，是管理者能否把管理工作做到位的关键。人力资本的四个因素分别是情感资本、大脑资本、组织资本和顾客资本。其中，情感资本是人力资本的基础，囊括了员工责任心、荣誉感等整体价值。管理者之所以要投资感情、团结员工，归根结底就是为了提升整个团队的战斗力，创造更多价值。

据《论语·八佾》记载，定公问："君使臣，臣事君，如之何？"孔子对曰："君使臣以礼，臣事君以忠。"团结了员工，就等于收获了员工的忠诚。

日本麦当劳的社长藤田田认为"在所有投资中，感情投资花费最少，回报率最高"。他著有《我是最会赚钱的人物》一书，书中提到日本麦当劳每年会支付巨资给医院，作为保留病床的基金。当职工或家属生病、发生意外，可立刻住院接受治疗。即使在星期天有了急病，也能马上送到指定医院，避免多次转院带来不必要的麻烦。

至于这笔钱是否会因为员工没有生病而白白浪费，他从容说道："只要能让职工安心工作，对麦当劳来说就不吃亏。"在他的管理生涯中，始终秉承一个信念，就是为员工花钱进行感情投资是值得的。

如今，单纯的物质激励越来越难以彻底笼络住员工的人心，独特的人性关怀便越发凸显其不可替代的效力，尤其是在人才流失率越来越高的当代，能够长久留住员工的秘诀是感情投资。

古人有云："动人心者莫过于情。情动之后心动，心动之后理顺。"如何投资感情，如何团结人们，古人自有一套。

据《三国演义》中记载，当时刘备与曹操的两支军队在长坂坡遭遇，由于曹军来势凶猛，刘备将保护自儿子阿斗的重任交给了猛将赵云。战斗中，刘备虽冲出了曹军的包围，但是阿斗却还在敌人阵中。赵云不顾安危在曹军阵中七进七出，终于找到了刘备之子阿斗。当赵云带着阿斗冲出曹军围堵找到刘备，将阿斗交于刘备时，刘备竟然顺势将阿斗摔在了地上，生气地骂道："为此孺子，几损我一员大将！"赵云听罢连忙抱起阿斗哭着跪拜刘备，说道："云虽肝脑涂地，不能报也。"这就是刘备的智慧，让赵云自此以后心甘情愿为之抛头颅洒热血。

同样是在三国时期，贾诩是曹操手下的谋士。贾诩是一个不会轻易表达自己看法的人，他身边没有什么狐朋狗友，而且他做人做事十分严谨。正是因为这个原因，曹操非常看重贾栩。而曹操的儿子曹丕也十分敬仰贾诩，有一天夜里曹丕去拜访贾诩，来到贾诩府上便跪在了贾诩面前。身为谋士的贾诩见到当时已经是王子的曹丕行如此大礼，顿时对曹丕死心塌地。曹丕这招是放低自己的姿态，展现自己的诚意。看似小小的举动，实则蕴含着管理者对贤才的渴求。

管理者掌控团队，就要有包容之心、宽容之心。那些在明地或暗地与管理者作对的员工，想要笼络他们，就要适当展现能够容忍他们的气度，能感化最好，轻松收服"敌对分子"，若是不能感化，再展现管理者强硬的一面。

感情投资要有实际的行动。

藤田田把员工的生日定为个人公休日，员工得以与家人一同庆祝，度过幸福喜悦的一天。这是个例，大多企业会选择在员工生日之时送上诚挚的祝福，甚至劳心劳力为员工举行生日宴会，实际上，即便是简单的一张贺卡、一束鲜花，都能让员工感动，而这种细致入微的关怀是金钱所无法达到的效果。

每位员工都希望受到管理者的重视，如果能得到管理者与众不同的对待，则更会感到高兴。管理者在平日里，可以通过一些小事来给予员工这种颇受重视的感觉。比如单独交代一些工作，让员工觉得这份工作之所以交给他来完成，是领导对他的信任和重视，从而凝聚了员工的心。

20世纪20年代末，全世界的经济十分不景气，松下国际牌自行车灯曾经畅销一时，受世界经济的影响，销售量也日渐下降。就在这时，公司的主心骨松下幸之助，因为患了肺结核就医疗养，当他得知公司主管决定将200名员工裁减一半时，身体虚弱的他表示强烈反对，并积极表态，"我们的产品销售不佳，所以不能继续提高产量，因此希望员工们只工作半天，但工资仍按一天计算。同时，希望员工们利用下午空闲的时间出去推销产品，哪怕只卖出一两盏也好。今后无论遇到何种情况，公司都不会裁员，这是松下公司对员工们的保证。"

同时，他也给出了解决问题的办法："产量减半，就从现在开始，但不解雇任何员工。我们不是通过解雇工人来减少产量，而是让他们(在工厂中)工作半天。我们一定要继续支付他们与现在同样的工资，但是取消所有的节假日。我们要求所有工人尽自己的力量推销库存积压产品。"原本员工受裁员的压力影响，整日处在紧张的状态下，听到松下幸之助如此说，心中满怀感激之情。正是得益于松下幸之助的决定，让员工感受到了来自公司的温暖。众多员工对他的命令言听计从，积极执行他的命令，最终，不但堆积如山的货品全部出售，甚至供不应求，松下电器得以在危机四伏中存活了下来。

松下幸之助有"两个轮子"哲学的主要观点，他认为："员工和经营者，是公司经营车上的两个轮子。只有当两个轮子处于协调、均衡状况时，我们才能真正得以生存、发展和繁荣，厂方和员工也能得到收益，两方面本来就是相互依存的。"

作为管理者，领导者的威严是必须要有的，否则无法服众，也就不能将团队带好。但是，在遵守组织性和纪律性的同时，管理者可以多些人情味，毕竟规章制度也是人来制定的。所以，管理者在进行工作的时候，可以适当放宽政策，灵活掌握限度。

激励人心，说到底，目的在于调动员工的积极性。所以，管理者为了打造一个有竞争力，有工作热情的团队，不妨试着投资对员工的感情，笼络一下人心，绝对不是亏本的买卖。

五、说"你"，不如说"我们"更能有效沟通

亨利·福特二世曾说过："一个满嘴'我'的人，一个独占'我'字，随时随地说'我'的人，是一个不受欢迎的人。"这并非福特二世的一己之言，经研究证明，管理者在讲话时善用"我们"比"我"更具有说服力，也更容易向员工传达彼此之间的共性和理解。

我们每个人，在交谈的时候最感兴趣的话题就是有关于"我"，也就是关于自己，但凡与自己没有关系的话题，大部分人会对此感到厌倦。所以，常说自己的辛酸不要轻易向他人吐露，你往往无法得到预期的宽慰，你的倾诉者或许对你的辛酸根本就无动于衷，甚至还会在心中感到庆幸。

试想一下，你的朋友对你说，"我最近又买了一台新车"，就在他夸耀新车如何如何好的时候，你心里想着的会是什么？新车而已，真的是无聊的话题。再比如，朋友家的宝宝会下地走路了，作为妈妈自然是感到欣慰无比，所以见人就兴高采烈地聊起此事，众人听得多了，会觉得有意思吗？不会的，宝宝会走路难道不是再正常不过的事情了吗？

试想一下，作为管理者，每次与员工交谈时，张口闭口都是"我"，"今年我的业绩不好"，员工是不是会想你的业绩不好和我们有什么关系？"今年我的业绩很不错"，员工是不是会想你的业绩难道不是所有人共同努力的结果吗？如果分别换成"我们的业绩"效果就变得不一样了，一个"我们"就是利益的共同体，共同承担责任，共同享有成功。

所以，作为管理者，要记住自己的身份，是一个团队的领导者，而不仅仅是自己，不要总是以自我为中心，谈论自己如何如何。可以理解的是，每个人都习惯于谈论自己，从自己的角度出发去看待事物，但是在管理团队的时候，管理者要清楚，你不再仅仅代表自己，你更是要以团队为核心。

不如把"我"都换成"我们"，"我们的事业"，"我们的目标"，"我们的成效"，"我们的错误"……"我们"两个字可以在不知不觉间拉近管理者与员工的距离，让员工更容易采纳管理者提出的意见，更容易接纳管理者的观点，因为员工也会认同"我们"，突出与团队息息相关的感觉。

有个剧作家，他很年轻，有些才华，却总是招人厌烦。一天，他与女朋友谈论自己的剧本，滔滔不绝，他一直在不停地说着，两个小时过去了，他才对自己的女朋友说："关于我已经谈的够多了，现在来谈谈你吧。你认为我的剧作怎么样？"他的女朋友能够忍耐他两个小时，忍耐力也是真的不错。换做其他人，估计早就打断他的话，与他说再见了。这也就是为什么他一直不受欢迎的原因，始终在围着"我"转。

管理者要注意的是，不是不可以谈论有关于自己的事情，而是同时要关注员工所关注的话题。在谈话中，管理者一直都在强调"我"以为如何，强行向员工灌输"我"认为如何，效果可想而知，但如果管理者可以换个角度，从"我们"出发，言语间以"我们"为主语，就能让员工产生同感，从而融入到管理者的话题中来。

《福布斯》杂志上曾登出一篇为《良好人际关系的一剂药方》的文章，总结了人际交往中最为重要的几个字。最重要的5个字是"我以你为荣！"最重要的4个字是"您觉得呢？"最重要的3个字是"麻烦您！"最重要的2个字是"谢谢！"最重要的1个字是："你！"其中，最不重要的1个字则是"我"。

"我"说得多了，久而久之就会给员工留下太过自我的印象，虽然人人习惯于说"我"，但是作为管理者，就是要在他人尚且没有意识到问题所在的时候完善自身。会说话的管理者，会在与员工交谈沟通的过程中，尽量不去以"我"为主语，取而代之的则是"我们"，或者是你、您等第二人称，从而赢得员工的好感。

管理者作为团队的领导，必然希望得到员工的关注，也就更喜欢在员工面前以自我为中心谈论问题，自己的功绩，自己的优点，自己的付出等等，无一例外都是有关于自己，而很少去关注员工的所思所想。要知道，员工未必就会对管理者的种种话题感兴趣，如果管理者一再强调自我，不但不利于与员工拉近距离，而且会疏远彼此的关系，影响团队的和睦相处。反之，如果管理者能够在交谈中多关注员工，多给员工理解和肯定，多给员工谈论自己的机会，那么管理者就有可能成为受员工欢迎的人。

总结来说，管理者要注意以下几点：

1. 用"我们"代替"我"

一般情况下，基本上都可以用"我们"来代替"我"，这样就能拉近与员工的距离，让沟通更为畅快。比如，"为了新一年的目标，我们一起为之努力吧"。

2. 尽量少说"我"

如果一定要说"我"，那就尽量少说，能不说就不说，能说一个就不要反复来说。开头一个"我"足以，后面的言语中都可以将"我"省略。比如，"最近，我着重了解了一下大家的出勤情况，我发现，有几位同事经常迟到，我认为这是对工作的懈怠，我希望大家能够认真积极地对待工……"留下开头的一个"我"，其他的都可以不用再出现。

3. 说"我"，也要说"你"

管理者在将自己的情况说清楚之后，不要忘了员工的感受，可以多问一下"你"如何如何，而不是只有自己不停地在说，让员工完全成为倾听的人。实际上，应该正好相反才对，应该鼓励员工多去表达自己的观点，多与管理者沟通交流。比如，"对于我们刚才讨论的事情，你怎么看"，"我认为这个方案可行，你是否还需要补充"……

4. 平和地说"我"

即便管理者需要以"我"作为主语，也要注意自己的语气和神态，不要给人一种高高在上的感觉，这不利于与员工的相处，只需平和的叙述。

说"我们"，少说"我"。戴尔·卡耐基是世界第一的人际关系大师，他曾说过："在人成功的诸多因素中，专业技能只点15%，人际关系技能占了85%。在职场，人际关系技能很重要，毕竟世上没有完美的个人，只有完美的团队，只有能融入团队中，协作共享，才能使个体发挥最大的潜能。"

管 理 圣 经

管理不狠，团队不稳

李向阳◎编著

北京时代华文书局

图书在版编目（CIP）数据

管理不狠，团队不稳 / 李向阳编著. -- 北京 ： 北京时代华文书局，2020.6
（管理圣经）
ISBN 978-7-5699-3657-5

Ⅰ．①管… Ⅱ．①李… Ⅲ．①企业管理－团队管理 Ⅳ．①F272.9

中国版本图书馆 CIP 数据核字（2020）第 061896 号

管理圣经　　管理不狠，团队不稳
GUANLI SHENGJING　GUANLI BU HEN，TUANDUI BU WEN

编　　者｜李向阳

出 版 人｜陈　涛
选题策划｜王　生
责任编辑｜周连杰
封面设计｜景　香
责任印制｜刘　银

出版发行｜北京时代华文书局 http://www.bjsdsj.com.cn
　　　　　北京市东城区安定门外大街136号皇城国际大厦A座8楼
　　　　　邮编：100011　电话：010-64267955　64267677

印　　刷｜三河市京兰印务有限公司　　电话：0316-3653362
　　　　　（如发现印装质量问题，请与印刷厂联系调换）

开　　本｜889mm×1194mm　1/32　印　张｜5　字　数｜116千字
版　　次｜2020年6月第1版　　印　次｜2020年6月第1次印刷
书　　号｜ISBN 978-7-5699-3657-5
定　　价｜168.00元（全5册）

前 言

带领团队，一起搏未来

什么是成功？成功＝团队＋成果。

什么是团队？团队＝成员＋管理。

成功看起来像是一个人的英雄史，可是当拂去荣耀的浮尘后便不难发现，那些曾经白手起家，凭着一个人便力挽狂澜的传奇故事，已经很难在这个时代上演。

作为"商业传奇"的马云带领阿里奔向美国纽约证券交易所，作为"搜索巨头"的李彦宏率领着百度走进美国纳斯达克。他们一次又一次地用团队创造奇迹，用一场又一场战斗谱写了属于他们的壮美诗篇，用一个又一个的成果撰写了世人仰望的成就。

当管理者看到这里的时候，心中满是对这些成功人士的钦佩与仰望，并在脑海中开始探求他们成功背后的原因。

没有谁可以独自成功。阿里巴巴的成功凭借的是"十八罗汉"，百度的成功凭借的是"七剑客"，腾讯的成功凭借的是"五虎将"，脸书的成功凭借的是"四君子"，小米的成功凭借的是"七人团"……

在世界范围内，成功的团队车载斗量，但依靠单打独斗闯出一片天的人却是凤毛麟角。

每一个出色的管理者背后总是拥有一支凝聚力极强的团队。所以，管理者必须意识到个人英雄主义的时代早已成为历史，而带领团队冲锋陷阵却是正当其时。

"管理团队"绝不是简单的纸上谈兵，而是在拥有管理知识基础之上的实操行为。换言之，管理者想要带领团队拼搏未来，就一定要先学会管理团队。管理者只有学会管理、学好管理，才能带领团队在行业内拼出业绩。

有些团队看似同心协力坚不可摧，可一瞬间便如大厦倾塌。因此，组建一支真正有凝聚力和战斗力的团体并不简单。

如何提高成员的执行力，如何让团队分工明确，如何让员工对团队有归属感，如何让团队的工作效率变得更加高效，如何让团队的人才人尽其才，如何让每一位成员都具有责任感，如何让团队更快前进，如何在行业立于不败之地……

这些问题都需要管理者去思考。

如何将自己从繁忙的工作中脱离出来，如何让自己在团队中服众，如何让自己成为一名优秀的管理者，如何让自己在团队中与成员打成一片，同时也保持着自己的威信度……

这些问题也需要管理者去探索。

如果身为管理者的你对此感到迷茫，还不知从哪里找到答案，请翻开这本书。它将会一一告诉你这些问题的最佳解决方法，让你在凌乱的管理活动中找出头绪，让你在迷茫无措的管理中找到方向。

希望这本书可以给予每一个读者最有用的管理知识，让管理者可以带领着自己战无不胜的团队一起拼搏未来！

目 录
Contents

第一章　单打独斗的时代已经过去

单打独斗的人，越往前走路越窄 ················· 002

团队就是一群人去做一件事 ····················· 005

不管你多么优秀，背后都需要站着一群人 ·········· 009

能够扭转乾坤的力量，莫过于团队间同心协力 ········ 013

失败的团队无人成功，成功的团队无人失败 ·········· 016

第二章　一盘散沙无法带来高业绩

并不是人多就可以称为"团队" ·················· 022

不自律、太小气，这样的管理者做不长 ············· 026

没有执行力，一切都是空谈 ····················· 031

关注的事情太多，反而什么都做不好 ·············· 035

限制团队进步的五大错误 ······················· 039

第三章　高效团队就像狼群，一呼百应

看！狼群是这样捕食的 …………………………………………… 044

分工明确的团队才最完美 ………………………………………… 048

影响力指的是激励，而非"暴力" ……………………………… 052

员工有归属感：这就是我的家 …………………………………… 056

让员工佩服的管理者，必须有两把刷子 ……………………… 060

第四章　团队中，人才是关键

真正的优秀管理者要做的事情就是"管人" ………………… 066

不能服众，你怎么带团队？ ……………………………………… 070

让有能力的人站上"C位" ……………………………………… 074

权力下放，让员工该怎么做就怎么做 ………………………… 078

论资排辈，论的是能力而非年龄 ……………………………… 082

第五章 培养责任感，提升凝聚力

责任感是高效团队的基因 …………………………………… 088

总是犯"低级错误"，是能力问题还是态度问题？…… 090

多听多看，团队中的问题无所遁形 ………………………… 094

丑话说在前，不负责任的后果很严重 ……………………… 098

把责任落实到每一个人身上 ………………………………… 102

第六章 有成果一起分享，有困难一起克服

时刻记得"我们是一个团队" ……………………………… 108

奖励与惩罚到位，员工工作才更加积极 …………………… 113

"爱哭的孩子"更加没资格"吃奶" ……………………… 117

想要吃"大锅饭"的请离开 ………………………………… 121

对付"刺头"，要比他的"刺"更多更硬 ………………… 126

第七章　培养危机意识，共同进步

最危险的事情莫过于自认为安全 …………………………… 132

身后有狮子追逐，羚羊才会拼命奔跑 ………………………… 136

在团队内被人"PK"，总好过在业界被人打败 ……… 140

每个团队都需要一条"鲶鱼" ………………………… 144

团队中的每个人都有危机感，才不会有人掉队 ………… 148

01

第一章

单打独斗的时代已经过去

单打独斗的人，越往前走路越窄

一个智者带着徒弟在河边散步。突然，智者停下了脚步，问徒弟："一滴水，怎样做才能使其永不干涸？"徒弟想了很久，回答说："将这滴水放在掌心里。"智者笑着摇了摇头，说："想让一滴水永不干涸，只有一个办法——将它投入大海。"

一滴水想要不干涸，就需要放到大海之中。那么一个人呢？一个人如果不懂得寻找"大海"，只是一味地单打独斗，迟早也会"干涸"。

正如微软公司的创始人比尔·盖茨所说："在社会上做事情，如果只是单枪匹马地战斗而不靠集体或团队的力量，是不可能获得真正成功的。现代毕竟是一个竞争的时代，如果我们懂得用大家的能力和知识的汇合来面对任何一项工作，我们将无往而不胜。"

海尔集团的张瑞敏曾经被众人称为"中国第一CEO"，他赢得这个美誉不仅是因为他出众的个人能力，更是因为他背后的团队。

在海尔的企业文化手册中，记载着这样的一个故事。一天下午两点，海尔集团接到了一位德国经销商的电话，电话里要求他们必须在两天内发货，否则之前签署的订单将自动失效。如果想达到客户的要求，就意味着他们必须在当天下午将经销商所需要的全部货物装船。当天正好是周五，海关和商检等有关部门五点钟就要下班，所以他们必须赶在五点钟之前完成装船，这就意味着他们只剩下3个小时来准备这一切。按照正常的流程，在3个小时内完成这一系列的装货任务是根本不可能的。

不过，出现在海尔员工脑海中的第一个念头不是"我根本做不到"，而是"我应该怎么做到"。经过短暂思考之后，他们决定双管齐下，有人负责备货，有人负责报关……他们每个人都脚不沾地，全身心地投入到自己的工作当中。

当天下午5点30分的时候，德国的那位经销商收到了海尔发来的"货物已发出"的消息。看到这个消息之后，从未写过感谢信的经销商，很快便向海尔发来了一封感谢信，信中写道："我做家电十几年了，还从没有给厂家写过感谢信，可对海尔，我不得不这样做！"

试想一下，如果只有张瑞敏一个人，他是否能在短短3个小时内将所有货物装货完成，把原本不可能的事情变成可能？答案是否定的。

即使是优秀能干的张瑞敏，也需要众人的支持，需要团队的配合。

海尔，从一个名不见经传的小公司，成了一个闻名遐迩的大企业，这不仅是因为张瑞敏这个优秀的管理者，更是得益于海尔的每一个员工。

有很多管理者都希望自己可以成为传说中的英雄，但实际上抱着这种想法的管理者总会经历更多的挑战与失败。

小郑是团队的管理者。他一直觉得团队能有现在的成绩，都是依靠他过硬的个人能力，因此，所有事情他都愿意独挑大梁。

有一次，小郑接到了他人生中最大的一笔单子。为了完成这个项目，他主动将全部核心工作都揽到了自己的身上，然后没日没夜地加班，甚至晚上都留在办公室过夜。其他成员想帮他分担一些，他却认为这些成员根本没有这个能力，于是只将一些鸡毛蒜皮的小事分给了他们，自己将所有核心资料牢牢地抓在手里。

结果半个月之后，小郑因为过度操劳住进了医院。可再过几天就是和客户签合同的时候了，如今项目没有完成，其他的成员对这个项目也完全不了解。即使小郑在医院给他们大概讲解了一下，但是他们对该项目一知半解，根本无法独立完成。就这样，时间一天天过去，团队的所有成员急得焦头烂额可却束手无策。签合同的时间到了，项目还没完成，连帮客户答疑解惑的人都没有。最后，客户十分失望地离开了，甚至连违约金都懒得要了。

小郑出院之后，懊悔不已。周围其他的管理者知道这件事情之后，纷纷对小郑说道："小郑，你的管理方法错了。现在想要靠单打独斗去取得成功根本不可能，只有在团队成员的参与和帮助下项目才能完成。"

听到这些话，小郑醍醐灌顶，他也终于明白"单打独斗的人，越往前走路越窄"的道理。

如果小郑最开始的时候便将这个项目分配给团队成员，或是和团队成员一起完成，那么他便不会因为太累而病倒。就算病倒了，了解项目的其他成员也可以继续完成最后的步骤。从那以后，小郑便开始学着将事情分配给成员，让他们和自己一起奋斗。渐渐地，团队接到的项目越来越好，并且每次他们都能一起很好地完成。

如今早已不是个人英雄主义的时代，而是团队英雄主义的时代。管理者要清楚地知道，单打独斗，仅凭一己之力苦苦支撑的日子已经过去，想方设法发挥团队成员的能力才能更好地使项目顺利完成。

团队就是一群人去做一件事

有些人，可以在行业中拼出名气，赢得业绩；但些有人，却只能湮没在行业大潮之中，不为人所知。为什么会有不同的结果呢？将目光锁定在前者的时候，不难发现，这些人一般在工作中都比较努力拼搏，有自己的追求和信仰，能够为了实现理想接受与他人并肩作战；而将目光定格在后者的时候，却发现他们只是为了工作而工作，只会考虑自己的利益，对他人和集体的利益漠不关心。

曾经有这么一个故事。一个身着魔术师衣服的人来到了一个村庄，他向迎面走过来的一名妇人说："我是一个魔术师。我手里有一颗神奇的石头，只要将它放到烧开水的锅里，就会煮出这个世界上最美味的汤。"

妇人看了看魔术师手中的石头，满是疑惑地说："就这样一颗普通的石头，就能煮出世界上最美味的汤？你别开玩笑了。"

魔术师笑着对妇人说："你如果不相信我所说的话，那我现在就用这个石头煮出汤来，让你看看它究竟是不是最美味的。"

这个消息立刻在村子里传开了，大家都从家里走了出来。魔术师看了一圈，说道："你们可以先给我找一口锅和一桶水吗？"没多久，村民们就拿来了锅和水，在空旷的地上架上炉子，烧起柴火。当锅里的水已经煮沸的时候，魔术师便将那颗石头小心翼翼地放入滚烫的锅中。

过了一会儿，魔术师用汤匙尝了一口，十分满意地说："这个汤真的是很美味，不过要是能有一点洋葱就更好了。"刚说完这句话，就有人急忙跑回家里，然后拿着几个洋葱跑了回来。将洋葱放进去之后，魔法师又尝了一口："这个汤变得更加美味了，不过要是再有点肉片，那可能就会更香。"

另一个村民回到家，拿了一堆肉过来。将肉片放到锅里之后，魔术师又尝了一口，再一次说道："要是能再来点蔬菜就真是色香味俱全了。"

将蔬菜放进去之后，魔术师尝了一口，对大家说："大家都来尝一尝这个汤的味道。"每个人都用自己的汤匙尝了一口锅里的汤，然后都对汤的味道赞不绝口。此时的魔术师又开口说道："如果能有一些蘸料就好了。"听到这句话，人们纷纷跑回了家，有的拿着食盐出来，有的拿着酱油出来，有的拿着辣椒出来。大家交换着调料，称赞着这锅汤是他们喝到的最美味的汤。

其实，这个人并不是魔术师，他手中那颗所谓的"可以煮出最美味汤"的石头，也只不过是从路边随手捡来的。煮出来的汤之所以可以成为世界上最美味的汤，不过是因为每一个村民都拿出了自己的材料，他们将自己拥有的材料奉献出来，期望着"世界上最美味的汤"在自己的注视下诞生。

有人说，这些为了煮出世界上最美味的汤而竭尽所能的人，就可以称之为一个团队。也有人说，不管成员的数量或多或少，能够迸发出极强战斗力的人群都可以视为一个团队。那么，究竟什么样的人群才能称之为团队呢？

第一，成员怀着相同的信念去做同一件事情。目标一致，成员才能团结一致；信念相同，才能拥有"舍小我，成大我"的精神。

洪水过后的一个清晨，人们站在河坝上看着前面凶猛的波涛。突然有人说道："快看，那是什么？"人们随着他所指的方向看过去，一个人头大小的黑点随着波浪漂流过来。人们正打算下去营救的时候，一位老人阻止道："那不是人，那是蚁球。我在很小的时候也见过一次，不过那个蚁球有篮球大小。当它们遇到洪水或是大火的时候，它们就会迅速抱成团，直到它们上岸。现在，只要这个蚁球能够上岸，或是遇到一个大点的漂流物，就可以得救了。"

果然，没过一会儿，蚁球就靠岸了。它们像登上陆地的海军一样，有秩序地、一排排地上了岸。而不远的水中还漂着一团蚂蚁，它们是为了掩护同伴生存下来的牺牲者。

那些蚂蚁之所以可以毫不犹豫地充当牺牲者，是因为它们有着同样的一个信念——让更多的伙伴活下去。

真正的团队亦是如此。团队中的每一个成员都可以为了共同的目标和信念奋斗不息，甚至可以牺牲个人的利益。

第二，要怀着相互配合的想法去做同一件事情。即使有着相同的目标，大家各自按照自己的想法行事，缺少了有效的配合，目标也无法达成。而当团队成员带着共同的意识，互相帮助，互通有无，彼此配合，就能成为一个无坚不摧的团队，一个真正可以走向成功的团队。

有一天，锁对钥匙抱怨道："我每天24个小时辛辛苦苦地为主人看家，但他却每天将你放在兜里，带在身边。"钥匙也对锁埋怨道："你每天都舒舒服服地待在家里，不用日晒雨淋的，可我呢，没有一天是不用奔波劳碌的。"

几天之后，钥匙也想过锁那样舒服的一天，于是它将自己悄悄藏在了沙发的缝隙之中。等到主人出门回来的时候，找遍全身也找不到钥匙，一气之下他便找人将锁给砸了，换了一个新锁。当主人坐在沙发上的时候，却发现了钥匙。他拿起这把钥匙，生气地说："锁都已经换掉了，现在留着你也没有什么用了。"说完便将锁扔到了垃圾桶里。

在垃圾桶相遇的锁和钥匙，面面相觑，最终无奈地说道："如今我们被主人遗弃，根本原因就是因为只看到自己工作的辛苦，却看不到对方的辛苦，不懂得相互配合。"

团队是由多人组成的，人多就意味着会有分歧产生，倘若团队成员可以相互理解、相互配合，就可以减少分歧的产生。

什么是团队？团队就是一群人去做一件事情，也是一群人怀着相同的信念去做一件事情，更是一群人在相互配合下去做一件事情。真正的团队是不抛弃、不放弃，为了共同的目标而奋斗。

强大的团队离不开有能力的管理者，而有能力的管理者也不能脱离身后优秀且强大的团队，两者相互配合才能将团队的力量发挥到极致。

不管你多么优秀，背后都需要站着一群人

当一个团队取得成功的时候，所有人偏向于将目光放在管理者身上，觉得任何的成功都因为站在最前面的管理者。但有多少人只看见了管理者的成功光环，忽略掉了管理者背后站着的那一群人。

如果管理者背后没有站着这样的一群人，他的成功也只不过是昙花一现，他的团队战斗力也不会长久。纵观古今中外历史，无论多么伟大的成功者，他们的背后总是站着一群人，而那些崇尚个人英雄，喜欢单打独斗的人，总是很难取得成功。

小郭在一家公司工作，基本天天加班，可是他加班完成的项目却始终没有得到任何奖金，而他的部门经理却一再得到公司的奖励。每次开讨论会的时候，部门经理总是要求小郭他们要将项目做到最好，却从来不给成员任何实质性建议。

当成员们辛辛苦苦加班，为了方案绞尽脑汁的时候，部门领导却在看着微博的热搜。当他们拿着辛苦做出来的方案让经理提建议时，领导的项目意见永远都只有一句："这个方案还是不对，不是客户想要的感觉，你们再重新做一份。"

成员们把方案多次修改调整之后，终于使上级和客户满意了，但是让小郭他们没有想到的是，上级在表扬的时候并没有表扬他们所在的部门，而是只表扬了他们的部门经理。

后来，小郭终于知道部门经理每次在向上级汇报方案的时候，从来都不提成员的辛苦和付出，反而将所有的功劳都揽到自己身上，并委婉地表示出部门成员都很年轻，做出的方案有所欠缺，最后还是在自己加班修改之后才交出这样一个满意的方案。

小郭等人对经理的这一做法表达了不满，但经理却始终没有认识到自己的错误。在多次争吵无果之后，小郭选择了离职，之后，部门的很多员工也都纷纷选择跳槽。小郭原本所在的部门成了公司里离职率最高的部门，工作效率大大降低，部门经理也被上级调换了岗位，变成了一名普通职员。

身为管理者的你，是不是也会犯部门经理这样的错误，将团队的功劳当作自己一人的功劳，丝毫不懂得尊重团队成员的付出，认为自己才是让团队成功的重要原因，而其他人都是可有可无的存在。但实际上真的如此吗？阿里的"十八罗汉"、腾讯的"五虎将"、脸书的"四君子"、小米的"七人团"……

无数事实证明，无论是多么出色的企业，多么优秀的企业家，他们的背后都一定站着这样一群人，这群人帮他们制订规则，帮他们将制度与计划落地执行。在这个新时代，没有谁的成功是依靠自己就能达成的，个人的英雄时代早已成为过去，那些曾经凭借一己之力力挽狂澜的强人早已被时代所淘汰。

那么，管理者背后站着怎样的一群人，才能被定义为真正优秀且成功的管理者呢？

第一，背后站着一个团队。当管理者看不到或是忽略成员的努力和付出的时候，这个成员所组成的便不是团队，而是人群，一个随时都会走向失败的人群。

大海曾经对水滴说："你们对我来说，毫无意义。如果没有我，哪有你们的存在？"水滴们听后都纷纷离开了这个大海。慢慢地，这个曾经一望无际的大海干涸了。而那些曾经被蔑视的小水滴汇聚成了新的大海。

大海之所以成为大海，就是因为无数个小水滴的存在；而成功的团队之所以成为团队，正是因为成员们凝聚在一起为了共同的目标共同打拼。人们常说，"打江山容易，守江山难"，团队的发展亦是如此。组建团队容易，但是管理团队、带好团队却是难事。

管理者必须将团队成员凝聚在一起，带领他们为了共同的目标不断前行，这样才能使团队成员有信心面对一切困难和挑战，并在自己的带领下使团队一步步走向成功，一步步走向辉煌。

第二，背后站着一个有团队精神的团队。团队精神可以使原本毫无战斗力的团队变成战斗力爆表的团队，可以让一个籍籍无名的团队成为后起之秀。没有团队精神的团队只是一盘散沙。

索尼公司是享誉全球的著名企业，但是从2008年起，索尼连续7年业绩亏损。索尼当任CEO平井一夫极力推行转型调整，但结果仍是不如人意。而平井一夫对这一现象总结了三点原因："激情集团"不存在了、"挑战精神"消失了、"团队精神"消失了。当团队精神开始消失，索尼公司便从业界的创业先锋沦为了落伍者。

团队精神是凝聚成员的"纽扣"，是团队保持激情与活力的重要因素。管理者想要"守好江山"就必须让团队成员具备团队精神。

第三，背后站着一个有专业知识的团队。每个团队都必须有专业的人。刘备为什么可以在群雄之中脱颖而出？因为他文有诸葛亮，武有关羽、张飞、赵云等人，这些人都是使刘备成为三足鼎立中一足势力的强大支撑力。

管理者也必须注意这一点。一方面，管理者要在招聘的过程中，挑选出自己和团队所需要的成员。另一方面，管理者要在管理过程中发现成员的长处，对他们进行适当的调整，让他们最大程度地发挥自己的作用和价值。

管理者的成功是因为团队的成功，管理者的优秀是因为团队的优秀。实际上，一个真正优秀的管理者，会懂得成功源自团队，源自他背后的每一个人。管理者始终都要记得一个道理：管理者并不意味着全能者，但一定要是一个能使团队成员凝聚在一起做事情的人，也是一个懂得最大限度发挥团队成员作用和价值的人。

能够扭转乾坤的力量，莫过于团队间同心协力

　　大海之所以宽广，是因为有成千上万条河流向它汇聚；宇宙之所以浩瀚无垠，是因为它包容繁星；狼群之所以所向披靡，是因为它们有着强大的凝聚力……那我们的团队呢？要想使团队发挥强大的作用，团队的成员就要同心协力。

　　一个同心协力的团队能够披荆斩棘，甚至扭转乾坤；而一个没有凝聚力的团队就如一盘散沙，根本没有丝毫战斗力。

　　孙先生开了两家分公司。一天，他派了总部两个优秀的成员，分别管理新开的两家分公司。第一个成员生性敦厚，待人热情，对成员和善，对客户真诚，所以找他合作的人越来越多。虽然合作的人越来越多，但是第一个成员管理的分公司仍然入不敷出。这是为什么呢？原来这个成员根本不懂管理财务，账务往来弄得一团糟。虽然有源源不断的生意，可实际上并没有创下多少收益，甚至公司的好几笔欠款根本没有讨回。

　　而另一个管理分公司的成员在管理财务方面有着极为丰富的经验，对团队的管理也极为注重。在最开始的时候，也有很多客户来寻求合作，可是这个成员虽然做事果断，但是每天都阴沉着脸，给人的感觉太过严肃。久而久之，有很多客户都不愿意和他合作了，这家分公司的业绩也开始不断下滑。

两个月之后，孙先生来检查这两家分公司，发现二人都将分公司管理得一塌糊涂。为了弄清原因，孙先生在两家分公司分别待了几天。

后来，孙先生将这两个成员放在了同一家分公司。让第一个待人热情的成员负责公关，而让那个严肃的成员负责财务管理。果然，一段时间之后，分公司由亏转盈，发展得越来越好。

待人热情的成员不懂得财务管理，导致入不敷出，所以，他并不能让团队真正发展；严肃的成员虽然懂得财务管理，却并不善于公关，所以，他也不能让成员快速成长。可是当他们两个结合在一起的时候，就可以取长补短，让团队得到发展壮大。事实证明，单打独斗会让他们越走越窄，而同心协力却可让团队发展的势头越来越猛。

那么，如何让团队成员同心协力呢？

第一，明确团队的发展目标。没有前景，就没有动力；没有目标，就没有方向。在最开始的时候，管理者就必须为团队成员明确团队的发展目标，让他们可以有着相同的奋斗目标，有着相同的终点，而不是每个成员都有着自己的想法，都只是为了自己的利益去工作。没有共同的奋斗目标，团队将不再是团队，而是普通的一群人。

管理者想要做到这一点，就要将目标细化和阶段化。管理者将阶段化的目标分解到每一个成员身上，让他们可以有一个短期的奋斗目标；同时也要将目标细化，让每个成员都能从目标中找到自己的价值并为之努力。

第二，统一的团队核心价值观。如何让团队同心协力？薪资，待遇，平台？这些都只是让成员留下来的方法，却不是让团队同心协力的方法。想让成员互帮互助，想让团队同心协力，就必须用价值观将志同道合的人聚集在一起。

正所谓"道不同不相为谋"，管理者必须明确团队的核心价值观，而这个核心价值观必定也是所有成员所认可的。只有在此基础上，成员才能聚集在一起，从而拥有转败为胜的力量。

团队若不能同心协力，那么，一切美好的愿景和前景都将会化为泡影；团队若不能同心协力，无论成员有着多高的能力和学历，那都将是毫无用处。西班牙皇家马德里球队拥有着世界上最出色的球员，每个球员都有着让他人信服的能力，但当这些人组成一个团队时，它似乎并不像人们所想象的那样所向披靡。

这是为什么呢？原因很简单，团队绝不是因为一些优秀、出色的人才聚集在一起而得名。因为同心协力，所以蚂蚁可以拥有强盛的生命力；因为同心协力，所以狼群可以一往无前；因为同心协力，所以雁群可以飞行千里。当团队成员同心协力的时候，团队就拥有了力挽狂澜的力量。

失败的团队无人成功，成功的团队无人失败

团队，就像是航行在大海中的一艘小船，会遇到惊涛骇浪，也会遇到狂风暴雨，甚至会遇到暗流礁石。如果想要避开这些灾难，就必须依靠船长对航程的全方位掌握，舵手对方向的掌控，瞭望员对远方海面的细心观察等。如果他们合作无间，关注的是集体的利益，船或许就能安全抵达岸边；但如果他们始终都只关注个人利益，当遇到困难或者危险之时，他们可能只考虑到自己的安危，各自寻找生路，那么，这个船上的所有成员都得面临危险的境遇。

不管是管理者，还是普通成员，一旦大家在同一个团队之中，就是"一荣俱荣，一损俱损"的关系。想要团队有更好的业绩，就必须让每一个成员知道他们与团队的关系，知道团队对自己的重要性。

通用汽车公司作为汽车生产行业的佼佼者，对员工有着极高的要求，这要求不仅包括对学历的要求，更包括对团队合作的要求。

在通用电气的一次招聘中，经过层层筛选之后，人事部选出了6位最符合公司要求的求职者。人员确定之后，人事部便将名单交给了部门经理约翰。

约翰看着这6个人的简历，他们都毕业于名牌大学，在大学时期成绩优异，并且都得到了老师和同学们的一致赞扬。但是约翰知

道，公司所需要的员工不仅局限于能力和知识的出色。

为了检测他们究竟适不适合公司，约翰决定对他们进行一场别出心裁的面试。在面试的时候，约翰将6个人一起叫到办公室，给了他们每个人10元钱，并告诉他们："我们这一次的面试很简单，就是拿着你们手里的10元钱，到对面的好再来餐厅吃一顿饭，但前提是，你们6个人都必须吃上饭，不能出现有人饿肚子的现象。"

6个人听到这个要求的时候，觉得这件事情很容易办到，于是他们信心十足地走向了好再来餐厅。进去之后，这6个人分别找了一张桌子坐下来，但是等他们看完菜单才发现这里的饭菜虽然价格不贵，但是每个人最少也得花12元钱，可是他们每个人手中就只有10元钱。就算是把他们手里的钱都加在一起，也无法达到考核的标准。

无奈之下，他们只好垂头丧气地回到了约翰的办公室，将各自的10元钱原封不动地还给了约翰。约翰看着被退回的钱，对他们说道："对不起各位，虽然你们每个人都很优秀，但是并不适合我们公司。"

听到这里，他们就更加沮丧了，其中一个人反问道："那家餐厅最便宜的一顿饭也得12元，我们6个人至少得花72元，但是您就给了我们60元，这明显不够啊！这场考验根本就不可能有人完成。"

约翰笑了笑回答道："在回答你们的问题之前，你们先告诉我，你们6个人没有坐到一起吧？"6个人都点了点。约翰继续说："的确，那家餐厅最便宜的饭是12元钱。但是那家餐厅一直有一个活动，如果5个人或是5个人以上的人去那里吃饭，餐厅会免费送一份饭。也就是说，如果你们一起去餐厅，那你们就可以只用5个人的饭钱吃6个人的饭。很遗憾，你们并没有这样做。这说明你们永远都习惯以自我为中心，却忘记了团队的重要性。我们公司需要的不仅是能力和知识一流的员工，更是懂得团队合作的员工。你们若是永远都只想着自己的成功，而忽略了团队的成功，那么，团队一旦失败，你们的成功也就只是失败；但如果你们的团队成功了，你们自然也是成功的。希望你们以后不管在什么地方工作，都一定要记得：成功的团队从来都不存在失败者，同样，失败的团队也不会存在成功者，你们和团队永远都是一体的。"

6个优秀的应聘者，因为忽视了团队的作用导致了面试失败！现在社会仅仅依靠单打独斗来获得成功已不现实，越来越多的企业开始注重团队建设。的确，团队和成员的关系异常紧密，只顾自己不管团队，时刻把自身利益放在首位的人不适合现在的企业文化。

那么，管理者应该如何提升团队的凝聚力呢？不妨试着从以下两方面来着手。

一方面，管理者必须让成员明确知道：失败的团队无人成功，成功的团队无人失败。当成员一旦有了这个意识，他们就会将个人命运和团队的发展相结合。将团队的成功视为自己的成功，将团队的失败视为自己的失败。

在此基础上，成员便会为团队的成功而拼尽全力。如果每个成员都有这样的想法和精神，不仅会增加团队的凝聚力，也会提升整个团队的执行力。

另一方面，管理者必须加强成员的归属感。归属感是将每个个体的成员连在一起的黏合剂，可以让每个成员都产生一种"家"的感觉。一旦成员将团队当作自己的"家"，他们就会将自己的命运和团队的命运联合在一起。

　　成员与团队原本就是息息相关的，不过因为某些原因，这种意识逐渐被淡化。但如果管理者想让成员真正为团队而工作，就必须让他们拥有这种意识，并不断加强，而不是对团队成员放任不管，让他们沦为一盘散沙。

02
第二章

一盘散沙无法带来高业绩

并不是人多就可以称为"团队"

在这个瞬息万变的时代，个人力挽狂澜的传奇故事已经很难在这个时代续写，个人英雄主义早已不复存在。

中国互联网中的"战斗狂人"——周鸿祎带着奇虎一路披荆斩棘，在美国纽约证券所上市，市值已过百亿美元；中国零售业的"创业神话"——马云领着阿里过五关斩六将，在美国纽约证券所挂牌上市，创下全球范围内规模最大的IPO交易之一。

他们用一场场势如破竹的"战役"，打造了属于他们的宏伟王国。而他们之所以成为让人难以望其项背的存在，得益于他们背后强大的团队。

在21世纪的今天，团队越来越被管理者所重视。那么，究竟什么才是真正的团队呢？

美国著名管理学家斯蒂芬·P·罗宾斯认为，团队就是由两个或者两个以上的，相互作用相互依赖的个体，为了特定目标而按照一定规则结合在一起的组织。

但是，团队绝不是人群的机械组合，也不是一群人坐在办公室中聊天八卦，这样的组合只能称之为"人群"。马云曾说过："不要让你的员工为你干活，而让我们的员工为我们的目标干活，共同努力，团结在一个共同的目标下面，就要比团结在你一个企业家底下容易得多。所以首先要说服大家认同共同的理想，而不是让大家来为你干活。"

团队，是每一个人都有着相同的目标和使命，并为之共同努力奋进。他们有着"人心齐，泰山移"的信念，从而实现了1+1＞2的结果。

美国加利福尼亚大学的一位学者曾经做过这样的一个实验：将6只猴子随机分成三组，每组2只猴子。然后将三组猴子分别关在三间空房子里，每个房间里都有一定量的食物，三间房子唯一的不同之处就是食物放置的地方不同：第一个房间的食物就放在地上，第二个房间的食物悬挂在了房顶上面，第三个房间的食物分别从高到低放置在不同的位置上。

几天之后，学者发现第一个房间里的一只猴子已经死了，另一只猴子的耳朵和腿都已经被咬了下来，躺在地上奄奄一息；第二个房间的猴子全死了；只有第三个房间里的猴子还和最开始那样活蹦乱跳。

这是怎么回事？学者从三个房间的监控里找到了答案。第一个房间的猴子进门之后便看见了地上的食物，两只猴子为了争夺食物大打出手，最后两败俱伤。第二个房间的猴子进门之后各凭本能拿食物，它们不断向上蹦跳，但始终无法取得食物，最后只能守着食物活活饿死。而第三个房间的猴子在最开始的时候也是凭借着自己的本能蹦跳取食，但随着食物高度的不断增加，两只猴子都无法再得到食物。于是，一只猴子托着另一只猴子来取食。在这样的协作之下，第三个房间的猴子每天都能获得食物，并且活了下来。

团队不以人数来定义，而是以人心来定义。正如德国人所信奉的20大人生哲理之一：一个人的努力，是加法效应；一个团队的努力，是乘法效应。团队的真正意义是可以让1+1＞2，从而实现团队的高效运转。只有团队才能拥有高效的执行力和协作能力，也只有团队才能打造出一流的战斗力。

一个真正的团队成员不会计较个人得失，对共同的目标总是抱有持之以恒的决心。遇到挑战时，团队成员会齐头并进；遇到机遇时，团队成员会牢牢握紧。那么，作为管理者应该如何打造出一支真正意义上的团队呢？

第一，一个真正的团队必然有一位出色的管理者。管理者，是成员的上司，也是老师；是成员的同事，也是朋友。管理者会在士气低迷的时候鼓舞士气，在士气高涨的时候带领成员一往无前。

一方面，管理者需要指导成员，为他们指引当下，描绘未来，让团队成员在共同的期许和统一的目标下携手共进；另一方面，管理者需要激励成员，无论是物质上还是精神上。最后，管理者需要以德服人，以正直宽厚的品质去感染他人，感动他人。

第二，一个真正的团队必然有一个完善的团队制度。团队中不仅需要成员，更需要有留住成员的制度。不论是从晋升渠道、职业规划，还是薪酬绩效、激励体系，都必须在制度上有所体现。

留住成员需要制度，但管理成员更需要制度。正所谓"没有规矩，不成方圆"，只有在令行禁止的制度下，团队才能拥有高效的执行力。

第三，一个真正的团队必然有一个凝聚人心的团队精神。精神是成员内心的驱动力，也是战胜一切困难的精神支柱。谷歌的民主、自由与精英；万达的勤学敬业、志在必得；三一集团的自强不息、产业报国，都让他们将生存发展和精神追求相结合，形成相互促进的良性循环，从而形成团队的凝聚力和向心力。

　　一滴水漂不起纸片，大海上能航行轮船和军舰；一棵孤树不顶用，一片树林挡狂风。这就是团队力量的直观表现。一滴水只有放进大海里才永远不会干涸，一个人只有把自己和集体事业融合在一起的时候才更有力量。在此基础上形成的团队，便是成功的团队。

不自律、太小气，这样的管理者做不长

古语有云"善为人者能自为，善治人者能自治"。一个团队能否在竞争大潮中脱颖而出，关键在于管理者是否具有自律意识。古语亦有云："宠辱不惊，看庭前花开花落；去留无意，望天上云卷云舒"。一个团队能否在市场行业中崭露头角，关键在于管理者是否能克己复礼。

为什么有的管理者让人心服口服，而有的管理者则是不孚众望？为什么同样身处管理者职位，却有着这样大的差距呢？

创新工场CEO李开复曾说过："千万不要放纵自己，给自己找借口。对自己严格一点儿，时间长了，自律便成为一种习惯，一种生活方式，你的人格和智慧也因此变得更加完美。"我国当代作家王小波说："人一切的痛苦，本质上都是对自己无能的愤怒。而自律，恰恰是解决人生痛苦的根本途径。"泰迪·罗斯福也说："有了自律能力，没有什么事情是你做不到的。"

柳传志一手创办的联想一直被人津津乐道，而柳传志在科技圈也是泰山般的存在，他的自律更是让人印象深刻。柳传志的自律体现在生活中的各个方面，最基本的一点自律体现便是永远都不会迟到。柳传志不管参加什么会议，都会提前半小时到达会场，然后在车里做好准备，保证不会出现什么纰漏，最后提前10分钟进入会场。

有一次，柳传志受邀到温州一家企业参加会议。但让所有人没有想到的是，当日温州突降暴雨，柳传志的飞机无奈半夜迫降上海。

当时所有人都在劝柳传志第二天早上再起飞温州，但是柳传志拒绝了这个建议，他让人找来了一辆车，冒着暴雨连夜前往温州，终于在第二天早上6点到达目的地。

如果说提前半小时到达会场不足以说明柳传志的自律，那么在30年中，他参加的会议几乎都是提前半小时到场呢？30年中，柳传志参加的大小会议无数，但是他迟到的次数不超过10次。这是否可以充分说明，柳传志的自律呢？

此外，柳传志不仅要求自己自律，也要求周围的朋友自律。有一个故事一直被人津津乐道。有一次，柳传志和一群企业界朋友相约去度假，并提前向众人说如果有人迟到，不管是谁，他在当天都不会同那个人说一句话。那天真有一个人因为一些原因迟到了，柳传志便当着所有人的面告诉那个朋友，今天请你不要和我说话。柳传志话音刚落，当时车里的人都傻眼了。从那之后，只要有柳传志的地方，就很少会有人迟到。

柳传志用自己的自律告诉所有人：我，可信；我的公司，靠谱。而联想的成功一方面是因为它优秀的产品，另一方面则是柳传志的自律与严格。

成功的企业必定有一个自律的管理者。很多管理者认为，能够严格要求成员的人才是具有管理力的管理者。但实际上，严格要求自己的管理者才是真正具有管理力的管理者。

美国联合院校领导能力研究领域教授詹姆斯·菲舍尔，在其

《权力没有过错——用权力实现有价值的目的》一书中，提出了
"只有自律的人才能得到权力和幸福"的观点。书中这样写道：
"没有自律，你只能做出很少的成绩，很难真正地做好任何事情；
没有自律，我对你讲的所有事情，就只会比鸡尾酒会谈话和最近
读的书多起一点作用。自律是成功完成大部分有价值的事情的
基础。"

那么，管理者想要做到自律，如何将自律与大度与自身相融
入呢？

想要做到自律，管理者必须做到以下两点。

第一，有好的身体和精神状态。一个自律者绝不会追求舒适，
也不会一味地待在舒适圈中。他们会时常补充精神食粮，不断从书
中学习更多的专业知识和管理知识，他们也会抽出一些时间去锻炼
身体。

之前，王健林的一日作息表刷爆朋友圈：凌晨4点起床，4点
15分~5点健身，5点~5点30分吃早餐，5点45分~6点30分前往
机场，7点~12点15分雅加达飞海口，12点20分~12点45分到达
海南迎宾馆，12点45分13点海南上级会见，13点~13点20分海
南万达城项目签约仪式，13点20分~14点10分吃便餐，14点10
分~15点前往机场，15点~19点10分海口飞北京，19点30分~20
点10分到达办公室……

这一作息表的出现让无数人惊讶不已，为什么万达公司可以在
房地产市场中成为首屈一指的存在，其中一个原因想必就是作为管
理者的王健林的自律吧。一个管理者尚且如此勤奋，企业成员又怎
么甘心成为碌碌无为，得过且过的人呢？

曾国藩说过，"天下古今之庸人，皆以一'惰'字致败。"管

理者往往有着极高权力，如果管理者缺少了自律，团队将会一路走下坡路。因此，管理者必须勤劳自律。

第二，吾日三省吾身。早在千年之前，孔子就在《论语》中写道："吾日三省吾身：为人谋而不忠乎？与朋友交而不信乎？传不习乎？"即使时到今日，这句话仍然对管理者有着巨大的指导意义。反省自己每日是否对团队尽心尽力，是否对成员足够坦诚，是否将新学习的管理知识运用到团队管理之中。

想要自律，必先自省。管理者只有在自省反思之后，才能对自己存在的缺点予以改进。

自律，往往是普通人士成功的重要原因之一，也是管理者成功与否的原因。青岛海尔集团CEO张瑞敏在接手海尔30多年的时间里几经风雨，终于让海尔从一个亏空147万元的集体小厂，发展成为中国家电领先品牌。

除了自律，管理者必须不能太"小气"，否则会让成员在团队中感到"窒息"，成员也会在这种氛围下逐渐失去归属感，成为"身在曹营心在汉"的存在。

管理者想要做到大度需要做到以下两点。

第一，不要抓住成员的错处不放。金无足赤，人无完人。有时候，管理者会在成员犯错的时候严词批评。如果管理者紧抓成员的错处不放，不仅会打击成员的积极性，还会让成员产生抵触情绪。

在对待成员的错误上，管理者要学会利用激励法或是幽默式的批评方式，让员工以最积极的心态去对待自己所犯的错误。所以，想要成为一个真正的管理者就必须让自己宽以待人，而不是严以律人。

第二，给成员一些试错的机会。犯过错之后，一般就能知道如何做到更好。如果始终不敢放手让成员去试错，这既会让成员安于现状，更会让团队故步自封。

都说胆小的做不了将军，同样，胆小的也做不了管理者。如果管理者不敢放手让成员去尝试，那么不仅这个管理者做不长久，这个团队也会时刻处于轰然倒塌的危险境地。

自律和大度，两个看似很简单的词语，但想要真正做到却是十分不易。管理者应该时刻告诫自己：作为一个人，要自律，要有气度；作为一个管理者，更要比一般人自律，更要能"宰相肚里能撑船"。只有这样，这个管理者才能让员工信服，才能一直稳坐团队的管理层。除此之外，管理者还要时刻提醒自己：宁可累，也要自律；宁可试错，也要大度。

没有执行力，一切都是空谈

满街的咖啡馆，星巴克独领风骚；同在PC领域，联想名列前茅；一样的电商行业，阿里巴巴公司却能在众多电商中脱颖而出。为什么同样的行业领域内，不同的企业却有着如此巨大的差距呢？除去企业战略因素外，企业员工的执行力是拉开距离的重要因素之一。

阿里巴巴公司的创始人马云和软银创始人孙正义探讨成功时，曾不约而同地认为："一流的点子加上三流的执行力"远不如"三流的点子加上一流的执行力"。巨人集团董事长史玉柱也认为："谁的执行力强，谁的地位就高，而不是谁出了好点子，谁就厉害。"

杰瑞和约翰同时进入一家公司工作。但是3个月之后，杰瑞青云直上，成了部门主管，而约翰却还在原地踏步，依旧是个小职员。约翰不明白为什么公司老板如此厚此薄彼，所以他敲开了老板的办公室询问原因。

老板听完约翰的话之后，并没有立刻解释原因，而是对约翰说道："你去市场上看一下，现在有没有卖土豆的。"过了一会儿，约翰回来汇报："只有一个农民拉了一车土豆在卖。"

"大概有多少斤？"老板问道。

约翰只好再一次回到市场上去问，接着返回办公室回答："大概有100斤。"

"每斤多少钱？"老板继续问。

约翰无言以对，嗫嚅道："您刚才没有让我问价格呀。"

老板听完之后，便让他在一边等待，同时将杰瑞叫进了办公室："你去市场上看一下，现在有没有卖土豆的。"

过了一会儿，杰瑞回来了，向老板汇报："今天市场上只有一个农民在卖土豆，大概有100斤左右，每斤价格1.25元，如果我们批发的话，可以按每斤1元买进。按照我们以往的销量来计算的话，我们差不多一星期左右就可以全部卖完实现盈利。"

杰瑞和约翰都在执行老板的任务，但杰瑞是具备执行力的人，约翰却不是。这就是两人逐渐拉开距离的原因。

如果团队成员都像约翰一样执行任务，整个团队的执行力就会降低，而且所有的计划和制度都将化为空谈。久而久之，整个团队将逐步走向失败。

有一家企业因为经营不善濒临破产，随后被一家海外公司收购。当众人以为海外公司要对破产公司实施新的管理办法时，海外公司却决定继续聘用之前的员工，制度也没有更改，唯一做出的改变就是要求所有员工必须按照之前的制度严格执行。出乎意料的是，短短一年之后，这家曾经濒临破产的公司开始转亏为盈。

没有失败的战略，只有低效的执行力。执行力是将计划和决策转化为结果的有效途径。无论是对员工，还是对团队来说，执行力是决定成败的关键。如果一个团队没有执行力，这个团队将会分崩瓦解。

管理者是否发现，团队成员自认为很努力，但是始终得不到想要的结果；永远都有干不完的工作，总是觉得时间不够用；感觉工作乏味，毫无激情；有执行，却丝毫没有效果，即没有执行力。

执行并不等于执行力。想让团队具备高效的执行力，管理者必须培养团队的整体执行力。

第一，要有合理的流程。在团队中很容易出现这样的情况：明明将任务安排了下去，但是过了一段时间之后，当管理者再去询问任务进度时，却被告知任务还未开始执行。这种现象恰恰是团队执行力低下的表现。

管理者想要改变团队的这种情况，必须从"靠管理者推进工作"变为"靠流程管理工作"。而这一转变分为两个方面：一方面是将主要任务目标下达给员工，并制订一个详细的项目实施流程；另一方面是将每个流程的完成时间标明，并保证每个项目在执行的时候信息互通。

第二，要有细致的计划。一项任务仅有目标是无法完成的。目标只是一个前进的方向，而如何完美地达成目标，才是最终目的。由于每个团队成员的理解能力不尽相同，这也会导致在执行环节出现偏差。

因此，为了避免这种情况的出现，管理者需要制订一个有效的计划方案，这样才能使团队成员按照计划高效地完成所分配的任务。同时，作为一名管理者，应该将所有任务都做出明确的书面方案，这样才能最大程度上保障员工的执行情况。

第三，要有极快的速度。EDS创始人罗斯·佩罗曾经说过："我们成功的秘诀就是：预备、发射、瞄准。"听到这句话之后，有人惊讶地问道："难道你们不先瞄准？"罗斯·佩罗笑着回答说："哪有时间先瞄准？我们都是一边打一边瞄准……"

在这个追求高效率的时代，只有做到"快"才能成为成功者。商场如战场，兵贵神速，成功的团队总是比其他团队更快一步。所以，管理者需要以身作则，在保证效率的同时带领团队以最快的速度完成任务。

第四，要有到位的监督。有这样一句话："员工不一定会做管理者安排的事，但一定会做管理者检查的事。"换句话说，没有检查就没有执行力。如果只有制度，没有监督，那么，久而久之，制度就变成了虚设。一旦制度变成了虚设，员工的执行力便会随着监督的消失而日渐削弱。

法律上有关于交通的规定："红灯停，绿灯行"，但是很多时候，行人都不会时时刻刻遵守交通规则。当交警站在路口的时候，反而会最大限度地杜绝行人乱闯红灯行为的发生。团队亦是如此，只有进行到位的监督，团队才能拥有高效的执行力。

王健林在"中欧国际工商学院20周年校庆大师课堂"上说道："万达的发展速度已经成为一个神话，特别值得一提的是万达超强的执行力。万达的执行力是靠制度、文化、严格的奖惩以及科技手段才锻炼出来的，不敢说在全世界，至少在中国是第一的执行力。"

三分战略，七分执行。如果一个团队没有执行力，也就意味着它毫无竞争力。所以，管理者想要自己的团队走向成功，就需要提高团队的执行力。

关注的事情太多，反而什么都做不好

"我的团队成员没有接受过专业的培训，一些很简单的事情他们都做不好""每次分配下去的任务，等给他们讲清楚，我自己都快干完了"……诸如此类的话，想必是大多数管理者说过的。

"我们的项目每一个步骤都需要让上司签字，等他签完字给到我们手上的时候，已经耽误我们好几天的进度了""觉得上司就是不信任我们，什么事情他都要管"……这样的话，更是时常在团队成员的嘴里听到。

管理者埋怨成员不堪重任，成员抱怨管理者插手太多，这种情况司空见惯。管理者每天劳心劳力，希望自己可以把控好每一个环节，让团队少走一些弯路，难道这样做错了吗？

"我们的目标不是超越IAT，而是逐梦全球。"乐视集团的董事长贾跃亭的这句话曾经让乐视成为众人关注的焦点。但随着时间的推移和企业的发展，乐视从之前众人难以望其项背的"独角兽"，沦为了负债累累的企业。在短短四个交易日，乐视上市市值凭空蒸发128亿元。

乐视在创办之初，其服务方向和优酷、土豆等相似，均为视频平台，主要为用户提供在线视频节目。但在之后的发展过程中，乐视先是在2013年推出了第一台超级乐视电视；2015年进军智能手机市场；之后推出了乐视体育与乐视影业；直到2016年，乐视汽车的出现，成了压垮乐视的最后一根稻草……

纵观乐视的发展史不难发现，乐视的失败是一个典型的企业多元化经营失败的案例。而与之相对的则是小米的发展现状。

小米在创立之初便将企业的重点放在了手机ROM（只读内存器）上，随后又推出了手机产品。在小米1到小米4问世期间，小米从未涉足其他领域。2014年、2015年，小米问鼎国内手机出货量第一，它的主力产品依旧是手机，从未轻易更换过。

当小米在手机行业挣得一席之地之后，陆续出产了小米路由器、小米空气净化器、小米电视等生态产品。随后，小米又涉及影视、娱乐行业，却十分谨慎。在这种情况下，即使小米所投资的其他领域有所亏损，也无法动摇小米的根基。

这也就是乐视日薄西山，而小米蒸蒸日上的原因。这样看似一个浅显易懂的道理，却经常被人们所遗忘。企业的发展如此，管理者的管理更是如此。无数管理者都在忙碌的生活中变成了掰玉米的"猴子"。一直想要面面俱到，最终却只能四面楚歌。

他们既想检查每一个成员的工作情况，又想让自己的管理尽善尽美，可是自己每天忙到精疲力尽，但团队的发展却是一团糟，业绩丝毫没有提升。

杰克·韦尔奇，曾担任通用电气集团CEO。他被誉为"美国当代最成功最伟大的企业家"，同时也被誉为"全球第一CEO"。

但正是这样一位优秀的管理者，在刚担任通用电气CEO时也曾因企业臃肿不堪和低效率而茫然无措。之后，韦尔奇便向美国管理大师彼得·德鲁克咨询。而德鲁克却只问了韦尔奇一个问题："如果现在让你投资这项业务，你是否愿意呢？"不可否认，在市场的发展变化中一些业务早已被人所遗弃。

从那天开始，韦尔奇便丢弃了那些他自己都不愿意投资的业务，只关注于领域中的顶尖业务，经过多年的努力，终于成就了通用电气集团如今的辉煌。

有时候，面面俱到看似可以帮助管理者更好地管理团队，但实际上，当管理者关注的事情太多，反而什么事都做不好。因为他们将自己的注意力和精力分散在每一件事情上，却无法完全掌握好每一件事情，最后就只能徒劳无功。

管理者想要让自己在轻松的情况下还能带领团队前行，那就需要具备两项原则。

一是坚持"多想少干"的原则。微软公司前首席执行官兼总裁史蒂夫·鲍尔默曾说："有人告诉我他一周工作九十小时，我对他说，你完全错了，写下二十项每周至少让你忙碌九十小时的工作，仔细审视后，你将会发现其中至少有十项工作是没有意义的，或是可以请人代劳的。"

有时候，管理者最应该做的事情就是"专注思考一件事"，思考如何提升团队效率，怎么提高团队业绩。而不是亲自带着团队成员埋头苦干。

二是学会区分"能做"和"该做"。大多数管理者总是喜欢身先士卒，冲锋陷阵，但这种想法是错误的，因为管理者的工作内容是计划、组织、控制和指挥。因此，管理者要学会区分"能做的事情"和"该做的事情"。"能做的事情"要交给团队成员去做，"该做的事情"才是管理者自己需要做的。抢了成员的活，而忽略了自己的任务，最后只能一无所获。

古人有云："得人之力者无敌于天下也，得人之智者无畏于圣人也。"也就是说，当得到众人的助力，你的成就凌驾在众人之上；当得到众人的想法与意见，你的智慧也就不亚于圣人了。作为管理者，已经得到了成员的助力和智慧，在拥有如此好的先天条件下，应该带领成员乘风破浪，一往无前。

限制团队进步的五大错误

一个看似和谐的团队，一个拥有无数精英的团队，却为什么干不出一个令人满意的业绩呢？团队成员彼此认识，相互了解，也深知对方的优缺点，但不论团队怎么发展，都始终发展缓慢，甚至停滞不前？

这些看似优势的东西，能够成为推动团队快速发展的助力，但也可能成为限制团队进步的"绊脚石"。在团队的发展过程中，有五大错误认知限制团队进步。

一是惧怕成员间的冲突。团队成员之间产生冲突是很常见的事情。但是有的管理者却十分惧怕这种情况的出现，在他们的眼中，如果成员之间产生了冲突就代表团队产生了裂缝。因此，管理者每时每刻不在规避成员之间产生冲突。

但实际上，成员之间的冲突真的会导致团队内部不和谐吗？不管是多么优秀的团队，在团队的发展过程中，总会有观点的碰撞，不同的想法。事实上，正是因为有这些观点和想法的冲突与碰撞，团队才能更好地改进和优化。

所以，管理者应该要在团队中建立良性的冲突。而管理者首先要做的就是在团队之间建立信任。然后在信任的基础和氛围中让成员畅所欲言，而不是让成员将自己真实的想法埋藏起来。

二是忽视成员的成功。通常，当成员没有完成任务的时候，管理者都是对他们心生不满，告诉他们："你们这次的任务完成得很失败。"但是当成员提前且出色地完成任务的时候，很多管理者往往会选择视而不见，他们认为这些都是团队成员应该做的。

一个团队的研究人员，在实验室里待了两个星期，终于攻克了一项技术难题。但当这位研究成员想要和别人分享这个成果时，却发现已经是晚上十点钟了，整个公司一片漆黑，只有经理的办公室中还亮着灯。

虽然觉得去经理办公室分享这个消息并不合适，但研究人员还是满心激动地敲开了办公室的门。当得到进入办公室的许可时，研究人员发现经理正和妻子打电话，他忽然间觉得无所适从。研究人员刚想出去的时候，经理却问："有什么问题吗？"

研究人员尴尬地说自己的那个项目完成了。

经理得知了这个消息，很激动地对妻子说道："你看，我们的团队成员完成了最难攻克的技术难题。你带一些消夜过来，我们要一起庆祝一下！"这一刻，这位研究人员感受到了从未有过的满足感。

一个聪明的管理者，不论何时何地，当知道成员取得了成功之后都会对他们进行赞美和表扬，不管这个成功是大还是小，他们都始终引以为傲。这样的激励不仅可以激发员工的积极性，还可以让员工感受到团队的温暖。

三是逃避应负的责任。如果团队之中有成员为了不承担后果，就逃避原本应负的责任，长此以往就会拖垮团队的生产力，也会让团队人心涣散。一个成员不愿意承担责任，那么，在这种负面影响下，谁又愿意去承担责任呢？管理者最应该做的就是激发每一个成员的责任感，不断强调他们的梦想和团队的愿景，让他们自发地学会承担责任。

一些员工逃避应负的责任是因为他们自身有一种无力感。他们认为成功和失败都不是由自己掌控的，他们根本无法凭借一己之力去改变结果。对于这种员工，管理者应该帮助他们建立自信，克服心理障碍。

四是对低效视而不见。具有极高竞争力的团队必然是高效的。团队的高效来自于每一个成员的高效。当团队成员的效率降低时，团队的效率也会随之降低。所以，管理者必须保障每一个成员的效率，而不是对成员的低效视而不见。

曾经有一个富豪打算重新翻盖自己的房子，他找了8个建筑工过来。在工作的第一天，这8个建筑工人有一个人懒懒散散的，对工作并不上心，富豪看见之后没有批评他，也没有放在心上。但是几天之后，富豪发现原本懒懒散散的一个人变成了三个人。但即使这样，富豪想着还有5个人给我干活，就没太在意。

但是两个月过去了，本应该翻盖完成的房子，却只完成了一半，8个建筑工人都聚在一起聊天，打扑克。富豪在这个时候终于发现，当有一个人不干活的时候，剩下的人也会被他传染，成为低效的团队。

当团队有一个成员的效率开始变低的时候，如果管理者视而不见，任其发展，那么，低效的风气就会逐渐在团队中扩散开来。所以，管理者必须重视每一个成员的效率，绝不能姑息成员的低效率。

五是拒绝倾听声音。很多管理者都希望通过下达命令来激励成员，同时在团队中树立自己的威信。很少有管理者可以倾听成员的心声，他们认为在倾听的过程中会丧失自己在团队中的权威。

"为什么要学会倾听他们的声音呢？我下达命令，他们直接执行就好了，这样多高效。"这是一些管理人员经常说的话。可实际上，倾听并不是要听成员的每一句话，而是在倾听和沟通中了解他们的工作状况和需求，帮助成员避免在工作上的失误。

万豪国际酒店集团是全球首屈一指的国际酒店管理公司，在全球130个国家和地区有超过6500家酒店。万豪酒店创始人老马里奥特退位之后，便将酒店交给了儿子小马里奥特。和他的父亲一样，小马里奥特喜欢走动式管理，经常去旗下酒店巡视。

在一次巡视过程中，小马里奥特发现酒店的客人对酒店的女招待服务评分极低。知道这件事情之后，小马里奥特询问酒店的经理是否知道问题所在，而那位酒店经理只是摇了摇头。小马里奥特又去询问了那个女招待。他经过一番沟通才明白，原来女招待因为薪资待遇比市场标准低，她想提出涨薪要求，但是经理每天除了安排任务，就再也没有任何沟通。女招待内心不满，便消极怠工。

所以，倾听成员的声音，是团队发展中不可缺少的关键一环。在倾听的过程中，管理者可以更加清晰地了解自己的团队，找出自己团队发展的问题所在，甚至可以在倾听的过程中，找到更加可行的发展方案。

招揽一群有能力的成员简单，但建立一支高效的团队却十分困难。如果管理者想要化繁为简，就需要根据限制团队发展的五大错误，作出合理的方案和对策，以此来推动团队的快速发展。

03
第三章

高效团队就像狼群，一呼百应

看！狼群是这样捕食的

黄昏时分，残阳似血，万物寂静。随着夜空的再次降临，白天人来人往的街道归于沉寂，但是森林中的猎杀才刚刚开始。

一条溪流的旁边，有一头棕黄色的狮子在河边喝水，同时竖起双耳用心聆听周围的一切。但它不知道的是，不远处正有一双眼睛盯着它的一举一动。原来一只灰狼已经在这里蛰伏了很长时间，因为它的任务就是寻找和侦查猎物。

灰狼看着这只肥美的狮子已经垂涎欲滴，但它知道自己不能独自行动。因为一旦失败，整个狼群的晚餐就会泡汤，所以，它现在唯一能做的就是将这个信息传递到狼群。

如何传递给狼群呢？仰头嚎叫绝对不可以，因为狮子将会闻声逃脱；回去汇报，狮子也有可能逃跑。

究竟怎么办呢？灰狼想到了一个好办法——将自己的味道传递回去。于是，灰狼在草边留下了一摊唾液。晚风袭来，灰狼唾液的味道就带到了狼窝中。

众所周知，狼的嗅觉灵敏度是家犬的10倍，是人类的100倍，这是因为狼的鼻子中含有两个嗅神经细胞，这让它们能检测出极微弱的气味信息的来源方向和气味的留存时间。远在狼窝的狼群闻到了灰狼的唾液味道之后，便告诉了狼王。

确认了方向之后，狼群知道它们今晚的狩猎行动马上就要开始了。一只独眼狼被狼王留在狼群里照看小狼，狼王带着三只狼以最快的速度奔向目标。

虽然以五对一，在数量上狼群有着绝对的优势，但是也不能保证狮子不会以极快的速度逃跑，因此狼王决定智取。狼王首先问清楚灰狼狮子的来处，灰狼回答道："它是从后面的枯草丛钻出来的。"思忖片刻之后，狼王迅速做出决定："灰狼先去后面的枯草丛中潜伏起来，狼王和另外一只狼则从溪边的左侧进攻，其余两只狼从溪边的右侧进攻。

"嗷呜——嗷呜——"狼王看到每只狼都进入了战斗位置，立马发出了战斗的声音。

狼，虽然没有老虎强壮的体型，也没有猎豹的速度，但是它们依然可以成为吞噬狮子的狩猎者。为什么？因为狼从来都不是单独行动。

在很多人眼里狼群是自然界中最团结的动物，而且隐藏着人类团体做大做强的秘诀。管理者领悟并学习狼群的生存法则，或许就能让团队更上一层楼。

狼群有着"野""残""贪"和"暴"的特性，虽然这些词语略带贬义，但在人类团体中赋予了全新的诠释。

"野"是指在工作中奋力前行的拼搏精神；"残"是指在工作中面对遇到的每一个问题，毫不留情地将它们消灭；"贪"是指始终对工作保持着无休无止的追求；"暴"则是指处于工作逆境时要"残暴"地对待每一个难关，不能怀有"慈善"之心，得过且过。

狼性文化对团队究竟有着怎样的推动力呢？华为技术有限公司便进行了很好的诠释。2016年8月全国工商联发布"2016中国民营企业500强"榜单，华为以3950.09亿元的年营业收入荣登500强榜首；2018年《中国500最具价值品牌》华为居第六位。

华为可以说是中国企业的典范，也是无数企业难以望其项背的存在。在30多年的发展历程中，华为正是凭借狼性文化，从本土发展到全球，从毫不起眼的民营企业发展到国际化品牌。狼性文化在华为发展过程中展示了非凡的力量。

狼群般的团队有着怎样的特点？狼性文化又对团队有着怎样的重要性呢？

第一，专注目标，顽强执着。在自然界中，狼是最有韧性的动物之一，也是目标感最明确的动物之一。支撑狼生存的技巧就是将所有的精力都集中在猎物上，不擒获目标绝不罢休。

在适者生存的市场环境中，任何团队想要"存活"下来，都需要像狼群团队一般有着共同且明确的目标。而管理者自身最需要做的事情便是为团队树立一个共同且唯一的终极目标，不管是遭遇挫折、失败都绝不退缩，带领团队勇往直前。

第二，彼此信任，互相忠诚。眺望自然界，不管是狼群团队，还是蚂蚁团队，它们即使在面临生死的时候依然信任自己的伙伴，这种信任是它们突破难关的重要原因之一。它们总是将自己的一切奉献给自己的团队，对自己的队友也是有求必应，尽心尽力地帮助同伴。

一个人获得信任的唯一方法就是先信任别人。人类团队有时候往往是因为不信任、不忠诚才导致失败。信任与忠诚是相互的，只有管理者相信成员，成员才能回以信任。如果管理者从内心不信任成员，那么，这个团队一定是一个不堪一击的团队。

第三，组织严密，纪律严明。狼是群居动物中最有秩序和纪律的族群，永远都听从狼王的指挥。正是基于狼群的服从，它们才能拥有不可估量的战斗力。

正所谓"没有规矩，不成方圆"。如果一个团队没有相应的规章制度，久而久之，这个团队就会成为一盘散沙。虽然团队需要一些人情味，但更需要制度。所以，这便要求管理者制定合理的制度，并严格执行奖惩制度，为团队带上"金箍"，实现员工的高效服从。

管理者需要狼性文化，团队更需要狼性文化。狼性文化可以更好地推动团队的快速发展，也可以在团队的发展中让成员之间更具凝聚力。

分工明确的团队才最完美

随着时代的发展和市场的变化，单一的管理方式已经无法成为团队扬帆起航、破浪前行的东风，反而是前行的最大阻碍。

对管理者来说，只有把握每个团队成员的长处，对团队成员进行更明确的分工，才能发挥员工最大的潜能。

广为流传的分工明确的团队当属唐僧团队了，这个团队可以说是一个从未失败过的团队。谈到唐僧团队，无数管理者都将其认为是优秀团队的典范。

唐僧，在很多人眼中是优柔寡断的人，实际上他却是整个团队中的精神支柱。唐僧品性坚韧、目标坚定，在任何情况下都能始终恪守自己的原则。在团队中，唐僧是"德者居上"。

孙悟空，是唐僧团队中的核心成员。在团队中他有自己的想法，知恩图报，也有着高效的执行力。孙悟空是团队中的骨干成员，是"能者居前"。

猪八戒，在大家眼中是好吃懒做的代表，但实际上他也是团队中的业务成员。猪八戒善于处理人际关系，心态好，是团队中的润滑剂。在团队中，猪八戒是"智者居侧"。

沙悟净，是大家眼中吃苦耐劳的代表。在团队中他任劳任怨、忠心不二、尽心尽职，是最踏实的员工。在团队中，沙悟净是"劳者居下"。

白龙马，是团队中最不起眼的成员，但也是最不可或缺的存在。他有着甘愿牺牲自我服务上司的精神，是团队中忠实的追随者。

孙悟空去前面探路，猪八戒化斋打水，沙悟净看护行李保护唐僧，白龙马负责解决交通问题。由此不难看出，唐僧团队有着明确的分工定位，根据每个人的特长给他们分配任务，团队成员之间相互配合，这是保证取经成功的根本所在。

试想一下，如果让唐僧去干沙悟净的工作，让孙悟空去干唐僧的工作，让猪八戒去干孙悟空的工作……那么，这个团队将会寸步难行。团队中的每个人都有不同的特点，管理者需要为不同的团队成员安排合适的职位，才能使团队成员发挥最大的潜能，使团队拥有最大的合力。

在团队中，管理者会发现有四种不同类型的成员，只有了解他们不同的性格和能力，才能给他们最合适的工作，也才能保证团队中分工明确。

第一对：进取型——保守型。进取型成员对未知事物总是抱着极大的兴趣，给他们一点挑战，他们便会大刀阔斧地完成任务。所以，对进取型的员工，管理者要分配给他们一些有挑战性和创新性的任务，比如产品研发或技术开发等创新型工作。

保守型成员总是乐于安于现状，不敢贸然前进。给他们一些日常的普通工作，他们总是可以很好地完成。对保守型的员工，管理者要分配给他们一些不需要创新的工作，比如产品维护等日常工作。

所以，管理者在分配工作的时候，要先判断该项工作是什么类型，然后再将工作分配给合适的成员。

第二对：挑剔型——匹配型。在面对两件事情的时候，挑剔型成员喜欢寻找它们的不同之处，而匹配型成员则是寻找它们之间的相同或是相似之处。

所以，管理者在分配任务的时候，如果需要成员完成协调性很强的工作，匹配型成员便是最佳选择，比如整理和辅助等工作。当管理者需要一个成员做完善任务的时候，比如项目诊断和任务纠错等工作，那么，挑剔型成员无疑是最佳选择，他们往往能找到问题，并及时改进。

根据不同类型的员工需要进行分类管理。将合适的人放到合适的位置上，即使平庸的人也能成为团队中的中流砥柱。

万科企业股份有限公司的创始人王石，可以说是深谙用人之道。在万科走过多年的风雨之后，王石将万科交给了一个在万科工作了14年，但从未做过房地产项目的人——郁亮。

很多人都不明白王石为什么选择郁亮作为万科的接班人。王石却有着自己独特的见解。他认为万科已经步入平稳期，这时候它所需要的是一个可以贯彻万科精神，并善于协调各方资源的管理者，而非一个开疆辟土的开拓者。而郁亮恰恰正是前者。

在万科庞大的团队中，有一个名叫丁福源的管理者，他主要负责人事管理。经过一段时间的观察，王石发现他思想上有些保守，但不计私利，为人和气，善于调解矛盾。慎重思考之后，王石将丁福源调到了现在的职位上——监事会监事。调岗之后，丁福源和王石配合得越发默契。

虽然王石已经退居幕后，但是他一手打造的团队却始终推动着万科高效前进。

　　管理者需要根据团队成员的实际情况，将他们放到合适的位置上。只有当团队成员起到了作用，才能展示团队的能力。

影响力指的是激励，而非"暴力"

作为企业管理者，你是否发现，在团队中员工会因为工作方法的不同而产生争议，会因为对变革措施的不满而消极怠工，也会因为无法准确理解上司的信息而消耗时间与精力……当遇到这些难题时，你是应该利用权力去强迫员工，还是应该用自身的魅力去影响他们？

为了更好地发展，某公司高薪聘请了一位向来以精明果断所闻名的CEO。CEO上任之后，开始了一系列大刀阔斧的改革：大量裁员，重新制定赏罚制度。经过一段时间之后，团队的业绩逐渐提升，本以为从此团队业绩会继续蒸蒸日上，渐入佳境。但是令所有人没有想到的是，团队在经过短暂的复苏期之后，再一次陷入了困境。

深度分析这个团队由衰转盛，再由盛转衰的原因，便会发现问题出在这位能干的CEO身上。他虽然精明果断，但也独断专行。只要团队成员犯了一丁点错误，他便会大发雷霆，然后遵循新制度严厉处罚。

久而久之，团队员工开始疏远这位CEO，除了工作中必要的交流之外，没有人会主动和他沟通。有的员工甚至害怕被训斥，不再汇报任何不好的消息，团队士气降到了低谷。

或许这位CEO认为运用自己的权力和规章制度来约束团队成员，便是影响力。但实际上真的如此吗？

影响力，是由两个方面组成的：一方面是权力性影响力，也就是源自法律、职位和制度等方面，所以权力性影响力也被称之为强制性影响力；另一方面是非权力性影响力，源自管理者的个人魅力，包括品格、才能、知识和情感等因素。

然而，很多管理者只重视权力性影响力，而忽略非权力性影响力。他们认为影响力便是权力与诸多制度所结合的"暴力"。但实际上，权力性影响力只会让员工被动服从，而且只是表面的、有限的、暂时的服从。

如果管理者具备的是非权力性影响力，将会对团队产生积极的影响。这是整个团队得以正常运作的前提条件，影响着团队的凝聚力，也会在一定程度上改变团队成员的行为。

相关数据显示，76%的管理者都无法让团队成员更加充满热情与激情地工作。由此可见，并不是一个人成为团队的管理者就可以对员工产生影响力。那么，影响力具体包含什么？

首先，是管理者可以通过认真负责的态度合理地运用权力；其次，在不同时间和环境下采取不同的激励方式；最后，通过一些活动方式在团队内部培养归属感，以此来激励员工。

刘备，从一个卖草席的落魄皇族，到关羽、张飞和诸葛亮等人追随的主公，再到成为三足鼎立之中的一大势力。很多人都不理解，刘备文不成武不就，为什么可以俘获众心？其实，刘备让诸多文韬武略的英雄齐聚麾下，凭借的不是以法治人，用"暴力"去管理，而是"以德服人"，用激励来管理下属。

史玉柱可以说是商界一抹亮丽的存在，他的创业史可谓是跌宕起伏。他曾从"神坛"之上跌落下来，又一点点积蓄力量再创辉煌。在史玉柱第二次创业初期，因为资金不足，无法给员工支付薪水。可即使是在这样的境况下，还是有无数员工始终与史玉柱共进退；无论外界如何误解他，员工们还是不曾离开史玉柱。正是依靠员工们的支持，史玉柱才逐渐走出困境。

当别人问起员工为什么不愿意离开的时候，员工的回答大同小异："无论什么时候，你都能看到他身上的个人魅力和影响力，也能透过他看到胜利的希望。"

影响力可以吸引员工，并推动和引导员工完成任务。那么，管理者应该如何运用自己的影响力来激励员工呢？

第一，不要吝惜你的赞美。美国著名女企业家玛丽·凯曾说过："世界上有两件东西比金钱更为人所需要——认可与赞美。"美国著名心理学家亚拉伯罕·马斯洛将人类需求从低到高分为五个阶段：生理需求、安全需求、社交需求、尊重需求和自我实现需求。

有时候，比起金钱和物质，认可和赞美更能让人感到满足。但是很多管理者都忽视了这一点，认为员工做得好是理所当然的，从来没有对他们的工作表示过肯定。其实有时候，无论是工作上的事情，还是待人接物方面，如果员工做得足够好，赞美一下也无可厚非。

当你赞美了员工之后，就会发现这位员工的积极性会被大大提升，并始终对自己的工作保持热情。但需要注意的是，不要在赞美员工的同时附带条件或提高工作要求，否则，赞美将会失去其本身的意义。

第二，为每个员工提供合适的职位。世界上没有两片树叶是一模一样的，同样，世界上也没有两个人是一模一样的。正因如此，管理者需要对每个员工"对症下药"，为他们寻找适合自己的岗位。一个员工如果可以找到合适的岗位，便能在自己擅长的领域创造更大的价值，为企业带来更多收益。

为员工提供了合适的岗位之后，管理需要进一步激发员工的潜在能力，并在适当的时候用不同的机会来锻炼员工，从而激发他们的创新和拼搏精神。

第三，信任是对员工最大的激励，也是最大的奖励。苏联著名教育实践家和教育理论家苏霍姆林斯基说过："对人的热情，对人的信任，形象点说，是爱抚、温存的翅膀赖以飞翔的空气。"

"这件事情你一定可以做好，所以放手去做吧！"如果管理者可以对员工说出这样的话，员工就会有一种担当重任的感觉。为了不让信任他们的管理者失望，为了证明自己的实力，员工会拼尽全力将任务做到尽善尽美。

第四，给员工自由发挥的空间。每个员工都希望自己可以有一次放开手脚大干一场的机会，但往往因为种种原因受到限制。其实，对于积极上进、渴望有所成就的员工来说，束手缚脚正是打击他们积极性的重要因素。

"自由"可以使工作具有高度灵活性。如果管理者可以在一定程度上给予他们一定的空间，那么，他们将会充分调动自身积极性，提高主动性。

一个优秀的管理者知道怎样激励员工，也知道怎样利用自己的影响力让员工兢兢业业去工作。所以，管理者的影响力是对员工的激励。

员工有归属感：这就是我的家

古语曾说："水能载舟，亦能覆舟。"一个国家如果想要长治久安，必须保障人民的衣食住行。同样，如果一个企业想要长久发展，必须为员工提供生活保障，让员工在工作中感到幸福。

有资料显示，我国47%的在职人员有跳槽意向，22%的在职人员在驻足观望，只有31%的在职人员表示不会跳槽。导致将近一半左右的在职人员想要跳槽的原因不是薪资问题，而是他们无法在企业中找到归属感。

如果员工在企业中找不到归属感，即使所在的企业可以支付高额的薪资，他们也不会选择留下来。

那么，归属感究竟是什么？归属感，其实是员工在企业工作一段时间之后，不管是在思想上，还是在感情上，会对企业产生了认同感、安全感和价值感，最终都转变成员工归属感。员工归属感一旦形成，将会对自身产生极强的自我约束力和强烈的责任感，从而形成自我激励，最终为企业创造更高的经济效益。

一对新婚夫妻在新婚之夜，新娘忽然指着不远处对新郎说："你看，老鼠在吃你们家的大米。"第二天，新娘看到老鼠还在那里偷吃，就直接抓起鞋子向老鼠扔了过去，并说道："你这不懂事的小精灵，竟敢来偷吃我们家的米。"

其实，这个看似不起眼的小故事，却隐含了一个道理：只有把自己当主人翁，才能更好地守护自己的家。同理可得，员工只有将企业当作自己真正的"家"，他们才会设身处地地为企业着想。换言之，员工的归属感可以使员工产生一种强烈的主人翁意识，投入更多的感情；同时也能增强企业凝聚力和员工忠诚度；最为重要的便是能激发员工潜能，使其自发提高业绩，最终形成一个良性循环。

当管理者可以为员工营造归属感的时候，员工也就可以为了企业的发展竭尽全力。"海底捞"的成功便是如此。

四川海底捞餐饮股份有限公司成立于1994年，是一家以川味火锅为主、融汇各地火锅特色为一体的火锅店。经过二十多年的艰苦创业，"海底捞"也从一个籍籍无名的小店，变成了一家家喻户晓的大型跨省直营餐饮品牌，甚至在海外创办了百余家直营连锁餐厅。

2008年～2012年，海底捞连续5年荣获"中国餐饮百强企业"和大众点评网"最受欢迎10佳火锅店"等荣誉称号。

2018年9月，海底捞在港交所正式上市。但是比起海底捞的上市，人们对其良好的服务态度更感兴趣，海底捞甚至还因为其良好的服务态度几度上了热搜：一个人去吃饭的时候，员工会在对面放一只毛毛熊陪伴用餐；服务员还会在消费者心情不好的时候，全程陪聊甚至讲笑话……用网友的话说就是："海底捞的服务就差帮忙付钱了。"

海底捞之所以能够将服务做到极致，并且形成自己最大的竞争力，究其原因正是源自内部营销。

所谓"内部营销"，是指将员工当作消费者，通过满足员工的需求从而使他们热爱公司品牌，并且能够把热爱转化为实质行为——满足消费者需求，从而感动消费者。

基于海底捞的内部营销，海底捞对员工的衣食住行以及其他细节都非常注重。在"衣"上，海底捞的服装都十分精致，一套工装的价格通常在100～200元之间，聘请当地最好的裁缝，按照时装画报上的款式为员工量身定做，让员工在穿上工装的时候可以感受到快乐和荣誉感；在"食"上，海底捞聘请专门的人员为他们做饭；在"住"上，海底捞的员工宿舍并不是地下室，而是正规住宅，空调、暖气、电视、无线网络一应俱全，而且定期有专人打扫宿舍，可以说是达到了星级酒店的住宿水准；在"行"上，海底捞的员工宿舍离公司地点步行不会超过20分钟。此外，在冬季供暖之前，海底捞还会为员工分配暖气袋。

除了这些方面，海底捞还有一个规矩：任职一年以上的员工离职，公司必须给离职员工8万元的离职费，无论员工离职原因是什么。但是在海底捞的发展过程中，店长以上干部就有上百人，而仅有3个人拿走了离职费。

是什么让海底捞的员工始终不愿离开这家公司？是海底捞给予了他们"家"的感觉，给了他们强烈的归属感。而这种归属感让员工在工作上充满斗志，并以最认真负责的态度对待每一个消费者。

归属感，本身是一个虚无缥缈的存在，但它却在海底捞的发展过程中起到了至关重要的作用。试想一下，如果员工不热爱这个企业，他便会对工作毫无兴趣，对待客户自然也就只是敷衍了事。但如果员工对这个企业有了归属感，他将会激情四溢，对待客户也会尽心尽力。

那么对于管理者来说，该如何增强员工的归属感呢？

第一，增强员工的管理参与度。归属感在一定程度上会使员工产生一种"我是主人翁"的意识。同样的，"我是主人翁"意识一旦出现在员工的脑海中，也会让员工产生、加强其归属感。海底捞员工的强烈归属感正是从此而来。海底捞不仅可以为员工提供良好的"衣食住行"等条件，还赋予了员工在企业中的一定发言权。

想要产生和增强员工的归属感，管理者就需要让每一位员工都积极参与到企业的管理之中，适当赋予员工话语权与决策权，让他们在参与中激发"主人翁"意识，让他们与企业荣辱与共。

第二，建立和谐有效的沟通环境。通用电气CEO杰克·韦尔奇曾说过："管理就是沟通、沟通、再沟通。"对员工来说，可以通过内部沟通来讲明自己的意见，甚至是不满。在沟通中，员工可以释放自己的感情，同时满足自身的社交需求。所以，管理者需要在管理上为员工塑造一个公开、自由、诚实和开放的沟通氛围。

这既可以实现管理者与员工之间心与心的交流，还可以最大程度上避免员工与员工之间，员工与管理者之间产生误会和不满。在这一过程中，员工可以感受到被尊重、被重视，从而对企业产生信任感，加深对企业的归属感。

第三，做好企业的人文关怀。除了薪资与晋升机制，人文关怀也是增强员工归属感的重要方式之一。很多时候，员工留在一家企业的原因不是因为薪资高，而是因为这家企业可以给他们温暖。

想要做到这一点就需要管理者在生活中多给予员工一些关怀。比如，管理者可以在节假日发放一些小礼品，这些小礼物并不需要多么贵重，它只是表达出企业对员工的珍惜和注重。或者时常进行集体的活动，因为在那一瞬间，员工将会产生一种置身于大家庭的氛围之中的感觉，这种情况往往会迅速增强员工的归属感。

增强员工的归属感不是一蹴而就的，它是一个长期的、复杂的、动态的过程。所以，在这个过程中管理者需要伴随着企业的发展逐步为员工提供越来越好的工作环境和生活环境。

让员工佩服的管理者，必须有两把刷子

"我的上司什么都不会，还总是瞎指挥，简直就是一无是处……"

"我们主管的能力还不如我们这些员工呢，我们都怀疑他是不是走后门进来的……"

不论是在现实中，还是在网络上，员工发出的类似抱怨随处可闻。在无数员工眼中，一些管理者有时候等同于无能者。

不管这些评论是否客观，管理者都应该从中看清一个真相：如果团队管理者没有超乎常人的能力，那么，他将无法令众人信服，也无法带领团队前行。

管理团队是让很多管理者都头疼不已的事情。精明能干的管理者，在谈笑之间就可以让众人信服；一无所能的管理者，只能在成员的无视中黯然退场。

董明珠，一个不断书写传奇的女强人，为珠海格力电器股份有限公司做出了很大成绩。但正是这样一个让众人仰望的存在，在最初的时候，也只不过是一个连营销是什么都不知道的单亲妈妈。

当时，36岁的董明珠独自一人南下打工。在进入格力后不久，便被主管派去了当时最艰苦的市场——安徽。在到达安徽之后，董明珠要做的第一件事不是寻找市场，而是解决遗留问题——追讨上一位业务员留下的42万元应收账款。

当时很多人都劝董明珠不要去追这笔欠款了，因为有无数的人都追讨失败了。董明珠在反复思考之后，还是选择了追讨欠款。她坚定地对众人说道："我是格力的员工，今天我接替他的位置，我就要对企业负责。"

就这样，董明珠每天不是在追讨欠款，就是在追讨欠款的路上。40天之后，董明珠竟然真的追讨回来了那笔"不可能追回来的"欠款。当时的总经理朱洪江听到这个消息后大吃一惊，并开始留心观察董明珠。

凭借着这件事情，董明珠也成了营销界的励志人物。

1992年，董明珠在安徽的个人年销售额就已达到1600万元，占格力年销售额的八分之一。随后，格力又将董明珠调到了毫无市场份额的南京。但是没想到，即使是在"一穷二白"的南京，董明珠依然"神话般"地签下了一张200万元的订单。短短一年之内，董明珠的个人销售额就高达3650万元。

1994年年底，董明珠被任命为格力经营部部长。之后，董明珠带领着格力连续11年夺得空调产销量、销售收入和市场占有率的冠军。而此时的董明珠早已是众人心中的"营销之神"。

至此，董明珠开始纵横商海，带领格力创造一个又一个财富传奇。

董明珠，一个柔弱的女子，却能够带领着格力数万人走向巅峰。凭借什么？是坚持不懈的毅力，还是精益求精的产品，抑或是令人赞叹的营销方式？不可否认，这些都是成功的关键，但董明珠的能力也是不可小觑的。

为什么无数营销高手都愿意追随董明珠？为什么无数产品经理

都对董明珠心服口服？为什么无数策划天才都唯董明珠马首是瞻？正是因为董明珠的能力与魅力。

不管是独自一人追讨回来42万元的欠款，还是带领团队连续11年斩获无数荣誉……这一切的一切无不彰显着董明珠的能力与实力。

有时候，管理者无法令团队成员信服的最大原因就是没有两把"刷子"。

"为什么我的能力并不比成员差，可他们还是不服气呢？"你是否经常发出这样的疑问。其实这个问题的答案很简单：作为管理者的你，不是要做到比成员好一点，而是要比他们好很多。

如果管理者只是和成员的能力差不多，那么，成员就会觉得相同能力的人，为什么你是管理者，而他们却是员工？在这种心理作用下，团队成员最想做的一件事情就是和管理者一决高下。一旦所有团队成员出现了这样的想法，管理者将会形同虚设，没有人会听从指挥，服从命令。

在团队中，能力在一定程度上决定着地位。当管理者有着远超成员的能力时，他们才能正确认识到两者的差距，才会在差距中信服管理者，而不是挑战管理者。

1985年，乔布斯在和约翰·斯卡拉的争斗中失去了众人的支持，被赶出了苹果公司。之后乔布斯创立了NeXT公司，并收购了皮克斯动画工作室。

离开了苹果的乔布斯依然混得风生水起，而离开了乔布斯的苹果却是每况愈下，即使一连换了三位CEO也无力回天。万般无奈之下，董事会纷纷要求将乔布斯请回苹果。最后苹果以收购NeXT公司的方式，让乔布斯回归了。之后，苹果开启了属于自己的辉煌历史。

乔布斯为什么可以去而复返，即使曾经遭到众人叛离，也可以再次荣耀返场？正是因为他自身强大的能力。即使在管理方面有所纰漏，但不可否认，乔布斯的能力无人能及。

所以，管理者不仅要以"德"服人，更要有"两把刷子"，可以做到以"能"服人。

第一把"刷子"——上有所为，下必效之。管理者的行为每时每刻不在影响着团队成员。柳传志曾制定了一条规定：上班迟到者，需要罚站半小时。但没想到，几天之后，柳传志因为电梯故障迟到了5分钟，于是身为管理者的他按照规定罚站半小时。看到柳传志的行为，联想的员工从此很少迟到了。

子曰："其身正，不令而行；其身不正，虽令不从。"管理者想要员工严格遵守规章制度，就必须先从自身开始绝不违反；管理者想要员工拥有高效率，就必须率先做出效率，干出成绩……

第二把"刷子"——学会批评，而非批判。在工作中员工有所疏漏是难免的，这个时候管理者自然要对员工进行批评。但是，批评之后的效果是不尽相同的。有些管理者的批评让员工知耻而后勇，但有些管理者的批评却让员工心生怨念。

在不同的场景，管理者需要运用不同的批评方式。对于工作上的疏漏，管理者可以在公众场合进行批评，不仅可以给其他员工起到一个警示作用，还可以让该员工对此次所犯的错误印象深刻，在一定程度上激励该员工。

但是在批评的时候，管理者要注意自己的方式，绝不能以激烈的言辞去辱骂员工，比如"你连这点小事都干不好，还能干什么""你说你就这点能力，还留在公司干什么"……这种语言不仅不会对员工起到激励作用，反而会让员工更加消极。用一种委婉或是激烈的批评方式才是最合适的，比如"我认为这次的工作并不能代表你真正的能力""我希望你下一次可以将你的全部能力发挥出来"……

管理者要学会让批评"软着陆"，让员工在批评中学习，在批评中成长。

管理者想要员工真心佩服，不仅需要能力出众，更需要学会与员工进行沟通。在能力方面，管理者要让员工产生崇拜；在交往过程，管理者要让员工感到温和。在此基础上，才能实现团队的高效运转。

04

第四章

团队中，人才是关键

真正的优秀管理者要做的事情就是"管人"

有多少管理者因为"身先士卒"的心理，不仅管人，更要管事，忙得脚不沾地，却管得一团糟；有的管理者不管事，只管人，却将团队管理得十分出色。

有一位管理者不仅管理团队的成员，也管理团队的每件事情。这个管理者是一个头脑灵活的人。每次有成员遇到困难找到他的时候，他都可以马上给出解决方案，并将所有细节都交代给成员。在这位管理者的带领下，整个团队的工作氛围很轻松，员工工作也都不怎么需要自己想办法，因为管理者总会在他们之前想出更好的解决方案。

时间长了，管理者发现自己需要管理的事情越来越多，但是团队的业绩却没有一个质的飞跃。为此，管理者头疼不已。后来，这位管理者发现自己的员工不论遇到什么问题都要过来询问他，这不仅让他疲于应对，更让成员丧失了独立的思考力。

针对这个情况，这位管理者终于明白了一个道理：直接将答案告诉成员，不如让他们自己去思考答案；去管管不完的事情，不如去管有限的成员。

想明白了这个道理之后，这位管理者终于下定决心，让成员自己思考问题，寻找答案，即使他们将事情搞砸了，也必须让他们学会自己想办法。于是，再有成员来问管理者方法的时候，这位管理者都会说："我现在也想不出来什么好的办法。但是我相信你一定能将解决方法想出来，没准你的方法要比我想出来的好得多。你明天下班之前想出5个方法，我会从你的5个方法里挑出一个最好的方法。"

这样持续了一段时间之后，管理者发现团队的工作效率有所提升，团队成员有时候也会向自己提出一些很好的建议。这位管理者虽然从一个"忙人"变成了一个"闲人"，但是他所带领的团队却从之前的"低效"转变成现在的"高效"。

有时候，管理者管的事情越多，团队越不可能有业绩；只有管理者放弃管所有的事情，而是专注于管人，团队业绩才能以肉眼可见的速度增长。

诸葛亮一直被后人推崇备至，他的一句"鞠躬尽瘁，死而后已"更是流传千古。许多人将诸葛亮称为智者，可是诸葛亮并非一个很好的管理者。为什么呢？因为诸葛亮只是管事，而非管人。他的"鞠躬尽瘁，死而后已"并没有让蜀国成为最后的赢家，而成为三国之中最早灭亡的。蜀国灭亡不仅仅因为兵微将寡，还与诸葛亮将所有的事情都揽到自己身上有很大关系。

团队是由什么组成的？单从字上就能看出，"团"的主要成分是才，"队"的主要成分是人。所以对管理者来说，管团队就是管人。美国管理学大师彼得·德鲁克也曾经表达过这样一个观点：管理要先管人。团队中很多问题都是由人所引起的，当管理者解决了人的问题，团队的问题自然也就迎刃而解了。如果管理者一直不解决人的问题，而是一直去管事情，那么，问题就会越来越多。

管理者做到什么地步才能称得上是管人呢？

第一，用制度管人。这是老生常谈的一个话题，管人最基础的管理就是定制度。只有有制度，才能有管人的标准。管理者不要认为不制定规定，就可以让成员尽情表达自己的观点，团队就能更好沟通。

如果团队之中没有制度，这个团队管理就是散漫的。如果团队之中没有"不许迟到，违者罚款10元"这条制度，成员就会认为迟到没有关系，久而久之，成员就不会有人来按时上班了。因此，只有在那些"条条框框"的束缚下才能保证团队最基本的运作。

第二，用愿景管人。一个真正优秀的管理者不仅会用制度管人，更会用愿景管人。愿景有什么用？愿景可以让成员毫无怨言地拼搏，不仅是为自己拼搏，更是为了团队拼搏。如果管理者不能学会用愿景去管人，那么，这些成员就像是由一颗颗沙子组成的山堆，看着庞大坚不可摧，实际上一旦遭遇极小的风，就可能让团队瞬间分崩离析。

当管理者能够通过愿景让自己的成员有着统一的思想和目标，那么，每一个成员都能爆发出极强的能动力，让团队的战斗力瞬间提升。

第三，用目标管人。意愿只是一种信念，一种虚幻的存在，它需要和具体的目标相搭配才能事半功倍。管理者为成员制定一个明确且具体的目标，意愿才能发挥它的主观能动性，否则，意愿就像是纸上的食物，毫无意义。

所以，管理者为成员统一愿景之后就必须趁热打铁，及时为其制定一个目标。当团队成员有了一个明确且清晰的目标之后，他们就会在愿景的极大驱动力之下，用最热切的信念去完成它。

第四，用结果管人。制定目标的最终目的是什么？是为了结果。有时候在某些程度上，过程远不如结果重要。管理者不管是定制度、树愿景，还是立目标，都是为了最后可以有一个良好的结果。

想要结果管人，管理者就必要先把控目标实现的过程。海尔的"日清日毕"就是最为有效的目标管理，只有每天的目标完成了，才能保证最终的目标可以及时完成。所以，管理者必须实时掌握成员的工作情况，当他们遇到问题的时候，及时帮助他们解决问题。

第五，用品行管人。管理者想要让成员真心信服，不能仅仅依靠制度，更要用品行去管人。正所谓：上梁不正下梁歪。管理者必须先管理好自己，让自己在团队中树立一个良好的榜样，才能得到成员的尊重，才能在团队中有说服力。

管理者必须牢记：管理者管的是人，而非事。如果管理者本末倒置，那么，这个管理者绝不会是一个真正优秀的管理者，这个团队绝不是一个战斗力强的团队。

不能服众，你怎么带团队？

管理者是可以帮助团队成员成长，带领团队前进，在面对困难的时候可以毫无畏惧，迎接挑战的人。

刘邦说："夫运筹帷幄之中，决胜千里之外，吾不如子房。镇国家，抚百姓，给馈饷，不绝粮道，吾不如萧何。连百万之军，战必胜，攻必取，吾不如韩信。此三人者皆人杰也，吾能用之，此吾所以取天下也。"为什么刘邦什么都不如别人，却成了汉王朝的缔造者？因为他的管理能力得到了众人的认可，令众人信服。

刘邦无才，却得到了韩信、张良等人的拥护；刘备无能，却有孔明、关羽等人支持。正因如此，管理者想要成功就必须服众。只有在众人相助的情况下，管理者才能带领团队拼出业绩。

那么，管理者应该如何做才能服众呢？

第一，管理者自身要有亲和力，亲近成员。很多管理者认为管人需要严肃，成员需要按照管理者的意愿和吩咐做事，只有这样才能树立自己的威信。但实际上真的如此吗？

有两家公司在同样的时间做了内容大致相似的两份宣传方案，并将方案的落实交给了公司的市场部。

但是一段时间过去了，第一家公司的宣传方案落实的并不到位。经理知道之后大为恼火，并对市场部的成员说道："我们的宣传方案上不是写得很清楚吗？为什么你们不按照上面的去做？”

成员只好无奈回答说："我们都看见也都知道呀，但是没人告诉我们什么时候开始，什么时候结束呀？"

"方案上不是写着吗？你们就按照方案上面的时间、地点和活动方式去做就好了，不要提那么多问题。好了，你们就加紧干吧，等有问题了再来找我。"

员工只好按照自己的理解将原本不错的策划方案落实得一塌糊涂。

而另一家公司的策划方案却落实的比想象中要好得多。为什么会出现这样的状况呢？这家公司的经理拿到宣传方案之后，先是开会说了一下策划案的大概内容，并让员工提出不理解的地方。等全员没有疑问了，再让他们去工作，并对他们说道："大家要是有什么不清楚的就赶紧提出来，咱们一起解决。中午吃饭的时候，大家可以坐在一起聊聊天，可以聊生活中的事情，也可以聊一聊这次的策划方案有没有什么值得改进的地方。好吗？"

结果，一段时间之后，这个策划方案在众人的完善之下越来越好。

第一家公司的管理者只能是成员"敬而远之"的对象，久而久之便会让成员产生不满。在管事的时候，管理者的确需要一些强硬手段，但如果一直这样，成员就会产生怨言。所以，管理者既要有"雷霆"手段，也要具备亲和力，将自己放到团队当中去。

第二，管理者要丰富自身知识，补足短板。对管理者来说，他是一个普通员工，更是一个管理人员。正是因为如此，管理者首先要丰富的便是自己的相关专业知识。通过书籍的阅读和专业培训等方式，不断补充自己的专业知识。

作为一个管理者，不仅要具备专业知识，更应该补充自己的管理知识，因为管理团队绝不是简单的管事，更多的是管人，而管人是最难的。这需要大量的书面知识和管理经验来辅助才能实现团队的最佳管理。

小乔治·史密斯·巴顿是二战期间著名的美国军事将领。在此之前，巴顿就读于美国西点军校，曾因为成绩问题留级一年。但后来，年仅29岁的巴顿便成为上校，带领着第一支在战场上作战的坦克部队。自此之后，巴顿声名大噪，但因为后期预算裁减问题，巴顿再一次回到了骑兵部队。

1940年，陆军急需坦克人才，陆军部队将巴顿调回。在之后一系列的战争中，巴顿一步步成为著名的军事将领。巴顿之所以可以被提升为少将，一个最为主要的原因便是他熟悉坦克，他所带领的士兵对他的专业技术心服口服。

成员没有专业技能很难在团队中立足，而管理者更是如此。想要始终保持自己在团队中的位置，想要让成员真正信服，就必须让自己的专业知识无懈可击。

第三，让成员在合适的位置上发光发热。有一则简单的寓言故事，可以用来解释为什么管理者让成员在合适的位置上就可以让成员更加信服。

曾经有一个农夫，他的驴年纪越来越大，已经拉不动磨了。正好，旁边的邻居做生意发了财，决定搬离这个小镇。在搬走的时候，他把自己家那头年轻力壮的骡子送给了农夫。

农夫很开心，便开始让这头骡子给自己拉磨。但是没想到的是，这头骡子不听话，总是想着往外跑。无奈之下，农夫只好像对待驴那样，将骡子的眼蒙住，并用鞭子催赶他。果然，骡子听话了，开始专心拉磨。

可是好景不长，没几天骡子又开始往外跑，农夫便又想了一个办法：等骡子拉一段时间磨之后，便喂它一些草料。可是几天之后，骡子又开始望着门外想要出去。各种方式都试过了，但骡子还是不听话。农夫便开始用鞭子不断催赶他，一旦它停下，农夫就会用鞭子抽它。

终于有一天，骡子受不了，便在晚上的时候挣脱缰绳逃跑了。逃跑之后的骡子遇到了另一个农夫。而这位农夫没有让骡子去拉磨，而是带着它去拉犁耕地。这头骡子再也没有逃跑过，直到它老到无法工作。

为什么骡子后来不需要农夫催赶就很卖力地干活？不是因为第二个农夫有什么特殊技巧，而是因为他让骡子干它最应该干的事情。骡子在拉犁耕地的过程中没有感到疲惫，它觉得自己在这个时候充分发挥了自己的价值。

道理相似，每一位成员都希望可以在适合自己的位置上发光发热，一展才华。当成员无法在别处施展抱负，却在这里实现自身价值的时候，他就会认为这个管理者是他的伯乐，他就会从内心敬佩你。

试想一下，如果管理者不能服众，成员还会听安排吗；如果成员不听安排，管理者又怎么去管理这个团队呢？不论是待人接物，还是专业能力，抑或是分配工作上，管理者都必须做到更好，才能让成员服气。否则，这个团队又如何前进呢？

让有能力的人站上"C位"

《论语·卫灵公》中有一篇：子贡问为仁。子曰："工欲善其事，必先利其器。居是邦也，事其大夫之贤者，友其士之仁者。"也就是说，工匠想要把工作做好，就必须让自己的工具锋利。住在一个国家，要侍奉大夫中的贤人，与士人之中的仁者当朋友。

同理，如果团队想要让自己的业绩有突破性的进展，就必须让团队中存在一些有能力的人，并让他们成为团队的中坚力量，站上团队的"C位"。当这些有能力的人站上"C位"之后，团队就会发生改变。

在日本，有一个说法——排25名就是第一。这个说法来自于松下幸之助的一次举动。松下幸之助曾以松下集团的最高顾问兼创业者的身份进行了一次人事调动。松下幸之助将自己的女婿从总经理改任为总董事长，而让山下俊彦出任总裁。当公司员工知道这个消息之后大为震惊。一方面，山下俊彦和松下幸之助没有任何血缘关系，在董事局内部的地位也只是第25位；另一方面，他是经常不服从公司决策的"问题员工"。

松下幸之助没有因为多数人的反对而改变这次的任命，他坚持启用山下俊彦。山下俊彦上任之后，根据世界市场的趋势变化和家电行业的发展趋势，大刀阔斧地对企业内部进行调整，改变了松下集团原本只生产家用电子的单一体系，转向了生产电子科技产品等多种类的生产体系，企业销售额逐年增加，开启了松下集团的新时代。

松下幸之助的这次任命，改写了松下集团的未来。曾有资料显示，松下幸之助从来不会去著名大学招聘人才，而是注重从内部员工中挑选人才并赋予他们权力，让他们成为企业的骨干成员，站上企业的"C位"。

团队想要得到一个更好的发展，就必须让有能力的人站上"C位"，让他们将自己的智慧和能力发挥到极致，推动企业不断发展和进步。管理者应该如何做，才能让团队中有能力的人站上"C位"呢？

第一，管理者要善于发现有能力的人。有能力的人永远是团队发展的决定性因素之一，因此，管理者必须具有一双慧眼，要学会知人善用。知人，是要求管理者必须清晰了解有能力的成员的过去、现在和未来，并完全知道他们的长处；善用，则是要求管理者在选拔出来人才之后将他们放置在真正适合他们的位置上。

一个秋天，屠格涅夫无意中捡到了一本《现代人》杂志，他随手翻了一下，被其中一篇名为《童年》的文章吸引住了。虽然这篇文章的作者只是一个籍籍无名的人，但是屠格涅夫格外欣赏他。

几经波折之后，屠格涅夫得知这个作者是由其姑母抚养长大的，便亲自上门对姑母表达了对作者的肯定与欣赏，并说："如果他可以坚持写下去，那他或许就能成为文学界的一颗新星。"

屠格涅夫离开之后，姑母写信给侄儿："你的第一篇小说得到了屠格涅夫的高度赞赏。"作者看到信之后，重拾了写作的信心。从那以后，这位作者笔耕不辍，终于成了一代文豪，其著作《战争与和平》《安娜·卡列尼娜》更是成为传世之作。他就是列夫·托尔斯泰。

有时候，团队成员是有能力而不自知的。因此，这就要求管理者必须细心观察，仔细甄别，从团队内部发现有能力的人，并给他们空间和平台，让他们去发挥自己的才能。

第二，管理者要授权给有能力的人。管理者授权的目的是什么？是为了让有能力的人成为团队中不可缺少的力量，成为团队的领跑者。而被选中的成员也必须是有能力的成员，只有如此，授权才能发挥其真正的意义和作用。

有一群虫子在房间里开心地开着联谊会，它们一边开心聊天，一边吃着美味的食物。没多久，他们便将带来的汽水喝完了。

但是联谊会才开始没多久，它们便决定选出一个代表去买汽水。但是它们的所在地与卖汽水的商店相距很远，因此，它们决定派一个跑得快的代表。最后，大家一致推选蜈蚣为代表，因为它们觉得蜈蚣的脚特别多，所以跑起来也一定很快。而蜈蚣也高兴地出门了。

过了很长一段时间，虫子们发现蜈蚣还没有回来，它们打算出去看看情况，但是没想到，当它们推开门的时候，蜈蚣还蹲在门口穿鞋呢。

有多少管理者也曾犯过这样的错误，想当然地认为这个人有能力做好这件事情。但实际上当真如此吗？也不尽然。有些成员只是看似有能力，但实际上能力并不出众，所以，在授权之前管理者必须确保这个成员真的能够胜任这项工作。

如果一段时间之后，发现该成员还无法完成管理者所授权的任务的时候，管理者就应该及时收回授权，避免更大的损失，然后继续寻找下一个有能力的成员。

第三，管理者要学会培养有能力的人。在团队中，那些最开始有能力的人不代表会一直有能力。想要有能力的成员始终都是佼佼者，就要求管理者必须对他们进行定期的培养和新知识的输入。

从1975年之后，三星公司便开始执行人才选拔制度。而三星的选拔依据并不是员工的学历，而是员工的实际工作能力。只要可以在工作中脱颖而出，三星就会不问出处，不问学历，将他们提升到更好的工作岗位上。

当这些成员升职之后，三星公司会不惜花费大量的资金对他们进行二次培养，让他们的能力更上一层楼，成为团队中的人才，之后让他们成为团队中的主导，站上团队的中心位置。

能力是一种"不进则退"的存在，因此，管理者在任用有能力的人之后，更要对其进行培养，让其更加优秀。但在这里，管理者必须知道，不能将所有人的目光放在最有能力的几个人身上，还应该从团队中选出进步最大，或是潜力最大的成员进行培养。只有这样，团队才会源源不断地出现有能力的人，让没有能力的成员产生危机感。

发现有能力的人、授权有能力的人、培养有能力的人，这是管理者让他们站上"C位"的三个环节。这三个环节相辅相成，缺一不可。此外，管理者必须注重这三个环节的先后性，绝不能本末倒置，否则，会让团队遭受损失。

权力下放，让员工该怎么做就怎么做

在团队中，管理者是不是每天都忙得团团转，整天为了一些琐碎的事情东忙西忙。"吃饭分任务，走路看资料，睡觉有人找"，这是多少管理者的真实状态。

管理者每件事情都亲力亲为，似乎自己不亲自把关，这件事情就会变得一团糟。想交给成员，又害怕他们将事情搞砸；将事情交给成员之后，管理者又时时刻刻盯着他们，对他们指手画脚。这种心态和行为真的适合团队的发展吗？

管理者对所有事情都亲力亲为，对所有成员都实时监管，在这样的团队环境中，管理者劳心劳力，成员会战战兢兢。如果长期保持这种情况，优秀的员工会觉得在团队中束手束脚，没有发展的空间，留下的员工可能做好了随时辞职的准备。这样的话，不要说提高团队的能力，怕是连最基本的运转都无法保证。

管理者的工作内容不是凡事亲力亲为，而是学会权力下放，只管自己需要管理的事情。

北欧航空公司曾经接到多名乘客投诉，投诉的内容就是他们公司的航班经常晚点。为此，公司董事长卡尔松进行了一系列的改革，但是这一系列改革并不是由他主导的，而是运营部部长雷诺。卡尔松对雷诺说："怎么让咱们公司成为欧洲最准点的航班呢？这就是你近期的工作目标。希望你可以给我一个满意的答复。"

几个星期之后，雷诺来到了卡尔松的办公室说："我已经想到了办法，不过可能要用6个月的时间，并花费近160万美元。"卡尔松听完雷诺的方案之后，很高兴地说："雷诺，你这个方案很好。以后这件事情就交给你全权负责。"

第二天开会的时候，卡尔松向全公司宣布了这件事情。4个月之后，雷诺找到卡尔松，并请他去验收自己这4个月的成果。各种数据和资料显示，北欧航空公司的航班准时排名位居欧洲第一。此外，雷诺对卡尔松说道："董事长，除了航班的准时，我们还为公司省下了50万美元。"

当别人都在向卡尔松请教的时候，他说："如果我一开始对雷诺说：'你负责将公司的航班变成欧洲最准时的公司，我拨给你200万美金作为经费。'并时不时干涉雷诺的管理。那可能需要等到6个月之后，雷诺才会找我，给我汇报他的工作进度，也许是刚刚完成，经费正好用完；但更有可能是工作还没有完成，经费也已经用完了，时间和经费都需要再增加。

"可我并没有这样做，而是将这件事情从头到尾地交给了雷诺，让他自己去计划和执行。而他也没有让我失望，不仅提前完成了任务，还省下了一笔钱。"

管理者的权力下放，一方面，能让自己从烦琐的工作中脱身出来，专注于自己所应管理的事情上面去；另一方面，它可以激发成员的责任感和能动力，调动成员积极性，让成员将能做的事情做到更好，有时候甚至能将不可能完成的工作完成。

权力下放可以让成员将自己所有的注意力都放在任务上，而不是将所有的事情都推给管理者，同时也可以培养成员独自解决问题的能力。

孔子有一个学生，叫作子贱。子贱进入仕途之后，担任了一个地方的官吏。他到任之后，没有大刀阔斧地进行地方改革，也没有肃清不良风气，而是经常弹琴看书，自娱自乐。但是让所有人都意外的是，该地方在子贱的管理之下，却路不拾遗，夜不闭户。这一现象让之前卸任的官员十分好奇，他便亲自登门向子贱请教原因："为什么我每天起早贪黑，兢兢业业，凡事亲力亲为，却还是存在很多问题，而你只是每天弹琴看书，却能管理得这么好？"

子贱听到这里之后，笑着回答说："你管理不好的原因恰恰就是因为你凡事都亲力亲为，只依靠你一个人的力量和能力去管理这么大的一片土地。而我却是集众人之智慧，共同管理。"

学会权力下放，团队才能在众人的努力之下，蒸蒸日上。那么，管理者应该如何做好权力下放，并保证权力下放之后，团队可以变得更好呢？

第一，权力下放之前，先找好合适的成员。权力下放并不是让管理者随意将权力下放下去，而是先找到一些优秀、有责任感的员工。这样的员工才能用权力帮助团队更好发展，而不是在得到权力之后以权谋私。

第二，权力下放的时候，告诉成员授权的范围。管理者在权力下放之前必须告诉成员他的权力范围，而不是笼统的将权力下放。如果这样，成员就觉得自己拥有着众多权力，甚至会干涉其他负责人管理，导致整个团队变得一团糟。

第三，权力下放的同时，也要责任下放。管理者要让成员知道他们拥有了之前没有的权力，自然也要担当之前没有的责任。简而言之，便是要让成员知道：你现在拥有的权力有多少，所需要的担当责任就有多少。

第四，权力下放的时候，也要信任下放。古人常说："用人不疑，疑人不用。"既然管理者决定将权力下放，就需要充分信任成员。而不是一边权力下放，一边监视、干涉他们。这样只会适得其反，会让员工觉得既然不相信我，为什么要让我去管这件事情。

所以，管理者要充分信任成员，权力下放之后，管理者不要大事小事都过问，只需要在适当的时候给他们一些指导，让他们少走弯路。

除此之外，管理者应该懂得权力下放的意义：一、合适的权力下放可以减少管理者的工作负担，不至于被琐事缠身；二、能让成员感到团队和管理者的信任，挖掘成员的潜力；三、有利于管理者发现人才，培养人才；四、可以避免管理者的独断专行，有效降低错误决策的出现频率；五、可以增强管理者与成员之间、成员与成员之间的凝聚力。

权力下放就像是一个管理的魔杖，它可以"引爆"成员自身的爆发力，也可以让忙碌不堪的管理者变成优哉游哉的指挥者，更可以使原本业绩平平的团队变成发展迅猛的虎狼之师。所以，管理者必须学会使用"权力下放"这根魔杖。

论资排辈，论的是能力而非年龄

《魏书》第六十六卷崔亮篇载："寻除殿中尚书，迁吏部尚书。时羽林新害张彝之后，灵太后令武官得依资入选。官员既少，应选者多，前尚书李韶循常擢人，百姓大为嗟怨。亮乃奏为格制，不问士之贤愚，专以停解日月为断。"这便是"论资排辈"的由来。

论资排辈，自古有之；揆诸当下，亦在盛行。千百年来，因为论资排辈的影响，多少有能力的人都受制于此。明明满腹才华，却只能屈居人下；明明技能过硬，却始终只是一个普通员工。

有多少团队，还依旧存在着论资排辈的现象；有多少管理者，还依照着按年龄排位置？当"熬"和"混"成了很多成员工作的常态，那些有能力的成员也只能在有资历的成员之下。试想一下，如果团队一直以年龄来论资排辈，那些真正有能力的成员将会认为自己在团队中毫无大展身手的机会，最后将会离开团队，寻找能施展自己才华的舞台。

小叶虽然刚毕业，但是能力极高，通过面试他成功入职到当地一家发展前景还不错的公司。因为小叶出色的业务能力，各级经理都十分放心将一些重要的任务交给他。但是没有想到的是，年底升职的时候，升职为主管的不是能力出色的小叶，而是表现平庸，但是入职时间长的小赵。小赵平时工作不努力，效率也只有普通员工的四分之一，有时候对老板分配的任务也是敷衍了事，甚至有时候会将工作推给他人。

知道这个消息的小叶震惊之余，更觉得气愤。明明自己能力好，老板分配的任务也都是按时保质保量地完成。有时候，自己还会帮助同事解决他们所遇到的难题。而小赵可以说是一无是处，凭什么是他成为主管。

第二天，小叶敲响了老板的办公室。一进办公室，小叶就问老板："为什么要让小赵当主管，他能力不行，态度也不行。公司那么多优秀的员工，为什么偏偏是他？"

老板听到小叶这样问，只好无奈回答："我知道小赵能力不行，但是他入职时间长呀。如果直接绕过他，让比他入职晚、年纪小的人当主管，他就会觉得是公司亏待他，可能就会对公司有意见。让他当主管，他没准就能学习自律，将更多精力放在工作上。"

听完这番话的小叶并没有再反驳什么，只是默默地离开了办公室。周围的同事知道了这件事情之后，纷纷劝道："小叶，这很正常。之前也有好多有能力的人，但是始终只能在这里当个小员工，除非你自己熬，熬成辈分最大的员工，你就能成为主管了。"

小赵成为主管之后，工作状态并没有好转，还是每天玩着手机，浏览着网页，对员工的工作指手画脚。久而久之，部门成员怨声载道，对小赵的管理方式十分不满。而很多有能力的成员也都陆续离开了，这其中也包括小叶。

有时候，论资排辈是产生庸才的"温床"。如果团队是按照年龄来排辈，其他真正有能力的成员迟早会离开。就像小叶一样，有着极强的专业能力，却因为团队按年龄的排资论辈，让他根本看不到自己未来的发展。

1970年，麦当劳快餐正式进军法国市场，并以极快的发展速度扩张，平均半个月就会开设一家新的分店。分店的分裂式发展让麦当劳的用人数量大增。为了解决此次用人的燃眉之急，麦当劳在招聘方面不局限于之前的招聘方式，只要有能力，不管是刚毕业的大学生，还是在其他地方工作过的有经验的员工，都可以参加面试。面试通过之后，他们都将进入实习期。经过三天的实习期，员工便知道这份工作究竟是否适合自己，那些认为自己适合这份工作的员工，麦当劳将会对其进行第二轮面试，然后再确定是否正式录用。

在麦当劳，当上管理者的绝不会是年龄大、入职时间长的员工，而是那些入职时间短，但能力超群的员工。在这里，其实也是论资排辈，只不过这里论的不是年龄而是能力。因此，越来越多的员工开始涌向麦当劳。

论资排辈就像是一把杀人于无形的"隐形刀"，表面丝毫没有异常，但实际上却能给团队致命的一击。管理者要将有能力的员工提拔上来，绝不能一味地按资排辈。

一方面，管理者要选择并坚持正确的用人导向。管理者不要将成员的资历与能力画上等号。在团队管理中，管理者必须摒弃只看年龄与入职时间长短，不看能力强弱的论资排辈的做法。

有时候，并不是资历越老，能力就越好。管理者必须选择一个正确的用人导向，并始终坚持下去，要将"只看能力选拔人才"当成员工的晋升渠道。

不过，管理者需要注意，成员的能力不仅体现在业绩上，更体现在待人接物、工作态度等多种方面，万不能将能力仅局限在业绩上，忽略员工在其他方面的能力。

另一方面，管理者要建立科学有效的人才选拔机制。管理者应该根据时代和团队的发展，创新人才选拔机制，破除旧有的论资排辈制度。在选拔中发展人才、培养人才，从而使其成为团队的下一个优秀管理者。

正如龚自珍所写的："我劝天公重抖擞，不拘一格降人材。"管理者在选用成员的时候要不拘一格，唯贤是举，这样才能将真正有能力的成员挑选出来，成为团队的骨干成员和顶梁柱。

想要团队更加强大，始终屹立在行业之巅，管理者必须有战略思维，也要有独特的管理风格，但更要有识人用人的能力。能力强的成员可以让团队更好更快发展，而团队又能为成员提供一个良好的发展平台，使双方最终达成共赢。

05
第五章

培养责任感，提升凝聚力

责任感是高效团队的基因

著名管理学大师彼得·德鲁克说："责任保证业绩。"一个高效团队必然是由诸多有责任感的成员所组成的。对每一位成员来说，责任感是鞭策其不断前行的动力；而对团队来说，责任感是保证其高效运转的基础。

成员的责任感，影响着团队的业绩，两者之间呈正比例关系。因此，管理者想要让团队的业绩节节攀升，就必须让成员具备强烈的责任感。

小九是一个普通大学生，在大学里面学的是计算机专业。在大四那年，小九成功进入了一家科研机构实习。在刚刚入职的时候没有人管小九，她每天无所事事。直到三天之后，上司才想起小九，于是随手扔给她一个文件，并对她说："这个文件三个月之内完成就行，到时候给你一个实习鉴定报告。"

但是没想到，三天之后，小九便将这个文件完成了。等她将文件交给上司的时候，上司很是惊讶。原以为文件会做得一塌糊涂，但是没想到里面文件做得很好，上级后来才知道小九接到这个文件的时候几乎住在了单位，遇到不会的就请教周围同事。

从那天起，上司就对小九刮目相看。从此，上司会时不时地给小九一些任务，可是不管是什么样的任务，小九都能提前完成，并保证没有任何错误，就连一些细微之处也处理得十分好。

但是直到实习期结束，上司也没有对小九进行任何评价。就在众人以为小九需要加入求职大军的时候，这家科研机构来学校将小九聘了回来，还让她直接转正。

科研机构的上级部门十分好奇，便对机构的负责人说："来我们这里实习的还有研究生，但是你都不要，反而要了一个普通的大学生？"

机构负责人解释说："一个真正有用的人，在于他的能力；而一个团队真正需要的人，不单要有能力，更要有责任感。当一个人有责任感，不管是什么任务，他都能优秀地完成。而我们所需要的，正是这样的成员。"

与学历相比，管理者更看重成员的责任心。虽然能力是团队成功的因素之一，但如果没有责任心，能力高低也就显得没有那么重要了。

如果团队成员缺乏责任感，他便不会将团队的利益当作自己的利益，更不会因为自己的行为给团队带来了损失而感到羞愧。

有责任心的成员不仅关注本职工作，还会对其他成员有一定的关注，他们绝不会因为一己私利损害团队利益，对于因自己的过失而造成的后果也绝不会推诿。

其实，无论是优秀的管理能力，还是先进的管理经验，这一切进行的基础都是成员的责任感。如果不能让成员具备责任感，那么，不管管理者有着多么丰富的管理经验，还是有多么出色的管理能力，在一群没有责任感的成员面前都将会是白费。

总是犯"低级错误"，是能力问题还是态度问题？

"失了一颗铁钉，丢了一只马蹄铁；丢了一只马蹄铁，折了一匹战马；折了一匹战马，损了一位国王；损了一位国王，输了一场战争；输了一场战争，亡了一个帝国。"这个童谣里说的国王叫理查三世，这个国家就是约克王朝。

1485年，理查三世和他的劲敌奇蒙德伯爵亨利迎来了最重要的一场战争，这场战争决定着未来是谁统治英国。

为了赢得这场战争，在战斗开始之前理查派马夫备好自己最喜欢的那匹战马，准备亲自上阵，以此鼓舞士气赢得此次的胜利。听到理查的吩咐之后，马夫急忙找到铁匠，对他说："你快点给国王的马钉掌，国王要用这匹马来打头阵。"铁匠回道："你等一等，我需要去找点铁片过来。我之前刚给全军的马钉了掌，现在没有铁片来给国王的马钉掌。"

但是马夫却催促："你赶快钉好，敌人的军队正在往这边赶来，如果耽误了战争，国王一定会严惩你。有什么你就用什么吧。"

铁匠万般无奈之下，只好从一根铁条上割下来一块可以做成四个马掌的铁片，然后将它们砸平整形，最后固定在马蹄上。但是没想到，在钉了三个掌后，并没有钉子来钉最后一个掌了。

"我需要一两个钉子，再等我一下，让我砸两个钉子出来。"铁匠无奈地说。

"我刚才不是告诉你了吗，现在没有那么多时间。你就先凑合一下。敌军已经越来越近了。"

"我可以现在把马掌钉上，但我不能保证这个能像其他几个那么牢固。"

"能挂住吗？"马夫着急地问。

"应该是可以，但还是那句话，我并不能保证。"

"可以就行，那你赶紧弄好，否则国王会怪罪我们的。"

理查骑着马冲在了军队的最前方，带领着兵士迎战。一时间查理的军队势不可当，但是谁都没有想到，在理查奋勇杀敌的时候，自己战马的马掌掉了，战马不幸跌倒了，而理查也被掀翻在地。

等理查站起来打算抓住缰绳的时候，那匹马已经受伤逃跑了！他看了看自己的周围，发现他的士兵都在撤退，而敌军士兵正在慢慢包围他。

看到这种情况，理查的军队瞬间分崩离析，士兵纷纷四处逃窜。理查成了阶下囚，这场战役结束了。正如莎士比亚的那句名言："马、马，一马失社稷。"

查理失败的原因是什么？是他作战能力不强，还是他的马掌没有钉好？很显然是后者。马掌没有钉好的原因是什么？是马夫能力不行，还是态度不行？很明显依然是后者。这种因低级错误而错失了一个国家，怕是没有几个国王经历过吧。

如果马夫可以提前将国王的马掌钉好，还会是这样的结局吗？极有可能不是。在团队中，管理者常常会把团队的失败归咎于计划和能力。但在很多情况下，技术和能力并不是最为主要的原因。深究之下，导致团队失败的原因还是成员对待事情的态度问题。没有良好的态度，再完美的计划也只是空中楼阁；没有良好的态度，再过硬的技术也只是纸上谈兵；没有良好的态度，再正确的方案也就只能是方案……

正如俄国著名作家列夫·托尔斯泰所说："一个人若是没有热情，他将一事无成，而热情的基点正是责任心。"责任心决定着态度，而态度在一定程度上决定着能力。

那么，管理者又该如何提高成员的工作态度，培养成员的责任感呢？

第一，禁止团队出现吃"大锅饭"现象。"大锅饭"现象为什么一直广受诟病，就是因为赏罚不明确。干多干少一个样子，干好干坏还是一个样子。如果这样的话，团队中又有谁会拼命干活呢？

第二，给团队成员多些权利。责任与权利就像是"双生子"，总是相生相伴。管理者如果只让成员担责任，却不给成员任何权利，团队一定会出现问题。有时候，对成员来说，影响他们能力的不仅是责任，也有权利。

当成员拥有权利的时候，他们就希望自己可以以身作则，冲锋在前。这样的话，成员不仅会严格要求其他成员，更会严格要求自己做到更好，从而提高工作效率。

第三，为成员拟定一个明确的工作分配表。有时候，管理者会说"这是你们大家的责任"，当管理者说出这句话的时候，所有成员都会觉得"这不是我一个人的责任"。这种心态会成为团队前进的绊脚石。

所以，管理者分配任务的时候一定要"分配到人"，只有在这种明确的分工下，成员才能端正自己的工作态度，主动担起自己肩上的那份责任。

第四，培养团队精神。责任感来自于何处？来自于团队精神。团队精神是帮助员工培养责任感的重要助推力。试想一下，如果团队中有着极高的凝聚力，那么，团队成员必然具备高执行力。当整个团队成员都具备高执行力时，就意味着他们所有人都有着相同的目标，都有着强烈的责任感。

那么，团队精神该如何培养呢？一方面，管理者需要注重成员大局意识的培养，让成员学会关注工作的整体性。没有哪个任务是可以依靠个人便完成的，所以，管理者不仅要自己掌控任务总进度，更要让成员学会兼顾别人。另一方面，管理者需要激发成员的荣誉感，将团队荣誉与个人荣誉相结合形成利益共同体。这便要求管理者不能将团队荣誉当作自己的荣誉，而是要让团队中的每个成员都享受荣誉，让他们感受到自己是团队中的一员。

当团队成员开始出现"低级错误"时，管理者必须先根据实际情况分析究竟是成员的态度问题还是能力问题，然后对症下药。如果是因为态度问题，就需要管理者通过以上四种方法来端正他们的工作态度，加强他们的责任意识；如果是因为能力问题，就需要加强成员的专业能力，避免以后出现类似的情况。

多听多看，团队中的问题无所遁形

当团队接二连三地出现问题，管理者才发现这些问题在很早之前就已经出现了端倪，而自己当时却没有及时采取措施阻止。为什么？深究原因无非就是管理者始终坐在自己的办公室中，看着成员交上来的报告，检查着成员的工作情况。

团队中的很多问题不是突然出现的，都是由来已久。如果管理者在早期的时候可以发现这些问题，就能及时制止这些问题给团队造成更大的损失。反之，这些问题可能在以后的日子中给团队造成不可挽回的损失。

如何在早期发现这些问题呢？这就要求管理者多听多看，在"看与听"中发现团队所存在的问题。

小楚是团队的管理者，在最开始的时候团队运作正常，团队业绩也还不错。但是没过多久，团队的问题一茬一茬地出现：成员的方案没有一点创新性，内部成员摩擦不断，部分成员开始无视公司制度……

这些问题拖垮了团队的业绩，可是小楚也不知道该如何解决这些问题。万般无奈之下，小楚找到了自己的朋友进行咨询。朋友听完了小楚的话之后，只对他说了一句话："不要老是坐在你的办公室里，学会在上班时间多看看成员，下班的时候和他们多聊聊天。"

听到这个建议的时候，小楚并不明白这样做有什么意义，也不知道这能改变什么，但他还是抱着试一试的心态照做了。

上班的时候小楚会站在成员的身边，看到他们遇到问题就及时给他们一些思路，让他们延伸出新的想法；当成员之间为了一些鸡毛蒜皮的事情开始争吵的时候，小楚会及时询问情况，并劝解他们。下班的时候小楚会抽空和成员沟通，而在沟通中，小楚得知公司的有些制度并不适用于他们……

从那之后，小楚不再一直待在自己的办公室中，而是学会在团队中多听多看，找出问题所在，并及时找出解决方法，不让这些问题成为团队和公司未来发展的隐患。慢慢地，团队的业绩得到了提升。

管理者想要做到多听多看，就要走到团队内部去，而不是仅仅凭着一份报告，或是几个人片面的说法，就草率地给团队下一些并不全面和客观的结论。

那么，管理者具体要怎么做才算真正做到了多听多看呢？

首先，管理者要让成员多说。"少说多做"是很多管理者对成员的要求，但殊不知这样的要求只会让管理者消息闭塞，不了解团队的真实情况。因此，管理者要鼓励成员多说。只有这样才能清晰地知道团队中所存在的问题。

有些企业会用"员工满意调研""员工心声调查"等调查方式来获得成员的意见。但这份调研上面一般填写的都是"比较满意"或是"相当满意"，但这并不能真正体现成员内心真正的声音。为什么这样说呢？第一，成员都认为这些调研只是一个形式，即使自己提出一些有建设性的想法，管理者也并不会做出任何改变。第二，成员认为自己一旦表达出对团队的不满，可能会引起管理者的不满和训斥。

虽然调研的目的是好的，但有时候并不能达到最佳效果。因此，管理者要学会和成员沟通，在日常生活中让成员多表达，在与成员的沟通中了解他们内心最深处的想法。

其次，管理者要多听一听。管理者想要管好团队，就必须学会多听一听团队内部的声音。在成员的言语中，得知团队内部所存在的问题。

有这样一个寓言故事：鹰王和鹰后找了很久才找到一棵又高又大的树，它们商量之后便决定在这棵树上筑巢。当它们正打算筑巢的时候，鼹鼠走过来对它们说："这棵树的树根都已经烂掉了。可能一阵风就能把这棵树刮倒。"

但是鹰王并没有采纳鼹鼠的建议，而是坚持在这棵树上筑巢。不久之后，鹰后孵出了一窝可爱的小鹰。

一天，鹰王像平时一样外出觅食，当它带着丰富的早餐回来的时候，却发现那棵树倒了，它的子女都被摔死了。此时的鹰王悔不当初："不应该忽略鼹鼠的建议，如果我听了它的话，那么，现在我的子女就不会摔死。"

鼹鼠说："我天天在地下打洞，每棵树的树根是什么样子我都一清二楚。"

鼹鼠每天都在地下打洞，可谓是对每棵树的情况了如指掌。那么，在团队管理中谁才是最了解团队基本情况的人？不是掌控大局的管理者，而是每天努力工作的团队成员。沟通是双向的，成员要多说，管理者要多听，只有这样才能让团队中的问题无所遁形。

最后，管理者要多看一看。管理者除了要多听，更要多看。听是为了聆听成员内心的声音和建议，而看则是要求管理者仔细观察团队中的每一个成员。

看，不单是看成员完成工作的情况，更是看团队中每个成员的问题，然后再放大眼界去看团队中的问题，在看的过程中，管理者要了解成员的基本工作情况，掌握团队的发展状况；看，是对每个成员的观察，观察他们在工作中遇到的难题，或无法解决的难题；看，是对整个团队的管理，观察团队在运转过程中为什么可以快速，又为什么停滞不前。从看中知道问题所在，找对解决方案，积累经验，以应对未来的挑战。

多听多看，绝不是形式上的听与看，而是需要管理者真正走到团队中去，阻止那些问题的扩散，却又能在适当的时候置身事外，从一个旁观者的角度去为团队提出解决方案。

丑话说在前，不负责任的后果很严重

古人常说："先小人，后君子。"这句话告诉后人：要先做小人，然后再做君子。先把有关利益得失的话说在最前面，然后再去讲情谊。但是在团队管理中有多少管理者喜欢"先君子，后小人"，他们从来不把利益得失的话说在最前面，而是一带而过，等到后期的时候却开始计较得失。

在现代团队的管理之中，究竟是"先小人，后君子"值得推崇，还是"先君子，后小人"值得学习呢？

一天晚上，老板给部门经理打电话："前一阵的那个客户谈下来了，但我们还是走个过场，给客户那边一个PPT。这个工作就交给你们部门了，你们部门的每一个人都要负起这个责任，绝不能出现任何差错。要不我们这一阵的努力就全都白费了。"

第二天，部门经理到办公室对员工说："有一个消息要给大家说一下。咱们公司之前不是和另一家公司争一个项目吗？现在公司已经和客户谈好了，基本已经是内定咱们了。但是咱们还是给客户那边做一个策划方案，走一遍过场。虽然已经是内定好的，但是策划方案还是必须用心去做，不要因为策划方案的原因出现任何变故。"

将任务分配下去之后，部门经理想到了老板对这个项目的重视，想要再给员工重申一遍，如果这个策划方案没有做好，很有可能会受到处罚。但是经理转念一想：如果他们现在还没有开始着手做方案，我就告诉他们做不好就会受到处罚，这样不仅会打击他们的积极性，还会让他们觉得公司和我不相信他们的工作能力。不如等到任务结束之后，如果他们做得好，我就不说那些难听的话了；如果做得不好，就直接听从老板的处罚就可以了。

几天之后的早上，老板突然打电话说："你们部门负责的那个策划方案做好了吗？客户那边把时间提前了，我们要和对手一起去客户那边讲一下各自的方案。如果你们还没有做好，我就给客户沟通一下，让他们晚两天。"

策划方案当天才刚刚做好，部门经理还没有来得及看其中的内容，但他还是回答道："已经做好了。我一会儿给您发过去。"

没想到，中午的时候老板打电话质问："我之前是怎么给你说的？让你们一定要把方案做好。结果呢，我今天拿到客户那里的方案连产品名称都给写错了，更别说里面的错字、错句了，连最基本的逻辑都不通，而对手那边的方案做得特漂亮。之前谈好的项目就这么拱手让给了别人。"老板继续生气地说，"你们部门所有人的年终奖和这个月的绩效全部取消，如果下次再有这种情况，你们就集体离职吧！"

当部门经理将这个消息告诉部门成员的时候，成员们私下里纷纷抱怨："扣钱这种事怎么不提前说呀。我们要是知道的话，肯定就用心好好做了呀。"

这个时候，部门经理在老板和成员眼里成了一个任务传达不到位的人，让公司和成员都受到了极大的损失。

为什么对手在明知自己没有希望拿下这笔单子的时候，还可以将方案做到最好呢？原来他们公司的部门经理在分配任务之前告诉成员："如果这个方案不能得到客户的认可和赞同，那你们所有人这个月的绩效都会被扣掉。"当成员们知道了这件事情之后，纷纷全身心投入到此次的方案策划中。于是，这个原本没有希望成功的公司却成功了，部门经理给了部门所有成员双倍的绩效奖金。

有多少管理者像第一家公司的部门经理一样，总是不想把丑话说在前面而导致了任务失败，让团队和成员损失巨大。员工往往这时就会抱怨：如果他早点告诉我们这些后果，我们肯定会更仔细、更负责。

将丑话说在前面，不负责任的成员也会变成负责任的成员；反之，不将丑话说在前面，负责任的成员也可能会变成不负责任的成员。所以，管理者必须在最开始的时候将丑话告诉员工，如果他没有按照标准去执行任务，不负责任地去完成任务，一旦出现任何问题，成员就必须全权负责。

想让成员怀有极高的责任感投入到工作中去，最有效的办法就是管理者将丑话说在前面：如果你们做不好这件事情，你们就会被扣奖金，全公司通报，甚至是开除……在这种危机下，团队成员的责任感便会被激发出来。

那么，管理者应该在何时何地将丑话说在前面呢？

第一，分配任务的时候将丑话说在前面。管理者在分配任务之前就必须将丑话说在最前面。这样的话，一方面可以让成员有一定的心理准备，如果他们因为不负责任而导致任务出现差错，他们就必须承担相应的责任。另一方面，可以在一定程度上激发他们的奋斗精神。没有哪个成员愿意被处罚，所有人都希望可以得到上级的赞赏。所以，管理者绝不能因为"不想当坏人，只想当好人"就不将丑话提前说给成员。

第二，执行任务的时候将丑话说在前面。一方面，如果管理者在分配任务的时候没有将丑话将在最前面，在成员执行任务之前就必须将丑话说出来，因为在成员执行任务之前，是管理者能将丑话说在前面的最后机会。另一方面，如果管理者发现团队成员开始消极怠工，责任感逐渐消失，也可以重新将丑话说一遍，用此来鞭策他们。

但是管理者必须注意，不要在成员开始执行任务之后才说丑话，因为这时说丑话的效果并不理想。如果成员已经基本完成了1/3的任务，管理者却在这个时候告诉他：如果这个任务出现了问题，就会受到处罚。这时，成员已经没有时间再去重新整理了，他们可能就会产生"破罐子破摔"的心态，从而影响任务的完成情况。

第三，在任务完成的时候就不要再说丑话了。当成员完成任务的时候，不管结果是好还是坏，管理者都没有必须再去说丑话了，因为这时的丑话已经起不到任何作用了，除了让员工产生极大的怨愤。

管理者在成员任务完成之后，需要做的事情就是检查任务、总结经验，牢记下次布置任务的时候将丑话说在最前面。

将丑话说在前面，并不是让管理者去充当坏人，而是让他先小人，后君子。在开始的时候便给成员"一巴掌"，让他们在工作中保持清醒，以负责的态度去对待工作，等结束的时候，可以适当给成员"一颗枣"，因为意外的奖励总是会让成员欣喜若狂。管理者在最开始的没有给成员"一巴掌"，而是让他们以随便的态度去完成工作，等到最后的时候却猝不及防地给成员"一巴掌"，那成员就会怨气冲天了。

把责任落实到每一个人身上

团队中是不是出现过这种情况：出了问题，成员开始相互推诿，每个成员都说不是自己的原因，自己所负责的那部分工作没有任何问题。

出现这种情况的原因是什么？其实不难发现，他们相互推诿的借口往往是：这一块不是我负责的。管理者肯定是将每一个环节分配出去了的，但为什么还是会出现这种情况？深挖一下就知道，这是因为管理者没有将责任分到指定的成员身上。

如果管理者不将责任落实到每一个成员身上，一旦工作出现问题和差错，就很难找到责任人。所以，想要自己的团队成为一个高效的团队，就必须将责任落实到每一个成员身上，让他们明确地知道：这是自己的责任，一旦出了问题和差错，将会追究自己的责任。

南京明城墙是我国保存较为完整的古城墙，也是世界上现存最大的古代砖墙。而它之所以可以见证百年的岁月变迁而屹立不倒，与它的砖块质量有着紧密的关系。历史记载，明城墙所用的砖块是由长江中下游的150余个州、县烧制的。砖块的侧面刻着铭文，上面除了时间、州、县之外，还额外刻上了监造官、烧窑匠、制砖人和运输官四个人的名字。

为什么在砖块侧面刻上这四个人的名字？就是责任到位。每一个参与人员的名字都被刻在砖块上，一目了然，一旦出现问题，就能及时找到相关人员。也正因如此，每个参与人员都尽心尽力，不敢有丝毫懈怠。

在最后验砖环节更是严苛。检验官让两名士兵抱砖而击，声音铿锵有力，清脆悦耳且不破碎则视为合格；相击之后，砖块断裂，则令相关人员重新烧制。这正是明城墙历经600多年的风吹雨打却始终巍然屹立的原因。

明城墙最值得我们学习和借鉴的并不是当时烧制砖块的技术，而是将责任落实到每个人的管理方法：当每个人的名字被刻在砖块上时，他们心中的责任感就会爆发出来。如果管理者也可以在工作的每一个环节上都"刻上"相关责任人的名字，那么，团队中将不会出现"豆腐渣"工作，也不会因为无法追究问题责任而让成员心生侥幸，丧失自己的责任感。

团队是需要凝聚力的组织，如果团队成员之间互相推诿责任，那将给团队带来致命的打击。

小沈大学毕业之后应聘到一家报社。在开始的时候，小沈负责做一些杂活，顺道学习别人是如何做采访的前期和后期工作。一个月之后，上司将一位前辈叫到自己的办公室中对他说："小沈已经来一个月了，我觉得他大概也了解采访前后的一些工作了。从今天起，你就带着他外出采访，让他学习如何去采访别人。"

第二天，那位前辈要外出采访一名当地的企业家，便带着小沈一起去了。到了目的地，前辈发现包里没有话筒，便有些责备地对小沈说："我出门之前不是让你检查一下设备吗？怎么没有将话筒拿过来？"

小沈听到这个之后立即反驳道："这也不能怪我呀，你又没有告诉我让我拿。再说了，咱们这好几个人，也不能什么都让我干了啊，又不是我的责任。"

前辈听完之后，十分生气："不是你的责任吗？我出门前已经明确告诉你了。"前辈只好让其他同事回公司取话筒，等他们取来话筒进去采访的时候，已经迟到半个小时了。他们跟公司前台说明来意之后，前台小姐只是礼貌地说了一句："不好意思，我们老板这个时间约了其他客户谈生意，今天怕是没有时间接受你们的采访了。"

回到报社之后，前辈便向上级报告了这件事情。而小沈也因此失去了自己的工作。

有时候，管理者明明将任务安排了下去，却依然没人承担责任，为了避免这种情况的出现，管理者应该如何做呢？

第一，明确告诉成员：这就是你的责任。有时候，如果管理者没有明确的责任到人，团队中是很少有人去主动承担的。

山上有座小庙，庙里有个小和尚。他每天的主要工作就是挑水、念经、敲木鱼、给花浇水……

不久之后，庙里又来了一个和尚，他一来就喝了半缸水。小和尚说让他自己去挑水，但是第二个和尚觉得自己一个人去打水太吃亏，便让小和尚和他一起去打水。小和尚答应了。过了几天，又来了一个胖和尚。他也想喝水，但是缸里没水。小和尚和第二个和尚就让他自己去打水。而胖和尚打来的水全都自己喝了。

从那以后，三个和尚谁也不挑水，大家都自己干自己的……

所以，管理者要告诉每一个成员他们所负责的内容：一旦你负责的内容出现了失误，这件事情就只能是你的责任，和其他人毫无关系。绝不给他们找借口的机会。

第二，明确告诉成员一旦出现问题，他们面对的将会是什么。在任务开始之前，不仅要成员明确自己的责任，更要告诉他们如果完不成这项任务，将会受到哪些惩罚。这样可以给员工压力和动力，让他们带着责任感去对待工作。

欧洲有一家生产直升机的企业，在直升机生产完之后需要让作业人员和工程师去试飞。所以每一个工作人员在生产过程中都十分认真，不敢有丝毫马虎，因为没有谁会拿自己的生命开玩笑。团队管理亦该如此，当成员有了这种危机意识之后，他们也就会认真对待每一个环节。

海尔总裁张瑞敏说过："干部要100%地落实责任，即'见数也见人'原则。每个1%的问题都可以转化为10%的责任100%的责任人。"管理者必须让团队成员学会承担自己所应承担的责任，而不是一直推诿，推诿只会让团队的凝聚力越来越差。

06

第六章

有成果一起分享，有困难一起克服

时刻记得 "我们是一个团队"

为什么马云的阿里可以横扫实体商场？为什么张小龙的微信可以独占社交APP鳌头？为什么张瑞敏的海尔可以在家电领域经久不衰？是因为产品优秀，还是创始人的经营眼光独到？不可否认，这些都是他们成功的原因。可如果没有员工和团队，那么，这些经营神话是否还能诞生，是否还能续写？

同样的成员，有的兢兢业业，有的得过且过。前者与后者的区别就在于是否有一种思想，一种"我们是一个团队"的思想。有这个思想的成员不仅成就了团队，也成就了自己，而没有这个思想的成员，在团队中碌碌无为，不仅损害了自己的利益，也损害了团队的利益。

比尔·盖茨是IT界的精英，他的成就让后人仰望，而他所带领的微软团队更是所向披靡，成为他征战商场的利器。

在微软公司正式推出Windows95产品的时候，进行了一场万人空巷的市场推广活动。此次活动整合了公共关系、市场推销和零售刺激等多层次、全方位的资源。这场推出活动总共历时24个小时，活动经费超过2亿美元。

此次的营销活动从新西兰首都惠灵顿开始，力推第一张Windows95软键盘；随后转战到澳大利亚的悉尼。在各地做推广的时候，有三件事情引起了大众的兴趣：一是微软公司在波兰做宣传的时候租下了一艘全封闭式的潜水艇，让随行记者乘坐，而微软公司的这一行为是为了让人们知道如果没有Windows，人们就像是生活在没有窗户、全封闭式的空间里；二是微软公司在西班牙举办了一场与总裁比尔·盖茨的现场对话会议；三是微软公司在美国总部举办了一场Windows95的嘉年华，在嘉年华的最后时刻，比尔·盖茨和主持人一起登台亮相，将活动推到高潮。

这样一场声势浩大、转战各地的推广活动，仅仅用了24个小时便完美谢幕，在这期间没有出现任何差错和纰漏。为了这次推广活动，微软公司雇用了120多家公司，上千人来参与这次活动。这上千人中不乏微软公司的高管、公司外部的软件销售商，也包括当地的零售商。即使有如此多的人来参与活动，每个人都各司其职，出谋献策，并制定了一系列有效的策略和方案。

一个由60人组成的公司营销团队负责整场活动的协调工作；微软产品部门负责制订和执行促销活动；当地零售商在午夜过后营业，时常为95分钟，暗示着Windows95。

是什么让这样一场浩大的推广活动顺利开展并完美谢幕呢？详读故事不难发现，是微软公司的每个部门，每个成员的合作才完成了此次的推广。可以说，如果没有部门和成员的付出，就不会有Windows95的市场推广。

为什么有的团队可以在推广活动中大放异彩、一鸣惊人，但有的团队却将推广活动弄得一团糟？其实原因很简单，团队成员的信念和思想不同，前者的思想是"我们是一个团队，就要有困难一起承担，有成果一起分享"，而后者的思想则是"这又不是我一个人的活，到时候让他们去干吧"。

团队之所以成为团队，是因为每一个成员都有着相同的观念，有着共同的目标，并愿意为了这个目标而共同努力奋斗，"我们是一个团队"的思想早已在他们的脑海中根深蒂固。所以，这样的团队无往不胜。

"我们是一个团队"的思想，可以是成员本身就具有的，也可以是培养和树立起来的。那么，作为团队的掌舵人该如何帮助团队成员树立起"我们是一个团队"的思想呢？

首先，管理者自身就要有"我们是一个团队"的思想。古人有云："治天下必先治己，治己者必先治心；得天下者必先得人，得人者必先得心。"管理者想让成员有"我们是一个团队"的思想，就必须自己具备这种思想。

正所谓"上行下效"，当管理者有"我们是一个团队"的思想，其所作所为必然也彰显出这一点。在管理者的潜移默化下，成员也会产生这种思想，并向其他成员传播这种思想，最终让团队都具备这种思想。

其次，不断给成员灌输"我们是一个团队"的思想。管理者的以身作则虽然可以对成员产生影响，但毕竟需要一个漫长的过程。在这个漫长的过程中，管理者需要用言语和团队行为向成员灌输"我们是一个团队"的思想。

当团队取得成功的时候，管理者要给成员物质或是精神奖励，让他们与有荣焉；当团队遭受失败的时候，管理者也不能将所有过失都推卸到成员身上，而是应该在会议上指出失败的原因，同时也要让成员将团队的失败当作自己的失败，以此来激励他们在下一次做到更好。

再次，将目标融入每个成员的脑海中。当管理者制定目标的时候，一方面要注意所制定的目标是否是一个科学合理的目标；另一方面则要注意成员是否都认可这个目标，是否能让目标成为成员的共识。

管理者在为成员制定目标的时候，更要为他们制订愿景，让目标与愿景相结合，让他们在目标中看到愿景，在愿景中看到目标。

团队之中的责任感也必不可少。什么是团队的责任感？简而言之，是成员感到对团队和其他成员的义务。在这种责任感的推动下，让团队成员产生共同的使命感与归属感。在"我们是一个团队"思想的凝聚下，强化团队的团队意识，增强成员的全局观念。

最后，管理者要加强团队协作和团队意识的兼容。管理者掌控大局，追随者落地执行，参与者提出建议。团队之间的整体协作是"我们是一个团队"思想的核心所在。协作需要思想的助推，而思想则需要协作的支撑。成员之间仅有协作却没有"我们是一个团队"的思想，这只会让矛盾激化；成员只有"我们是一个团队"的思想是远远不够的，如果没有协作的支撑，那么，这个思想也就只是虚无的存在。所以，管理者必须双管齐下。

当树立了"我们是一个团队"的思想时，成员之间就会相互关心、互相帮助，从中产生团队主人翁思想，自觉维护团队的集体荣誉，并以此来约束自己的所作所为；当树立了"我们是一个团队"的思想时，成员的能动性便会被充分调动起来，愿意为了实现所有人的愿景而共同努力，从而提高团队的整体效能；当树立了"我们是一个团队"的思想时，成员便会对团队有一种奉献精神，将团队的荣誉当作自己的荣誉，将团队的失败当作自己的失败。在团队的发展过程中，成员会在自己的位置上尽心尽力，为了团队的业绩和发展而甘当配角，为了团队的利益而放弃自己的私利。

　　"我们是一个团队"不单单是一个口号，更是一种精神，一种"舍小我，成大我"的精神。管理者不仅自己要有"我们是一个团队"的思想，更要让团队中的每一个成员都有这样的思想，这样，团队成员才能具有责任感，团队才能产生1+1＞2的效果，从而带动业绩不断提升。

奖励与惩罚到位，员工工作才更加积极

团队成员既有长处，也有短处，这是常态。管理者要做的就是在工作中帮成员规避缺点，充分发挥优点。

人们常说："没有规矩，不成方圆。"但是管理者是否发现，即使有着全面、具体的奖惩制度，团队依然不成方圆。是什么原因造成了这种情况的出现？究其原因，主要是团队中的奖惩制度不到位。

一家公司刚刚成立的时候，由于当时同类公司很少，所以公司发展速度突飞猛进。但过了一段时间之后，该行业涌入了更多的公司，竞争对手也越来越多，公司销售额直线下降。

为了挽救这种局面，提升公司业绩，公司提出了"全民销售"的计划，制定了详细的相关奖励与惩罚制度，并专门开会向全部成员仔细说明。

到了计划的截止日子，大部分成员都完成了公司所制定的目标和销售额，有几个表现优异的成员超额完成了任务，有一小部分成员虽然已经很努力，但是离目标完成有一些差距，但还有几个元老级员工始终没有采取任何行动，所以他们离目标还很远。

果然，在全员努力的情况下公司业绩有所提升，老板对此很满意。之后，公司按照之前所制定的制度对那些超额完成目标的员工进行了奖励。对那些没有完成目标的小部分成员，老板觉得他们已经有很大进步了，就没有必须再去惩罚他们。而对于那些离完成目标还很遥远的老员工，老板觉得惩罚他们更是不好，他们之前对公司做出了贡献，如果因为一次没有完成目标就去惩罚他们会寒了老员工的心。因此，惩罚就不了了之了。

那些完成目标的成员知道了消息之后有些不满，既然做完做不完没有任何区别，那自己为什么还要每天拼死拼活地工作呢？于是，他们也开始消极怠工。

从那之后，公司业绩又开始下滑。公司只好加强对制度的执行力度，当老板去检查成员的目标完成情况时，发现除了几个表现优异的成员完成了目标，其他完成目标的人寥寥无几。

知道这个情况之后，公司没有办法去惩罚那些没有完成目标的成员，毕竟人数太多。老板也只是对那些没有完成目标的成员进行集体批评，并让他们在下一季度的工作中更加努力。

结果可想而知，下一季度成员的目标依然没有完成，那几个原本超额完成的员工也没有完成目标。

当老板询问原因的时候，他们的回答是："第一次的时候，我们超额完成了目标，公司奖励了我们；第二次的时候，我们依旧超额完成了目标，可公司没有奖励我们，也没有按照制度去惩罚那些没有完成目标的人。既然我们超额完成和没有完成的结果一样，那为什么我们还要去超额完成呢？"

当有奖励的时候，成员会努力工作赢得奖励；当有惩罚的时候，成员会努力工作避免惩罚。但如果奖罚不到位，员工就会懈怠；惩罚不到位，员工就会懒散，而管理者想要用奖惩制度来调动员工积极性的目标将永远无法实现。

　　那么，管理者应该如何运用奖励与惩罚来调动成员的积极性呢？

　　第一，奖罚相结合，缺一不可。奖励和惩罚是激励的两种截然不同的方式。但管理者在执行的时候必须两者兼用。有奖有罚，有罚有奖；先罚后奖，先奖后罚；罚中有奖，奖中有罚……

　　管理者要注意，一定要同时制定奖励与惩罚制度，并严格按照制度执行，不得重奖励轻惩罚，也不能重惩罚轻奖励。为了保证所有成员都能受到激励，管理者必须让制度以员工最能接受的形式呈现，并且将奖惩制度实事求是地告知给所有成员。

　　第二，以赏为主，以罚为辅。在奖惩中，管理者必须知道，如果侧重惩罚，非但不会激发成员的积极性，反而会打击他们。虽然，奖惩制度要相互结合，但是管理者必须遵循一个道理：可奖不奖者，奖；可罚不罚者，不罚。

　　管理者在制定奖罚制度的时候，要思考成员的能力和承受力。如果管理者所制定的奖励制度，成员拼尽全力也无法完成，而所制定的惩罚制度，即使成员再怎么努力也无法避免，那么，这样的制度在成员眼中就只是一种摆设。

　　第三，不要拿成员相互比较。管理者时常会犯这样一个错误：在批评一个员工的时候，通常会拿另一个优秀的成员做比较，惩罚前者的时候，时常会指出后者的优点，希望以此来激励前者。"赏一以劝百，罚一以惩众。"从赏罚的总体效应上来看，这种激励并不能起到正向作用。

　　如果管理者当众拿两个差、优成员进行对比，那种行为只会让前者觉得自己的行为被当众曝光是对自己的一种惩罚。所以，管理者在执行奖惩制度的时候，充分说明受奖或受罚者的情况，让成员从中受到鼓舞和奖励。在特殊情况下，管理者可以用委婉的方式给予成员暗示，而非指出具体的成员姓名。

第四，私下批评成员。不管是普通成员，还是优秀成员，出现错误总是在所难免的。管理者应该清楚，一些优秀的成员是在不断犯错，不断改正错误的过程中成长起来的。

所以，当成员犯错的时候，管理者绝不能当众批评，因为没有谁不希望在众人面前受到赞扬，希望在没有人的时候受到批评。管理者必须照顾到成员的这种心理，对于成员犯的一些小错误，可以单独将他叫到办公室进行批评教育。

管理者在奖励员工的时候，要及时、真诚且具体；在惩罚员工的时候，要注意批评方式和言辞。只有这样，才能发挥奖惩制度的最大作用。

《韩非子》中说过，奖励与惩罚是管理者的左右手，两者做得好，团队才能万众一心，一心向上；两者若是不能兼顾，团队就会军心涣散，成员离心。所以，管理者只要能将奖励与惩罚做到位，成员才能更积极主动地工作，团队的业绩才能做得更强。

"爱哭的孩子"更加没资格"吃奶"

人们常说"爱哭的孩子有奶吃"。在生活中，爱哭的小孩总是能得到大人更多的关心；在工作中，那些喜欢诉说自己工作辛苦的成员，一般会比那些闷头苦干、一言不发的成员得到管理者更多的关注。这其实就是团队中的"爱哭的孩子有奶吃"。

这种情况可以说是司空见惯，但管理者必须意识到，这是一种不公平的管理现象，它会导致成员心生不忿，甚至让成员离开团队。

小李和小王在同一个部门上班。小李专业知识过硬，同时有着吃苦耐劳的精神。上级好几次分配下来的工作都是时间紧、任务重，但是小李从来没有抱怨过，而是加班加点在规定时间内保质保量地完成任务。同时，小李的人际交往能力也很好，不管是谁遇到了难题，只要能帮上忙，他都会积极主动地帮忙。在小李的帮助下，部门的业绩比以前有所提升。所以，周围同事都很相信小李，也很喜欢他。

而小王则是一个刚毕业的大学生，没有工作经验，也不愿意去寻求别人的帮助。有时候，小王的工作总是出现很多基础性的错误，办公室的其他同事并没有过多的时间帮助他，小李知道之后，总是会帮他解决各种问题。小王经常对小李说："李哥，谢谢啊。

要是没有你，我都不知道该怎么办了。"

就这样，半年过去了。到了年底，公司在进行例行的人事调动时，要选一个部门经理。周围的同事都认为小李有很大的机会当经理，毕竟他的付出和努力大家都是有目共睹的，小李自己也是这样认为的。

但是，让所有人都没有想到的是，升为部门经理的居然是没有什么能力，还经常需要小李帮助的小王！

小李知道这件事情之后，既疑惑又生气。后来，在一次聊天中，小李才从同事的嘴里知道了原因。那位同事说，在进行人事调动之前，小王曾经去找过老板，并告诉老板他这半年来兢兢业业，为了按时完成任务不断请教同事，即使是在吃饭睡觉的时候，脑子里想的也还是公司的事情。听到这些话之后，老板对他的印象极好，正好当时部门业绩也有了一个较为明显的提升，所以，老板这才决定让他当部门经理。

"那咱们部门的业绩提高也不仅仅是依靠他一个人呀，咱们大家都付出了呀！"小李愤愤说道。

"没办法，谁让爱哭的孩子有奶喝呢？"同事也只好无奈回答。

过了没几天，小李便将辞职信交给了老板，决定自己创业。而小李离开之后，部门业绩开始下滑……

有时候，管理者只选择去"听"，而不是选择去"看"。所以，他们能听到的都是那些"只会哭"却不干活的成员的声音，看不到那些拼命工作但一声不吭的员工的努力。长此以往，就会出现"爱哭"的成员升职加薪，会干的成员万年底层的现象，最终导致会干却"不爱哭"的成员离开团队。

"爱哭的孩子有奶吃"是管理者在团队管理方面的硬伤。想要团队不会因为"爱哭"和"不爱哭"而产生隔阂，管理者就必须正确对待那些"爱哭"的成员。

首先，明确知道成员"哭"的原因。有时候，成员"哭"是因为团队内部存在问题；有时候，成员"哭"只是为了单纯的自身利益。所以，当成员"哭"的时候，管理者不要先入为主，认为他是为了团队或是自己的利益，而要经过多方面考虑和观察再下结论。

那些为团队所"哭"的成员，管理者应该按照公司制度对其进行奖励；而对于那些为了自己私利而"哭"的成员，管理者可以根据情况对其进行委婉或是直白的批评，杜绝此类风气在团队中盛行。

其次，不能让"哭"打乱了制度。制度存在的意义是什么？是为了团队的一切行为有所依据。如果成员一"哭"，管理者就马上给他"奶"吃，其他成员也会纷纷效仿，他们就会将自己的注意力从"努力工作"转移到"努力去看"上面。

制度是硬性、冰冷的。如果为了让制度变得有人情味，而忽略了制度本身的约束性，那么，制度的存在就毫无意义，它的指导性与激励性也会荡然无存。

最后，将目光多放在那些"不爱哭"的成员身上。的确，"爱哭"的成员可以更早地吸引管理者的注意力，但是管理者要清楚地知道，不断为团队做出贡献的往往是那些有实力又"不爱哭"的成员。

任正非曾经说过："决不让老实人吃亏"。但很少有管理者能做到这一点，他们往往忽略了自己的眼睛，而更愿意用自己的耳朵去了解情况。所以，管理者有时候要选择性地关闭自己的耳朵，睁开双眼去仔细观察团队中的每一个成员。

有些管理者喜欢听到成员的声音，但是有时候却因为行为方式不对而给员工造成一种"我一诉苦，管理者就会奖励我"的错觉。倾听成员的声音是管理者必须做的，但是在倾听过程中要注意自己的行为方式是否正确。管理者切不可一听到成员"哭"，就立马给他"奶"吃，因为那些"爱哭"的成员往往没有资格吃"奶"。

如果小孩一哭，大人就给他奶喝，这个小孩将会时时都在哭泣；如果成员一"哭"，管理者就给他"奶"吃，那么，这个成员将会把"哭"当作他赢得奖励和升职的最快方法。长期下去，所有成员都将会在这种不良风气的带动下成为"爱哭"的成员。

想要吃"大锅饭"的请离开

"我每天干这么多活，加班加到八九点，但是工资和别人居然差不多！"

"这个项目的大部分内容都是我完成的，他们也就只动了动嘴，凭什么最后大家的奖励都是一样的？"

"为什么在表扬我的时候，还要表扬他呀？我能力好，干得多，难道在上级眼里我就和那种无所事事、偷懒耍滑的人是一样的吗？"

身为管理者，是否听到了成员的这种心声？当管理者为了让成员更具积极性，一般都采取"法不责众"和"奖则全员"，他们认为这样团队中就会有一个所谓的"公平"的良好工作氛围。但恰恰是管理者的这一行为，造成了员工的愤懑情绪。

在很多情况下，这种"公平公正"的现象也是"大锅饭"现象。从表面上看，"大锅饭"早已经被各大企业遗弃，可实际上"大锅饭"却依然存在团队之中。

一家美容器械销售公司的经理在短短一个月内收到了无数的离职申请，很多有能力的员工纷纷辞职。面对大范围的人才流失，经理在寻找解决办法的同时也在寻找出现这种状况的原因。

在与员工的沟通过程中，这位经理发现这次大范围成员离职的原因竟然是因为薪资体制。这家公司的薪资体制分为两个部分：一是基本工资，二是销售提成。在开始的时候，这种薪资制度在一定程度上激发了成员的工作积极性，公司也有着一个可观的销售额。

但是慢慢地，团队业绩开始下滑，几位优秀的员工也纷纷离开了团队。经理当时认为是因为工资问题，所以便涨了基本工资。但是没想到，涨了工资之后，这种现象不仅没有被遏制住，反而愈演愈烈。

直到此次大范围辞职，经理才知道了真正的原因：之前的薪资体制虽然是多劳多得，但同时也是不劳也得。有时候，一些员工辛辛苦苦地销售，但是该月业绩也只是一个基本工资，而那些每天玩着手机，刷着网页的员工，也能拿到基本工资。有时候，后者看见前者接待客户，还会对他们和客户的聊天方式指手画脚，这样的行为让前者流失了很多潜在客户。

久而久之，那些努力工作的员工要么也开始消极怠工，要么就直接递交了辞职申请。针对这种情况，经理对公司薪资制度进行了调整：将之前的无责任底薪修改为有责任底薪，并对每个成员制定月销售目标。如果没有达到目标，就按照比例扣除基本工资；如果超额完成，将会对其进行额外的奖励。

渐渐地，公司业绩开始回升。经理对那些始终无法完成销售目标的成员进行了劝退处理。

这种看似"公平"的薪资制度，其实也含有"大锅饭"成分，而这些看似微不足道的成员，却暗中影响着团队的发展。即使是中国大陆第一家在美国上市的教育机构新东方，也曾犯过相似的错误。在一段时间里，新东方人才流失情况极为严重，即使那些人拿着高薪。得知这个情况的俞敏洪，经过多方了解终于知道了他们离职的原因。那些员工不是因为对工资不满意，而是因为他们不满那些每天无所事事的人和他们拿的工资差不多。

知道这个原因之后，俞敏洪对制度进行了修改，即调整考核机制，把考核收益差距拉大。从那以后，新东方人才流失现象有所改变。

在团队中，管理者用"公平"的名义，将薪资、奖励和福利进行了绝对性质的"平均分配"——人人有份，人人平均。但这种所谓的"平均分配"其实就是团队中的"大锅饭"。

这种看似"公平"的"大锅饭"行为，让兢兢业业、认真工作的成员和那些偷懒耍滑、无所事事的成员所得到的收获相差无几，甚至基本持平。这种行为严重忽略了出色员工的汗水，抹杀了他们的付出和努力。这些真正付出的成员得不到自己应得的收获，而那些偷懒耍滑、无所事事的成员却一直被纵容。一旦吃"大锅饭"现象形成风气，那么，优秀出色的成员将会另谋高就，最终必然使团队面临解散的危险。

吃"大锅饭"现象的出现，是因为团队中没有一套合理的制度用来正确评估成员的付出，这样自然无法给予成员真正公平合理的薪资待遇。

管理者想要改变这种现象，真正做到"能者多劳"，就必须从以下三个方面着手。

第一，建立积分制考核制度。管理者应该在团队中建立积分制考核制度，在团队中实现真正的"多劳多得、少劳少得、不劳不得"。

将成员每个工作日或是每个星期的工作完成情况进行"打分"，然后在月底的时候对整月的工作情况和业绩进行整体评估，并将团队成员进行排名。前三或是前五的成员可以得到额外的奖励，后三或是后五的成员得到处罚。而连续三个月都是后五以内的成员，管理者应酌情考虑辞退。

第二，评估成员能力，将他们放在合适的位置上。如果让铁匠去盖房子，让一个木匠去打铁，那他们将无法发挥自己的价值，除了混吃"大锅饭"好像也就别无选择了。管理者也应该反思一下，自己的团队中是否存在这种"才不对岗"的现象，如果有的话，请立刻进行调整。

如果管理者没有让成员的能力发挥出来，要么他们会选择离开团队，要么他们会选择吃"大锅饭"。明明有能力却无处施展，这不管是对个人来说，还是对团队来说，都是一种不可挽回的损失。

第三，建立二次考核制度。管理者可以建立二次考核制度：第一次是管理者对成员的考核，第二次是成员对成员之间的考核。有时候，管理者并没有全面地掌握每一个成员的工作情况，所以，来自团队成员内部的反馈就极为重要。

第一次的管理者考核，主要是对成员进行一个大致的考核；而第二次的成员考核，则是对成员每日的工作状态进行一个细致的考核。如果一个成员的两次考核都不尽如人意，就说明他并不适合这个团队。

美国管理心理学家斯塔西·亚当斯在其著作《工人关于工资不公平的内心冲突同其生产率的关系》中曾写过这样一段话：职工的积极性取决于他所感受的分配上的公正程度。

当职工对自己的报酬做社会比较或历史比较的结果表明收支比率相等时，便会感到受到了公平待遇，因而心理平衡，心情舒畅，工作努力。如果认为收支比率不对称时，便会感到自己受到了不公平的待遇，产生怨恨情绪，影响工作积极性。当认为自己的收支比率过低时，会产生报酬不足的不公平感，比率差距越大，这种感觉越强烈。这时职工就会产生挫折感、义愤感、仇恨心理，甚至产生破坏心理。而后人也将这种说法成为"公平理论"。

管理者想要实现团队业绩的增长，就必须打破团队中吃"大锅饭"这一现象，让有能力的人站上"C位"，将那些吃"大锅饭"的成员请走。只有这样，团队才能留住人才，让团队有着不竭的发展动力。

对付"刺头"，要比他的"刺"更多更硬

管理者是不是发现团队中总会有那么几个"刺头"：经常在公开场合顶撞上级，对团队中的所有制度都不屑一顾，有时候还会在团队中散布一些负能量……

对于这种"刺头"，管理者往往极为头疼，因为他们有一定的工作能力，在团队中也有一定的影响力和号召力。虽然他们有时候会顶撞上级，无视制度，但没有严重违反制度，没有到开除的地步。如果放任不管，这些"刺头"将会愈演愈烈，长此以往，或许会影响整个团队的发展和团队；但若是采取雷霆手段，不问青红皂白便进行惩罚，又恐引起整个团队的不满，有时候这种做法是杀敌一千，自损八百。

处于这种两难之地的管理者，就需要用点智慧来解决这一棘手的难题。

第一，冷静应对，各个击破。这些"刺头"除了和管理者对着干，有时候也会"为民请命"。对于这种情况，管理者不要被他们所吓倒，而是应该各个击破，从而化解此次的"危机"。

有一天，一个"刺头"带着三个员工在工作区域大声地问老板："为什么这么长时间还不给我们加薪？"老板看了看他们的架势，冷静地说："有什么事情，我们还是去里面的会议室谈吧。"

老板将他们三个叫到了会议室里，严肃地说："如果你们只是要求加薪，请一对一跟我谈。因为咱们公司的规定就是不可以在公开场合谈论工资问题。如果我和你们三个一起谈，我和你们就都严重违反了公司的规定。但如果你们的薪资要求是无理取闹的，那你们今天的行为将会被视为顶撞上级，旷工半天。"

看到老板这样的态度，跟着来的那两个员工瞬间老实了，两人悄声交流了几句便一起离开了。看到这种情况，"刺头"也瞬间收敛了许多，解释道："我其实主要为了他们俩来的，我自己倒是无所谓，毕竟我对我现在的工资还是很满意的。"

"如果你能代表他们，那你就和我谈薪资问题，如果你不能代表他们，还是让他们两个人自己进来和我谈吧。"说完之后，那位"刺头"也无法回答了，只好说了几句抱歉的话便离开了会议室。

有时候，"刺头"是为了给别人出头，这种情况往往"刺头"方面有着较多的人，希望可以凭着人多，给管理者施加更大的压力。在这个时候，管理者绝不能因为他们人多而退缩和搪塞过去，也不能完全按照对方的意思去处理。

管理者要先冷静下来，从他们的言语中找到他们的最终目的。在沟通中要掌握好分寸，要和"刺头"来一场深度的沟通，欲抑先扬。先表达出对其能力的肯定和团队对他的重视，然后再指出对方的不足。

这样的说法往往更能打动那些"刺头"，比如"你和其他员工是不同的，你有自己独特的想法，这是你的优点，但同时你需要考虑别人的感受，这样你才能更优秀。"

第二，等待时机，对症下药。除了那些性格使然的"刺头"，团队中还有一种"刺头"叫作老板家的亲戚。这种"刺头"往往更有底气，也更加嚣张。而对于这种"刺头"，管理者绝不能"硬碰硬"，而是应该采取等待的态度。等他犯了错的时候，管理者再晓之以理，动之以情。

有一名员工是老板的妹夫，仗着自己的身份背景，他向来不把同事放在眼里，就连对待上司也不尊重。因此，没有人愿意和这个员工一起工作。有一次，他和同事再一次起了矛盾，他仗着是老板的亲戚，就不依不饶地闹到了上司那里。

上司并没有直接训斥他，也没有直接开口询问这件事情，而是平静地说："之前开会，我还见你姐夫了呢，他还问起了你的情况。"说到这里的时候，那位员工明显地紧张了，正想说一些什么，上司又说道："我刚夸了你，说你进步很大。但是你今天的这种行为，很让我失望。我相信如果老板知道了这件事情，恐怕他会更失望。今天的事情我不先说你是对是错，但是你想一想，正是因为你是老板的妹夫，更需要表现得比其他成员好。你觉得你现在表现得足够好吗？"

"我……"员工刚想解释。

上司又继续说："那你觉得自己现在的做法和行为是在帮你姐夫树立威信，还是让你姐夫丧失威信呢？"

那位员工张了张嘴，却不知道说什么。

"如果我是你，我会告诉自己：我既然是老板的亲戚就更应该起到带头作用，不应该仗着自己有后台就肆意而为。否则，不仅会给团队拖后腿，还会让我的亲戚受到连累。"

听到这里，那位员工涨红了脸，说了一句："对不起，我知道了。"

从那以后，那位员工的确收敛了很多，也开始学着和同事相处了。

有时候，那些"刺头"嚣张是因为管理者没有在合适的时候对症下药。管理者有时候要等待时机，等到"刺头"犯错的时候，晓之以理，动之以情。这样，往往能起到事半功倍的效果。

第三，强制打压，因势利导。有些员工因为自身有着极高的能力，所以，恃才傲物成了团队中的"刺头"。这个时候，管理者就要学会强制打压，而不是听之任之。

有一个员工能力很强，但也正是因为他的能力强，完全不把上级放在眼里。有一天这个员工拿着自己设计的图纸来到了上级办公室，结果被上级批评的一无是处，刚想反驳，就发现客户那边也来了反馈，意见和上级的大致相同。看到反馈，这名员工瞬间不知道说些什么了。

这名员工修改了一天，却还是没有得到客户满意的答复。直到晚上9点，他还在办公室里毫无头绪地修改，这时正好上级看到了，便站在了他身边指导他修改。这次，终于得到客户满意的答复。

从那以后，这名员工再也不狂妄了，开始虚心向周围的同事学习和请教。

对于一些职场"刺头"，管理者不要总是想着对他们宽厚，而是要比他们更"刺"，这样才能将"刺头"彻底收服。

其实，对待这些有能力、有后台或者有脾气的"刺头"，管理者只要因势利导就能找到应对办法，将他们真正地收入麾下。

07

第七章

培养危机意识，共同进步

最危险的事情莫过于自认为安全

19世纪末，美国康奈尔大学的科学家做了一个很有意思的实验。在这个实验中，科学家先将青蛙放在已经煮沸了的热水当中。结果青蛙在高温的刺激下，迅速从沸水中跳了出来。

之后，科学家又将青蛙放到了盛有冷水的器皿中，然后再慢慢加热。随着冷水的温度逐渐升高，青蛙没有做出任何反应，始终在水中悠闲地待着。水温继续升高，当水温达到青蛙难以承受的程度，青蛙想要跳出器皿的时候已经没有力气跳出来了。

当时的人们将这个情况称之为"温水煮青蛙"，并通过这个实验得出了一个结论：如果一个人长期待在一个安全的环境之中，那么她将会丧失警惕心和奋斗的动力。

100多年过去了，虽然有人对这个实验产生了不少的质疑，但是对实验的结论却是深信不疑。古人曾说："生于忧患，死于安乐。"无数事实也证明了，最危险的事情就是自认为身处于安全位置。不管是个人还是团队，一旦陷入"安全"的桎梏之中，也将意味着一步步走向"失败"的陷阱。

拥有着100多年历史的诺基亚，终究在人们的目送中退出了历史的舞台，终止了它辉煌的时代。

诺基亚于1865年成立于芬兰，而最开始的诺基亚只是一家木材纸浆厂。1994年到2007年，诺亚基异军突起，成为芬兰最大的跨国公司，也成为全球最大的手机厂商，更是用户拥有最多的手机品牌。当时的诺亚基，不仅是手机的象征，更是身份的象征。

但是，当安卓系统崭露头角，苹果系统初露锋芒的时候，诺基亚却依然坚守着自己的塞班系统，不肯接受新生事物的出现，看不到自己将要面对的危机。

直到诺基亚被微软收购时，一位CEO还曾发言："我们什么都没做错，但不知为什么，我们输了。"

这不仅是诺基亚CEO的疑问，更是所有人的疑问。为什么曾经辉煌一时的诺基亚瞬间跌下不败神坛？追究原因，还是因为诺基亚成功的时间太久了，久到它觉得自己将会是市场中最安全的存在，久到它忘记了"长江后浪推前浪"的危机。这才导致诺基亚最终一步步走向没落，大厦倾塌。

所以，不管是企业，还是团队，可怕的事情不是感到危险，而是始终感到安全。

当整个团队，包括团队的管理者都认为现在正处于一个安全期时，那么也将意味着这个团队正陷入危险之中。当一个团队自认为安全的时候，就意味着这个团队丧失了危机意识，也失去了最佳的挽救时机。所以，居安思危是管理者不可或缺的意识。

那么，作为管理者该如何让团队意识到危险呢？

第一，眺望未来，不沉迷于已有的成功。"团队以前就是这样做的""按照现在的这种模式，团队发展得也很好呀"……当管理者提出团队革新或是产品创新的时候，团队成员有时候总会用这样的说法来拒绝。如果管理者真的听信了成员的这种话，这不仅阻碍了成员个人的发展，更是牵绊住了团队的整体发展。

通常情况下，当周围环境变得稳定，当危机意识从团队中散去，团队成员将会变得懒散和不思进取。长此以往，团队也将会成为落伍者，甚至是淘汰者。

所以，管理者可以用以往的成功来激励员工继续进步，但绝不能时时刻刻提醒着成员他们的成功，否则他们将会沉浸在过往的成功中骄傲自满。有时候，管理者不仅需要用成功激励员工进步，也更应该用失败来激励成员不要懈怠。只有这样，成员才不会始终满足于现有的成功，自觉督促自己不断进步。

第二，暂无危机，也要为团队制造危机。孟子有云："生于忧患，死于安乐。"这句箴言总是在失败来临之时才会在管理者耳边嗡然回响。在这个迭代更新的时代，企业如果没有危机感，那么企业就会受到挫折；如果团队没有危机感，那么团队就会被淘汰。

因此，无论团队发展多么顺利，"危机"都是不可缺少的发展因素。当团队中不存在真正的危机时，管理者就需要利用各种条件为团队传达危机意识。当危机存在于团队时，成员就会形成"我们一定要走出困境"的凝聚力，以此来保证团队的敏锐度和活力。

近几年，重庆长安汽车在国内市场异常醒目，凭借着2015年年度近280万辆的销售额，它一跃成为国内第一的汽车自主品牌。

即使长安汽车已经成了市场中的后起之秀，创下了卓越的业绩，但是长安汽车的管理者却从未自认为安全。副总裁朱华荣曾说过："我们算不上成功，我们每一天都如履薄冰。"这绝不是自谦之话，而是他们团队内部始终保持着的危机意识。

长安汽车的历史可以说是源远流长。长安汽车脱胎于1862年李鸿章创办的上海洋炮局，随着时代的不断变迁，它曾先后更名为金陵兵工厂、长安机器厂。直到1953年，长安汽车才正式进军汽车行业。近百年的历史，长安汽车亲眼见证了时代的沧桑，所以危机已经存在于长安汽车每一个成员心中。

　　为了在瞬息万变的市场中占得一席之地，长安汽车始终坚持自主开发与创新，每年都将5%的销售收入投入到正向开发中。此外，长安汽车不断吸收借鉴国外先进技术和研发经验，而这些恰恰成了长安汽车的制胜法宝。

　　在取得了市场的成功之后，长安汽车始终没有放松自己的脚步，在管理者的鞭策下，成员始终保持着清醒的头脑，适当的危机感。随着近年来新能源汽车的兴起，长安汽车更是率先发展新能源汽车战略，即香格里拉计划。

　　团队的成功绝离不开团队的危机感，管理者想让团队变得更强大，希望团队可以成为常青树，就必须在团队中营造危机感。只有在危机的调动下，才能充分调动成员的积极性。人们常说，想让大象跳舞，最好的方式就是点一把火。同样的，想要团队始终保持着无限的精力与动力，点燃危机意识的火苗也是必须的。

身后有狮子追逐，羚羊才会拼命奔跑

在一望无际的非洲大草原上，清晨的太阳悄然升起。一只羚羊从睡梦中猛然惊醒，它将身边的羚羊叫醒，并对它说："今天还是要赶紧跑，要不我们今天就要被狮子吃掉了。"

于是，羚羊就起身朝着太阳的方向跑去。当身后没有狮子的时候，羚羊会悠闲地吃着青草，但是如果它们的身后出现了狮子，它们将会拼命奔跑，直到摆脱身后的狮子。

当身后有狮子的时候，羚羊才会拼尽全力奔跑，因为它明白，如果它不拼尽全力，那么它将会成为狮子口中的食物。

自然界的生存规律如此，团队的生存法则亦是如此。一个团队身后有对手的追赶，才能向前奋力奔跑。一个团队有没有竞争力，主要看团队成员有没有竞争力，而团队成员的竞争力则来自于危机感。只有存在危机感，才能有动力，才能产生竞争力。

奔驰公司董事长埃沙德·路透的办公室挂着一幅巨大的恐龙照片，照片的右下角写着这样的一句话：在地球上消失了的，不会适应变化的庞然大物比比皆是。

通用电气公司董事长韦尔奇曾说："我们的公司是个了不起的组织，但是如果在未来不能适应时代的变化就将会走向死亡。如果你想知道什么时候达到最佳模式，回答是永远不会。"

微软公司原总裁比尔·盖茨也曾对自己的成员说："微软离破产永远只有18个月。"

而最令人吃惊的就是，正处于蒸蒸日上阶段的华为会对自己的员工说："我们今年可能就活不成了。"

不管是正处于年轻力壮时期的羚羊，还是正处于蓬勃发展阶段的企业，都必须具有一定的危机感。

三株集团，曾经是国民的骄傲，但是到了故事的末尾，它却成了国民的伤疤。三株集团创始人吴炳新父子，在全国保健品行业正处于低潮时的异军突起，用了短短三年时间将其打造成全国家喻户晓的品牌，成为当时业内"独孤不败"的存在。

成立之初的三株集团，在广告策略上选择了"人海战术"和"地毯式广告轰炸"，但与之前衰落的保健品牌不同，三株除了常规的广告之外，还将大量费用投放到企业形象中，也是当时第一个将企业形象当作广告投放的企业。这一系列的行为让三株的销售额直线攀升。

然而，这样的"日不落帝国"却还是在一夜之间瞬间崩塌。除了当时轰动一时的"八瓶三株喝死一条老汉"的负面新闻之外，还有三株自身的管理缺陷。

吴炳新在日后的采访中谈到了"三株的15大失误"，其中就有两条：分配制度不合理，激励机制不健全。在转轨以前，是"干的不如坐的，坐的不如躺的，躺的不如睡大觉的"，组织人事工作和公司的发展严重不适应。人事考评机制不规范，没有制度化的考评程序……吴斌新所提出的这两条失误，从表面上看是没有为企业构建一个合理的制度，但是再深挖一下就不难发现，制度的不合理让所有员工都失去了危机感，他们都觉得自己干不干都不会失去自己现在的工作，依然可以在三株集团待下去。即使当三株面临绝境之时，团队成员还是不改往日的工作状态，这也是导致三株日薄西山的原因之一。

所以，管理者想要团队长久健康地发展下去，就必须让团队成员时刻保持危机感。

第一，管理者要设立合理的竞争制度。海尔是全球大型家电品牌，而海尔团队强大的竞争力正是因为他们内部所提出的"赛马不相马"的管理理论。其具体内容就是每一个工作岗位都有标准，进行定期考核。考核合格的成员可以上升一级，而考核不合格的成员则会下降一级。

正是在这样的竞争制度下，海尔中的每一个成员都努力提高自己的工作能力，如果自己没有任何进步，就意味着和别人相比，自己就已经退步了。正如张瑞敏所说的："给你比赛的场地，帮你明确比赛的目标，比赛的规则公开化，谁能跑在前面，就看你自己的了。"

所以，"赛马不相马"这样的竞争制度是保持团队成员不断向前的重要支撑力，也是管理者值得借鉴的方法之一。

第二，管理者要制定淘汰机制。如果没有淘汰，就没有动力。就像是非洲大草原的羚羊，如果没有狮子的"淘汰机制"，那么它们可能永远不会奔跑，而是一直在草原散步。如果成员的业绩不管多差，都能在团队中安枕而卧，时间久了，成员就会产生"工作是无所谓的，无论干多干少，结果都是一样的"的想法。

只有在具有高度危机感的淘汰制度下，团队成员才能有"我再不努力，就要被淘汰"的危机想法，才能鞭策成员不断前行，而不是一直在原地踏步。

　　所以，管理者不仅要设立合理的竞争制度，更要让员工知道，在团队中再不进步，就会被淘汰，从而给员工树立一个正确的团队意识。

　　第三，管理者需要搭建一个动态的竞争平台。管理者可以在团队中开设一个内部成员的岗位需求板块，让员工更加全面清晰地了解团队的内部需求。通过合理的竞争制度，将原本的成员调动到其他岗位。通过团队内部的岗位调整，使每个岗位中的成员产生危机感。

　　有时候，成员的危机感不仅要来自于外界，也要来自于内部。同样的工作环境和工作内容，却有的成员步步高升，而有的成员却原地踏步。一旦他们产生了这种想法，危机感也将会从他们内心深处破土而出。没有谁愿意承认自己比其他人差，在这样的竞争平台中，成员才会不断奔跑。

　　但如果有的成员即使意识到了危机感的存在，却始终不采取行动，那么管理者就应该当断则断，运用淘汰制度，让这些不思进取的成员离开团队。

　　"安而不忘危，治而不忘乱，存而不忘亡"，这虽然是古代帝王治国安邦的策略，但也是流传至今的管理秘籍。无论管理者采取哪种方式哪种途径，都要有着同样的一个目标，就是通过激发成员的危机意识，强化员工的上进意识。

在团队内被人"PK"，总好过在业界被人打败

优秀的管理者知道怎样调动成员的积极性，让成员保持良好的工作状态。出色的管理者知道怎样激发成员的危机感，让成员永葆工作热情。只有成员有激情，团队才能进步。只有成员有危机，团队才能发展。

如何调动成员的积极性，如何激发成员的危机感？这是每个管理者都要不断思考的问题。在成员的积极性和危机感下，团队的业绩才能有所提升。当成员消极怠工，当成员毫无危机感，那么这个团队可能就会在下一秒在业界被对手打败。

管理者想让团队不在业界内被打败，想要始终站在行业前列，团队就必须用竞争制度，让成员在团队内"一争高下"，然后在失败中总结经验。当成员积累了足够的经验，才不会在业界内被对手打个措手不及，最终一败涂地。

那么，成员的失败经历从哪里来？从团队中的竞争中来。成员的经验从哪里来？从团队的失败中来。管理者要学会让成员在团队活动中体验失败。

小叶所管理的团队，从未出现过任何问题。每个成员都积极工作，任务都能保质保量地完成，小叶始终很放心成员的状态和团队发展。她从未想过对团队进行任何优化和改进，因为她害怕一旦做

出变动，成员将会不适应。小叶觉得墨守成规也没有什么不好，至少可以保证成员的工作质量和效率。但是没有想到，在一次原本十拿九稳的招标中，她所带领的团队居然失败了。

小叶十分不解，自己的成员是有着多年经验的员工，有的还是名校毕业的高才生。为了完成此次任务，成员们也都加班加点，对各个细节不断讨论，反复修改，但为什么拼不过那个只是普通成员的团队？

原来，对手的团队时常组织任务比赛，管理者从中选出最优秀的完成者，对他的成果进行学习，对其中所存在的不足进行指正和修改，而对于那些任务完成并不出色的成员，也会认真分析他们所存在的问题。在讨论中，让每个成员都能有所收获。

在一次次的讨论和沟通中，管理者十分清楚每个成员所擅长的部分，而成员与成员之间也有着极高的默契，这在一定程度上节省了很多时间。

而小叶对每个成员的能力和优势并不熟悉，成员与成员之间在平时也毫无交流，每个人只埋头于自己的工作。所以在沟通中，会为了一些不必要的小细节争论不休。

这便是成功的团队和失败的团队的区别。前者懂得在团队中失败，而后者从来不在团队中失败，而是在行业内被打败。管理者想要在行业内不被打败，就必须在团队中始终保持一个良好的竞争优势。

而一个团队想要保持良好的竞争优势，就要在团队内部形成竞争机制，让成员在团队的"PK"中汲取经验。管理者要为成员构建一个相互竞争的环境，让他们时刻都有竞争意识。宁可让成员在团队里失败，也绝不能让团队在实战中失败。

那么，管理者该如何让成员在团队中"PK"呢？

第一，要在团队中建立竞争制度。管理者必须在团队中建立一个竞争制度，但这个制度必须是良性的，而不是成员之间的恶性竞争。前者可以充分激发成员的积极性，而后者只能会把团队搞得乌烟瘴气，让整个团队在恶性竞争中走向分裂。

所以，想要建立一个良性竞争制度，管理者必须先建立一个透明的竞争机制。在透明的竞争机制中，让成员相互学习，相互对比，取长补短。让成员知道竞争的目的是学习和改进，让成员在竞争中增长经验。

管理者在竞争中也要起到正确的引导作用，时刻关注成员的工作情况和状态。在必要的时候，可以修改和完善团队的竞争制度。同时，管理者也必须牢记：在团队中竞争，不单是为了优胜劣汰，更是让成员在竞争中了解行业的动态，紧跟行业的发展。

第二，多犯错，多试错。管理者不要害怕成员犯错，不要恐惧成员出现问题。让成员在团队的良性竞争中显露出问题，然后帮助成员解决问题。管理者要在良性竞争机制中，仔细观察成员的工作状态，从中找到成员的问题所在，同时也要挖掘成员的长处与优势。如果发现成员有其他方面的能力，就应该适当调整，将他放到合适的位置上去，更好发挥其价值和能力。

第三，定期进行审视与修改。管理者需要定期审视团队成员和团队制度。无数团队在业界被打败的原因就是一直沉迷于过去的成就和业绩，根据以往的经验来判断业界的发展，忽略了行业的变化，久而久之，团队便会出现"疲顿倾向"。

管理者必须定期审视团队发展，对于一些有缺陷或是遗漏的制度进行补充。在团队中进行试行，如果可行便将此项制度正式写入团队制度之中，如果发现并不适用于团队，那么就及时进行修改或者停止。

管理者绝不能因为自认为制度不适用于团队就不推行新制度，否则团队将会趋于僵化。同时，管理者应该找出该制度不适用于团队的原因，是制度本身存在缺陷，还是成员自身有所不足。找到原因之后，管理者再想办法让团队不断进步。

第四，引进外来成员。团队成员之间的竞争，有时候也都是延续过去的模式，时间一长，也会成为形式化的竞争。这个时候，管理者就需要为团队输入新鲜血液，引入外来成员，刺激团队的竞争氛围。同时，外来成员也会给团队带来新的技术和新的管理观念。

管理者必须在合适的时机引进外来成员，因为他们在刚刚来到这个团队的时候，总能以"旁观者"的角度看待团队问题，提出一些新的解决思路和方法。不过，需要注意的是，管理者引进的这个外来成员，必须是有能力的，是可以让大家认可的成员。

不管是建立良性竞争机制、让成员多犯错，还是定期进行审视与修改，抑或是引进外来成员，都是为了让成员先在团队中"PK"一下，让团队成员增长经验、提升专业水平。而不是等到团队走到业界的时候，被对手"KO"掉，连一个自省的机会都没有。

在团队中失败并不可怕，可怕是在实战时失败；在团队中成功并不值得骄傲，骄傲的是可以在行业内有一个高业绩。而这些都需要每个成员在团队中失败过，在失败中弥补自己的不足。所以，管理者必须让成员在团队之中"PK"过，才能以更好的姿态走进业界内。

每个团队都需要一条"鲶鱼"

挪威人喜欢吃沙丁鱼，尤其是生吃。市场中活沙丁鱼价格远远高于死沙丁鱼，所以为了获得高额收益，渔夫都希望可以将活鱼运输到挪威。但是，运输过程中大部分沙丁鱼都会在半路上窒息而亡，无数渔夫为此头疼不已。

在众多运输船只中，有一艘船上的沙丁鱼存活率远远高于其他船只。众人都好奇不已，直到老船长去世，这个谜底才被揭开——原来他每次都会在装满沙丁鱼的鱼槽中放一条以鱼为食的鲶鱼。

鲶鱼进入陌生环境之后，便会四处游动。而沙丁鱼为了躲避鲶鱼的捕杀，便会四处躲避，加速游动。在躲避过程中，成功解决了沙丁鱼因缺氧而死亡的难题。虽然在追捕过程中，有的沙丁鱼会成为鲶鱼的食物，却还是有很多沙丁鱼可以活着到达目的地。这便是著名的"鲶鱼效应"。

一些团队成熟之后，通常会建立一套较为完善的团队制度，在日复一日的执行过程中，成员形成固定的工作方式，团队也就实现了自发型管理。但团队达到这个状态之后往往会产生一个更为严重的问题：团队中的所有成员在固定模式的桎梏下，会一点点丧失他们的活力和进取心，导致团队整体创新力和开拓力大幅度下降。

沙丁鱼就像团队中那批毫无激情的员工，能力相似，对工作缺乏主动性，从而导致效率低下，整个团队都处于臃肿不堪的状态。而"鲶鱼"型员工的到来，将会调动起"沙丁鱼"型员工的积极性，让整个团队呈现欣欣向荣的景象。

所以，管理者需要引进"鲶鱼"型成员。"鲶鱼"型员工积极主动，雷厉风行，自然会给贪图安稳的"沙丁鱼"型员工带来压力，推动团队快速发展。

鲶鱼效应已经被广泛运用到各行各业中，而不得不提的团队便是华为。18万名员工，业务遍布200余个国家，服务全球三分之一人口的华为绝对称得上是商界的一艘"航空母舰"。而驱动这艘巨舰的，却是一条条小小的"鲶鱼"。

任正非在很多场合都曾经说过，无论何时，华为员工要保持艰苦奋斗的精神。为此，任正非想出来一个方法——不让员工一直待在一个地方。一些老员工通常会因为一纸调令就奔赴完全不熟悉的地方。任正非对此的解释是：如果员工在一个地方待得太久，对周边的一切都十分了解和熟悉，那么他也将会产生惰性。

一位在华为入职9个月的员工曾说过，他在深圳待了一个月，然后前往成都待了三个月，再然后他便在上海工作了一个月，刚刚对上海有了一些认识，便又离开上海去了深圳……这位员工在不同的地方学到了不同的知识，辗转一年之后，成了一名可以独当一面的员工。

除了华为，小米、奇虎无不是通过在团队中添加"鲶鱼"，才使得市场上新添加了两家"独角兽企业"。

对团队来说，"鲶鱼效应"是激发员工活力与生机的有效方法之一。一方面，管理者需要为团队输入新鲜的血液，将那些敢闯敢干、思维敏捷的"新生军"引进团队；另一方面，"鲶鱼"型成员也将会给团队不断带来新技术和新管理观念。

那么，管理者又应该如何在自己的团队中放进一条"鲶鱼"呢？

首先，管理者要将自己打造成"鲶鱼"型管理者。人们常说"兵怂怂一个，将怂怂一窝"，如果管理者自身缺乏激情，那么上行下效，成员也将在他的影响下缺乏创新力和对工作的积极性。

想要拥有"鲶鱼"型成员，自己就要先成为"鲶鱼"。管理者需要通过调整纪律、改进流程、制定新制度，将"将死"的"沙丁鱼"赶走，使"活着"的"沙丁鱼"得到正面激励。正所谓"强将手下无弱兵"，一位"鲶鱼"型管理者必须将"沙丁鱼"的活力充分调动起来。

其次，积极挖掘团队内部的"鲶鱼"型成员。想要做到这一点，需要管理者建立有效的竞争机制，鼓励团队成员形成良性竞争，让每位成员都始终处于精神饱满的状态。同时，管理者需要通过绩效管理，建立压力机制，以此来激发成员的热情。

最后，从外部积极引进"鲶鱼型"成员。在团队进入停滞期的时候，管理者需要从外部引入"鲶鱼型"成员，在给既有成员带来压力的同时，也为团队带来新的理念与技术，从而实现团队的可持续发展。

一条"鲶鱼"可以让沙丁鱼活跃起来，但太多"鲶鱼"的出现，只会引起沙丁鱼的极度恐慌。所以管理者不要一直引进"鲶鱼"型员工，否则整个团队都争强斗胜，不利于团队的团结。一条"鲶鱼"能够带来整个鱼群的活跃，就没有必要再去引入第二条。

有一点管理者需要引起注意。如果在团队整体状态最佳的时候引进"鲶鱼"型员工，不仅会打击团队成员的积极性，加重员工的心理负担，还会导致员工消极怠工，甚至会让成员对团队的认同感降低。

那如果出现上述情况该怎么办呢？管理者可以试着采取以下措施。

第一，暂缓"鲶鱼"型员工提出的各项建议，特别是对于人事改革的建议；第二，当众表彰原有成员，对他们委以重任，表达出管理者对于他们的重视；第三，在"鲶鱼"型员工刚入职的时候，时常进行团队活动，增进成员感情，减轻老成员对"鲶鱼"型员工的抵触情绪。

总之，管理者在引进"鲶鱼"型员工时必须把握分寸，以免适得其反。

团队中的每个人都有危机感，才不会有人掉队

海尔说："永远战战兢兢，永远如履薄冰"；微软说："微软距离破产永远只有18个月"；英特尔说："只有那些危机感、恐惧感强烈的人，才能够生存下去"；小天鹅公司说："稍不留神，落下万丈深渊"。

在商业界中，那些站在时代巅峰的企业，始终是将危机摆在眼前的企业；那些在时代的洪流下，始终岿然不动的企业，永远是将恐惧挂在嘴边的企业。企业因为危机而永葆生机，团队更是需要凭借危机而紧跟行业步伐。

在美国，有一群濒临灭绝的鹿，当地政府决定将它们保护起来，于是将它们养在了一处水草丰盛的地方。为了保证这群鹿的繁衍，这片地方禁止出现任何鹿的天敌。果然，没有天敌的攻击，这群鹿的数量越来越多，灭绝的危机终于解除了。

但是，过了一段时间之后，科学家发现这群鹿的身体状态越来越差，甚至出现了各种疾病。虽然鹿的灭绝问题解决了，但是鹿的身体健康却是每况愈下。

科学家用了多种方法来解决这一问题，但始终没有改变这种现状。最后，有一个科学家提出建议："不如我们再将狼请回来，这样或许就能医治好它们。"虽然对这个提议半信半疑，但是在万般

无奈之下，他们还是将狼请了回来。

当狼站在鹿的前面的时候，那群鹿还呆呆地站在原地，根本不知道自己即将成为它嘴中的食物。果然，当狼扑过来的时候，鹿根本都不知道逃跑。当鹿群看到自己的同伴被眼前的动物所啃食，它们才开始奔跑。

就这样，这片土地上每天出现的场景不再是鹿群悠闲地散步吃草，而是在狼的追赶下逃命。一旦有跑得慢的，就会成为狼的食物。一段时间过去了，科学家发现，鹿群的身体状态开始好转。

不管是鹿群，还是人类团队，只有在危机的鞭策下，团队才能更好前行。管理者是否发现，有些时候，自己忙得不可开交，但是成员却还是优哉游哉？这其实就是因为团队成员没有危机感，从而导致团队效率低。

波音公司是全球航空航天业的领袖公司，同时也是世界上最大的民用和军用飞机制造商之一。这样一个闻名于世界的飞机制造商却在20世纪90年代初走到了经营低谷。为了改变这一现状，波音公司决定拍摄一部虚拟的新闻片。

灰蒙蒙的天空，原本忙碌不堪的公司已经空无一人。公司在高处挂了一个招牌，上面写着：厂房出售。原本用来通知的扩音器里传来"今天是波音公司时代的终结，波音公司已关闭最后一个车间"的消息。而员工在这样的通知下，拿着属于自己的东西离开了公司，只留下了一个萧条的背影。

正是这个看似毫不起眼的新闻片，却带给波音公司的员工巨大的震撼。从那以后，波音员工时刻身处于危机之中，生怕新闻片中的场景成为现实。

在激烈的市场竞争中，只有时刻具备危机意识的企业才能立于不败之地，而团队亦是如此。如果不想在业内被打败，团队上下都必须有危机感，不管是身居高位的管理者，还是身处一线的成员，都必须树立危机意识。即使团队目前是处于安全地区，管理者也绝不能放松警惕。

当每个成员都具有这种危机意识，他们就会奋发向上，争取不让自己掉队，不被团队所淘汰。那么，管理者应该如何让团结中的每一个成员都具有危机感呢？

第一，管理者要增强团队中的每一个成员的危机感。如何增强团队成员的危机感，这就需求管理者引进一条"鲶鱼"，始终让成员感到"危险"。正如前文所说：一条鲶鱼可以让原本死气沉沉的沙丁鱼活跃起来。

当"鲶鱼"型成员出现，每个成员都会像沙丁鱼那样动起来，他们会因内心的危机而不断努力工作。

第二，管理者要学会语言刺激。管理者应该告诉自己的成员："业绩不是说出来的，而是拼出来的。你们要给我汇报的不是你们做了多少，而是你最终的成功。""团队需要的不是你们的苦劳，而是你们的功劳。"通过这种言语的刺激，让员工产生危机感。

没有谁愿意当最后一名。有时候，成员会为了捍卫自己的尊严和面子，而拼命激发自己的潜能。

第三，管理者可以设立任务优异等级。有时候语言上的激励或是惩罚远不如制度来得更有效果。

在这方面，日本的企业就有很多值得借鉴的地方。松下公司的人事部门曾经介绍了公司的员工竞争制度。公司会在每个季度进行一次部门经理参加的会议，相互了解彼此的工作成果。但是在会议召开之前，公司的负责人将会按照每个部门任务的完成情况，将它们分为1、2、3、4四个等级。而这个等级则决定着汇报顺序的先后，等级高的部门具有优先汇报权。

团队管理者也可以根据成员任务完成情况进行分类。对于每一次任务完成情况都是最后一名的员工，管理者就可以对其采取相应的惩罚措施，以此让团队中的每一个成员都有危机感。

任正非曾经说："危机并不遥远，死亡却是永恒的，这一天一定会到来，你一定要相信。从哲学上，从任何规律上来说，我们都不能抗拒，只是如果我们能够清晰认识到我们存在的问题，我们就能延缓这个时候的到来。"

团队成员的危机意识可以让其不断提升自我，使其不至于一直在原地踏步；而如果团队的所有成员都有危机意识，那这个团队就会始终不落人后，勇往直前！

管 理 圣 经

领导力

李向阳◎编著

北京时代华文书局

图书在版编目（CIP）数据

领导力 / 李向阳编著. — 北京 : 北京时代华文书局，2020.6
（管理圣经）
ISBN 978-7-5699-3657-5

Ⅰ．①领… Ⅱ．①李… Ⅲ．①企业领导学 Ⅳ．①F272.91

中国版本图书馆 CIP 数据核字（2020）第 061900 号

管 理 圣 经　　领 导 力
GUANLI SHENGJING　LINGDAO LI

编　　者｜李向阳

出 版 人｜陈　涛
选题策划｜王　生
责任编辑｜周连杰
封面设计｜景　香
责任印制｜刘　银

出版发行｜北京时代华文书局 http://www.bjsdsj.com.cn
　　　　　北京市东城区安定门外大街136号皇城国际大厦A座8楼
　　　　　邮编：100011　电话：010-64267955　64267677
印　　刷｜三河市京兰印务有限公司　　电话：0316-3653362
　　　　　（如发现印装质量问题，请与印刷厂联系调换）
开　　本｜889mm×1194mm　1/32　印　张｜5　字　数｜106千字
版　　次｜2020年6月第1版　　印　次｜2020年6月第1次印刷
书　　号｜ISBN 978-7-5699-3657-5
定　　价｜168.00元（全5册）

前　言

　　领导力是管理者在所管辖的范围内，充分利用人力、物力等客观条件，在最小的成本消耗的基础上，提高办事效率。然而，在市场经济改革发展的当下，"领导低效，管理不力"是很多企业都可能会面临的问题。在知识经济飞速发展的时代，企业处在变幻莫测的经济环境之中，管理者的管理权限和自我管理早已是企业赖以生存和发展的重要关键。事实证明，领导力绝不是管理者单靠传统"由上而下"的管理模式来对企业内部进行管理。如果管理者想要提高企业员工的凝聚力和工作力，就必须让员工主动参与、自主管理，彼此之间形成一种相互影响的动态关系。实际上，领导力并不神秘，和管理者的个人魅力，又或者是其他魅力并无根本关联，甚至不是管理者专属能力。

　　就实际情况来看，有五大要素影响管理者的管理力，它们是感召力、前瞻力、影响力、决断力和控制力。

　　感召力是管理者身上最关键、最重要的能力，更是核心。感召力的运用能够让管理者在管理之时，拥有"人心所向"的能力。拥有感召力的管理者，不仅具备坚定的信念和崇高的理想，而且更要具备高尚的人格和与生俱来的自信感。这样的管理能力代表的是一个群体、组织，甚至是一个民族和国家的伦理价值观，以及其几乎完美的修养。要想拥有这样的感召力，管理者需要有超越常人的智慧和丰富的阅历，需要有不轻易满足于现状，且乐于接受挑战，对身边的事物充满激情和斗志的心态。

前瞻力是一种着眼于未来、预测未来、把握未来的能力，也是管理者必备的能力。前瞻力的形成和发展与管理者以及管理者所在的团队的管理理念有关，同样影响着管理者的期待值。作为企业或者组织的核心，管理者所具备的前瞻力受到所处行业的发展规律和市场环境的发展趋势的影响。

影响力是管理者积极主动去影响被管理者的能力。这种能力主要表现在管理者和被管理者之间的需求和动机，也体现在二者之间对需求的把握和洞察。

决断力是管理者在战略实施过程中对遇到的各种问题和突发事件的解决能力。主要表现在四个方面：

管理者善于利用各种战略理论、理论方法和决策工具；

管理者所具备的预见、评估、防范和化解风险的能力；

管理者在实现目标过程中不可或缺的能力资源；

管理者是否具备把握，并善于使用最佳决策能力并顺利实施机会的能力。

控制力是管理者能够有效控制企业（组织）发展方向，以及战略实施过程和战略成效的能力。主要表现在五个方面：

确立企业（组织）的价值观，并被管理者主动接受；

管理者通过制定管理的各项规章制度，通过强制性的力量确保被管理者遵守规范；

管理者在任命、合理支配员工的同时，需要深刻贯彻落实且明确管理者意图，并实现企业（组织）的分成控制和管理；

管理者通过建立起强有力的信息技术力量来达到了解局势、掌控局势的目的；

管理者能够有效控制，并解决各种可能存在的冲突的战略过程。

管理者所具备的五要素是抽象的存在，即便是管理者拥有这五种管理能力，也无法避免要素发展不平衡的问题出现。即管理者很可能会因某方面的薄弱，出现"短板"。

本文从管理者的能力基础入手，对管理者与被管理者间的关系进行较为系统的区分，二者需要建立起相对平稳、和谐的关系，在以劳动分工为基础的前提下，管理者做到权责分明，实行公平、公正的奖惩制度。管理者要以身作则，服从统一指挥，并积极主动地向上级汇报自己的工作和任务。管理者在接受统一管理时，要严格遵守个人利益服从集体利益的标准和要求。

此外，管理者有义务也有责任对被管理者友善、公正，更要在被管理者当中建立起关系明确的等级链系统，确保信息的传递按照等级链一步步顺利进行。

秩序、公平、稳定、首创、团结……这些是管理者在企业（组织）中需要确保的。换而言之，管理者要确保被管理者不会轻易流动，降低人员流动性，以免影响工作的连续性和稳定性，保障所需人员的供给需求。

本书从管理者应具备管理能力的意义入手，叙述了管理者对团队管理、团队引导等方面的内容及手段，又从征服管理、引导管理等层次强化对整个团队培养方向的阐述。作者探讨了管理者和被管理者之间的关系，进一步论证了管理力的不同设想，重新对管理与被管理的关系进行了梳理，巩固了管理力对整个团队的影响。

目 录
Contents

第一章　卓越管理者的"潜藏之力"

增强团队的凝聚力 …………………………………… 002

强化团队的行动力 …………………………………… 007

提升团队的战斗力 …………………………………… 013

激发团队的潜能力 …………………………………… 018

提高团队的抗压力 …………………………………… 022

第二章　引领他人的"感召之心"

尊重他人的耐心 ……………………………………… 026

以身作则的细心 ……………………………………… 030

承担责任的决心 ……………………………………… 034

破除万难的信心 ……………………………………… 037

坚定不移的恒心 ……………………………………… 041

第三章　征服他人的"影响之力"

卓尔不凡的决策力…………………………………… 046

把握全局的掌控力…………………………………… 049

团队建设的组织力…………………………………… 053

人际交往的协调力…………………………………… 056

处事不惊的应变力…………………………………… 059

第四章　成就自我的"四海之气"

不趾高气昂的口气…………………………………… 064

不打压他人的正气…………………………………… 068

不抢夺功劳的义气…………………………………… 071

不规避错误的勇气…………………………………… 074

第五章　侃侃而谈的"驭人之术"

想要激励他人，要学会赞美 …………………………… 078

想要鞭策他人，要学会批评 …………………………… 081

想要说服他人，要学会沟通 …………………………… 084

想要劝解他人，要学会倾听 …………………………… 087

想要启发他人，要学会暗示 …………………………… 090

第六章　成为伯乐的"任人之法"

任用：将合适的人放到合适的位置 ………………… 094

培养：团队成长需要不断磨练才行 ………………… 097

机遇：给有志者一个完美上升空间 ………………… 100

鼓励：坦然面对失败并尽快去解决 ………………… 103

放权：把部分权利下放到下属手中 ………………… 106

第七章 掌控方圆的"君子之规"

让员工信服的制度 ……………………………………… 110

公平与公正很重要 ……………………………………… 114

适度透明便于管理 ……………………………………… 118

当赏则赏当罚则罚 ……………………………………… 122

末位淘汰并不残忍 ……………………………………… 126

第八章 构建未来的"长久之计"

善于规划梦想而非妄想 ………………………………… 130

构建团队间的共同理想 ………………………………… 133

不要试图画饼让人充饥 ………………………………… 137

从每次失败中总结经验 ………………………………… 141

规划实现愿景的每段路 ………………………………… 145

第一章　卓越管理者的『潜藏之力』

增强团队的凝聚力

团队凝聚力的高低依托于整个团队对团队成员的吸引力。管理者作为团队成员的向心力，一个团队的凝聚力能够决定团队成员之间是否相互吸引，是否能够尽可能激发团队的潜能。所谓团队，是相互信任的一群人为了共同理想、相同信仰而做出梦想一致、行动一致和目标一致的群体活动；所谓增强团队凝聚力，意味着管理者需要凝聚团队所有成员的力量，努力引导所有成员积极向上。就整个团队来讲，如果失去凝聚力，整个团队将无法完成管理者或者组织下达的任务，严重点说，这个团队失去了存在的意义。而管理者是团队凝聚力的引导者，更是凝聚团队力量的带动者。在21世纪这样一个经济飞速发展的时代，团队建设和管理已然是企业进步和发展的重要内容，"个人英雄主义"早已不适应于现代化发展的步伐。

陆亮是某上市公司高层破格录用的"海龟"人才。陆亮的履历亮丽，有着丰富的专业经验，进入公司就深受董事会的青睐。因此，陆亮在成为了执行经理后，董事会自然而然地认为，这个职位他完全可以胜任。可实际不然。随着磨合期的结束，团队和陆亮这个管理者之间的间隙越发严重，直接导致团队成员工作积极性差，工作拖沓，工作效率低下。虽然陆亮本人工作才能突出，但是个人英雄主义严重，遇到问题喜欢自己研究和分析，就连查阅资料也不想假手于人。每当下属提出意见，陆亮经常不假思索地直接驳回。团队成员在开会时，因为数据问题一直在争论，每个人都在推卸责任，没有人愿意承担数据风险，更没有人愿意为了这个团队承担任何责任。最后，合同没签成，甲方对公司的工作能力也充满了置疑。

实际上，这是公司为了处理某次合同的签约所"临时组建"的团队。也正因如此，团队里的氛围透露着一丝古怪，彼此之间没有信任，更没有互相理解。对整个团队来讲，团队成员和管理者的所作所为严重影响了信息的上通下达，严重影响了团队工作的完成效率，甚至影响了团队的长期工作结果。

陆亮团队里的每个下属成员都对陆亮的行为很反感，"陆总年少有为，可他完全没有管理我们的意愿"，下属吐槽的津津有味，"在整个团队里，我们感受不到这个管理者的存在，他甚至没有想过和我们沟通，在合作的过程中，遇到了问题，也是一个人闷头去做。真不知道该说他是个人英雄主义，还是不懂得什么叫做管理者的管理能力。"

董事会了解了情况，和陆亮进行了交谈后发现，这个天之骄子，尽管有着较为强悍的能力，但其管理能力相当弱，这也是他在之前的公司为何能力突出，却一直没有升职的原因。他不懂得如何凝聚起团队的工作力量，更别提和成员们团结在一起。另外，这个团队里的成员都是所在岗位的精英，都很有能力，可是他们太过自我，不管是自我管理能力，还是顺从上级命令的能力都相对较弱。这就需要管理者做好凝聚工作，做好团队管理工作。在团队里，团队员工因为一点数据争论不休时，管理者要做的便是站出来就事论事、不偏不倚的主持公道，而不是隔岸观火，事不关己。陆亮不论何种原因，其在职位中表现出来的状态，显示他无法胜任管理者的身份。

心理学家曾对团队凝聚力做出一定解释，认为团队凝聚力是团队成员每个人的需要，是管理者应具备的一种必要技能。作为一种人际吸引力，团队凝聚力象征着团队本身对团队成员的吸引力，因此要充分满足团队每个成员的个人物质和心理需求，这是增强团队凝聚力的重要条件。管理者作为团队的带头者，必须要以身作则，做好协调工作，稳定团队成员的心理，让团队朝着共同的目标或方向前进。

管理者是团队的中流砥柱。各行各业之间的流动性都很强，因此团队里的人在沟通上可能会受到限制，这就要求管理者必须做好凝聚作用，帮助做好沟通和协同工作。陆亮（管理者）和整个团队之间，本是互相依存的关系，陆亮做好上通下达，团队成员相互理解，才能够做好手头工作。陆亮（管理者）和团队组织起来的目的是为了更好地完成工作，团队里的每一个成员，都应该想到自己对团队的责任，管理者立足于服务的根本，团队成员立足于工作的根本。实际上，对包括管理者在内的每个成员来讲，这个团队即便是临时组建的团队，也应为了共同的目标去奋战。从另一个层面来讲，团队的组建是为了将有不同专长的工作人员组织到一起，各展所长的在团队中发挥自身作用。管理者在这时，就需要在极大程度上调动成员的工作积极性，提高工作效率，培养所有成员的团队意识、大局观和协作精神。这就是管理者在团队中起到的凝聚力的作用。

作为一个管理者，陆亮没有建设起有统一奋斗目标的团队，没有做好工作引导，更没有和团队一起以相同的价值观去战斗，彼此之间没有相互依赖，而是任由成员自由发展，最终造成了经济损失，也影响了公司形象。以公司实际情况来讲，陆亮应该以管理者的工作为基本，在此基础上以提高团队整体的能力为根本，实行以人定责的规则，运用团队中每个人的专长，做到用其所长，进而尽其所能，突出团队每个人的技巧和专项能力，将个人的潜能发挥到最大。

试问，一个连精神和团结力都凝聚不起来的团队，又如何能获得成功呢？一个连团队的工作力都无法凝聚到一起的人，又怎么能做好管理者的工作呢？陆亮在工作中，只顾着完成自己的工作，忽视与团队的良好沟通和协调，不了解团队其他成员的工作进度，忽视团队的根本需求，在这样的氛围下完成的工作，毫无灵魂可言。因此，作为一个管理者，在做好自己工作的同时，要兼顾与下属或者团队成员的协调工作，对团队的整体工作要有一个全面的认知，遇到问题要及时、主动沟通。通俗来讲，管理者愿意花一些时间在与下属或者团队成员的交流沟通上，会提高团队凝聚力，更从实际上践行了"三个臭皮匠胜过一个诸葛亮"的实践意义。

陆亮与团队成员的关系，始于同事，更止于同事，但是以公司的要求和团队精神来讲，却不该止步于此，他们之间应该是战友，应该是一支有着共同目标并坚不可摧的队伍。作为管理者，必须要充分尊重成员之间的关系，给予彼此充分的信任，在有限的空间和时间里，为整个团队创建出最坚定的信仰，让整个团队用最统一的信仰，打造出最坚固的外壳，方能迎击未来所有的可能性。

强化团队的行动力

　　科学研究表明，人的一生当中，大部分时间都在工作。因此，对人而言，工作时间不仅重要且漫长。如何让员工有主人翁意识，影响着其工作热情，也影响着团队行动力。团队行动力也被称为团队执行力，是团队将理论战略和有关决策转化为行动的能力。团队成员（下属）接受管理者（上级）指令后，迅速行动，并贯彻到底。这一能力要求管理者能够顺应团队实际，认清团队现状，找出团队成员在行动力上的优势和缺陷。对当前企业或者团队而言，他们所面临的最大问题就是由于各种原因，有关企业和团队无法有效提高团队执行力，进而影响企业制度和有关战略战术的实施。对管理者而言，团队的执行力决定了整个团队的工作效率高低，甚至决定了工作结果的好坏。管理者所能做的，就是在工作过程中为成员打造和谐的工作环境，并做好监督和管理工作。

　　刘洋是公司的老员工，"十年磨一剑"的他终于顺利熬成了销售科室的主任。和他同期的柳志却觉得不公平，曾找经理直接提出自己的疑问。"经理，上一季度的销售冠军是我，优秀员工也是我，我自诩工作能力比刘洋强，为什么这次升职的却是个人成绩不如我的人呢？"柳志闷闷地说出自己的不解。

"你个人工作效果和工作结果很好，但你所处的是一个团队，靠的不是你自己的力量，而是整个团队的能力。你作为小组长，你的组员上一季度的销售成绩，远不及刘洋组的成绩，可谓是相差甚远。很显然，作为一个管理者，你根本无法胜任自己的工作，一个不会发展团队，根本不在意团队行动力高低的管理者，是做不好'领头雁'的！"经理看似漫不经心，却一针见血地指出柳志作为管理者的错误示范。

管理者"以人为本"是古往今来都适用的法则。柳志和刘洋同为小组长，但是二人的日常所作所为和对待团队的行动力上的要求大相径庭。刘洋以身作则，和同事打成一片的同时，做好了上传下达的工作，这个过程是团队行动力的一个影射。在这个学习、模仿和传递的过程中，团队中的每个成员都要习惯管理者的管理方式，顺应管理者的管理作风，熟悉管理者的管理方向，而管理者在这个过程中扮演的是强化作用。刘洋和团队成员一起制定销售目标，一起加班、熬夜……和整个团队一起成长。反观柳志，颇有管理者的优越感，独裁地制定了销售目标后，要求每个成员都和自己一样，每个月必须完成一定目标。柳志一直是公司销售冠军，但是他团队的下属大多数都是新人，不是没有一丁点销售经验，就是还没有掌握销售技巧，一周过后，几个人"破罐子破摔"，瘫在工作位子上一动不动，任凭柳志这个小组长怎么鞭策都毫无用处。

"你们这周的销售目标还没完成，数据也没有整理，今天自觉加班。"柳志懒洋洋地命令，然后自己大摇大摆地走出公司。

可团队成员无人应答。

一个月过去了，柳志团队的销售任务不仅没有完成，而且整个团队气氛很是压抑，每个人都毫无斗志，整体销售成绩一跌再跌。

"人在做，天在看；管理者在做，员工在学习。"管理者既要以身作则，又要从实际出发。柳志制定了销售目标，却忽视了下属的实际情况。销售目标没有完成，要求下属加班，自己却提前离开工位。这样的行径，说明柳志不仅没做好管理工作，更拉低了整个团队的行动力。而刘洋作为团队的管理者，制定了共同进步的销售目标，整个团队拧成一股绳，朝着同一个方向努力，彼此之间做好沟通之余，互相鼓励，遇到问题大家一起解决，每个人都将自己和团队的目标放在一起。

团队目标的实现，在于管理者对团队行动力的评估，也就是说，如果管理者可以充分带动团队的行动力，不仅可以提高工作效率，还会对工作结果产生极为深刻的影响。刘洋在工作之前，不仅制定了符合下属实际情况的销售目标，还和团队成员站在同一水平线上，共同努力。在此基础之上，如果遇到问题和困难，彼此之间会相互鼓励，下属遇到难题，或者是销售业绩不佳的时候，他会站出来鼓动大家，说鼓舞士气的话，亦或是工作之余唱歌吃饭发泄一下压力……不得不说，刘洋的处理方式相当成功，大家在他的带动下，更加有了动力，行动力变得更加迅速，工作愈发有成效。反观柳志，作为管理者他高高在上，毫无"同伴"和"战友"的心境，将自己的下属当作是附属物，提一些毫无根据的要求，在团队成员因为失误，拉低了工作进程的时候，他毫不在意他人的情绪，说一些"你们也太笨了""为什么就不能再想想办法呢？""做你们的上司，我都觉得丢人"等令人丧气的话。试问，团队成员听多了这样的话，如何能提起工作热情和行动力呢？因此，柳志的团队成绩远远落后是毋庸置疑的。在短暂又或者是漫长的团队生涯里，行动力十分重要，它影响着整个团队的工作效果，而团队的管理者对本职管理工作的成效，则深刻影响着团队的行动力。

团队行动力的强大，能够给整个团队和团队中的每个成员带来成就感和自豪感，进而带动团队，使得团队成员在执行工作时充满激情和士气，团队的执行力会随之增强。从刘洋和柳志的故事不难看出，要想增强团队的行动力，目标设定必须要合理，更要明确，才能够方便团队里的执行者去理解和执行，并最终完成。刘洋作为管理者，充分认识到了每个人所能接受的压力和本身素质能力是存在一定差异的，因此他在确立销售目标之前，和执行人员即下属同伴进行了充分的交流和沟通，了解他们的弱项，倾听他们在任务执行过程中可能会遇到的问题和困难，并协助同伴进行解决。但是柳志却"只传递目标，不注重过程"，遇到问题就说"你们自己想办法"，或者是"真笨，这还用我教"等话否定员工。这样只会导致工作结果不尽如人意，甚至偏离预定的目标。因此，执行者和管理者之间，必须做好沟通和交流，除了制定明确的目标，更要有一个准确的任务划分，这些是提高团队行动力的基本保障。

如果说工作环境是方便管理者管理和引导，进而带动整个团队执行力的重要内容，那么良好的监督和激励机制和体系就是强化整个团队行动力的保障。

人的潜能是无限的，团队的行动力更是如此。在团队行动力上，必不可少的就是管理者对执行者（被管理者）的激励。最大程度上实现对执行者（被管理者）的激励，能够帮助激发出团队成员的工作潜能和工作热情，更能够增强团队的行动力。刘洋在工作中，不仅是管理者也是一个执行者，和同伴共同努力，主动帮团队成员解决问题，对于优秀的下属更是不吝夸奖，时常将"很好""很机智"等话挂在嘴边，看似简单、平常的话语，更能激励成员的工作激情，从而带动整个团队的行动力。

除了所谓的激励机制，刘洋更是象征性的以"监督管理"为主，在奖励执行力优秀的员工的同时，也会对一些犯了错误的成员有一定惩罚，让团队自觉进行自我监督，接受其他团队成员的监督，帮助他们养成良好的工作习惯。刘洋重视人的惰性行为，他认为这是团队行动力弱的罪魁祸首，因此面对个体差异这一团队特点，在安排团队成员的每项任务时，都会明确监督责任以及开会汇报的时间，保证每个人都可以在确切的时间完成所要完成的任务，进而保障整个工作任务的进程，确保了整个团队良好的行动力。柳志的团队就是最好的反面教材，在没有一定的激励和监督的管理下，整体犹如一盘散沙，且不说团队的行动力，就连个人的行动力和工作任务都无法保障。

一个好的集体和团队，一个具有竞争力的团队，需要的不仅是文化理念和竞争手段，最重要的是要有强有力的团队行动力。这种行动力，是让团队成员"朝着一个地方使劲儿"，也是明确个人责任的手段，更是提高整个团队成员专业素养的重要方向。

提升团队的战斗力

战斗力，是作战能力，是一个团队战胜困难的力量，也是一个团队能够完成使命的根本。一个团队能否成为最强团队，体现在团队对于将要面对任务成功率的高低，完成度的多少，更体现在整个团队的战斗力的强弱。反之，一个团队战斗力的强大与否，体现在团队处理工作任务的效率快慢，以及工作结果的好坏。团队战斗力的强弱，影响到的除了整个团队的工作能力和工作效果，最重要的是还影响着团队未来的走向和前景，团队精神是影响团队战斗力的精神引导。管理者作为团队战斗力的一把"利剑"，在进入团队后，首要任务就是以绝对的精神理念去带领整个团队走向鲜明的未来。

刘灿是典型的女强人，作为团队里的最高管理者，她一直以绝对的管理能力制约着团队的成员。进入团队之初，董事会便提出要求，要刘灿在最短的时间里，以最佳的管理成果来激起这个团队的战斗力。因此，刘灿入职后的第一件事，就是将管理方向指向了所有人。

首先，她为了熟知每个人的履历和能力，也为了方便今后的因材施教和管理，短短一周，就对每个人的工作任务和工作能力有了较为系统的了解和认识。之后，在此基础上，她制定了相对活性的管理制度，不偏不倚地直指了每个下属的缺陷，却又点到为止。比如团队中有一个成员有着较为严重的拖延症，虽然没有拖延过上交文件的时间，却总是喜欢在下班前完成。这样的行为，会拉低整个团队的工作效率，甚至会影响团队的工作质量。因此，刘灿在和同伴熟悉后，下达了第一条命令："没有主、客观原因，其他团队或者其他成员所需要的文件，必须要在一定的时间点内完成。在和他人做好沟通后，不影响公司运作以及团队工作的情况下，可以进行稍缓。"此要求一出，毫无疑问团队里一片哀嚎，但因制度确立较为人性化，大家在吐槽之余，也都接受了这一要求。刘灿的管理要求，在明令禁止之余，又给予了充分的缓和余地。果然，制度一经推行，短短月余就有了很好的结果，不仅团队工作的战斗力有所增强，成员的工作能力也趋于制度化和科学化。

新的制度激发了团队工作的战斗力，但是刘灿并没有火急火燎地继续推行，而是在第一条制度顺利推行并取得了一定成效后，才不疾不徐推行了第二条。刘灿认为，一个团队既然是整体，就必须要拧成一股绳。原本的团队之所以散漫，正是因为没有一个共同的价值观，即"团魂"。为了最大程度发挥每个团队成员的价值，刘灿在了解过每个人的专长和技能后，进行了简单的"一对一交流"，并制定了第二条规则。她要求每个人在熟悉公司工作理念的基础上，统一"诚"这一团队理念。简单的一个字，却让每个人有了新的思考。诚心、诚信、真诚……每一个词语的组成，都在刷新团队成员的认知。"我们是一个团队，说是伙伴，更像是战友，又或者说是一根绳上的蚂蚱，公司提出的任何要求，都是对我们团队的要求，不是针对你的，也不是针对我的，而是针对我们所有的人，不想收拾东西提前休息，就要做好同进退的准备。"刘灿第一次提到了她空降团队的目的，也说了下一步的计划。最后她解释说，每个人可以按照自己的工作习惯工作，但是必须要依托"诚"这个团队理念，将其灵活运用到每个工作环节之中。

不得不说，刘灿是强大的管理者，尽管这条规则制定并实行的第三个月才颇有成效，但理念、价值观这样的精神食粮，并不像普通的战略规则，能够直接进入团队成员的工作细节之中，而是需要徐徐图之，将这种团队精神渗透到每个团队成员之中。果不其然，第三个月，刘灿带领的团队已然成为公司中层水平的团队，要知道，在此之前，这个团队是出了名的"吊车尾"。

至此，刘灿的管理手段还未完全用尽。要想从根本上让团队迸发战斗力，就要强化每个人协调、合作的能力，即"合作方能共赢"。因此，为了犒劳团队近半年的努力工作，刘灿提出了申请，并通过了申报，最终敲定在某节假日组织一次团建活动。刘灿认为，培养合作能力，增强团队的战斗力，就是要促进团队精神，而团建活动的整个过程都是团队战斗力建设的重中之重。因此这一次的团建，刘灿和团队成员一起商量选取了地点，连游戏都一起做出了计划。可以说，团队里的每个人都积极参与其中，不仅保障了公平公正，也让刘灿和成员的关系更进一步，让她之后的管理更加方便。

除了对团队的建设，刘灿意识到核心人物价值观和管理理念对整个团队的影响的重要性。为此，除了帮助团队建设团魂，刘灿还要求每个团队成员都要树立自己的价值观。只有有了团魂，才能够让所有成员抱着同样的目的，朝着同样的目标前进，才能够将所有成员的工作力量凝聚起来，才能有最强的战斗力，发挥出最强的成效。刘灿组织这次团建活动，就是为了凝聚起大家的力量，让大家从游戏、从活动里锻炼协作的能力，培养恒心和毅力，让每个人都可以尽快发泄工作的压力，以便团建活动结束后全身心投入到工作当中，提升团队的战斗力。

"强大的团队战斗力，需要团队人员各司其职，分工明确"。刘灿在了解了每个人的特长的专项能力后，便提出了"分工明确，各司其职"的八字要求。每个人有自己的责任和义务，避免了权责碰撞，也避免了权责划分不清晰可能引发的问题，包括工作内耗和团队成员执行力差等问题，也避免了大家推脱工作，拖延时间等情况，让每一个成员都能够收获自己想要的。对团队来讲，这是凝聚战斗力量的关键。让每个成员参与其中，不是为了公益，是为了让他们清楚地知道自己想要什么，并且都为了自己想得到的东西付出努力。在此之前，一个高明的管理者一定要清楚地知道每个成员想要的究竟是什么。刘灿便是这样的管理者。为了让团队成长为独立、强大的团队，她给予了成员们相应、适宜的成长环境和机会，对于团队里一门心思赚钱养家的，刘灿给了他充足的金钱环境；对于团队里想要不断进步的，刘灿给了他强有力的个人发展前景等。就好比定期或者不定期的举办团建活动，或者是一起聚会、聊天，不同的形式能够表达的团队情感是不同的，它们的目的都是为了提升团队凝聚力，增强团队的战斗力。对整个团队来讲，每个人都是情感动物，相处时间长了，都会学会将心比心，而团队成员之间的认同感会大幅提升团队的战斗力，也会适当调动团队成员的工作积极性。值得一提的是，去掉团队中的不和谐因素也很重要。每个团队中都可能会出现害群之马，因此必须要及时止损，不能姑息，更加不能心软。刘灿在团队管理中自然也遇到过这样的问题，为此刘灿并没有急于制约他们，而是从大局考虑，逐一分析利弊，找出不足，奖惩协调，进一步强化团队战斗力，提高团队利益。

激发团队的潜能力

　　潜力是个人能力的发展可能性，受到外在条件和内部因素的影响，可以通过一定经历变换为现实能力，而团队潜力是实现团队能力的最大化。作为一名管理者，团队成员成功了，才算是一个成功的管理者。团队怎样才算是成功，则要看管理者能否将团队潜能激发到最大。

　　徐征是一家IT技术公司的老板，做事雷厉风行，公司也一直是同行业中的佼佼者。在一次接受采访时，他曾说过："我所接手的团队不是公司总部分配的最强的，却是潜力最大的。你不会知道一个潜力无穷的团队，会给客户带来多大的惊喜。给我一点时间，我会充分向公司董事以及所有人证明，潜能是团队发展的未来指向，是一个团队成功的基石。"徐征这么说，也是这么做的。在不到两年的时间里，他帮助团队迅速成长为公司甚至是整个行业中最具有商业价值的团队。

　　IT行业与其他行业不同，团队成员大多是知识型员工，传统的硬性打卡上班或者下班，跟IT团队的员工实际工作情况有些不符，缺乏确切的关联性。因此，为了激发团队成员的潜能，徐征依托于实际情况，给团队制定了短期目标、中期目标和长期目标，比如要求员工在工作日的40个小时里完成任务，或者是必须准时参加公司活动、会议，又或者是在一定时间内随叫随到。在客观因素的影响下，徐征为团队提出了"远程工作"的申请报告，并提供了远程工作的工具，让有需要的团队成员，可以进行远程操作。就这样，徐征在确保完成工作任务的基础上，让团队成员可以合理管理自己的时间。看似是一个简单的支持，却给予了成员宽松的工作空间，大大提高了工作效率，并从另一层面显示了，团队的工作潜力体现在团队成员的工作受到管理者的支持和管理。严加管理有时候是取得团队信任、激发团队潜能的手段和形式。

想要激发团队潜力，需要时刻注意团队成员是否在各自岗位上散发光彩，找到团队成员的喜好，或者说找到团队成员在工作中的习惯，看看成员能否将自己的热情完全投入到工作当中。因为对团队成员来讲，在一个自己不够了解，甚至没有兴趣的岗位上，是没有足够的热情和耐心去投入其中的。为此，徐征根据团队成员的具体情况和爱好，进行岗位的调换，又在确信能够增长成员学习经验，以及激发成员工作热情的基础上，选择性地将成员调到他们喜欢但是经验浅薄的岗位，让他们有信心提高自己的工作技能，强化自己的工作潜力，从而带动工作效果的提高。在这个过程中，可以充分了解到成员对成长的渴望和期待。这样的他们会更加全力以赴，而这种情绪就是爆发潜力的最好的导火索。

在发现自己团队的可能性后，徐征并没有停滞不前，他深知自己所布的"棋局"需要的是团队的共同努力。因此，在制定的规则逐渐起了效果后，徐征在那些基础之上，设定了更加积极的目标和绩效制度，旨在督促成员并起到监督管理作用。在综合了短期目标、中期目标和长期目标的优缺点后，徐征意识到，制定积极的目标绝对不是为了要求员工必须达到，而是为了起到一定推动作用，让他们主动来汇报工作，与目标更接近，离成功更进一步。因此，他制定了季度目标，确保了科学性和可实施性，进而对之前所制定的工作量进行减少或增加的优化，使团队成员在可接受的程度内，最大限度地激发工作潜能，提高工作效率，优化工作结果。

一个团队的成功，离不开团队成员能力的充分发挥，而一个团队的能力的最大激发，与管理者能否与团队成员之间互相信任有着莫大的关系。IT行业本就时刻充满竞争，市场环境的变化、对手公司强大的经济诱惑等因素，都可能使团队分崩离析。因此管理者和被管者之间能够彼此坦诚、互相信任是团队长久发展的关键。IT行业不同于其他行业的一点是，这一行业是由被管理者提供创造性的问题解决方案。而这一过程，是被管理者或者说是团队成员能力展现的最佳方式。管理者所要做的，就是为团队成员创造出绝佳的工作氛围，帮助他们培养或者说鼓励他们创造力的发展。因此，管理者要充分信任自己的团队成员。徐征作为一个典型的管理者，将这点做得淋漓尽致。在不影响全局观的条件下，一般的问题和决定，徐征会放心交到组长的手上，或者是其他值得信任和托付的成员身上。不止是因为他工作忙碌，更多的是因为他无比相信自己的团队成员在没有他引导和监督的情况下，也可以完美地完成工作任务。不仅如此，假设自己所托付的事情，没有很好的完成，出现了一点差错，徐征第一时间不是推脱责任，而是与该成员一起总结经验。"工作上谁也不能保证不会出现错误，不尽人意的事情已经发生，要么杜绝问题，要么只能想办法补救，推卸责任或者是责备谩骂毫无用处。"徐征在知道事故的来龙去脉后，反过来安慰团队。这样看似平常的言语，对团队成员来讲却是绝对的信任和理解，无不在鼓舞团队的士气，激发成员的工作热情，让他们以绝佳的方式迸发出工作能量。

提高团队的抗压力

为什么有的人才华横溢却只能碌碌无为地在小队伍中做困兽之斗？有的人资质平平却在多年的奋斗后终于勇攀高峰，成长为某行业精英？也许你是一个企业高管，或者是团队管理者，又或者是一个普通小员工，你是否因为难以适应工作环境的转变、工作氛围的沉重、工作繁琐等原因，而一夜难眠，甚至压力重重？压力的正确控制与否，或者说一个人的抗压力强或弱，可以让人学会见招拆招，斗志昂扬，也可以让人与所有机会擦肩而过。正确做好团队压力的引导工作，提高团队的抗压能力，可以让员工重新拾起工作信心，规避原先的错误和弱点，以上这些是身为一名管理者应该做到的。

刘畅是典型的消极情绪的"代言人"。近段时间工作和家庭的双重压力让他几乎崩溃，恰逢公司的升职审批下来，刘畅需要以最快的时间完成从普通组长向科长身份的转换，这更让他感觉到力不从心，可这样施展自己才华和能力的大好机会，他不想错失。本以为只有自己如此，到了科室他才发现，原来自己所在的科室的每一个科员，都和自己一样，有着或多或少的压力。有的是家庭施压，有的则是因为公司近期受到市场环境影响，员工的经济利益被波及，相应地影响了他们的情绪等。这些压力，每一个都像是藤蔓，紧紧缠绕着科室每个人的情绪，让大家不得不绷紧压力那根弦。而刘畅作为这个科室的管理者，生怕大家会因为压力过大而影响工作，甚至丢了"饭碗"。

在脑海中做过层层斗争后，刘畅觉得科室的负能量过多，是导致科室人员"喘不过气"的重要因素，要想改变这种情况，就要提高团队成员的抗压能力。首先，应该带领大家一起摆脱这种消极情绪的恶性循环。刘畅引导大家摒弃那种"只求温饱，不求打交道"的观念，让大家在求得功成名就的同时，彼此之间多一些信任。实际上，促进同事间的交流，是提高团队抗压力最简单的方式。一个团队，很可能会活在身边同伴太过于强大的阴影下，随之而来的就是漫漫的压力和不安情绪。为此，同事间需要避免这种误区的出现，让彼此之间不会出现认知出入，在做好自己的事情的同时，也在意他人的情绪和工作进度。为此，刘畅将所在科室的成员分成二人一组，首先建立同伴关系，让两人之间形成一种相互依存的关联，强化彼此间的沟通和交流。一段时间过后，小组进行调换。每一个"小组合"之间都是以合作为主，与其他小组之间以一种良性竞争存在，各个小组之间不是胜者为王的竞争关系，而是共同进步的成长关系，各小组只和过去一个月的自己进行比较，优秀的队伍可以获得科室内部的奖赏。就这样，科室氛围逐渐变得轻松，大家在短时间内变得更加熟悉和友好。

这一"合作和成长"的关系小组，没有利益划分，彼此之间甚至没有竞争关系的存在，让大家自由争取的同时，关心同组伙伴的利益，切实把握工作的分寸，注意界限，形成了良好又轻松的工作氛围，在很大程度上减低了工作中的压力，从另一层面上提高了团队成员的抗压能力。实际上，抗压能力考验的是一个人的情绪最高点和最低点之间的界线，一个好的管理者，必须要掌握好这一界线，确保下属不会因为越线而崩溃，而刘畅所推行的关系小组可以提高团队抗压能力，也能够进一步激发团队活动力，促进工作效果的积极发展。

刘畅成为团队管理者的第一时间，考虑的第一要素就是团队的"压力"问题，并且治标治本，看到了团队成员压力的基本来源，并从工作中找到了解决之法，从团队成员的角度出发，选择性地听取了一些团队成员的意见，总结了适合团队发展的简单体系，帮助团队成员减少自身的压力，从一定程度上强化了团队的抗压力。事实证明，团队抗压力的强弱，与管理者能否做好人员管理息息相关。一个好的管理者会从失败中总结经验，也会从团队中汲取不同的需求，及时发现管理过程中可能存在的盲点和不足之处，在改进的过程中不断渗透到团队成员的情绪之中，提高团队的抗压力。

第二章 引领他人的『感召之心』

尊重他人的耐心

　　成功的管理者往往是最佳的倾听者，这就要求管理者要有耐心。一位成功的管理者，必须要有耐心，如果没有耐心，会错失一些小细节，影响之后做出的一些决定，甚至导致公司运营出现问题。有耐心的管理者，会为自己的下属（被管理者）找原因，分析利弊，解决问题，为他们制定正确的工作方向和工作目标。耐心，不仅体现在尊重下属工作上，更体现在管理者耐心倾听下属的意见和建议。

　　贾维斯是一家大公司的销售经理，实际上他本身并不是销售、营销出身，甚至对这一行业的特点和方法一窍不通，有下属问他工作方法，或者是在工作上有什么不懂的事情，询问贾维斯的时候，他总是摇摇头，无法说出个一二三。这个时候，贾维斯总是会说一句"你觉得应该怎么做？"这样一个管理者，对工作不熟稔，但是却十分有耐心，不仅尊重下属的工作，更有充分的耐心做好一个倾听者。"你会怎么做？"贾维斯说出这句话之后，下属会提出自己的见解和解决方法，贾维斯简单思索后说出同意或者反对的意见。这样一来，贾维斯不仅可以省去很多时间，还可以让下属（被管理者）有一种被赞同和被需要以及受重视的感觉，让他们更有动力去工作。

贾维斯在工作中，遇到问题与下属沟通，在沟通的过程中，那些不需要管理者亲自上阵解决的问题，下属都会义不容辞去解决。反之，如果管理者想要下属为自己或者为公司和岗位奋不顾身、殚精竭虑就需要立足于沟通的基本，尊重下属，并且用最充足的耐心去与下属进行沟通和交流，让彼此之间没有隔阂，找到最佳的问题处理方式，为公司的发展创造出更多的经济效益。

以最简单的倾听者为例，一个好的管理者最擅长的便是给予下属充分的注意力，下属在报告工作，或者说出自己意见和建议的时候，管理者要尊重下属，除非必要，否则不要去打断侃侃而谈的下属，不要影响对方聚精会神的注意力，而应排除一切不必要的因素，尽可能为下属创建出"唯一在场者"的谈话氛围。贾维斯便是这样的管理者，不仅如此，在与下属交谈时，他会直视对方的眼睛，最大程度上给予尊重，即使办公室有人进来，他也不会去在意。正是因为如此，贾维斯受到下属的绝对信任和拥护。贾维斯曾经和另一公司的管理者吃饭谈事情，那位管理者在交谈的过程中，一直心不在焉，每次都目不转睛地看着来往的美女服务员或者顾客，甚至会直接打断贾维斯的对话，说一些不着边际的话，让贾维斯感觉受到了侮辱。这样的不尊重，让贾维斯直接放弃了与这家公司合作的念头和想法。"你可能不擅长管理员工，但必须给予他们尊重"，这种尊重来源于生活和工作的方方面面，可能是一次开会，也可能是一次工作报告，更可能是一次简单的对话。

没有注入全神贯注的耐心和尊重，谈不上是一个好的管理者。当然，尊重也要做到不偏颇，没有私心。人与人在工作岗位上，难以避免的就是出现争执，争执可以有，但绝不能有偏见。有的下属因为碰到烦心事情和工作，可能会不自觉说脏话，又或者做出管理者不喜欢的举动，因此导致管理者被激怒或者影响管理者的情绪。当然管理者可以生气或者发怒，但是决不能因为这样的事情，在今后的工作决定中出现不公，忽视他人的存在价值和意义。再以日常工作中的谈笑为例，在工作中，很多人会因为一件事情而聚在一起，比如休息时间的侃侃而谈，这种为了打发闲暇时间而进行的谈话活动。在这样的活动里，管理者要以同伴的身份出现，以平等、尊重的关系去参与讨论，不要因为是管理和被管理的关系而咄咄逼人，不要把彼此之间的关系变得好似高高在上的老师和学生。因为一个好的老师（管理者）懂得怎样尊重学生（被管理者），更知道如何耐心地和他们相处。因此，优秀的管理者要擅长扮演权威者，更要秉持尊重的态度去对待下属，以便获得更有效的沟通和更加平等、信任的关系。

除此之外，有耐心地倾听并尊重每一位员工、下属的意见，是管理者和被管理者之间保持紧密关系的重要手段。贾维斯可能不是一个优秀的工作精英，却是一个十分优秀的管理者。公司规模较大，管理者和被管理者之间本身就有着十分密切的关系，很可能会影响到管理者和被管理者之间的沟通和交流，导致彼此之间的理解和支撑慢慢流失。实际上，尊重员工和耐心倾听同样重要，即便是时间不允许，或者是精力有限，这些依旧是必不可少的。

曾经看过这样一个实验：某公司召开会议时，设立了"你说我听"的讨论组，组内的"听"组是由每个部门的管理者组成，"说"组则是由每个部门挑选出的下属组成。研讨期间，他们聆听下属的报告，耐心听取意见，意在对将来工作能够有所改进和进步，以及为规划新的发展方向做出一定程度的指导。贾维斯在这个基础之上，每周召开一次会议。与其称之为会议，贾维斯更愿意称之为聚会。他通过亲自与下属沟通，"有什么新情况吗？""有什么要求吗？可以尽管提"等，用最简单的话语，表达出最真诚的耐心和最真挚的尊重。

很多时候，好的管理是从尊重员工开始的。尊重是高级需求，与个人的财富、地位无关，而是人类内心最强烈的需求。管理者只有满足下属被尊重的需要，耐心理解下属的需求，才能够让他们对自己充满信心，对工作产生满腔的激情，体会到自己的价值，提高工作效率。

以身作则的细心

管理者做好管理工作，靠的绝不是自吹自擂和侃侃而谈，更不是一味的制约和管理。一个优秀的管理者，除了会管理，更加擅长自我管理。这种自我管理，在于管理者是否可靠，是否能够让自己自己成为一个榜样，起到示范作用。对下属来讲，管理者的行为获得注意后，下属通过自己观察到的行为举止，下一步就是进行学习和竞相模仿，因此管理者在日常的工作和管理中，要细心观察下属的行为变化，更要充分做到示范作用，即以身作则。以身作则的细心，要求管理者以自己的行动为榜样，细心观察下属可能的作为，深刻诠释"其身正，不令而行；其身不正，虽令而不从"。管理者的行事作风，一是靠话语，二则是行为，这便是所谓言传与身教。以身作则的细心，自然是"身教"。

日本商业大亨松下幸之助时常将以身作则的话语挂在嘴边。他认为商业利益的实现，离不开老板的以身作则，只有管理者做好带头作用，从原有的语言引导深入到行为带动，才能够做到令行禁止。例如让下属上岗之初就培养其敬业的习惯，管理者下班前要把自己的办公岗位清理干净，没做完的工作要注意打包回家，坚持做到"今日事今日毕"。作为管理者，几乎是处于众目睽睽之下，威廉就是这样一个管理者。

威廉十分在意自己在下属心目中的形象。在下属眼里，他总是衣冠整齐，衬衫永远系到最上面的一颗扣子，领带整齐，就连头发丝都透露着一丝不苟。工作上更是如此，工作绝不推脱，做事总是十分有规划。他办事利落，行事干练，可以说是公司里十分得力的管理者之一。几乎每一个在威廉手下办事的成员，都对他赞不绝口，更对他十分尊敬。不仅如此，威廉的下属，每一个都整洁如斯，工作起来毫不含糊，办事不拖沓、有效率，连续多次获得公司优秀部门的称号。而这都得益于威廉以身作则的力量。实际上，在数月之前，威廉并不是这样的形象，甚至可以说与当前差之千里。刚成为分区主管的威廉，每天沾沾自喜，甚至活在了幻想之中。毕竟，他只用了两年时间就从一个小职员升职成了分区主管。这样的升职速度和空间，让许多人都望尘莫及。正是因为这样的思想，威廉渐渐变得不自觉起来。身为分区最高管理者和负责人，威廉掌握着所有人的考勤，而没人可以制约他。熟悉了工作环境后，威廉开始每天卡着工作时间上班和下班，遇到事情就直接早退，甚至旷工，穿着也很随意，怎样轻松怎样来。可以说，在他的"带领"下，短短三四个月，分区的工作人员几乎每个都衣着随便，久而久之，销售额不仅没有提高，甚至有下降的趋势。威廉觉得苦恼，自己明明制定了切实可行的规章制度，更有着较为清晰的工作方向，为什么分区的发展还是不理想？他的"恩师"，即带他入行的老师知道了情况，便约他见面，语重心长地说："威廉，你身为分区的总负责人，有着绝对的权利，那自然也要承担起相对的义务，包括带领你的团队走得更加长远。怎样和团队一起发展？最基本的就是你这个管理者要起到一定的管理作用。不单单是管理你的团队，更不是制定简单的工作目标，而是要做好自我管理。你是管理者，你的下属会模仿、学习你的工作习惯。所以，你一定要以身作则，只有你做好，你的下属才能够有学习的方向，这样的管理方式才是一个正确的管理者应该做的。"听过恩师的教导，威廉恍然大悟。一个管理者习惯迟到或者早退，喜欢在上班时间煲电话粥，喜欢吃过饭后迟迟不回办公室，又或者工作时间只顾着喝咖啡，把玩物件儿……这样的管理者所带领的团队成员大概率也会如法炮制，最终拉低工作效率，影响工作结果。

威廉和恩师聊完，就把自己关在办公室一整个下午。他思来想去，总结自己这段时间的所作所为，感觉自己浪费了许多时间，也忽视了很多东西。第二天，威廉几乎像是变了个人。他衣冠楚楚，打着整齐的领带，发型油光锃亮，整个人的气质摇身一变，就连员工都觉得十分惊奇。之后的时间里，威廉不再迟到和早退，也不再随时随地接打电话，而是忙碌工作。下属看着威廉这个管理者的变化，不由得跟着他改变自己。不久，分区的工作氛围有了很大的转变，工作业绩更是节节高升。

威廉理解的以身作则，首先就是做好自我管理，从外表开始改变，改善他人的刻板印象，之后忠于原本定下的目标和方向，做好管理。同样是为了以身作则，威廉在自己做好改变后，勇于承认自己的"错误"。在一次大会上，他深刻反思了自己错误的"示范"，并说明了自己今后的工作方向，在最大程度上得到了下属的理解，并下定决心，在今后的工作中，以身作则，起到良好的带头模范作用。"说归说，做便是做"。威廉彻底改掉了原本的坏习惯，在工作中时常和下属一起探讨，一起分享各自的看法和做法，一起为分区怎样建设得更好建言献策。除此之外，一旦分区出现了一些小问题，威廉会第一时间反思自己，是不是哪里做得不够好，如何做才能够规避这些误区，或者如果是总部，会怎样做等。毫无疑问，威廉的以身作则，对下属的细心察觉，很快起到了效果。不到两年时间，在威廉的带领下，分区成为了所有分区里冉冉升起的新星。

管理者所带领的团队之所以能够成功，离不开管理者的以身作则。这种以身作则体现在方方面面，最重要的是管理者要不断反省自己，有一套独有的、较高的标准来要求自己。在公司，或者是下属面前，管理者要树立起令人尊敬和敬慕的形象，以强有力的形象来征服下属，让下属对管理者产生敬意。这样，在方便管理工作的同时，有利于各项工作的开展，以及工作效率的提升。

承担责任的决心

　　"地位在上升，责任心也在加重"。一个好的管理者，必须要承担起责任。那么，管理者应该承担怎样的责任，应该如何承担责任？毋庸置疑的是，一位优秀且成功的管理者，会下定决心积极主动地承担起三个层面的责任，分别是贡献的责任、集中的责任，以及创新的精神。

　　贡献的责任。总的来说，贡献就是要有奉献精神。管理者通过自己的"献身主义"，不断做出努力，不断强化企业生产，提高企业经济效益。在工作中，很多普通员工的情绪和态度会因为各种琐事受到影响，又或者是在上级的要求下进行工作。但是管理者必须要对工作过程和结果负责，否则会影响部门成员的工作。另外，由于一些管理者本身缺乏专业的知识技能和素养，其注意力和关键点自然而然的就会放在贡献上，由"我们追求业绩、市场和渠道"转化为"怎样做才能有业绩、市场，以及丰富渠道"等。也就是说，管理者要有充分的贡献精神，学会在工作中找到问题，并分析利弊。

集中的责任。集中责任要求管理者必须在管理的过程中，认识到整合有效资源的重要性。实际上，在现实的管理工作中，很多工作是无法用绩效来衡量的，因为一旦开展工作，就是在进行资源消耗，因此，管理者要勇于承担工作的"集中"责任，将无效的、无用的工作，进行集中和释放，将有效资源集中到有效的工作之上，组织下属一起创造更好的工作效果。在这个过程中，管理者必须承担起集中的责任，通过评估工作中可能存在的风险，将有效的资源投入到正常的活动和工作项目之中，支撑起公司的正常运转。简单来讲，如果负责的下属十分负责地工作，却没有取得一定效果，管理者就必须亲自上阵，帮助下属寻找原因，分析不足。除此之外，管理者也要保障自己所掌控的有效资源能够用在"刀刃"上。这种"集中"，是要管理者做好制约和管理，避免让下属漫无目的的随意发展。因此，集中必须要有特色，要在保障相互协调的基础上，确保资源有效利用。因此，管理者必须肩负责任，下定决心从根本上实现1+1>2的目标，创造出更加有效的工作方式。

创新的责任。创新是企业进步发展的源泉和动力，管理者从企业发展和下属工作实际情况出发，承担起下属和企业的责任，为他们创造光明的未来。值得注意的是，管理者不是在预测未来，而是在思考如何赢得未来。管理者往往比他人更了解企业员工的状态，因此，管理者可以不断组织学习，帮助下属创造学习的机会，担负起作为管理者的责任，以提升为目的，进行系统的创新活动。管理者应帮助下属创建学习环境，不断改进下属的技能属性，为公司发展和个人成长创造先机。此外，管理者为了公司的发展，应当承担起创新的责任，树立起吸引人才的旗帜，让更多优秀的外来人才进入企业内部，为企业发展赢得先机。马赫是一家上市企业的老板，他曾说"公司必须不断创新，只靠原本的资源是守不住的。如果有一天，因为我的原因影响了公司的发展，我将退出"。由此可见，管理者必须肩负起创新的责任，为企业发展添砖加瓦。

合格的管理者，会在自己拥有了绝对的权力的同时，培养自己对企业和下属的责任感。这种责任感来源于管理者自身。实际上，一个企业的成功不是偶然，一个管理者的成功更非运气使然。在管理过程中，管理者必须担负起自己肩上的每一份责任。正如作家约翰逊说的那样，"上天从没有赋予一个人任何权力，若非同时让他肩负相对的责任。"管理者通过经营和管理，无愧于组织、无愧于下属，便是担负起个人和企业的责任，因为权有多大，责任便有多大。

破除万难的信心

　　破除万难的信心，就是要坚定一种信念。优秀的管理者，要做一个"傻瓜"，在决定了目标后，就要有战斗的准备，即便是身负多重责任，也要做好万全的准备和期待。这是一种破除万难的信心，更是一种执着的信念。

　　刘传言刚刚担任分公司经理的时候，可谓是初生牛犊。大家对刘传言这个空降来的经理不熟悉，加上分区员工本身工作不够勤勉，以及原本的管理者一直得过且过，导致分区的员工工作态度消极，大家相处狭隘，只想着维护个人利益。即便如此，刘传言靠着坚定的信念，破除万难的决心，历经种种磨难，最后硬生生地操练出了一支坚定的队伍。

　　最初，刘传言被告知到分区出任经理的时候，心里是万般拒绝的，多次想过放弃，一度想要拒绝董事会的任命。从主任升职到经理，一跃成为整个分区的管理者，刘传言内心除了惊喜还有恐慌。经过反复思考，刘传言靠着自己破除万难的信心和坚定的信念，欣然接受了这个"挑战"。董事会派遣刘传言到分区，目的就是让他改变分区的现状，重新整合大家的工作战斗力，培养他们披荆斩棘的精神力量，从而更加坚定个人的工作信念。

一到任，刘传言就充分发扬了自己雷厉风行的工作风格。他整理了所有职工的档案资料，几乎对每个职工都有了一定的了解。然后，他把大家召集到一起，把那些喜欢应付、拖沓，浪费工作时间，拉低工作效率的"蛀虫"找出来，进行了相对严肃的教育和管理。他对分区主任开门见山："必须直截了当地处理影响公司工作进度的员工，对于那些没有任何工作欲望，且影响他人工作情绪的消极因素，予以严厉打击和批评，举报者也有奖赏。"这样的制度一经下达，就取得了相对良好的成果。实际上，分区的工作进度之所以缓慢，工作效果之所以不佳，最大的原因是上一任的管理者只会打击所有人的工作信心，遇到工作瓶颈，第一反应不是迎头痛击，而是直接放弃。这样的工作态度和工作理念与总公司的工作宗旨是相悖，且不被认同的。显而易见，管理者的工作态度影响着下属的工作情绪。

也正是因为熟知这一点，刘传言在确定了自己的目的和目标后，便勇往直前，坚定自己的信念，最终带领自己的队伍不断强大。要知道，在来到分区成为经理之前，这位声名昭彰的人物，之前也曾带领过总部的一支小队伍。那时候他还只是一个主任，管理着十余人的小队伍。他的队伍，一直都是以工作认真、态度坚定、信心十足等表现，被公司所有人称道，也深受公司高层的信任。管理者——刘传言本身，更是充分践行了这份工作信念，部门也在刘传言这个小小管理者的带领下，有了不断突破瓶颈的勇气。

事实证明，对管理者来讲，信念在工作中占据主导地位，也正是信念区分开了"管理者"和"被管理者"。这种破除困难的信念，关系着管理者是否能够挖掘下属的工作潜力，不仅影响最后的工作成果的好坏，而且也决定着是否能够获取更多的成功。管理者的工作信念，能够影响个人以及团体对工作、目标和人际交往的处理方式。对成功的管理者来讲，事业成功是目标，那么坚定这一目标的信念便是破除万难的"利器"。显而易见，管理者的事业成功与其坚定的信心有着莫大的关联。刘传言在成为分区经理后，最常挂在嘴边的一句话便是："我们必须对自己、对公司抱有信心，我们更要坚定理念，在公司的每一天都要抱有克服困难的信心和勇气，不断去挖掘别人的本领和价值，从而促进公司的发展。"正是这样的信心和决心，使刘传言摒弃了原有的管理理念。在传统的管理理念看来，公司员工是管理者的同事和下属，但对刘传言来讲，公司员工是同伴和战友，员工是公司创新、发展的动力和源泉，因此他认为，只有善于对员工进行正能量的传播，引导员工树立破除工作困难的信心，坚定工作的信念，才能够带动员工的工作积极性。

那么，作为一名合格的管理者，该怎样坚定下属的工作信心，让他们明确自己破除层层困难的信念呢？很简单，管理者对待下属要坦诚，例如：直接地说出对下属的期待，这样能够使双方之间建立紧密的关联。通常情况下，管理者的权力几乎已经到达了管理高层，大多数的员工对他们几乎言听计从，因此管理者必须坚定自己的管理信念，对此抱以绝对的信心。一旦管理者陷入焦虑和不安，就会影响员工的工作态度，甚至直接影响员工与管理者之间的信任度。因此管理者不仅要做好自我管理工作，对自己充满信心，更要对员工的工作能力予以肯定，进一步强化员工对个人的信心，让他们有更多的信心去冲破工作中的瓶颈。

一座火山，几十年几百年后终要爆发，因为它从不缺时间。信念坚定，多年后也一定会有爆发的那天。管理者更是如此，他可能一年、两年没有成为一个成功的管理者，但是怀抱坚定的信念和破除困难的信心，终有一天，他会踏着祥云走向成功彼岸。

坚定不移的恒心

所谓"有志者，事竟成"，此处的"志"，常常被理解成"恒心"，是一种毅力，是不达目的誓不罢休的决心，更是一种持久不变的意志，是人必备的本心。管理者要想破茧成蝶，就要在各种困难和瓶颈中褪去所有的青涩，在磨砺中成长为一个合格、优秀的管理者。在这样的过程中，管理者要想获得成功，就需要在实践经验里充分发扬无私、无畏、忠诚三素养，而这些素养要求管理者要有恒心。既要去融入和带领团队，也要做事有胆识，遇事临危不惧。实际上，管理者的每一种历练和每一种"心"，都是实践和职业道德相互呼应的结果。

有恒心的管理者，必须内心强大、坚定不移。管理者有了恒心，遇到困难才能够不放弃不退缩。这样，除去自己有了勇气之余，还能够进一步鼓励下属的工作激情，鼓励下属坚持就是胜利。胡哲白手起家，如今是一家私人企业的老板。细数多年来的工作事业，胡哲可谓是经历了起起落落。一路走来，凭借着自己坚定的恒心，他终于收获了自己的一份事业。胡哲怀抱着自己的梦想，辞掉了原本安稳妥当的工作，凭着自己的恒心和决心，走上创业之路，并最终小有成就。这份成就，来源于内心的坚定，靠的是持之以恒的信念。胡哲在工作几年后，学到了一些知识，毅然辞了职，开始了自己的创业之旅。创业前期，各种困难接踵而来，但他没有放弃，内心的坚定信念提醒着他：我能行！我能坚持住！果然，是金子早晚都会发光的，他有了自己的公司，成了当地小有成就的管理者。事实证明：坚定的恒心，方能创造出属于自己的辉煌！

好景不长，公司发展起来没多久，由于市场波动情况严重，公司所在行业实在有些不景气。面对逐渐下滑的公司总业绩，胡哲第一时间找到了各部门管理者，了解他们对现状的思考和下一步的准备。会议一开始，胡哲就表明了立场："作为部门的管理者，不仅是我，你们也必须要有坚定的恒心，相信我们可以成功渡过这次危机。首先，我们自己要相信绝对不会被困难击倒，这样才能够鼓励下属。"之后，胡哲要求每个部门梳理离职员工的数据。有关部门总结发现，销售部A分支的的离职率最高，几乎每周都会有人辞职。经过了解，胡哲发现，每当销售业绩不高，或者销售人员无法完成季度、月度，甚至每周的销售目标时，销售部部门管理者就会垂头丧气，重新制定更低的销售目标。久而久之，部门之间利益冲突变多，部门员工缺乏工作的热情，更别提坚定自己的工作恒心和信心。这样的队伍，最终只会成为一盘散沙，根本不需要行业竞争的影响，内部也会走向衰落。

胡哲下达通知，并立刻对A分支的情况进行了了解，鼓舞队伍的士气，让他们能够正确认识自己的不足在哪里。之后逐个分析，给不同的销售人员制定了不同的销售目标。最后，他给下属讲了一个故事："沙漠中最常见的物种要数骆驼了，甚至于很多骆驼会在沙漠中度过它们的一生。它们是如何忍受并克服干旱炎热的煎熬的呢？很简单。首先，骆驼会吃一些其它动物所不敢尝试的荆棘灌木，从这些植物中提取水分。然而最重要的还是它们巨大的忍耐力以及能穿越沙漠的坚定态度。为了寻找水分和食物，它们不得不忍受干旱炎热，在沙漠中进行长达数日的跋涉。骆驼可以在一个月内不喝水，可一旦见到水源，它就会迅速饮水，甚至于能在十分钟内喝下一百三十五升水，给身体来一次完整'充电'。"话音刚落，胡哲又解释说，"你们有能力，也有过辉煌的业绩，这次制定的目标，有长期和短期两种，你们需要在实现短期目标的基础上，实现长期目标，这并不复杂，只要有恒心，坚定地相信自己可以实现目标，终会成功。"

加里宁曾经说过："坚硬优质的钢条，是经过千锤百炼而成的；瑰丽美观的贝壳是经过水冲日曝而得的。我们的意志和毅力也必须在火热的斗争中接受严峻的考验，去接受长期的锻炼。只有这样才能使自己在困难面前，永远热情奋发，斗志昂扬。"想成为一位成功的管理者更应如此，只有内心坚定、有恒心，才能够以足够正面的、向上的方式创造出更多的成功。

第三章 征服他人的『影响之力』

卓尔不凡的决策力

管理者在工作中需要进行决策的事情有很多，而管理者的决策力决定了企业的项目、发展甚至是未来。所以拥有卓尔不凡的决策力是管理者的不懈追求。

然而，卓尔不凡的决策力并非是管理者本身努力便可达到的，有时需要借助一些外力来达成。

设立智囊团，听取更多意见。获得大量的信息能够帮助管理者更好地做出决策，可以说，信息即决策养分。所谓"当局者迷，旁观者清"，设立智囊团，可以使管理者在决策时，得到大量的有关信息和一些必要的建议，最终使管理者做出更加全面的决策。

决策过程与决策结果并不一定有直接关系。一个好的决策并不意味着会得到一个好的决策结果，因为在执行决策的过程中会有许多不确定因素对决策结果产生干扰，结果会随着不确定的事情而产生或好或坏的不确定影响。但这并不意味着，决策的过程是错误的，有问题的。因此，将决策过程与决策结果分开看待会使管理者更能了解决策的奥秘。

明确决策目标。在听取决策建议之前，管理者要先向员工明确所需决策的决策目标，让员工不至于没有方向，盲目提建议，或者是提供大量无用的信息。这就需要管理者在决策过程中，先将所决策事情的计划、预算等事项进行明确，再进行之后的步骤。

如果管理者没有明确决策目标，不论是团队还是员工都会像故事中的男人这样：一个男人一早起来，妻子告诉他家里没有米了，要他出去买，男人听到后起身前往附近的超市。男人刚走出小区没几步，就看到小区业主群中发布的交纳物业费的通知，他心想买米这事情也不急在一时，不如先去把物业费交了吧！这样想着，他向小区物业的办公室走去。在前往小区物业办公室的道路上，他看到一群人围在一起，就凑过去看热闹，原来这群人中间有两个人在下象棋，他也站在一边看了起来。谁知没过一会，突然有人说这天气看起来快要下雨了，他想到家里的窗户都还开着，连忙向家中走去……男人就这样奔赴在做各种事情的道路上，末了却什么事情也没有做成。

所以管理者要避免像这位一直忙碌却一事无成的男人一样，决策不彻底，最后什么也做不好。其实，管理者可以从一些小事的决策开始，慢慢地、循序渐进地培养自己的决策能力。

列出选项，确定目标。管理者可以将自己想要做，或者需要做的事情，先在纸上写下来，认真仔细地分析这些事情的轻重缓急，或者思考哪些事项之间存在连带效应，以便可以让事情更高效更快捷地进行。确定出需要进行的事项的顺序，再想清楚每件事项要达成什么样的目标或者是结果，这样所有事项的轻重缓急和目标都清楚明白的呈现在眼前，长此以往，有助于管理者决策能力的提升。

听取意见，思考可行性及价值。管理者在进行一个项目时，可以向多方听取意见，更全面的了解事项的各个方向，将各方意见或建议一一列出，并将相应方案进行排列、分析，选择出可行性强并且最有价值的方案。这就要求管理者在事项执行前，拥有整合、分析、判断的能力，能在众多方案之中选择出最有利的那一个。

时刻关注动向，要有预备方案。在决策执行的过程中，管理者要时刻关注决策方案在具体实施中的情况，在出现问题时及时解决，在方案无法继续实施时，要拿出预备方案，及时进行挽救。这就需要管理者思虑周全，对突发状况有灵活的应变能力和果断及时的决策能力。

不管是对于一个团队来讲，还是对于一家企业而言，管理者的决策能力都有着毋庸置疑的重要性。一个团队也好，一家企业也罢，如果没有具有非凡决策能力的管理者，那么这个团队或者这家公司，终有一天会被社会所淘汰，其在这个沉浮的商业竞争中是无法长久生存的。由此可见，管理者拥有卓尔不凡的决策力，不论是对于团队，还是对于企业，都是至关重要的。管理者应注重自己决策能力的提升，以及员工决策能力的提升，携手团队、企业在竞争中生存、进步。

把握全局的掌控力

如果将企业事务比作围棋棋盘，将管理者比作下棋的人，那么，管理者对棋局的预见能力便是掌控力。管理者掌控力的高低决定了其对于棋局预见性的多少，掌控力差的管理者只能预见棋局未来几步的走向，而掌控力强的管理者在一定程度上，可以预见棋局未来几十步的走向。好的管理者能够预见危机，趋利避害、力挽狂澜，在把控全局的掌控力下将企业或团队带向美好的未来；掌控力差的管理者，可能会因为对全局掌控力不够全面，而做出一些片面的、有违形势的决策。

掌控全局的正确决策不仅可以挽救一个企业或者是一个团队，甚至可以挽救一个国家。

相信很多人都听说过"唇亡齿寒"的故事。公元前661年，晋献公为了进一步扩大自身的势力范围，先后吞并了多个弱小的诸侯国。这样的军事扩张使晋国的实力得到快速发展，与此同时，晋献公也将虞、虢两国看做囊中之物，希望有一天可以扫除障碍，使晋国得以在中原地区发展。

晋献公想要以虢国经常入侵边境为借口灭了虢国，但想要向虢国发兵就需要经过虞国的领地，这可怎么办才好？为了能顺利拿下虞、虢两国，晋献公采用了大臣荀息的建议，利用良马玉璧向虞国的国君"行贿"，希望能够从虞国"借道"。虞国国君果然被宝物吸引，任凭大夫宫之奇如何劝谏，并将晋国"借道"行为的祸患一一列出，还是没能将虞国国君从良马玉璧的奸计中拉出来。

很快，晋国的军队长驱直入，占领了虢国的下阳（今山西省平陆县北）。三年后，晋献公又一次利用良马玉璧向虞国国君提出"借道"一事，虞国国君仍是毫不犹豫就答应了。宫之奇在劝谏无果后带领家人离开了虞国，而晋国的军队消灭了虢国后，随即将虞国灭掉了。

让晋国军队"借道"攻打虢国，是虞国国君未能掌控全局而做出的错误决策，虞国国君并未因宫之奇的劝谏放弃这个决策，很明显是缺乏大局观念，未能及时统观全局，更不懂得权衡利弊后做出取舍。试想，如果虞国国君能够听进去宫之奇的劝谏，并因此而拒绝晋国的"借道"要求，那么虢国、虞国和晋国的命运都会变成另一种局面。所以，切勿因小失大。只见树木不见森林，最终的结局便是满盘皆输。管理者也应当如此，不应拘泥于小事上的得失，要纵观全局，权衡得失利弊，做出于全局最有利的决策。管理者应该从实际出发，对事物的变化灵活应变、冷静应对，不应墨守成规、方寸大乱。

"园中有树，其上有蝉，蝉高居悲鸣饮露，不知螳螂在其后也；螳螂委身曲附，欲取蝉，而不知黄雀在其傍也；黄雀延颈，欲啄螳螂，而不知弹丸在其下也；此三者务欲得其前利而不顾其后之有患也。"[①]这就是家喻户晓的螳螂捕蝉，黄雀在后的故事。

这个故事告诉我们，做事情如若不考虑全局、顾全四周，就很容易变成故事中的螳螂和黄雀那样，虽然眼中有目标、有所得，也有一定的掌控力，却因没有权衡利弊、审时度势，而遭受到更大的危机。

作为管理者要做故事中手持弹丸的人，全面统领全局，将全局中的事物串联起来，用发展的眼光去看待问题。管理者看待问题切勿片面、孤立，要将问题联系起来，多面的、多方位地去看待问题。另外，还要有"不以物喜，不以己悲"的意识。面对一时的利好不应因沾沾自喜、盲目的乐观自信，而忘却掌控全局的大局观念；也不应在面对一时的失利时悲观绝望、毫无斗志，最终丧失一个管理者应有的对全局意识的判断。

所以，管理者的得失心不应过重。一个好的管理者，要有高于常人的对于全局的善观善察，对于全局形式的正确把握，对于全局发展导向的应有判断。这样管理者的掌控力才能够发挥到其对企业、对团队的有益方面。

如何拥有把控全局的掌控力呢？

管理者应有审时度势、科学揣度的能力，可以对企业或者团队

---

① （清）纪昀总纂．四库全书总目提要（1—4册）：河北人民出版社，2000年03月第1版：2340。

所处的形势有一个全局的判断和定位。不仅如此，在企业或者团队遇到突发情况时，管理者要能够临危不惧、镇定自若地从全局观出发，将问题处理妥当。在这一过程中，管理者对计划、目标、发展、协调能力、全局意识等各方面都要有一个清晰的了解和掌控力。

掌管大事之人，一定要比他人站得高、看得远、思索全。唯有如此，管理者才能够练就把控全局的掌控力，才能使企业或者团队立于不败之地。

团队建设的组织力

　　不论是一个企业还是一个团队的管理与发展，都需要通过管理者履行其职责与义务，保证这个企业或者团队的正常运行。管理者在企业或者团队中，有其需要做的工作，而组织力是管理者应该具备的一种能力。只有具备良好的组织力，才能使工作计划按部就班地完成。

　　西汉时期，汉文帝召见群臣，并向右丞相周勃提出问题："一年内，全国案件判决的数量是多少？"

　　周勃说："不知道。"

　　汉文帝又问："那一年内，全国进的钱粮是多少？"

　　周勃被汉文帝接连问倒，一时间羞愧难当。汉文帝又问左丞相陈平。

　　陈平的回答是："皇上您要是了解这些情况，应该去问具体掌管这些事情的官员。"

　　汉文帝又问道："应该去问谁呢？"

陈平答："皇上要问案件判决的情况，可以问廷尉；问钱粮的情况，可以问粟内史。"

针对陈平的回答，汉文帝又提出疑问："按照你说的，各种事物都有相应官员负责，那你又是管什么的呢？"

这个问题可谓暗藏机锋，周围的大臣都暗暗为陈平捏了一把汗。

陈平镇定自若："承蒙皇上看中，让我担任宰相。对内，宰相的职责是辅助皇上、为皇上出谋划策，让天下风调雨顺，百姓安居乐业；对外，则要使四方诸侯、外族都归顺朝廷，还要使各级官吏胜任他们的职务。"

汉文帝听了陈平的一席话，连连点头。

这就是管理者的作用：统筹好各个岗位员工的工作职责，使团队、企业能够正常运转。

但是如今的管理者却将大量的时间花费在探讨团队各项战略、政策的正确性上，而忽视了团队的组织力。对管理者而言，员工的实际工作内容是最为重要的，组织框架之类的程序化都是形式。管理者忽视团队建设组织力的重要性成为普遍现象，这也成为了团队发展的一个瓶颈。就是因为管理者对组织管理的忽视，使得团队整体组织力愚钝。

组织能力的关键在于这三个方面：员工是否可以胜任；员工是否乐于胜任；员工是否能够学会并运用。

首先，是能否胜任的问题。以中国目前的学习制度来看，学生前二十年的学习能力基本都源自于书本之中，对于书本外的知识的学习能力就较为薄弱了。"身为管理人最重要的条件，不是他或她能否做出睿智的决定，或采取关键性行动，而是能否教导他人成为优秀的管理者。"这是《领导引擎》一书中，开篇便提到的内容。同理，管理者要想在团队中拥有组织力，就要对员工进行组织力的培养，这样管理者在组织、管理这个团队时就会容易很多。

其次，则是是否乐于胜任。在我们的生活中，你可以观察到，乐于运用碎片时间进行学习的人很少。这也就说明了，那些运用碎片时间去学习的人，是自主的、主动的、乐于去学习的。管理者要做的，就是去激发员工学习新事物的热情，让员工对于新鲜的事物愿意去尝试，对于新的工作乐于胜任。

最后，是能否学会并运用。管理者可以在团队内设立一些机制，比如：组织员工进行一些技能的培训；管理者向员工定期更新相关资料；优秀员工经验分享会等，让员工能够从各个渠道学习更多的知识技能，形成乐学好学的团队氛围。

管理者在保证了团队内部的学习氛围后，员工的学习热情会相互感染，慢慢影响每一个人。这种学习热情就会成为团队组织能力持续提升的动力源泉。

总的来说，管理者要把组织管理工作做到位，将员工安排在合适的岗位上，让员工能够各司其职、各展其长；要把团队内部的经费、物资等做到合理分配、物尽其用；要把相关信息进行整合分析，并准确及时地传达到相关部门。管理者把团队建设的组织力重视起来，能够优化团队氛围，也能够有效提升团队竞争力、凝聚力。

人际交往的协调力

协调能力是指管理者在决策过程中，对生产进行协调指挥的能力。每个管理者都要有一定的协调力，都应该把协调力运用到各种组织形式，使自己在生产管理中指挥自如、控制有方，以达到协调人力、物力、财力的最佳效果。①

管理者在人际交往中，协调好员工间的关系，可以达到1+1>2的效果。

大雁成群飞行时，在空中会呈一字型、人型或者v型，而且在飞行过程中会定期变换管理者。研究发现，在同一时间内，大雁以这种方式飞行，比独自飞行时多飞12%的距离。这是因为这种飞行方式可以帮助大雁群两边的局部形成真空。

显然，协调合作可以产生倍增效果。

除此之外，诺贝尔奖项的获得者中，协作获奖的人员比例高达80%，而在诺贝尔奖设立之初，协作获奖的人员比例约为41%。

---

① 百度百科，协调能力定义。

　　这两个故事说明，协调分工可以产生1+1>2的效果。如今分工合作也成为了管理者喜欢应用到工作中的一种方式。经过团队内部的分工，将巨大的、复杂的事情，进行分解、简化，使员工能够通过分工合作的方式，高效地完成既定任务。

　　但是分工合作也给管理者带来了一个问题，那就是如何协调员工间的人际关系。因为良好的人际关系可以让工作更加顺利和谐的完成，如果员工间的人际关系不和谐，就会出项很多不合作、不配合的事情，使分工合作难以进行。

　　在深林里住着两只小鹿，这两只小鹿从小一起长大，每天都形影不离，在遇到问题时也会一起商量。它们之间偶尔也会出现意见不合的情况，但都会商量着解决矛盾。

　　直到有一天，这两只小鹿不知道因为什么事情产生了巨大的误会，两只小鹿甚至变得像仇人一样互不理睬。

　　几天过去了，性格比较温和的小鹿希望它们能够和好如初，就主动向性格比较急躁的小鹿示好，但性格急躁的小鹿却不理不睬，完全没有想要和好的意思。

　　后来，两只小鹿在觅食时偶遇了，性格急躁的小鹿发现了一种之前从没见过的红色果子，并想要吃下去。性格温和的小鹿认为色彩诱人的果子可能含有毒素，极力劝阻性格急躁的小鹿吃下果子，但在性格急躁的小鹿看来，性格温和的小鹿是想要独占红色果子，它一边想着"就不给你吃"，一边吃下了所有的红色果子。故事的结局是，性格急躁的小鹿因为吃多了有毒的果子，差点丢了性命。

　　可以看出，人际关系的不和谐，可能会导致无可挽回的恶果。所以，管理者在团队内要做好人际关系的协调工作。

管理者优秀的协调能力，可以化解管理中存在的各种矛盾，也能够推动企业发展。协调力需要运用到执行力和落实力，是衔接和推动生产的能力，同时也是团队、组织和各部门充分调动员工的积极性的纽带。如果一个管理者不具备协调力，就意味着这个管理者的管理力存在缺陷，这会影响到管理者对于团队的管理，以及其自身管理工作的运行。

管理者对于自身的职责的履行可以体现在方方面面。比如：将各个部门的管理了熟于心；调动员工的工作积极性；激发员工的潜能；协调好团队间的关系。对于业务水平好，又有敬业精神，但因为缺少协调力而使自己的工作限于被动之中的，需要对自己的协调能力多进行锻炼，在学习与实践中不断提高。

管理者的协调力要追求管理的艺术，有效的协调。管理者如果想对那些自由、松散的员工进行激活的话，可以将其带到问题现场，让当事人对工作中产生问题的原因、解决办法进行陈述，并在此基础上，允许有关部门提出要求。这样会使当事人感到压力，也会让其意识到自己的失职或者是欠缺。在这种情况下，管理者应当协调其他部门对其进行帮助，这有利于员工内部关系的和谐稳定，也能够尽快解决问题。如果出现一些问题责任不明确或者"踢皮球"的现象，管理者可以采取现场协调的方式来解决。

管理者要协调好员工内部的氛围，使员工对企业、团队形成归属感；使部门之间、员工之间形成信任感、亲密感；对于问题，要敢于提出，敢于解决；最终做到人、事、物的综合平衡，协力完成工作目标。协调力对于一个企业、一个团队来说，是凝聚力的核心，所以，管理者要注重员工之间人际关系的协调。

处事不惊的应变力

所谓应变能力，考验的其实是人的学识、思辨、经验、口才、逻辑等综合素质。而应变的最高境界就是看到不变，且可以变于无形之中。管理者在处理众多事务时，都需要使用这种应变能力，并且常常需要处变不惊地应用这种应变能力。

爱因斯坦曾被邀请作为演讲嘉宾。当他在车上准备演讲内容时，他的司机开玩笑说："我已经不知道听了多少遍你在车里预演演讲了，你的演讲内容我完全可以背下来。"爱因斯坦听到后说："那真的太好了！我昨天做了一天研究，现在感觉非常疲倦，邀请我的机构并没有见过我，你可以替我演讲，我来做你的司机。"到了演讲场地，果然和司机所说的一样，他一字不落地将爱因斯坦的演讲内容背了出来。

故事的转折发生在演讲结束后，一位年轻的科学家在现场追问了一个问题。这个问题的答案显然是演讲内容以外的，且比较深入，司机是根本不知道如何回答的，但司机还是给出了完美的答案，他是这么说的："年轻人，恕我直言，这个问题简直可以用蠢来形容，因为它的答案太简单了。你如果不相信，我可以证明给你看。这个问题连我的司机都难不倒。"紧接着，这位"冒牌"的爱因斯坦就将真正的爱因斯坦请上台回答问题，而他则在掌声雷动中完美离场。

这位司机就展现出了惊人的应变能力，巧妙地化解了一场尴尬。

应变能力对于管理者来说，重要吗？

当然重要。

我们都知道晏子使楚的故事，面对楚王的各种讽刺挖苦、挖坑设伏，晏子都能够机智幽默地回击。

晏子作为使者来到楚国，楚王为了羞辱身材矮小的晏子，在城门旁开辟了一个小洞，让晏子从小洞钻进去。晏子看到后表示："出使狗国的人要走狗洞，现在我出使楚国，不应该从这里进城。"迎接晏子的人只得引领他从城门进去。

晏子拜见楚王，楚王还想借机羞辱晏子，便问道："齐国是没人了吗？居然让你做使臣。"晏子回答："齐国的临淄有七千多户人，他们把衣袖展开可以遮天蔽日，洒下的汗水像雨水一样多，城中到处都是人，怎么能说没有人呢？"楚王继续问："既然齐国这么多人，为什么选择你作为使臣呢？"晏子回答："齐国是根据出使对象选择使臣的，有才能的使者被派遣到有才能的君主那，无能的使者被派遣到无能的君主那。我是个无用的人，只能派遣我来楚国了。"

楚王原本是想羞辱晏子的，却被晏子三言两语化解了，而且还无从反驳，由此可见应变力的重要性。尤其是对于管理者而言，应变力可以说是必不可少的技能之一，能够让管理者在处理突发事件时更加得心应手。在遇到事情时，不嗔不怒，不悲不喜，冷静应对，才能够客观发挥自己的作用。

那么，如何提高随机应变能力呢？

学习吸收新知识。对于新鲜事物多进行学习，在学习中不断汲取养分，还要通过自我反省，对知识进行总结、吸收，以使所学的知识可以融会贯通。长此以往，很多东西是你知道或者烂熟于心的，可是别人不一定知道，在这方面，你随机应变的能力就会比别人强。所以应变能力的前提是多读书，多学习，增加大脑的知识储存量。

发散思维，增加阅历。遇见事情的时候可以快速在大脑中搜集各种应对方法，不必拘泥于一种方式方法，而应尽可能全面地考虑接下来的步骤。经常进行这样的锻炼，可以增强大脑的发散思维，真正遇到问题时，大脑的运转速度也会比一般人快。

还有就是要增加个人的阅历。试问，一个整天生活单调，既不善于学习又不善于交际，还将自己禁锢在一个固定的地方的人，他遇到事情时的应变能力能有多少呢？

反之，一个见多识广，善于交际，去过很多地方，见过各种各样的人，有着丰富经历的人，他的随机应变能力与上面那样的人相比，孰强孰弱？答案不言而喻。

想要增加自己的阅历，就要多参加社会活动，多与人交谈，多观察，这样既可以增加自身各方面的知识，也可以结交很多朋友，还可以在这个过程中取长补短，弥补自己的不足之处。久而久之，应变能力也会随之得到提高。

学会控制情绪，敢于表达。当一个人的情绪处于极端时，大脑的理智会被情绪占据，智商也会随之下降。所以当自己处于气愤、悲伤的状态时，要将自己的情绪控制好，找回理智，这样才能够将应变能力更好地发挥出来。

发表意见的时候不要碍于面子，要敢于表达自己，这样，在表达中，你的应变能力可以得到锻炼。不怕出错，敢于表达，也是提升应变能力的一个前提。

管理者是一个企业或者一个团队的核心人物，当企业或者团队中发生突发事件时，不可避免地需要管理者进行处理。因此，管理者需要有处事不惊的应变能力，以便将事情妥善处理好，避免造成更大的损失。

有道是"世事洞明皆学问，人情练达即文章"。管理者可在为人处世中，多观察、多学习，提升自我的应变能力，以处事不惊。

第四章 成就自我的『四海之气』

不趾高气昂的口气

在工作中，我们可能会遇到趾高气昂的管理者，他们骄傲自满，往往因为一点小成就便得意忘形，他们颐指气使，得意洋洋，以为自己是一个成功人士。然而，忽视公司实际情况，趾高气昂的口气，加上颐指气使的行动举止，往往会导致公司站在风口浪尖上。

王泉是某上市公司的最大股东。前段时间，公司经历了一系列丑闻，从裁员风波到公司某部门管理者的个人丑闻，一波未平一波又起，公司下半年突然下达通知，说公司一定不会录用，并一定会淘汰三种人：

第一种是无法拼搏，不知努力的人。这样的员工，即便是有着相当不错的工作成绩，职位高，又或者即便是公司的资深员工，也将会被辞退。

第二种，则是不能干以及不会干的员工，即工作能力差的员工，工作结果不佳的员工。

最后一种则是"性价比低"的员工，也就是说工作能力与所享有的薪酬福利不成正比的人。长久的工作，有些人在不断升职加薪，有的人会因为调职，其价值有所变化。由于种种原因，性价比变低的员工将无法继续留在公司。

这一通知看似雷厉风行，态度坚决，实际上却趾高气昂，用最绝对的口吻说出最绝对的话，让员工必须、一定做某些事，甚至给员工划分了不同的等级，可谓是"引起了社会的讨论，激愤了公司员工的心。"即便从客观上来讲，王泉和一众股东决定下达的通知，符合管理的要求，但是看似合理的通知和语言，用相当自满、堂而皇之的语气说出来，很可能会起到反作用。

果然，通知下达不久，公司所到之处几乎怨声载道，每个员工都对王泉这个最高管理者充满了意见，甚至影响了公司员工的工作积极性。

与之相对的是武超白手起家的公司，该公司与王泉的公司一直是竞争对手。与作为商业巨头的王泉公司不同，武超白手起家，因而发展速度较慢，公司内部员工较少，且缺乏相对完整的管理制度，但其内部氛围和谐，每个人都能够和谐相处，员工之间没有勾心斗角，和武超这个管理者也相处得十分和睦，久而久之，员工工作有激情，工作效率也有很大提升。这都得益于武超白手起家，明白对待下属的态度决定着他们工作的态度。这里的态度指的是管理者对待下属的态度，可能是说话的口气，也可能是行为举止等方面。在武超的公司里，决计不需要担心这些。在公司犯了错，如果是肉眼可见的小错误，第一次武超会口头批评或者教育，不会义正辞严，更不会咄咄逼人，武超总说："员工是我们的下属，更是我们的同伴，和我们平等，他们甚至干着比我们还要累和苦的工作，我们凭什么对他们趾高气昂！"正是这样的态度，这样平和的语气，让员工心甘情愿为武超、为公司奔波、加班，为公司贡献出自己所有的热情。

通过对比，我们不难发现，王泉公司所做的不过是表面上的激励，其目的虽然是为了强化公司管理，增强下属的工作责任心和积极性，然而那种冷血、直接的语气，几乎完全展现了公司唯利是图的本色，甚至直接将员工作为一种盈利的工具来利用，从而达到利益最大化的目的。正如王泉公司所制定的新规则，公司因为非客观原因直接辞退员工，是十分短视的行为，彻底将公司管理层的言行举止暴露了出来。此外，将员工"性价比"化，是相当不恰当的行为，不仅伤害了员工的内心情感，甚至影响了员工的自尊心的培养。这种几乎将员工比作商品的行为，无疑是商人作为，十分冷血，无比高傲。此外，将员工量化进行比较，更是十分不可取的行为。不仅如此，除了王泉这样的高层管理人员，公司很多其他管理者也认为基层员工工作成果不佳，都是因为"能力差""没拼搏""性价比低"等。这样趾高气昂的态度，怎会让人甘心卖命呢？

反观武超所带领的公司团队，他的管理十分高明，可能正是因为白手起家，武超十分懂得如何收获人心。他态度温和，对待所有人都一概平等，耐心听取下属的意见和建议，和下属一起吃饭、熬夜、加班，一起克服困难和问题，一起享受成功的喜悦。试问，一个成功的管理者面对下属，不管是交谈还是共事，怎会流露出趾高气昂的态度，以及洋洋得意呢？

不打压他人的正气

人立于世间，处世为人要存有"浩然正气"。一个充满正气的管理者是光明磊落、堂堂正正、受人尊敬的。这样的管理者带出来的员工才会"行得正、坐得端"，这样的管理者管理的企业才是对社会、对国家、对人民有贡献的良心企业。

员工有真才实学时，管理者不应妒忌其能力或才华，不要打压，或者想方设法阻止其施展才能，而应提拔、奖赏、给予机会，让其得到锻炼，得到发展。古人有云："所守者道义，所行者忠信，所惜者名节。①"管理者只有正气傍身，才能对员工做到公平公正、不偏不倚，依企业规章制度办事，为企业、团队培养优秀的人才。

托马斯·赖特遇到了一个难题——如何让刑满释放的罪犯诚心悔过，成为一个诚实勤劳的人。为了找到解决方法，托马斯·赖特

---

① （清）吴楚材，吴调侯．古文观止．北京：作家出版社，2008：354。

全身心地投入到解决这一问题的工作中，并将其作为自己的人生目标。

虽然托马斯·赖特只是一个普通的铸造工，除了周日，每天早上六点到晚上六点都要上班，但他还是将自己的空余时间拿出来，对犯罪分子进行教育改造。虽然托马斯·赖特从事这项工作的时间非常有限，但是，他一直坚持以自己的努力帮助那些被社会遗忘的罪犯。万幸的是，效果很显著：托马斯·赖特在十年的时间里，把300多名罪犯从深渊中拯救了出来，让他们成为了诚实勤劳的人，足以回到社会、家人中生活。因为托马斯·赖特的坚持不懈取得了极好的成果，他荣获了曼彻斯特中央刑法院的"道德医生"的称呼。

将犯罪分子改造成诚实劳动的人，所要做的工作绝非易事，对时间、金钱、经历的要求都很高，而且缺一不可。对托马斯·赖特这样一个普通的铸造工来说，更是难上加难，尤其是在金钱这一块。于是托马斯·赖特将工资分为了几个部分，一部分用以确保自己家庭的日常开销，一部分捐赠给学校，还有一部分用来救济穷苦的民众……划分好了金额后就严格执行。

托马斯·赖特通过这样的方法，取得了成功——让犯罪分子改过自新，成为勤劳的劳动者。他虽然是一名普通的工人，却有着不打压他人的正气，同时也拥有正直、诚实的美好品质，对周边的人有巨大的影响力。

这种一身正气的人物，在我国古代也有不少，比如宋代的民族英雄文天祥就在《正气歌》中写道："天地有正气，杂然赋流形。"其一身正气使他不畏生死，捍卫自己的尊严，国家的尊严；还有被世人视为刚正不阿代名词的黑脸包公——包拯，也是一身正气，不畏强权，只断对错，不论是身居高位的太后，还是当朝的权贵、驸马，断案、讨公道都不在话下，是百姓心目中的好官；还有岳飞、林则徐等，这许多身怀正气、流传于世的伟人，他们的正气是为自己正名，是为他人伸张，是为民族呐喊。

所以，作为管理者也应有正气，不歧视他人，无论从事哪种工作，是何身份，只要他是凭着自己的双手在积极地生活，就应给予其应有的尊重。除此之外，也不应凭自己的喜恶，应用手中的职权打压他人。不尊重他人，恶意打压他人都不是一个身怀正气的管理者应该去做的。

在工作中，管理者的正气，可以感染到身边的每一个人，就如同故事中的托马斯·赖特可以以一己之力，去帮助、改造哪些犯罪分子一样。管理者的正气也可以感染到身边的员工，为团队、企业营造一个充满正气、正能量的环境。这对一个团队或者企业的发展来说，是十分有益的。一个人缺少正气，就如同没有气的气球，放坏腐败的物品，没有应有的形，也没有生气；一个管理者缺少正气，也是如此，对员工、企业、社会都是有害的。

公正是管理者应该坚守的一大原则。管理者如果能够以员工为本，公平公正地看待每一位员工，保持"利归天下，誉属黎民"的淡泊情怀，那么管理者在工作中，就能够秉持公正，真正做到"以德服人、以正服人"。

不抢夺功劳的义气

俗语有云："君子不夺人所好"，意思是君子不会去侵占他人所喜爱的东西。就工作而言，此处的"夺"讲明了做人要讲义气，要不拘小节。单单就管理者而言，讲义气和不拘小节是一种魅力，更是应该具备的管理条件和能力。

威廉工作能力强，学历高，有着相当的实力，但毕竟刚留学归来，因此刚进入公司时只能够以实习生的身份进行实习。相比较而言，保罗靠着关系，一进入公司就以"海龟"的身份成为了威廉的的顶头上司，并且只用了半年时间就一跃成为部门主管，管理整个部门。谁也没想到，就在保罗成为主管没多久，威廉一纸诉状将他这个管理者告上了公司的监督部门。

"我业绩很好，工作能力有目共睹，甚至可以说，我个人为公司创造了不少的经济效益和价值。如果有需要，我会毫不犹豫地加班和熬夜，即使每天只睡几个小时、早出晚归也毫无怨言。然而，我的朋友、上级，保罗，多次套用我的工作方案，抢夺我的劳动成果。"

实际上，威廉的经历不过是冰山一角。在多数人的职场生涯里，或多或少都会遇到被人抢占劳动果实，被管理者甚至是自己的顶头上司挖"坑"，又或者是被管理者无缘无故抢走功劳等情况。正如这位名为保罗管理者，他明里暗里，嫉妒威廉的才能，抢占威廉的劳动果实，将威廉当做眼中钉。

实际上，保罗不仅给威廉"穿小鞋"，在日常的工作中，还有意无意地找威廉的麻烦，比如因为一点点的小事就劈头盖脸一顿教育批评，美名其曰为了威廉好。其实，即使接二连三的被抢占功劳，按照威廉的性格也不会去状告保罗，但在抢占功劳之余，保罗习惯性地将责任推卸到威廉身上，这让威廉无法忍受。

事实证明，管理者抢占下属的功劳，并不是成功的捷径。但在这样一个竞争的时代，以保罗为代表的管理者比比皆是。职场犹如战场，要想事业有所成就，在成功路上采取取巧的手段，或者直接把别人的功劳占为己有，即使取得了成功，这样的成功也只是暂时的。因为利用手段获取的成功和好处迟早会露馅，而身为管理者的那方，更会得不偿失。

沃克和杰森在董事会的直接命令下，负责同一个方案，包括方案制定以及程序开发的整个过程。董事会表明，此次合作由杰森做组长，负责团队的一切事物。然而，整个方案从开始到结束，杰森这个管理者每次都是纸上谈兵，说一些与方案无关，甚至不着边际的话，但是一旦需要和老板请示或者需要走流程的时候，杰森总是第一个跳出来，找准机会将此次合作的功劳算在自己身上。老板在听过杰森的请示和报告后，认为此方案可行，对最后的结果也抱有很大期待。可谁知道，到最后试验阶段，老板大失所望，十分生气，质问"亲自上阵"的杰森，杰森却说这些问题是沃克的不作为造成的，将事故责任推卸到了沃克身上。好在老板看出了杰森言语间的吞吐和迟疑，并未直接相信。经过调查，他发现，果然是杰森这位管理者投机取巧，甚至想要霸占别人的劳动成果，于是免去了杰森的组长职责，并对他进行了处罚。杰森本来想抢占沃克的功劳，丝毫不顾及同事的义气，却聪明反被聪明误，最终丢掉了组长的职务。

把别人的功劳据为己有，不是长远之计，暂时的辉煌不能够说明什么，即便成功了，也只是镜花水月。作为管理者，可以效仿别人的工作方式、工作技巧，却决不能抢占下属的功劳。要知道，一旦被揭穿，小则丢失职务，大则可能失去多年建立的工作信誉，为自己的事业发展埋下障碍。

不规避错误的勇气

鲁迅先生曾说：真的勇士，敢于直面惨淡的人生，敢于正视淋漓的鲜血。"勇气"是成功者动机，也是意念，更是一种状态。而规避错误是失败者的行为，是"方法"，更是一种选择。然而一个成功的管理者，往往拥有"不规避错误的勇气"。

汉高祖刘邦无疑是优秀管理者中的佼佼者，他既是乱世英雄，更是枭雄。事实上，作为一名成功的管理者，汉高祖也曾经因为自己的一念之差，几乎酿成大错，好在他最终规避错误，生出了更多的勇气和战斗力，最终称霸天下。趁着项羽大举带兵攻打齐国之际，刘邦火速对项羽所在都城彭城展开了进攻。因为城中守备不足，刘邦很快就占领了彭城。在顺利进入彭城之后，刘邦率领一众将士强抢珠宝、美女，在城内大肆喝酒吃肉。见此情景，将军韩信提出，要时刻提防项羽反击，然而，被暂时的胜利冲昏了头脑的刘邦根本听不见任何声音。果然，不久之后，项羽派军反击，以迅雷不及掩耳之势击败了刘邦。面对当时的情景，刘邦认为正是由于自己的失误，才导致军队败退，无奈只能掩面悲戚。但他痛定思痛，在跪拜跟随自己受苦的将士后，他总结了失败的经验，鼓舞余下的战士，和大家并肩作战，以更加坚定的决心迎击项羽。

刘邦在犯错后，及时承认了错误，有利于其规避接下来可能会犯的同样的错误，让其有更多的勇气，建立起更强大的信心去迎击。看似简单的行为举止，不仅打动了余下的战士，也鼓舞了大家的士气，助推了"称霸天下"的脚步。

"人最大的对手不是别人，而是自己"。在工作中更是如此，管理者能够正确认识到已出现或者可能出现的错误，做到"有则改之，无则加勉"，才是正确的管理手段。

2020年4月10日，有关消息称"华为创始人任正非宣布卸任上海华为董事长，离职上海华为技术有限公司"。这位自华为创始便在职至今的管理者，堪称华为企业发展先驱的管理人的卸任，令无数人唏嘘。任正非在位时期，曾不止一次展开"批评与被批评"的教育课程。任正非常说"批评不可怕，自我批判的精神才是拯救公司的重要行为"。任正非在听到那些刺耳的声音后，从未觉得过分，甚至扬言"要感谢那些骂我们的人，他们没有拿华为的一分一毫，却还在'骂'我们，这样深度的意见，是在帮助我们认识错误，助我们进步"。

实际上，任正非作为一名管理者，在犯错后从未想过规避，而是勇于面对，也不怕承担相应的责任。2019年年底，华为内部曾发布通报信，由于质量和业务问题，导致出现管理责任，因而有不少华为高层被问责。其中"任正非"三个大字跃然于纸上——这位赫赫有名的华为最高管理者，被罚款100万元。实际上，对这样一位企业家来讲，100万可能是小数目，但是这样勇于承认错误的态度，值得每个管理者学习。上交罚款，承认错误，是为了避免将来再犯同样的错误。毕竟生而为人，谁都可能会犯错，重要的是有承认错误，规避错误的勇气。

接受自己的不完美，是人性的优点。管理者要想成功，就要摆脱"宁愿听一百句美丽的谎言，也不愿听直白的真话"这样逃避问题的心态，直面错误，敢于改正，努力成为一名善于规避错误的勇士。

第五章

侃侃而谈的『驭人之术』

想要激励他人，要学会赞美

作为管理者，单单满足员工的物质需求是不够的。当物质上得到满足，人们就会开始寻求精神上的满足。管理者的赞美对于员工来说，就是精神满足的一种。

赞美的话对每个人来说都很重要。每个人都想得到肯定，不论是孩童，还是成人；不论是男人，还是女人。赞美对孩童的重要，可以用那句大家都知道的话——"好孩子都是夸出来的"；赞美的话对成人很重要，不论你是男人，还是女人。威廉·詹姆斯曾说过："人类性情中最强烈的渴望就是受到他人认同。"这两句话表明，不论处在哪个阶段，人都是需要赞美的。

同理，赞美的话对员工也很重要，管理者要认识到赞美对员工的重要性。这就需要管理者学会赞美，学会用赞美的语言激励身边的每个员工。如果说，赞美的话语是一种切实有效的激励方式，它可以有效激发受赞美人的内在潜能，那么管理者的赞美对于员工来说，是对其工作的一种肯定，也是激励其对工作更加用心、更加努力的动力之一。

有研究显示，人在工作中得到赞美表现会更加出色。这就是著名的赫洛克效应。实验内容是：将测试者分成四组，第一组为控制组，他们与其他组相隔离，并且在工作结束后，不给予反馈，对他们的工作也不做任何评价；第二组为受训组，对他们每次工作上出现的问题都会严厉批评和训斥；第三组为激励组，组内成员每次工作完成后，都会受到表扬或鼓励；第四组是被忽视组，他们工作完成后不予以任何表示，而让他们听着受训组被批评或激励组受表扬。

测试结果显示，控制组内部受测人员的工作成绩是四组中最差的，激励组和受训组的工作成绩要优于忽视组，并且激励组受测人员的工作成绩呈现不断上升进步的现象。这个测试结果清楚明白地说明，赞美对一个人的工作能力是有影响的，通过赞美可以达到激励的目的。

这也就说明，管理者如果想得到好的工作结果，提升员工的工作效率，激发员工对工作的热情，那就一定要对员工多加赞美，因为赞美对员工来说是很好的激励和肯定。

再比如，韩国一家大公司内的一名清洁工，在公司保险箱被窃时，与偷盗者进行了殊死搏斗。谁能想到，这么一个很容易被大家忽视的员工，为保卫公司财产做出了令人称赞、敬佩的举动。

事件结束后，有人为他请功，并且询问他这么做的理由。他的答案却令人意料不到。这名清洁工说，公司的总经理在他身边经过的时候，总是会时不时地赞美他"你扫的地真干净"。

因为管理者的一句赞美，因为他对自己工作的赞赏和肯定，这名员工愿意去守护管理者的利益。所以，作为管理者不要吝啬对员工的赞美，赞美他人的时候你不仅会收获精神上的愉悦，有时还会收获意想不到的惊喜。

但赞美激励他人也是一门学问，你不能只是单纯地、毫无灵魂地、重复着你对一个人的赞美，这种赞美起不到太大的效果，反而会让收到赞美的人感到不适。这就要求管理者在赞美他人的时候，站在对方的角度去思考，认真发现身边人的优点，从内心发出赞美。要去肯定对方在工作中付出的努力和心血，细心发现对方在工作中的态度、细节、方式方法上的可取之处，看到对方在工作中的进步。也就是说，赞美不能流于表面，而是要更加深入地赞美内在的东西。这样的赞美，可以让对方感受到你对他的欣赏和肯定，他也会发自内心地产生愉悦感和满足感。即使员工在工作上存在不完美，有了管理者的赞美和激励，员工也会力求在工作中做到完美。这样的良性互动，也会拉近管理者与身边员工的距离。

其实，管理者在对员工进行赞美时，并不需要运用多么华丽的词藻，也不需要准备多么冗长的铺垫，只需要管理者多站在员工的角度考虑：如果是我听到这些赞美，会是什么反应？管理者在赞美员工时，态度真诚，分寸适当，就能够让员工感受到管理者对自己的激励之心。

就如同那个清洁工的故事一般，一句发自内心的"你扫的地真干净"，既表达了管理者对他工作的肯定，也让员工觉得自己被看到，被尊重。

管理者在赞美他人的同时，也会感到愉悦，如同赠人玫瑰，手有余香。经常赞美他人，你会发现，赞美是照亮他人生活的一束光，自己心中的光也会因此被点亮。

想要鞭策他人，要学会批评

你在成长过程中，是否犯过错误？犯错的你是否受到了批评？那些批评是否给你留下了深刻的印象？受到批评的你今后还犯过相同的错误吗？

人在一生中会犯很多错误，有人说，成长的过程就是试错的过程。而工作是我们人生的一个重要组成部分，也是我们成长的过程。在工作中，犯错是难以避免的，作为管理者要允许员工犯错，但对一些不必要的错误，或者急需改进的不足之处，就需要用批评的语言，让其正视自己的错误和不足，以达到应有的改进或进步。还有一些人是需要进行鞭策，才可以进步的员工，这就需要管理者适当地对其所犯的错误，或者工作中的不足进行批评指正，让他们意识到错误或不足，从而对工作更加重视，在工作中的能力得到提升。

管理者需要注意的是，批评的方式、角度，为何事批评？如何批评？

如上一节所说，管理者要学会赞美，但是在工作中，光有赞美是不够的，如果你想让员工在工作上有所警觉，就需要用批评的方式对其进行鞭策，批评是鞭策员工的有效方法之一。

那么，如何批评才能达到鞭策的效果呢？这就是需要管理者去学习和思考的问题了。

批评的方式有很多种，第一种就是直截了当地，面对面地进行言语批评。这需要管理者注意语言的组织，做到客观公正，对事不对人，仅对工作事宜进行批评指正。

第二种，是对工作任务完成得好的员工进行奖励，相对而言就是对工作任务完成得不理想的员工进行批评。这种方法不是在言语上进行批评，但是对自觉性较高或者是想要得到奖励的员工来说，是一种很好的鞭策方式。

第三种，员工的自我检讨。让员工对工作中的失误或是自身存在的不足进行检讨，自己发现错误或不足，并提出相应的对策。这种自省式的方法也是不错的鞭策手段。

管理者对待不同员工需要运用不同的批评手段，以达到对其鞭策的作用。

拿破仑和溺水男孩的故事至今为人"称道"。拿破仑在一次打猎的时候，在河边看见了一个落水的男孩。男孩在水中拼命挣扎，高喊着救命。拿破仑发现河面并不宽，就没有急着跳水救人，而是端起手中的猎枪，将枪口对着男孩，说："如果你爬不上来，我就将你打死在水中。"男孩意识到求救无用，而且面对猎枪的威胁，他感受到了双重的危险，于是奋力自救，最终游上了岸。

　　这个故事说明，当管理者面对自觉性较差的员工时，总是对其进行帮助，为其营造良好的环境，并不一定能够让他产生警觉性，对他也起不到任何的鞭策作用。这样的员工，就需要管理者偶尔拿起自己的权威，对其进行施压、威胁，让员工产生警觉性。在一定程度上，这能够减少或者制止员工在工作上的消极散漫心态，激发员工发挥出自身的潜力。

　　那么，自觉性好的员工就不能用批评这个方法进行鞭策了吗？不是的，即使是自觉性好的员工，在工作中也会有满足、停滞、消沉的时候，也会有依赖性，对待这部分员工，管理者需要适当的对其进行批评和惩罚，这样能够帮助他们更好地认清自我，重新激发新的工作斗志。

想要说服他人，要学会沟通

语言是沟通的桥梁，说话方式影响沟通的效果。管理者如何更好地和员工进行沟通呢？沟通首先是对内的，之后才是对外的。要先学会和自己沟通，做好同自己的沟通，然后才能更好地和他人进行沟通，这也是管理者首先要学会的。

如何与自己沟通呢？举个例子，如果想让自己的举止变得优雅得体，那么就要告诉自己，要时刻注意自己的言行举止，要有意识的优雅，这就是在和自己沟通；再比如，自己会突然感到烦躁，想发脾气，其实就是没有和自己内心沟通好，导致情绪不平衡，身体想要将这些坏情绪发泄出来，以达到情绪的平衡；这些都是与自己共同的例子。当你多与自己沟通，就会发现和他人沟通的有效途径或者方法。管理者要时刻与自己做好沟通，沟通好自己，才能更好地与员工进行沟通。

如何有效地和他人沟通呢？

美国的知名主持人理查德·林克莱特，在采访一个小朋友时，问："你长大后想做什么呢？"

小朋友一脸天真地说："我想做飞机驾驶员。"

理查德·林克莱特继续问："假如你在驾驶飞机时，飞机在太平洋上空熄火了，你会怎么做？"

小朋友略做思考，对理查德·林克莱特说："我会对大家说请系好安全带，然后背着降落伞跳下去。"

小朋友说完后，现场的观众纷纷笑出声来，而理查德·林克莱特却在观众的笑声中时刻观察着小朋友，他也想知道这个孩子是不是自作聪明了。但令他意外的是，小朋友突然流出两行热泪。此时的理查德·林克莱特才发觉，小朋友的脸上有着语言无法形容的悲悯之情。于是，理查德·林克莱特提出了第三个问题："为什么要背着降落伞跳下去？"

小朋友仍旧一脸天真，但却非常笃定地说："我要去拿燃料，我还是要回来的！"

大部分人，都没有听完这个孩子的话。在孩子回答第一句话的时候，就暗自下了结论：看吧！就是一个天真不懂事的小孩子罢了。可是，听完孩子的最终回答后，我想大家都会有所触动吧。这就是沟通的重要性，不能一味地以个人主观思维去判断人和事，要多与人沟通，即便是你要说服他人，也要以沟通为前提。

不论是普通员工还是管理者，与人沟通是必不可少的。但并不是所有人都可以与他人建立良好的沟通关系，很多管理者也会遭遇因为和员工缺乏沟通而造成的尴尬局面。

关于管理者不认真与员工沟通，最终导致团队解散，公司损失重大的事例屡见不鲜。某公司的王某是公司销售部的经理，主管销售部门，他对手下员工的意见或者反馈统统无视，专断独行，不理解、不体谅员工的难处，订立的部门规定苛刻且不合理，最终导致手下员工纷纷辞职，还将客户带走了一大部分，给公司造成了不小的损失。

作为管理者，是否认真地倾听了员工的反馈？是否和员工做过有效的沟通？想要说服员工的时候，是不是习惯性地运用管理者的权威，独断独行，不给员工表达的时间，不仔细聆听员工的信息反馈？

长此以往，管理者听到的反馈发言会越来越少，甚至会造成员工不愿意向管理者反馈真实信息的局面。那时，管理者就成为了真正的"独裁者"，在做决策的时候就是"睁眼瞎"。管理者要多同员工进行交流沟通，即使意见不统一，也要和谐沟通，用沟通的方式说服员工。这样有助于管理者管理员工，在做决策的时候，也会考虑得更加全面。

想要劝解他人，要学会倾听

　　劝解他人最好的办法就是倾听，倾听他的苦恼，他的疑惑，他对一件事的看法等。只有了解对方是如何看待问题的，才能更好地去劝解。

　　在当今这个标榜肆意张扬的社会，大家对自己的"荣耀史"夸夸其谈，却很少有人静下心来倾听他人。这样的行为不但是对他人的不尊重，而且也不能有效地达到劝解他人的目的。要学会倾听他人，因为倾听是更胜于夸夸其谈的能够赢得他人的好感与支持的方式。

　　表现自己、表达自我、情感宣泄等，都是人之常情，但当他人需要一个倾听者，渴望被倾听的时候，你就需要扮演好倾听者的角色，认真倾听他人。

　　如果你没有扮演好这个倾听者的角色，需要倾听者的一方就会感到自身没有得到应有的尊重，你可能就会失去一个朋友、家人或者是员工、同事、合作方。

一个常年在外工作的法国男人终于踏上了回家的航班。一路上，他都在幻想着和家人重逢的喜悦情景，期待着与家人见面。就在他沉浸在美好的幻想中时，飞机开始剧烈晃动和颠簸，飞机上的乘客都变得惊慌失措。在乘务员通知后大家才知道，飞机遇上了猛烈的暴风雨，甚至脱离了航线，最坏的消息就是，飞机随时都有坠毁的可能。乘务员脸色煞白地嘱咐乘客写好遗嘱，并将其放进了特制的口袋。做完这些，飞机上的人也只能祈祷自己可以脱离险境。

好在，虽然情况十分危急，但驾驶员依旧保持沉着冷静，在驾驶员的操作下，飞机终于安全落地了。这个法国男人心中满是死里逃生的喜悦和感叹，以至于回家之后他一直在给妻子讲述当时的情况，说到惊险处还忍不住喊出声来，想到自己死里逃生的经历就感到特别兴奋，在家中来回踱步。然而，任凭法国男人再怎么激动和兴奋，旁边的妻子都仿佛没有听到一样，对法国男人没有丝毫的安慰，而是和孩子讨论儿童节的事情。

发现妻子并没有理会自己的法国男人瞬间安静了，一方面心中有着劫后重生的喜悦，另一方面妻子的漠不关心又让他倍感失落，在这种强烈反差的刺激下，法国男人患上了严重的抑郁症。

试想，如果这位法国男人的妻子，扮演好了倾听者的角色，这个悲剧是不是就不会发生？对男人来讲，他讲的不是故事，而是一段与生死有关的经历，妻子也不是一个旁观者，而是一个仔细聆听这段经历的倾听者。

对普通人来讲，倾听即是如此重要，那么作为管理者，更要重视倾听的作用。管理者要学会倾听，扮演好倾听者的角色。善于倾听他人，才能够更好地劝解他人。善于倾听也是有方法可言的。在倾听的过程中，管理者可以从以下几个方面做起：

倾听要认真。管理者在倾听时，可以适时地给予对方回应，比如点头、一些简单的附和或者认真注视倾听的人，这些都可以表现出你在认真倾听。

听取关键词。管理者在倾听的过程中，要对他人的说话内容有一个迅速的理解，并从中挑出重点，找出关键词。这些关键词一定是他人一再强调的，这其中通常会包含一些重要的信息，或反映出他人的情绪，这些都需要管理者用心记取。

适当的提问。对于他人的倾诉，管理者可以适时地进行提问，这样有助于他人的倾诉，也可以传达出认真倾听的态度。

对方的错误不要随意纠正。管理者遇到他人的话语中，存在错误，或者观点不一致，可以等待对方说完后再谈看法。

及时地反馈。管理者在倾听他人的时候，如果有没有听清楚的地方或者对方表达的意思不太确定的地方，应该及时地向对方询问清楚，切忌以个人主观好恶进行理解。

倾听是沟通的前提，管理者在工作中，要明白倾听是最好的沟通，当他人在发表自己的见解或看法的时候，倾听是最好的尊重，认真倾听他人的想法，也是劝解他人最好的方法。作为管理者，在想要劝解他人的时候，先学会倾听他人的想法，这样的劝解才会更加有效。

想要启发他人，要学会暗示

员工在工作中，难免会遇到困惑不解的事情，不知道如何解决。其实也并非是能力上有欠缺，只是少了一些启发。这时候，管理者就应该在员工遇到困惑时，适当给予暗示，让员工能够从中得到启发，从而解决工作中的困惑。

这种暗示，需要管理者做的是：首先，发现员工的疑惑。管理者对员工的疑惑要有一个了解。其次，谈话内容与员工遇到的问题相关。管理者可以在与员工谈话或者交流的时候，谈及关于这一问题的内容。最后，能够让员工迅速感受到问题的所在。管理者在和员工进行交流的时候，应该尽量将问题内容简洁明白地讲给员工，最好是可以直接运用的理论或知识，这样员工可以在运用时得到一些启发。

管理者除了在员工遇到问题时，进行暗示和启发外，在员工的工作不符合自己的要求时，也可以用暗示的方法提醒员工。这种方法比直截了当的恼怒指责要高明得多。管理者可以用巧妙的暗示让员工认识到自己的错误。

左伊是一家大型超市的经理，他时常会到店里巡视。有一天，他在巡视时看到一位顾客站在柜台前，好像在寻找什么，售货员们似乎没有注意到这名顾客，而是聚在柜台的另一端说说笑笑。左伊看到这样一幕，心中对那几名售货员感到非常不满，但他并没有直接去指责售货员们，也没有勒令她们停止说笑，专心工作，左伊决定采用更为巧妙的方法——暗示。

只见左伊走到了柜台前，询问顾客想要寻找什么产品，并为其提供了完善的服务，最后将顾客购买的物品交给售货员包装，自己就转身离开了。售货员们都看到了这个情况，也认识到了自己工作上的失职，在心中暗暗自责，之后再也没有发生过类似的事件。

左伊在对员工工作有所不满的时候，并没有直接指责员工的失职，而是采用从侧面暗示的方式，自己亲自去为顾客服务，让员工意识到自己的错误，也间接起到了纠正错误的作用。

左伊这种解决问题的方法，让员工意识到自己错误的同时，也维护了员工自尊。在员工自身获得尊重时，又可以启发员工自身的不足和所犯的错误，让员工主动地去发现并改正，而不是被动地受到批评后去改正。

生活中的很多事，原本并不是特别复杂，却会因为一些不恰当的方式变得复杂。很多时候，我们因为真理是站在自己这边的，就对犯错者不依不饶，结果让犯错者感到失了自尊，将错误进行到底，甚至殃及到我们自身。

有一位酒店管理者就因为处理不当，将事情越弄越糟。这位管理者叫莫风，他其中一位员工因为乱停电瓶车影响了后厨物资存放。莫风随即将员工们叫到一起，语气很不友好地问道："是谁的电瓶车放在了库房门口？"车主对莫风的问题进行了回应，并且连连道歉，但莫风又大声吼道："你瞎了吗？看不到那是库房门口吗？赶紧把你的破车弄走，别影响食材入库。"

这位员工确实有错，把车子停在了不该停车的地方。但是莫风的态度，让员工们大为不满。之后，有许多员工故意做一些让莫风工作不便的事情，让他工作中产生不快，还有一些老员工因此辞职。

莫风本可以用更好的方式处理这件事。如果他当时说话的语气友善点，比如："库房门口的电瓶车是谁的？""如果把它挪走，我们就可以把食材入库了。"这位员工会很乐意将电瓶车挪走，也不会产生抵触的情绪，更不会糟糕到让所有员工给莫风的工作制造麻烦。

即使这件事情你是对的，但当你伤害了他人的自尊，你就很可能将事情变得更糟。这一点，作为管理者也应该清楚。在工作中，不要因为自己手中握有权力，不要因为自己占理，就去伤害员工的自尊。法国飞行先锋和作家安托安娜·德·圣苏荷依写过："我没有权利去做或说任何事以贬抑一个人的自尊。重要的并不是我觉得他怎么样，而是他觉得他自己如何，伤害他人的自尊是一种罪行。"

管理者在遇到员工需要启发时，可以多对员工进行启发，向员工暗示工作上的一些信息；在员工犯错误的时候，管理者也可以用启发的方式，暗示员工的错误。

第六章 成为伯乐的『任人之法』

任用：将合适的人放到合适的位置

　　管理者在工作中，需要了解员工的特性，以便更合理地分配相关职责。分工明确、人员安排合理是管理者应尽的工作职责。但是这并不是一件容易的事情，管理者可以从多个方面来考虑。

　　第一，抓住用人时机。很久之前，韦陀佛和弥陀佛各自掌管不同的庙宇。韦陀佛每天板着脸，神情严肃，让人望而生畏，膜拜他的人越来越少。但韦陀佛善于管理，精打细算，思虑周密。弥陀佛时刻笑容可掬，和蔼可亲，让人感觉容易亲近，所以前来膜拜的人就很多。弥陀佛的庙宇虽然香火旺盛，但是弥陀佛大手大脚，对庙宇疏于管理。所以尽管庙宇香火旺盛，还是经常入不敷出。

　　对于二佛的庙宇情况，佛祖有所了解后，就将二佛安排在同一座庙里。这样一来，由韦陀佛负责庙宇的账目、政务，弥陀佛负责迎接前来膜拜的香客。从此，庙宇的香火不仅旺盛，管理上也是井井有条。

　　现在，凡是去过寺庙的人都知道，一进庙门先看到的是笑面佛弥陀佛，在弥陀佛北面的是韦陀佛。

芸芸众生，各有所长，各有所短，在大师眼中，世上没有多余的废人，每个人都是人才，关键是将他们放在什么位置。能够合理安置人才，就能做到知人善任。

所谓的知人，就是要对这个人的长处、能力、人品、潜质等方面有一个了解。要想做到知人，就要善于观察，洞悉这个人的言行、需求。

人的一生中的事业巅峰时刻是有所限制的，管理者要在员工没有露出锋芒的时候，将其挑选出来，放在合适的位置上，给予其足够的成长空间，共同造就辉煌。在这过程中，管理者需要注意两个方面：一方面是起用的时期。这一时期可以算是被起用员工干劲十足的时期，也正是这个时期的员工，管理者将其放在合适的位置，得到良好的发展，就可能为企业做出巨大的贡献；另一方面，是起用的时机。这应是最能激励员工成长、进步的时期，只有在员工把自己的成长与企业的未来发展紧密联系起来的时候，员工的创造性才会更大响度的得到激发和发挥。面对这样的员工，管理人员应该及时、大胆地把员工提拔到重要的岗位上去。

第二，做到能力与岗位匹配。管理者想将合适的人放在合适的位置，使他们更好地为公司做贡献，就需要考虑员工能力与其所在岗位的匹配程度，将员工放置在最合适的岗位，达到员工能力与匹配程度的最优化。管理者应该使用更加系统的理论作为支撑，来对员工进行分析，将其放在合适的岗位中，使得个人能力素质与团队整体素质相适应，最终达到员工的成才轨迹与企业目标相一致。

第三，让员工做他喜爱的工作。都说"兴趣是最好的老师"，如果条件许可，管理者可以根据员工的兴趣或个人意愿等，来给员工安排工作或岗位。这样一来，员工是在自愿的情况下开展工作的，而不是被动接受，被动安排地开展一项工作，增加了员工的主观能动性。

管理者的首要工作任务是合理地将人员分工。如果将一个企业比作是一台需要运转的机器，那么企业内的每一位员工就是机器上的零部件。只有明确分工，明确职责，员工爱岗敬业，这台机器才能运转良好。

一个企业的发展，需要管理者根据实际情况对员工的工作分工，并对员工数量进行把控和调整，以免人员过剩、滥竽充数的现象发生。人员调配不合理，会导致员工效率下降，最终影响企业发展。

培养：团队成长需要不断磨练才行

一个人将在高山上鹰巢内抓的小鹰仔带回家，并和鸡养在一起。这只小鹰仔和鸡一起生活，所以它以为自己也是一只鸡。当小鹰仔长大后，这个人想将它训练成猎鹰，可是终日与鸡生活在一起的鹰，已经变得和鸡一样了，对飞翔没有一丝渴望。这个人试验了很多种办法，都没有让鹰飞起来。后来，这个人将鹰带到悬崖上，将鹰狠心地扔下悬崖。由于鹰并不会飞，期初就像石头一样，直挺挺地往下坠，后来鹰在慌乱中开始奋力地煽动翅膀，最终它学会了飞翔。

每个人都身怀某种天赋或者长处，但在大环境下，并不会显示出来，或者自身并没有察觉到。这就需要管理者去发掘团队中每个员工身上的闪光点，将他们放在合适的位置，留给他们施展的空间，不要害怕他们会失败，在磨砺的过程中，适当给予指点和扶持。放手团队，让他们在磨砺中成长，为今后的企业带来更大的贡献。

许多管理者因为对这一命题认识模糊而陷入困境；许多管理学家因为对这一命题了解不透彻而走进迷途。对这个命题的讨论，可以帮助管理者打通"管理理论"的体系，甚至可能帮助他们悟出"管理实践"的真谛。

坚持"以人为本"。为了团队的成长，管理者首先要珍惜自己的团队，对团队内员工的思想、理念、建议等进行了解，将团队员工组织起来、凝聚起来。这是一个团队的核心力量。除此之外，团队应通过公司内的项目进行锻炼，从中吸取经验教训，促进团队成长。在促进团队成长的同时，要加强团队建设，并努力营造品牌价值和企业形象。

团队的成长关乎着企业的成长，团队的未来关乎着企业的未来，管理者应关心团队员工，努力为员工解决一些不必要的困难和困惑，倾听团队员工的心声和需求，积极引导团队的建设与成长。

承担"共同责任"。管理者在面对团队时，应该树立"一荣俱荣，一损俱损"的理念，维护好团队的团结进取精神。对于团队犯的错误，要主动思考自身错误，与团队共同承担。这样更有利于团队的成长和团队内部凝聚力的构建，对团队的成长也更有意义。

走向"强强联合"。进入市场后，管理者应鼓励团队积极利用市场资源，同时为团队的长期发展、快速强大而努力，在"强强联合"的氛围下，努力进取，成为强者，为企业做出更大的贡献。

落实"成长责任"。对于团队内员工，管理者应该多创造机会，让员工能够接触到更多的岗位，以便管理者和员工自身发现其适应的岗位或应有的潜质，也可以更好地让有抱负、有目标的员工脱颖而出。这样一来，管理者为员工提供了更好的成长空间和机会，也可以更加积极主动地引导员工在团队内的成长。员工也会在团队的成长中，不断感受到与团队共同成长的感觉，这能够增强员工在团队内的责任感和归属感。管理者给团队员工找到合适位置，能够加快员工以及整个团队的成长，也可以获得分担团队责任的得力手下，这样团队内员工的成长能够更好的实现，团队内部的分工也会更加的专业化，合作也会相对明确顺畅。

提升"成员价值"。管理者并不是全能的，许多时候还是需要依靠团队的力量。所以，可以适当地锻炼团队员工对信息掌握、分析、思考的能力，实现团队内部的群策群力。管理者切忌大包大揽，盲目自信，对一时的得失不要看得太重，要将团队的成员价值体现出来，并适当的对其能力进行提升。这无论对管理者还是团队、员工来说都是有利的，可以减少管理者的工作量和工作难度，更有利于管理者对团队进行管理以及事务上的决策；员工提升了自己的能力，继而团队的能力也会有所提升，更重要的是可以确保自身在团队内的地位，以免被团队淘汰。

管理者对精英团队进行培养的时候，要对团队的成员多进行激励，在团队内树立好的责任制，建立良好的团队氛围，让团队内成员在良好的环境下成长，提升自己，提升团队，最终实现共同成长。

机遇：给有志者一个完美上升空间

常言道："千里马常有，而伯乐不常有。"这句话说明了机遇对人的重要性。在生活和工作中，很多怀有才华和能力的人，在得不到赏识的时候，总会感叹自己缺少机遇。身为管理者就要避免这些人才被埋没，或者说是避免让这些人才看不到可观的上升空间。

员工进入企业，为企业做贡献，同样也是希望自身可以得到应有的回报，比如：相应的职位、可观的薪水、硬件方面的待遇等。所以，管理者要在团队管理中，给员工预设出其未来的上升空间，对有志向的员工来说，这是一种激励，也是一种动力。

首先，管理者应该了解员工晋升制度。企业之所以建立员工晋升制度，无非是为了使员工的能力和综合素质得到提升，同时让员工对工作产生更高的积极性。说到底，员工晋升制度就是为了给员工们提供一个公平、公正、公开的晋升平台，让员工可以在规范化的流程中实现综合素质的提升和职位晋升。

其次，管理者要让员工看到晋升空间。在一个位置工作久了，员工看不见晋升空间，会影响员工工作的积极性，所以，管理者要对员工进行适时的人员调动、调整或者是晋升，让员工能够感受到自己是有晋升空间的。这就要求管理者明确晋升的空间、标准等，做到公正、公平、公开。

公平、公正、公开，就是为了做到机会均等。管理者对员工的晋升，一定要让员工明白所有人的晋升机会是一样的，谁都可以获得这个晋升的机会。管理者要为员工营造一个良性的、公平的晋升竞争环境。

管理者对员工的晋升要有一个基本的标准。切忌提拔重用才高德寡的员工，一定要注重能力和德行两方面。

提拔可逐级提拔和破格提拔相结合。对于安稳能干的员工可以运用逐级提拔的方式，稳固、激励员工；对于才能突出，非常有想法、有才华的员工，管理者可以考虑破格提升。两种方式的交替结合，更有利于激励员工，也可以避免人才的流失。

除了职位上的晋升之外，管理者也可以对任劳任怨的员工，或者是有贡献却还达不到晋升标准的员工进行薪资待遇的提升，这也不失为一种激励员工的方法。

大部分的员工都是希望自己所在的企业是能够看到晋升空间的，所以管理者可以在员工入职初期就和员工明确说明，其在企业能够晋升的空间有多少，最终可以达到的程度或者说是高度是怎样的。

员工在部门内部的晋升空间。管理者可以向员工明确说明，员工所在部门的晋升空间有多少。当员工跳出部门内部，独立为一个部门或者一个项目的管理者时，需要让他看到新的晋升空间，以及他个人与企业的关系变化。员工期初与企业是从属关系，也可以说是依附关系，等到员工的能力达到一定程度的时候，员工与企业之间的关系，就由从属关系变成需要与被需要的关系。能力再度提升，职位再进一步晋升后，员工与企业之间的关系，就由需要与被需要转变为合作关系。这也是员工晋升的最终空间，即成为企业的合伙人、持股人，参与企业大方向的经营。

管理者要清楚，员工不是企业的劳动资产，而是企业的人才资源。管理者要对员工进行充分了解，努力引导员工，使其在工作中发挥出应有的工作效能。但管理者也要在员工给企业做出贡献的同时，给予员工应有的回报。

管理者要让员工看到自己是有上升空间的，明确员工在企业的上升空间，主动引导员工对自己未来的职业发展进行合理规划。管理者可以主动参与到员工的个人规划发展当中去，让员工对自己的未来越来越清晰，这样对员工和企业的发展都是有利的。

鼓励：坦然面对失败并尽快去解决

　　失败是成长过程中的必要经历，所以当管理者面对失败时，要坦然面对，调整好自己，重新出发，解决好导致失败的原因。

　　管理者对于自己的知识和能力需要不断补充，同时也要开放智力平台，多接纳他人的意见。例如：团队建设、举荐人才、文化建设，又或者是人才培养、市场开拓等，管理者不能仅凭个人意见简单决定一些事情，而要有足够的理性与客观，将所管理的团队做到成果、贡献、个人价值最大化，努力、积极协调团队人员间的协同性。否则，不仅员工的个体理性化不会得到提高，员工之间也可能会出现阿谀奉承、拉帮结派的现象，这样的团队内部氛围只会让员工失去应有的客观公正性。对于团队内部的事物完全依靠个人的好恶和意志进行评判，会影响到团队的士气、能力的提升、良性的竞争环境等方面，这些最终会导致团队的失败，也意味着管理者的失败。

　　每个人都会经历失败和挫折，但是试着从中走出来，并且战胜它是不容易的。失败的时候，以下建议或许可以帮助你坦然面对失败。

首先，制定预期目标时不要过高。预期过高也是盲目乐观、盲目自信的表现，要正确认识自己，正确认识自己的能力，在制定预期目标时，要把自身能力、时间等因素相结合，制定合理的预期目标。

目标的设定绝不能够是不努力或者正常发挥就可以达到的目标。制定目标时，一定要制定需要自己付出努力才可以达到的目标，不仅可以促使自己进步，也可以避免自己懈怠。

其次，是要允许自己存在不完美。每个人都是存在不足的，有的事情是无法避免的，不要要求太过严苛，要允许不完美的存在。

再者，管理者要勇于承认失败。对于一些人来说，承认失败是很困难的一件事情。并不一定是他有多脆弱，而是他不允许自己失败，或者是他所成长的环境没有教会他如何接纳失败。

但是，承认失败才能更好地面对失败。学会承认失败，才可以更好的解决问题。

另外，就是要学会自省。承认失败，不逃避，对失败进行自省。这里所说的自省不是要你沉浸在失败的情绪中，而是勇敢面对失败，冷静客观地去分析自己，分析失败。只有认真分析失败，明白自己是如何失败的，才有机会在下次成功。

最后，便是负责任、强化自己，重新出发。面对自己的失败，要勇于承担相应的责任。从失败中总结经验，努力做好准备，多多学习，强化自己的能力，重新出发。

一个90后的富二代曾经一整年都无法对任何事情提起兴趣，对自己和身边的事物时刻处于不满和厌恶的状态。他试图找心理医生缓解这种情况，希望心理医生能够指出他做的不好、不足、失败的地方，并期望心理医生可以告诉他怎样做才能够改善这些情况。心理医生看见他写满了六页纸的自省，基本都是关于他自身存在哪些问题，在企业中做了多少错误决策，结果导致家族企业要转手他人。

心理医生并没有直接解答他的疑问，而是教他如何建立"没有问题，只有目标"的信念。渐渐地，他开始以自己为目标，建立了"我没有问题，但要避免问题的出现"这样的信念，又开始制定计划，眼神也不再是飘忽迷茫，渐渐有了光。

可见，作为管理者，要把焦点放在目标上，积极寻找解决各种问题的方案。一味地将目光放在失败上，是不能够解决问题的。马云在创建阿里巴巴前，失败了三次；乔布斯也是在经历了被自己创立的公司赶走的惨状后，又创立了Next。

失败并不可怕，可怕的是紧盯失败而无法释怀，可怕的是不能在失败中总结经验来指导下一步的计划。管理者应对失败和挫折时要敢于面对，逐一解决。管理者除了自己面对失败的时候可以如此，当员工遇到失败和挫折时，也可以用相同的方式去鼓励员工。

放权：把部分权利下放到下属手中

古人有云，身怀利器，谨慎用之。管理者面对员工可以通过构建等级结构，凭借所拥有的权力去驾驭团队中的员工，在获得秩序效率的同时，将自身从压力中解脱，将相应的权力下放到有能力有想法的员工手中，帮助自己。

许多管理者都明白放权的意义，但如何适当的放权却是管理者被折磨的痛处。很多管理者不敢下放权力。管理者对下放权力的员工的不信任，是不敢放权的一大原因。管理者要信任员工的能力，锻炼员工对于下放权力的掌控，最终敢于放权，不会出现权力下放，但却毫无效果的情况。韩非子有言曰："下君尽己之能，中君尽人之力，上君尽人之智。"尽显管理者的放权之能，敢于放权，善于放权，是管理者成熟的表现。

另一种则表现为管理者不会下放权力。许多企业都会有缺乏管理人才的情况，认为员工缺乏做管理者的能力，是因为其自身原因。其实不然，主要也是因为企业并未培养员工有关管理者的能力，也就是说，企业的授权机制存在问题。基本表现在三个层面：

其一，员工有权不敢用。许多管理者会将权力下放给员工，但是决策就意味着要为自己做出的决策负责，这存在一定的风险。员工在面对决策风险的时候，会选择舍其权力，不做决策，这也就意味着风险减小。

其二，管理者下放权力时，权责没有进行统一。对于高层的任务指标，常会出现明确了任务的目标或者是责任，但是并没有将权力一并明确。这样的情况就会造成员工认为相应权力没有下放，当出现问题时，员工也会觉得是高层的权力资源没有给到位，并不是自己的过错。

其三，管理者的权力下放责任不明确。管理者在下放权力的时候，感觉自己的权力是下放出去了，各个方面都有人负责，但是最终的解释权或者说是决定权依旧是在管理者手中，那么所谓的放权就是形同虚设。即使出了问题，担负责任的依旧是管理者，并不能问责到权力下放人，因为，最终决策权依旧在管理者手中。

面对以上问题，作为管理者又该如何解决呢？可以参考以下建议：面对员工不要总是问"懂了吗"。管理者在和员工沟通时，总会问"明白了吗？""懂了吗？"一般这种情况，管理者得到的回应都是"明白""懂了"。但其实员工对一些细枝末节还尚存疑问，只是，面对管理者如此的问法，大多数员工都会如此回答。可以试着问员工，"哪里还有疑问？""对哪些地方还不清楚？"这样员工或许会更乐意将自己的问题提出来。

管理者需要明确绩效指标和期限。管理者在下放权力的同时，要向员工明确所拥有的权力以及在这些权力内，需要达成哪些具体的目标，需要在什么时间内完成等。管理者只有将下放的权力向员工明确清楚地解释明白，员工才能够更好地使用管理者所下放的权力。管理者不能只是将权力下放，而不对员工明确说清楚。

管理者对放权限度要明确。管理者在下放权力的同时，要将下放权力的限度对员工进行明确，以免员工做出自作主张的越权行为。

管理者对权力下放人进行选择。管理者决定下放权力后，就需要根据权力去物色人选，可以选择对这项工作感兴趣的员工。

管理者决定放权要适度放手。确定好放权人选，交代清楚下放权力的相关事项，管理者就要适度放手，不要紧盯不放，大胆放心地让员工去做。这样管理者既可以节省一些精力，还可以对员工进行锻炼。

管理者对下放的权力要适度询问。虽然说管理者应该将下放的权力放心地交给员工，但是，也要适时地进行询问，了解情况，同时可以适当地对员工进行鼓励。

管理者对于权力的下放总是存在一些顾虑，有些时候，对于放权，管理者可以放松一些，不要太过紧绷，多给员工一些机会，也可以给自己减轻一些压力。

第七章 掌控方圆的『君子之规』

让员工信服的制度

　　好的制度可以更好地规范员工的行为，使企业日常运营更加合理规范，激发企业的运营效能，使企业能够健康、持久、稳定发展。员工是制度管理的执行者和被执行者，作为制度管理的主体，他们对制度的执行落实程度决定着企业制度是否能够发挥真正的效能。因此，企业管理层要制定让员工可以接受并执行的企业制度，这样才能发挥出制度的有效作用。

　　A公司对在外出差的业务代表实行报岗制度，刚开始执行时，大部分的业务代表都是反对的，认为公司对他们不信任，是一种监控，而且不利于他们业务的灵活开展。员工的不理解导致报岗制度的执行遇到阻碍。公司管理者了解到这一情况后，对全体业务代表进行开会沟通，说出企业实行报岗制度的初衷：一是大家常年在外东奔西跑，安全问题是公司最关心的问题，每天的报岗可以让公司了解到你们是安全的；二是督促大家保证工作的进度，毕竟人都是有惰性的，保证一定的工作量大家才能多赚钱，报岗制度也能让公司掌握具体的经营状况，便于公司采取正确的决策部署；三是对于特殊情况，业务代表可以申请报备，报岗制度实行硬性管理中要有弹性管理。另外大家可以针对报岗制度执行期间的具体问题及时向公司反馈，便于公司进行合理调整。公司管理者与员工沟通完之后，大家基本上理解了公司的意图，对此制度的执行态度也发生了良性的转变，都乐意并认真执行此制度。A公司在实行公司的制度时，努力做到让员工信服，制度才得以由开始时的怨声载道到顺利执行。

制度的设立是为了让企业能够更规范的运行。一般情况下，企业在制定制度时，会更多地考虑企业的利益，有时甚至会牺牲员工的权益，这是一种不可取的管理制度选择。制度的设立可以让企业更有效的发展，企业发展良好，员工也可以从中受惠。但如果企业制度的制定并没有得到良好的执行，再好的制度也是一纸空文，发挥不了原本具备的制度功效。因此，企业在制定制度时应该在重点考虑企业利益的同时一并考虑员工的感受，这样既有利于企业的良好发展，又兼顾了员工对制度的执行。制度的制定一定要使员工能够信服，员工在理性上对制度高度认可，有助于对企业制度的积极执行，使企业制度落到实处。此外，企业管理者要让员工深刻认识到企业制度的优势，让员工更加全面地认识企业制度，要让他们知道制度的实施与自身利益的密切联系，使其认识到制度的良好执行不仅是为企业考虑，也是为员工考虑，只有这样才能使员工自愿执行，并毫无怨言。

制度的制定和企业管理者联系紧密。在制定之初，管理者就要考虑到制度的实际执行问题。制度的制定要便于执行，也要突出管理者对制度执行的管理作用。首先，企业管理层要制定出适合本企业发展的企业制度，要充分考虑企业的具体情况，结合实际情况科学灵活地制定企业制度，制度的制定会体现出企业管理层的管理智慧和管理水平。制度的内容要得到企业大部分员工的认可，这样才有利于制度的落地实施。其次，由于制度管理是一种规范制度，它的具体实施需要管理层的监督管理，进一步确保制度实施到位，企业管理层在对制度执行进程进行监督管理过程中，能够体现出管理层的管理水平和员工对其的拥护度。员工对企业制度和管理者的认可度高，管理者对制度执行的管理监督作用就会更有效，员工会因为这两个原因，自愿接受管理者的监督管理。员工之所以认可企业制度和管理者，是因为制度内容以及管理者能够为员工考虑问题，管理者在员工心中拥有很高的威信。从这方面讲，管理者的威信力有助于企业制度的有效实施。

让员工信服的制度，员工就会愿意去执行，在自身行为违反制度条款时，他们也会甘愿受罚，这也是企业管理水平的一种体现。员工懂得制度对企业和自身成长的重要性，他们就会自愿维护企业制度的威严和具体实施，除了平时积极遵守企业规章制度外，在无意触犯制度时，他们也会坦诚地接受相应的处罚。之所以会这样，就是因为员工对企业制度的重视。制度的制定要公平公正，内容要明确，员工在具体的实施过程中才能明确自身责任，才能有效地依据规章制度作出合理判断。公司制定的制度被员工加以重视，并能够有效地执行，不仅有利于员工的自身成长，而且制度对公司的优势作用也会随之显现，促使企业进入一个良性循环。同时，员工对制度的具体实践过程中，会有一些自己的思考，这有利于企业制度的再次完善，从而进一步促进制度对企业发展的积极作用。

企业制度在具体的实施过程中，会体现出它的优势和不足，企业管理者应该积极听取各方反馈建议，尤其是基层员工的建议，然后根据收集到的各种信息进行理性的总结思考，不断调整完善企业制度，促进企业更好发展。由于员工是制度的直接执行者，对制度的实际执行效果最有发言权，企业管理者应该懂得倾听员工的真实心声，鼓励员工积极思考、实事求是、敢讲敢言。管理者可以根据员工的反馈信息，从中筛选出有价值的建议，并最终研究出更加优化的企业制度。由于是根据员工的建议作出的制度调整，因此，调整后的制度必定会受到员工的信服，员工也会积极地配合执行。企业善于听取员工的建议，可以让员工感到被重视，增强员工的企业归属感和向心力，从而激发员工的工作热情，为企业创造更大的价值。

企业管理层对员工重视，员工才会更加认同和尊重企业管理者，才会对管理者制定的企业制度进行很好的配合执行，企业也只有不断优化完善企业制度，使企业制度更好地为企业服务，为员工服务，企业的制度优势才能得到充分的发挥。

公平与公正很重要

公平公正是员工最在乎的企业管理原则，企业管理者在实施企业管理活动时，是否在各方面做到公平公正，对管理者来说是一项很大的挑战，它关系到员工的工作积极性，关系到企业的可持续发展。公平公正涉及到企业管理的很多方面，是一项系统工程，需要管理者认真地调查研究，把公平公正的管理原则切实落实到管理活动的方方面面，时刻让员工感受到企业的公平合理，激发员工强大的责任感和价值感，在实现自身价值的同时，为企业创造更大价值。管理者对企业员工进行公平公正的对待和管理时，要清楚地区分所有的可能性。

制定公平合理的薪酬分配制度。企业各个岗位的薪酬是不同的，即使是同一岗位，也会由于贡献价值不同产生不一样的薪资标准。在薪酬分配方面追求公平公正，最主要的原则是"多劳多得、少劳少得"，即按照员工对企业贡献的价值大小来进行薪酬分配，这是实现薪酬分配公平的基本准则。但是即使是这样，还是会出现员工对企业薪酬分配制度不满的现象，原因可能是部分员工对自身从事工作对企业贡献的价值没有认识清楚。员工付出很多精力，辛勤劳作，认为自己付出的和得到的不成比例，就会产生不满，尤其是当别人付出很少，但是得到的薪资比自己多时，这种不满情绪会更甚，这就是员工没有认识到企业是按照价值来确定薪酬分配的。员工存在这种想法无可厚非，但是，企业应该使员工认识到薪酬分配的根源是什么，有效引导员工做出高效工作。同时，要让员工对不同岗位的薪酬差异做出正确判断，这会有效减轻员工对企业公平性的质疑。

另外，薪酬分配的公平性要体现在对企业绩效考核的严格执行上，这样员工才会对薪酬分配无话可说。绩效考核要明确细致，不能模糊不清，要使员工能够明确努力方向，避免出现不公平现象。绩效考核也要具备灵活性，根据员工的具体表现，可以对员工实行额外的福利奖励，最大限度地激发员工的工作热情。

建立公平的晋升机制。员工除了对薪酬的必要需求外，在企业内能够拥有合理的晋升空间，也是员工所谋求的。但如果没有一个公平公正的晋升机制，很难激发起大部分员工的工作动力，也不利于企业人才的进一步培养。

企业的晋升机制不能因为管理者的个人喜好而产生影响，要以为企业做出的贡献和员工的品性为判断标准，这样才能正确引导员工的努力方向。可以进行企业内部的民主选举，再结合企业的实际需要，开展公平公正的员工晋升活动。企业晋升机制应尽量削弱管理者对其公平性的不利影响，一切按照事先制定好的规章制度办事，包括企业管理者也要严格遵循制度行使权力，这样才能树立起企业制度的威信力，而不是对制定好的制度进行朝令夕改，使员工不能坚定自己的工作目标，缺乏积极向上的工作动力。海尔集团董事长张瑞敏就曾对企业任人唯亲的升职现象做出过批判。他在海尔的晋升体制中，主张公平公正的晋升制度，公司任何人只要有真才实学，能够真正为企业创造价值，就可以得到公司的重用提拔，这样员工就会把主要精力放在工作能力的提升和对公司的价值贡献上来，使海尔涌现出更多的人才，促进海尔的不断发展壮大。员工的升职不是依附于企业管理者的个人喜好和违规操作提拔，而是建立在公平公正的基础之上，只有这样才能激发企业活力，培养更多企业需要的优秀人才。

员工监督权的充分行使。公平公正还体现在基层员工也可以行使自己的监督权，尤其是对管理者的监督权。企业的规章制度应该对企业的每一个人都具有约束效能，包括企业的高层管理者。确切地说，企业的管理者应该是企业制度执行的带领者。当企业中的任何一个人违反企业的规章制度，任何人都可以行使自己的监督权，这样才能建立公平公正的企业氛围，有利于企业制度的有效实施。员工监督权的行使不是表面形式，而是要切实实行，企业应该鼓励员工行使自己的监督权，激发他们的积极性，让员工切实感受到企业的公平公正。

员工可以充分行使自身的监督权，意味着员工可以揭露出企业存在的不公平现象，这有利于管理者及时发现企业存在的真实问题，并及时采取措施进行纠正，以免企业出现不必要的损失。企业要积极营造员工行使监督权的企业环境，鼓励员工敢于讲真话，敢于对企业存在的问题进行理性的指责，引导员工的企业责任感和参与感，让员工感觉到自己是企业不可或缺的一员，发现自身在企业中的价值。监督权的行使对企业的每一人都应该是平等的，而不是管理者的行使特权，相反，它应该让基层员工更多的行使此权利。管理者本身具有一定的企业权力，这是企业的普遍现象，如果让基层员工更多地行使监督权，会有效增强公平公正的企业氛围，员工也会在这样的企业氛围中，工作得更安心、更踏实、更有激情。

增强员工的参与感。员工是公司的一员，要让员工参与到公司的发展运营中来，这也是一种公平公正的体现。每个员工在公司都有其价值，管理者要给予他们足够的重视，重视每一个员工的价值，鼓励他们积极参与到企业的发展、建设中来，而不是把企业的发展归结于个别几个人的身上。企业中的每一个岗位组成企业的整体，少了一个环节，就会影响企业正常运转。所以，要想发挥企业的整体优势，就要充分发挥各个环节的作用，让各个环节的员工都能够参与到企业的决策部署、经营措施的研究探讨中来，鼓励他们积极的建言献策，即使建议没被采纳，也要对他们提出的建议给予足够重视，让员工具有更强的参与感和被重视感。员工能够与公司管理者一样对公司的发展经营做出自己的一些思考，会让员工感觉到他们与管理者的地位是平等的，会感觉到公平公正的存在，让他们觉得自己也是公司的一份子，会提高他们的企业归属感和责任感，做工作好像是在为自己工作，这会大大提高他们的工作效率。

适度透明便于管理

　　企业管理者对有关企业的各种信息具有很强的控制权，他们可以通过对信息的控制来对员工产生影响，最终目的是向有关部门和人员树立起企业的良好形象，最大限度地助推企业继续发展壮大。

　　小张是一家工业企业的技术工人。在工厂车间工作时，他发现机器设备的某零部件出现老化，很可能对工厂的正常生产造成威胁，因此，小张就把这个情况上报给车间主任，但是车间主任为了节省车间生产成本，并没有把这个情况上报给公司相关管理者。半个月之后，由于这个老化零部件的损坏导致设备运行期间发生严重损坏，机器设备和生产物资都遭到严重损失。车间主任由于没有把零部件问题向公司管理者及相关专业维修人员进行及时的告知，造成企业的损失，这就是对企业的一些信息没有进行必要的透明管理，给企业带来损失。

　　企业对信息的控制可以维护企业的良好形象，保护企业的私密信息不被泄露，对企业的经营发展是有利的，但是，也有其弊端存在。随着现代网络技术的不断发达，信息传播的速度快、广度大，这对信息的控制带来不小挑战。人们之间的交流也变得更加便捷，而且在信息私密程度上也有很大提升，因此，在这种特殊情况下，企业应该实行适度透明化管理，这是企业提升竞争力的很好途径。企业的一些机密信息可以根据具体情况不对员工公开，只对企业内部个别管理者进行公开，这种方式虽然可行，但是对企业已经形成统一共识且比较成熟的信息，理应尽可能地让员工熟悉，这样才能让企业整体形成统一的合力。员工知道企业想要实现的目标，形成统一的目标理念，有利于发挥企业的整体效能，激发团队战斗力、凝聚力。企业信息的适度透明化，可以让员工对企业进行更深入、全面的了解，懂得企业需要自身做出何种贡献，有利于员工明确自己的工作目标，使员工与企业更好地融合到一起。员工对管理者的管理策略也能更容易理解，有助于促进公司经营策略的落地实施。

鼓励员工敢于直言不讳，对员工所提出的，企业确实存在的问题，进行公开处理，引起企业其他员工的注意和警醒，这是管理者应该做的，而不是把企业存在的恶劣现象进行有意隐藏，讳疾忌医。企业管理者要善于倾听基层员工的真实心声，基层员工处于实际岗位上，对本岗位了解得最清楚，对本岗位的问题，最先发现，并且对发现的问题更容易找到解决的方法。有些企业管理者与员工的距离比较疏远，很少与基层员工进行有效的沟通，导致管理者对企业存在的实际问题了解得不够透彻，不利于做出正确的决策部署。而员工对管理者的管理措施理解不够，会对企业经营策略的落实造成阻碍。适度透明化管理就是要拉近管理者和员工之间的距离，增强相互之间的沟通，打通他们的沟通渠道，也使他们之间的信息交流更加透明化，便于企业相关信息的整体公开，有利于企业的经营状况的不断完善。企业管理者要创造员工敢讲真话的企业氛围，为员工创造有利条件，便于企业各部门、员工与管理者之间的广泛深入沟通。

企业的透明化管理还体现在企业员工根据掌握到的企业数据、信息等，提出个人的反驳观点，而不是受大众思维的局限性影响。在适度透明情况下，员工会掌握到企业更多的经营信息，企业管理者要允许员工对企业的经营状况提出不同的反驳意见，在这些意见中提炼出创新点。要鼓励更多员工提出个人的观点，并在企业中进行公开宣传推广，广泛征求大家的意见，然后从这些观点中提取出有价值的信息。组织全员对企业的相关问题进行广泛深入的探讨、研究，可以凝聚起众人的智慧。大家最终探讨出的结果经企业管理层研究决定，做出最终企业决策，并在企业内部公开。通过这种形式，企业最终采取的决策是公开透明的，这既增强了企业全体员工的参与感，发挥了集体的智慧，又因为决策的执行是员工亲自参与制定的，所以员工也能更好地理解决策执行的作用和意义，更加积极地执行实施。在企业经营策略的形成过程中，企业管理者要充分尊重每一位员工的不同看法，尤其是员工反驳的观点。反驳的观点有利于完善企业的经营策略，而且反驳的观点中很可能出现创新的观点。要鼓励员工实话实说，对企业真实存在的问题进行实事求是的批评，这有利于客观了解到企业的实际情况，便于管理者针对企业的实际情况作出正确的企业决策。

企业经营信息的适度透明不仅要针对企业内部员工，还要对与企业有关的股东会、投资者、监督部门以及消费者等适度透明，这有利于企业形成规范的管理制度。企业的经营涉及到很多部门和人员，企业适度透明管理，有利于树立起诚信的企业形象，也能让企业处于更多部门的监督环境之中，有利于企业的规范经营。刚开始，企业可能会有些不适应，毕竟，把自己置于各种部门、人员的监督之下，企业自身就没有了自由经营的操作空间。但是，从另一个角度来讲，透明化管理是对企业最大的保护。企业减小了违规操作的可能性，逼迫自己向着更加规范的经营模式发展，有利于企业的发展壮大。企业在经营过程中也能更安心，能够根据企业的真实情况作出正确决策，使企业的发展更加稳健。企业透明化管理将是一个发展趋势，因为人们对企业的发展以及社会环境了解得更加深入透彻，企业进行违规经营的可能性越来越小，监管部门、社会环境对企业的监督作用也在日益增强。其实，真正受益的是实行透明管理的企业本身。

当赏则赏当罚则罚

　　企业管理者实施赏罚分明的管理制度，既可以激发员工的工作热情，又可以避免员工在工作中犯更多的错误。实际上，赏罚分明可以对员工起到规范行为的作用。赏罚分明的管理制度体现出企业管理怀柔的一面，又体现出其强硬的一面。软硬兼施、恩威并举，才能使员工朝着更加积极向上的一面去努力、去进步。

　　李默是网络公司的设计人员，工作兢兢业业，认真负责。他一旦对公司交代的设计任务有了灵感，即便是需要熬夜、加班，还是会继续下去。上级新下达的任务在他熬夜加班三天后，终于有了结果——设计出了一款很有创新性的作品。李默对自己的作品非常满意。他认为，此作品如果可以得到客户认可，将为公司带来很可观的效益，公司主管一定会好好奖励自己。但没想到的是，主管只是在开早会时进行了简单的口头表扬，这让李末非常失望，对主管有了怨言和意见。

　　之后，同事张靓屡次迟到早退，工作马虎，主管却只是简单地对其进行劝导。李默得知，张靓是公司某高层的亲戚，所以受到了特殊对待。于是他对在这样赏罚不分明的公司工作感到不忿，果断辞职。由于李默所在部门的管理者赏罚不明，最终造成了公司人才的流失。

"当赏则赏"会激发员工创造更大的价值。实际上，企业管理者对做出突出贡献的员工进行必要的奖赏同样是一种经营策略。它一方面可以激励员工更加努力，继续为企业创造价值，另一方面对其他员工也会起到激励作用。奖赏方法有很多种，最直接的就是现金方面的奖赏，也可以奖励一些物品；还可以是精神方面的奖赏，比如，当众夸赞、颁发奖状等；还有就是进行升职奖励等。总之，就是让被奖励员工感受到被重视、被认可。企业管理者对员工的优异表现，要有一定的敏感性，一旦员工有突出表现，能奖励的情况下一定要奖励，否则会挫伤员工的工作积极性，员工对继续为企业创造价值会缺乏动力。人的内心深处都渴望被别人肯定，尤其是当自己做出成绩时。明智的企业管理者深谙此理，他们很擅长对员工进行奖励。通过一定的奖励，可以使员工在工作中成为更好的自己，让他们在实现自身价值的同时，为企业创造价值。对员工的奖励也是一门很深的学问。在什么情况下进行奖励，如何进行奖励，奖励什么东西等，都需要管理者做出合理的判断，否则，可能会起到适得其反的效果。对员工的奖励要根据企业的具体情况和员工的实际需求做出判断，对员工的奖励一定是员工内心真正想要的，这样才能对其起到激励作用。同样是奖励，如果员工受到的奖励不是员工真正想要的，员工反而可能会心生抱怨。

　　"当罚则罚"的本质不是为了惩罚员工，而是对员工行为的一种规范和制约。惩罚有大有小，企业管理者要根据员工所犯错误的严重程度进行合理的惩罚。惩罚过重的话，员工会心生抱怨，过轻却又起不到警醒作用。当员工在工作中由于疏忽犯了一个小错误，不是有意为之，那么就可以从轻处罚或者不处罚，只进行口头警醒教育即可；如果是有意为之，导致犯错，就应该进行合理的从重处罚，让员工深刻认识到自己所犯错误的严重性。针对所犯错误的严重程度，公司可以选择在企业内部公开与否，以起到警醒其他员工的目的。

　　当一个错误产生，管理者要对错误产生的原因进行详细调查，找出错误责任人，以及连带责任主管，并分析错误给企业带来了多大的损失等，然后根据实际了解到的情况进行相应的处罚，最大限度的避免错误的再次发生。在调查错误具体情况时，一定要实事求是，调查分析出错误发生的根源，抓住主要责任人，从根本上对发生的错误进行合理处罚，使惩罚真正起到作用。

　　"当赏则赏，当罚则罚，赏罚结合"是企业制定赏罚制度的根本，管理者要做到不偏不倚，正中管理下怀。根据企业经营管理的实际情况，制定科学合理的赏罚措施，最大限度地激发员工的工作热情，避免员工经常犯错，既可以促进企业的业绩增长，又能使企业避免不必要的成本损失。赏罚措施也要遵循公平公正的原则，要一视同仁，不能搞特殊化，尤其是管理者犯错，更要主动接受处罚。管理者作为赏罚制度的制定者和实施者，在实施赏罚制度时，要起到表率作用。这样，员工才不会心生怨恨，接受并严格执行公司的赏罚制度。同时，企业管理者要以身作则，为员工起到表率作用，帮助员工明确自己的工作内容和工作目。

"当赏则赏，当罚则罚"的奖惩制度，便于树立企业管理者信守承诺、公平公正的形象，同时也有利于企业的优化管理。企业的赏罚制度一旦确定就应该是一项硬性标准，这个硬性标准既要体现出企业的柔性管理，又要表现出它的刚性原则，这样的赏罚制度才能在员工心中树立起威信，员工才愿意自觉遵守它，才能真正发挥赏罚制度的企业价值。此外，企业的赏罚制度要追求效果，而不是简单的有赏有罚。企业在对员工进行奖赏的时候，可以实行多种多样的奖赏措施，使员工感觉到新颖。惩罚措施也要把握尺度，不能超过员工的承受底线，但又要对犯错或表现不好的员工起到切实的警醒作用。如果惩罚过于严厉，会使员工彻底丧失斗志。因此，惩罚在对员工起到警醒和规范作用的同时，应该对员工产生一定的激励作用，所谓"知耻而后勇"，就是这个道理。

由此可见，企业管理者在追求赏罚效果时，要具有创新思维，充分灵活运用各种资源，追求奖罚效果的最大化。

末位淘汰并不残忍

末位淘汰是企业为了提升员工的工作能力和热情，增强企业市场竞争力的一种绩效考核制度。通过设置一定的考核标准，对企业员工进行一定范围内的排名，对排名靠后的人员进行调岗或辞退的安排。末位淘汰可以给员工一定的竞争压力，挖掘员工潜力，激活企业活力，使企业更好地发展。

末位淘汰听起来有些残酷，但是有利于管理者挖掘员工的自身潜力，帮助员工成长，同时还能优化企业组织结构。刚开始，员工对末位淘汰制的实行多少会有些排斥，因为它会对员工造成一定的压力，而且排名靠后的员工有可能面临下岗的危机。末位淘汰制的实行使原本"悠闲"的工作环境变得紧张起来，员工的工作环境不再"舒适"，但人的潜力是无穷的，有时，太过安逸的工作氛围会使员工丧失斗志，降低工作效率，就如"温水煮青蛙"一样，员工不会有太大的进步，长此以往，也会影响企业的发展。

末位淘汰制旨在激活员工的内在动力，使员工在竞争中不断提高自身的工作能力。因为有一种强制性的意味在里面，员工内心可能极其不情愿接受这种绩效考核制度，但是，随着时间的推移，在这种内部竞争环境中，员工的工作能力会在客观上得到提高，这对员工来说是一种突破。末位淘汰能够帮助管理者精简企业结构，减少企业人力成本，使团队更有战斗力。所以，末位淘汰看似无情，但从员工的素质角度来说，对员工的职业发展具有重要作用，即使员工将来不在公司工作了，因为拥有了更强的工作本领，到哪里都能很好地适应工作需要，受到企业的青睐。这就是对员工的"不残忍"。

　　但是，管理者要根据企业的实际情况来进行理性判断。当企业结构比较稳定且员工素质普遍较好，而且企业所从事的行业专业性比较强，则最好不要实行末位淘汰制。因为企业员工素质较高，工作态度较好，员工在企业工作的时间比较长，已适应企业的工作环境，员工之间相互配合比较默契。再就是企业所从事的行业专业性比较强，如果淘汰一些员工，再招聘专业性比较强的新员工很难，即使招聘到新员工，企业还需要对新员工进行培养，这会增加企业的人力成本。因此，这样的企业是不适合进行末位淘汰制的。如果是规模比较大，且对员工专业素质要求比较低的企业，开展末位淘汰制则是合适的。对那些工作不积极，工作能力不强的员工，企业可以进行调岗或者辞退，由于对专业素质要求不是很高，在人力资源市场上，此类人才相对来说比较容易招聘到，招聘的新员工企业不需要付出太大的培养成本，新员工就能胜任此岗位。因此，这类企业就比较适合实行末位淘汰制。

　　社会本就是一个优胜劣汰、适者生存的社会，"人往高处走，水往低处流"，社会本就是一个筛选的平台，企业也一样。如果企业不进步，就会被市场无情淘汰，所以企业必须不断强大自己，使自己的员工都能够具备强有力的素质，继而提升整个团队的素质，不断优化团队结构，使团队质量更高。末位淘汰制的目的在于激发员工的工作积极性，不适合进行末位淘汰的企业可以通过其它方法提升员工的工作热情及能力，而适合开展末位淘汰制的企业，可以尝试实施，因为末位淘汰制是一种有效的激发员工工作积极性的绩效考核制度。

第八章

构建未来的『长久之计』

善于规划梦想而非妄想

　　企业梦想就是企业在未来将要达成的目标，它需要根据企业的发展现状以及对未来的市场环境预估做出超前规划。梦想是对企业未来美好愿景的展望，是企业的发展动力。企业管理者对梦想的规划要能够与员工紧密联系在一起，使员工为了企业的梦想竭尽全力，使梦想无限接近现实。

　　正泰物流公司是在三线城市成立半年有余的一家小型物流公司，公司老板野心勃勃，对公司员工承诺两年之内做到本省第一大物流公司。凭着自己对梦想的热忱，管理者在开会时带领团队喊震天响的口号。可是实际上，老板很少在公司工作，更不要说是外出跑业务。他每天不是做着赚钱的美梦，就是到处旅游玩乐。不久，公司就倒闭了。

　　毫无疑问，物流公司老板这种脱离实际的梦想就是一种妄想。老板并没有根据企业的实际情况制定合理的企业梦想，只是单纯地喊口号，是无法为梦想加油鼓劲的。

每个企业都有自己的梦想，梦想可能在企业创始之初就已存在，企业的发展会以企业的梦想为核心目标，梦想会激励企业不断前进，为企业提供源源不断的动力。梦想为企业提供强大的精神动力，企业的战略制定也会以企业梦想为根本依据。梦想，不能和企业的发展现状有过大差距，这样才能够让人产生奋斗的动力。

一个好的管理者一定是一个优秀的梦想规划家，他对企业梦想的设立，会费尽心思，他深深懂得梦想对企业发展的重要性，会对企业的梦想进行深思熟虑，并结合企业的实际，企业所在的市场环境，以及企业未来的发展方向等。企业的梦想就像是企业的一个"根"，企业发展如何，关键看企业的"根"是否强壮发达，"根"越茁壮，企业就发展得越壮大。因此，企业管理者要善于规划梦想。梦想富有强大的生命力，企业才可能发展壮大。企业梦想规划的好，可以激发员工的工作积极性，帮助员工树立明确的目标，让员工有强大的精神引领，从而付出更多的努力，创造出更好的工作绩效，助推企业更好、更快发展。

梦想不是妄想，如果员工认识到企业制定的梦想根本无法实现，严重脱离现实，即使员工付出再大的努力，也不会有结果，那员工就会失去奋斗的动力。企业梦想的设计要结合企业实际，具有现实性，也不能过于抽象化，要能激起员工对梦想的强烈感觉，让员工对梦想有明确的理解以及很深的认同感，使其将梦想的虚化转化成具体实际的工作效能，从而通过企业全体员工的共同努力，刺激到员工的工作积极性，提高员工的工作效率，有利于将来的某一时刻实现梦想。

不仅如此，企业管理者规划企业梦想时，要善于把它与员工的个人价值观联系到一起，使员工在为企业工作的同时，也能实现个人的价值追求。员工个人价值与企业梦想结合得越好，企业的运转就越有效率。

那么梦想该如何规划呢？这是值得企业管理者深入思考的问题。首先，企业梦想的规划一定是与自身企业密切相关的。企业管理者必须重视企业的梦想设定，重视企业自身的特点，考虑到即便是同一种行业的企业，也会由于发展环境等因素的影响产生差异，从而制定适合企业的发展目标。

其次，企业的梦想设定一定要符合企业的发展规律。企业发展是有一定规律的，管理者在设定企业梦想时，不能违背企业发展的基本规律，否则，企业梦想的设定是无效的。

再者，企业在不同发展阶段，要根据发展变化对企业梦想进行适当的调整。市场环境瞬息万变，企业为了更好地适应市场环境，企业的内部情况或者发展目标可能会发生改变，这时，原有的梦想目标很可能不符合企业当前的发展实际。因此，企业管理者要对梦想进行调整，使两者之间联系更加紧密。

企业梦想绝不能空谈，不能与企业发展实际不符，更不能异想天开。企业梦想的设计要根据企业的发展实际，不能严重脱离现实，否则的话，就有点欺骗的意味了，员工也会对企业不切实际的梦想产生厌恶感，从而起不到激励员工的作用。

构建团队间的共同理想

企业各部门都有各自的职责所在，每个部门发挥着各自的作用，但是他们都是企业的组成部分，共同为企业做出贡献，促进企业整体发展。部门之间除了拥有各自的部门目标之外，还应有为企业努力的共同理想，既要有局部意识，又要有整体意识，为共同目标和理想而做出努力。

王涛是从国外一家服装公司跳槽来到国内任职的总经理，有着十分丰富的管理经验和西方管理理念。刚来到公司，他就发现公司有一个显著的问题，那就是公司各部门之间的配合不够默契，各部门只关注本部门的利益，而忽视部门之间的合作，结果导致公司整体资源的损失。部门在完成部门目标上比较用心，也都能顺利完成，但是，公司的整体目标完成得并不好。王涛发现问题后，与上级商量后决定，联系各部门制定共同目标。果然，仅半年时间就取得了显著效果，不仅企业各部门之间的配合更加默契，也强化了企业凝聚力。

原来，各部门在努力达成部门目标的同时，学会了以公司整体目标为重，有的部门甚至选择牺牲部门的局部利益来争取公司的整体利益，公司运行更加高效，促进了公司的快速发展。事实证明，构建团队间的共同理想，能够促使企业的运营高效顺畅。

为了达到企业的整体目标就必须实现团队目标，实现团队目标是实现企业整体目标的必经之路，要构建团队间的共同理想，就必须重视团队目标的实现。两者之间是相互促进的关系。团队目标是企业整体目标的组成部分，整体目标又会促进团队目标的达成。团队目标是员工工作的基本目标，员工首先要完成各自的工作任务。大家都完成各自的任务后，团队的任务就会达成。目标的达成，不是一蹴而就的，需要一步步进行。构建团队共同理想的前提是构建个人目标、团队目标，它们之间是相互依存的关系。

管理者可以把团队当成一家小公司来经营，鼓励团队员工为团队目标而努力，把员工目标与团队目标结合到一起，想方设法激发员工的工作潜能，使其创造更大的价值，进而发挥出团队的最优效能。团队的共同理想是靠各个团队目标的达成而实现的，因此，构建团队的共同理想也是为了更好地发挥团队战斗力，使团队更容易达成目标。想要实现团队目标，就要树立起团队的共同信念，而想要实现企业整体目标，就需要树立起企业团队间的共同理想，以此来促进企业目标的实现。团队的信念有助于团队目标的实现，团队非常有必要把团队的各个成员凝聚到一起，大家拧成一股绳，才有利于团队目标的尽快达成。如何让团队成员发扬更加团结的团队精神，是团队管理者需要深入研究的一个重要内容。

构建团队间的共同理想可以凝聚起企业的向心力，使企业上下一心，形成共识，有利于达成企业的整体目标。企业的每个部门都有其各自的职责所在，这也导致部门之间缺乏协调配合，没有大局意识，只考虑本部门利益，没有明确的共识，忽视共同理想的构建。因此，难以形成企业整体的合力效应，不利于企业目标的达成。

一个好的企业管理者应该善于构建团队间的共同理想，强调企业各部门对企业所具有的重要价值，突出部门的重要地位，然后再站在企业全局角度，寻找发掘各部门对企业所持有的共性，让团队各部门感觉到与企业是一损俱损、一荣俱荣的紧密关系，把个人、部门的工作与企业的总体目标联系到一起，努力为各部门的共同理想做出自己部门的最大贡献。构建团队间的共同理想对企业管理者是一项很大的挑战，管理者要思考如何提出企业各团队间的共同理想，这个共同理想要对各部门团队具有强烈的积极影响，要与各部门具有很强的关联性，否则对各团队起不到积极的刺激作用，也就失去了共同理想的价值所在。因此，管理者要认真研究这项管理内容，它会体现出一个管理者凝聚人心的能力。

构建团队间的共同理想，要与企业的发展目标相联系，同时，要让员工感受到企业目标能给员工带来的价值。管理者的主要经营任务是最大限度发挥员工的潜能，激励员工创造更大价值。员工往往特别关心自身利益，如果企业管理者能把企业的利益与员工的利益紧密联系在一起，激发员工的工作热情，就能让其发挥出自身的潜力，创造出更大的工作价值。

团队间的共同理想使企业各部门形成统一共识，使企业的凝聚力更强，整体战斗力更强。员工、团队、企业之间是相互依存的关系，员工好团队才会好，团队好企业发展的就好。企业员工为企业的共同理想奋斗，使企业发展得更好，企业就会有能力为员工谋求更好的福利待遇，甚至是其它方面的额外价值。

不要试图画饼让人充饥

企业管理者对企业美好未来的憧憬要有现实意义，不能凭空想象，否则，管理者对员工的"画饼"刚开始可能会起到很大的激励作用，但久而久之，员工发觉管理者的承诺迟迟不能兑现，就会逐渐失去对企业的信任，甚至会因为感觉自身受到了欺骗而厌恶公司。这样导致的结果就是员工工作不积极，工作不负责，工作效率低下，甚至辞职另谋高就。因此，企业管理者既要善于"画饼"又要善于"给饼"，不断积累起自己在员工心中的威信，从而提高自己的管理水平，长久地留住员工。

画饼充饥的故事来源于三国时期，当时魏国选拔官员都是通过举荐来完成的，而被举荐的人多为有名望的人，魏明帝对此颇为不满，意图改变这种不好的现象。当时魏国有个叫卢毓的官员，为官正直而且颇有才学，魏明帝甚是器重，于是下令由他举荐官员并对众官训诫："选拔官员不能只看重名声，名声就好像墙上画的饼，好看但是不能吃啊！"这就是成语"画饼充饥"的由来。如今，这个成语多用来形容企业对员工设定美好的目标理想，以此激励员工的工作热情，它确实会起到激励作用，但是如果画的饼迟迟得不到兑现，就成了不务实际的做法，就成了成语本身所表达的意思了。因此，企业管理者不仅要"画饼"还要学会"做饼"，让员工能够吃到饼，员工才会实实在在地为企业做贡献。

画饼是很多企业惯用的"伎俩"，这个词有很大的贬义词倾向，但是，正确的画饼也是促进企业发展的一种经营方法。员工在工作上需要目标愿望的激励，这样会提高员工的工作效率，有利于工作的顺利完成。企业想要做好经营管理，就要为员工规划好工作路径，为其制定合理的工作目标，并说明目标达成所带来的个人价值。画饼实际上是企业管理者为员工设定一个统一的目标追求，使员工工作的更安心、更有干劲儿。对将来事情的规划憧憬是一种积极乐观的表现，管理者画饼体现出管理者对企业未来的经营状况充满信心，这种信心会通过管理者画饼来传递给员工，增强员工对当下工作的工作动力。员工拥有了工作动力，就会提高工作效率，这有助于公司良好发展，也能促进企业的目标愿景的实现，企业就会更容易兑现对员工做下的承诺。因此，企业要想发展得更好，管理者一定要具备非凡的"画饼"能力，这也是管理能力的体现。画饼不是毫无根据的假大空，而是企业管理者根据企业的发展实际以及对市场环境的准确预估为前提的。画饼一定要有现实意义，否则，"画饼"就会变成一个彻底的贬义词。画饼虽然可以对员工起到激励作用，但如果没有考虑现实，甚至没有采取行动，只是一个单薄的口号。员工在面对管理者承诺的目标迟迟得不到兑现的这一情况时，除了员工自身工作效率会大大降低之外，还会对企业产生厌恶感，也会降低员工对公司的信任，最终会阻碍企业正常发展。这样的画饼显然起到了相反的效果。所以，画饼也是一门学问，管理者要善于画饼，学会正确画饼，充分发挥画饼为企业带来的优势作用，避免错误画饼带来的危害。

善于画饼还要善于"给饼"，一味的只画不给，"画饼"也就失去了它的作用和意义。现在人们之所以对企业画饼产生反感，直接原因就是许多企业只是单纯的画饼，未将其落到实处，真正兑现对员工的承诺。这种做法对员工而言，在一定程度上是一种欺骗。长此以往，对企业的发展是非常不利的。怎样才能使画饼的承诺得到兑现，这是企业管理者在画饼之前就应该考虑清楚的事情。画饼可以适当高于通过努力可以达到的目标，但是不能好高骛远，脱离实际。企业管理者应该充分分析本企业的发展现状，科学判断当前以及未来的市场环境，让画饼无限接近现实。画饼的依据要充分考虑现实因素，这样才有实现的可能。画饼要越简单明晰越好，要让员工可以对管理者的画饼进行很好的理解，增加员工对画饼实现的信心，这样也能提升管理者的人格魅力，使员工更加佩服管理者。企业管理者要善于画饼，更重要的是善于给饼，画饼的最终目的还应包括画饼的实际达成。管理者的能力在于科学谋划，把握全局。

为员工画饼，在最初起到了对员工的激励作用后，管理者接下来的工作才是关键，那就是思考怎样兑现对员工许下的承诺，这比画饼要艰难得多。再艰难也要尽最大力量去实现，因为这关系到企业在员工心中的威信和信誉问题，再就是因为画饼相当于企业的发展目标，画饼的实现就是企业发展目标的实现，企业存在的根本目的就是不断实现企业制定的发展目标，这是企业的主要任务，与画饼的实现是相互统一的关系。管理者在画饼的同时，更应该重视画饼的实现问题。此外，企业在不同的发展阶段，根据现实情况"画饼"的内容也应该是不同的，在实现了阶段性的目标之后，可以再制定新的企业发展目标，不断推动企业向前迈进。

企业画饼是企业经营策略，它会给企业员工以奋斗的决心，使员工树立起坚定稳固的精神信念，促进员工创造更大的企业价值。但是，企业画饼要选择正确的形式进行，不能欺骗员工。企业对于画的饼，就要尽最大努力去实现，不能靠画饼来充饥。企业的画饼行为欺骗了员工，因此而失去员工对企业的信任，不仅不会发挥画饼的积极作用，可能还会使企业走向万劫不复的境地。诚信是一家企业的根本，失去诚信意味着一家企业很有可能会走向灭亡，所以，企业不仅要对客户讲诚信，更要对自己的员工讲诚信，员工才是企业价值的创造者。企业管理者对员工做出的承诺不能只是一句空话，员工心中都有自己的想法，企业管理者作为企业的管理人员，一言一行，都会受到员工的评判，管理者的言行表现，决定了员工对管理者的态度，决定了他们对员工的管理是否会得到员工的真诚拥护。因此，企业管理者要善于"画饼"，又要善于"给饼"，做一个言而有信的管理者。

从每次失败中总结经验

　　失败是在所难免的，失败并不可怕，在多次的失败中，铺平的便是通往成功的路。企业管理者要以理智坚强的态度来面对失败的打击，管理者的斗志会对员工造成很大影响，管理者要具备坚韧的品质，不轻言放弃，学会在失败中总结教训，为成功积累宝贵经验。

　　正确的态度，是正确面对失败的首要条件。人们都渴望成功，讨厌失败，对如何面对失败的探讨似乎不是人们谈论的重点，人们更愿意讨论成功的案例，而对失败的案例却少了些关注。但其实，失败的经验要比成功的经验可贵得多。失败的经验给人的教训更加深刻，人在面对失败时，头脑会更加冷静理智，不容易头脑发热，人们从失败的经历中学到的东西更多。当我们意识到失败的重要性时，我们就会对失败抱有正确的心态。首先，我们要正视失败，要认识到它的存在是再正常不过的事情。当我们这样想时，如果失败来临，我们就会以比较坦然的心态去面对它，我们做事的状态就不会起伏很大，这有利于我们继续保持工作的斗志。失败的次数越多，只要耐心总结，学到的东西也就越多，也就越接近成功。作为企业管理者，更要以良好的心态来面对失败，为员工起到表率作用，给处于失败境地中的员工以坚强的信心，给予他们面对失败的勇气。管理者要认识到失败的宝贵，要重视每一次的失败，善于从失败中总结经验教训，争取从每一次失败经历中得到收获。多开展失败总结会，鼓励员工之间相互探讨交流，让员工学会从失败中学习，从失败中汲取成功的营养，这才是我们正确面对失败的态度。拥有了一个好的面对失败的态度，我们就会把失败变得有利于我们，这是态度的重要性。企业管理者不仅自己要有正确面对失败的态度，还要引导带领员工以更加积极的心态来面对失败。

要有理性分析的思绪。管理者要通过分析失败的起因经过，全面分析造成失败的各种因素，查找造成失败的根源，从失败中争取最大的收获。失败的事实已成定局，我们与其抱怨哀叹，不如接受失败的现实，思考如何挽回失败带来的损失，而从失败中总结经验教训，不失为一种很好的挽救措施，因为下一次的成功可能就是运用了上一次失败中的经验而成功的，这难道不是失败的功劳吗？前提是必须痛定思痛，认真仔细地从失败中找出有价值的经验，避免下次的失败，并为成功做好铺垫。企业管理者要具备敏锐的洞察力，善于从现象看到本质，尤其要从失败中发现有价值的信息，并将其灵活运用于今后的企业经营中。管理者要鼓励企业员工从失败中寻找有价值的经验，鼓励他们学会在失败中总结反思，而不是在失败中垂头丧气。要广泛发动员工在失败中总结经验教训，允许他们提出各自的理解看法，并进行收集整理，从中找出有价值的信息。发动员工可以集思广益，可以使总结的经验更加全面，也可以让员工在总结反思中恢复士气，更好地迎接接下来的挑战。对每一次的失败都要进行深刻仔细的总结反思，并开展大讨论，不放过任何一个有价值的信息，对总结的经验教训要整理归档保存，另外，在总结反思失败经验的同时，要联系之前的经验教训，把它们进行关联性地思考，总结它们的相同和不同之处，最后最好可以得出新的结论。

企业管理者是企业的领头人，要做到不畏失败，善于从失败中总结经验，要为员工起到表率作用。企业管理者在企业中的影响力是很重要的，他们的一言一行员工都会看在眼里，因此，在企业经营面临失败时，管理者更应当正确应对失败，表现出力挽狂澜的魄力，将失败带来的损失降到最低，为员工带来强大的信心。管理者应不断提高自身应对失败的能力，在失败面前保持理智的态度，从每次失败中总结经验，分析失败的原因、经过、结果等，并最终做出正确的判断，为下次积累足够的经验，直到取得成功。企业管理者除了要有自身的判断外，在总结失败经验时，还应听取多方建议，而不是独断专行、鲁莽武断。管理者要虚心听取他人意见，认真思考，最终得出自己的判断。

此外，企业管理者还应学会从失败中发掘新的机会，争取反败为胜，或者找到新的突破口。这种能力需要管理者在常年累月的经验积累中磨练，需要管理者用心观察思考，学会思考各因素之间的内在联系，学会举一反三，融会贯通，在一次次的失败经验中不断积累成功所需要的知识经验，确保企业发展少走弯路，加快企业的发展步伐，最终实现自我超越。

规划实现愿景的每段路

企业愿景是企业最高管理者的企业信念，是企业的总体发展方向和战略规划，是对企业发展目标的预先设想，代表着企业未来将成为何种经营状态的美好愿望。彼得·圣吉博士认为：没有共同愿景的组织往往只会导致员工对上级、对组织的被动式遵从，而不是对组织的真诚奉献。愿景是企业价值观的高度概括和生动体现，是全体员工真正关心的事，真正想做的事，具有强大的感染力和号召力。[①]企业愿景的设定是为了实现它，而不是空谈，企业愿景能够凝聚员工的奋斗力量，使企业不断发展壮大。愿景之所以有这样强大的力量，是因为它有实现的可能性，员工认为为之奋斗是值得的。愿景如果只是愿景，企业管理者并没付出相应的实际行动，员工就会对企业愿景失去信心，从而阻碍企业的良好发展。

张强是某家餐饮服务公司的创始人。公司专门为各种餐饮店提

[①]《企业愿景的内涵、作用和特性》汉哲管理咨询（北京）股份有限公司.汉哲管理研究院.2019。

供食材、餐具等餐饮用品，这家公司才创立半年，张强就和合伙人制定了详细的愿景实现计划。他们制定了公司的三年计划、五年计划、十年计划，并具体到季度计划、月度计划，张强以公司的总愿景为依据，倒推实现愿景的年度计划、季度计划、月度计划。他们把所在城市分为五个片区，一个月完成片区的80家餐饮店服务，并与餐饮店建立长久的合作关系，用两个季度完成一个片区的餐饮店服务，然后用三年时间完成整个城市的餐饮店服务，以此速率，逐步通过开设分公司的方式把自己的餐饮服务业务推向全国市场。张强最初设定的公司愿景就是在全国建立自己的餐饮服务品牌，他把愿景的实现变成具体的时间段安排，具体到年、季度、月，甚至是每天，这样愿景就变成了具体的实际行动，而不是简单的公司口号，并且不仅有时间段的阶段性目标，还有对公司业务提升和业务分类增加的阶段性目标，这样一来，就更容易实现公司的既定目标，最终实现企业的长远愿景。

企业愿景是企业的发展目标和方向，是对企业未来的美好憧憬，使企业更加具有凝聚力，促使企业朝着更好的方向发展，因此，企业愿景的设定对企业来说具有非常重要的作用。企业愿景是企业的发展目标，是企业想要达到的状态。企业愿景在一定程度上讲就像是员工的精神信仰，为员工提供源源不断的精神动力，尤其是当企业面临困境时，它可以给员工以及管理者战胜困难的勇气和决心。企业愿景看似比较虚无，但是它确实对企业的发展具有重要作用。它明确了企业的发展方向，是企业制定战略的依据，同时，它也可以树立起企业的良好形象，有利于企业的发展壮大。

企业愿景是企业存在的价值和意义，可以解释为企业向社会提供产品和服务，并在发展中对提供的产品和服务进行不断完善，其也体现出了企业的服务理念和核心价值观，总之，企业愿景无论是对内还是对外，都对企业发展具有积极影响。

那么如何做好企业愿景的设定呢？首先，企业愿景的设定要根据自身企业的发展现状和从事行业所在的市场环境来制定。要遵循明确、持久、独特、服务的特征，即明确的愿景可以让员工和客户快速且直观地明白愿景主旨的内涵，便于他们对其加深印象，从而更好地付诸行动。

其次，愿景的持久性体现在它是对市场环境和自身实力进行深入评判后的结果，是企业需要长期坚持的企业信念，它不同于随时可能发生变化的具体业务。

最后，企业愿景的独特性和服务性，不仅可以明确区分与其它公司的差别，提升企业的竞争力，还可以帮助企业树立为客户提供最优服务的理念。毕竟，为客户提供产品和服务是企业存在的根本。

企业愿景之所以能发挥巨大作用，就是因为它具备可实现性。愿景的提出只是一个开始，企业管理者要带领员工朝着实现愿景的方向努力，并最终真正实现它。

不止如此，企业管理者要充分分析思考企业自身的具体情况以及企业所在的外部环境，并根据实际情况考虑愿景实现的现实可操作性。其次，要对愿景的实现步骤进行科学严谨的把握，可以制定阶段性的目标，通过实现阶段性目标来最终达成愿景目标。企业管理者要根据企业的具体情况综合考虑各种因素的影响，科学规划达成企业愿景的阶段性目标。阶段性目标的实现可以使员工的信心更加强烈，进一步促进企业的有效发展。

规划实现愿景的每段路，都体现出了企业管理者的责任感和务实主义精神，是管理者践行承诺的表现，所以不能只把企业愿景的设定当成激励员工的手段。管理者对企业总体愿景进行分割，分阶段实行，既减低了实现总体愿景的难度，又让员工在执行过程中可以感受到在向远景目标靠近，并非遥不可及，也不仅仅只是口号，而是实实在在的具体实施方略。如此以来，员工对企业的未来也会充满信心。规划实现愿景的每段路，都会让员工体会到企业的发展具有很强的计划性，而不是任其随意发展。员工感受到企业管理者对企业发展的掌控力很强，心里就会比较踏实安稳，对企业、对自己的未来就会感到信心百倍，也会更愿意听从管理者的管理指挥，因为这样的管理者在员工心中已然树立起威信，员工会被他们的责任感和管理智慧所折服。

企业愿景决不是一朝一夕就能完成的，需要企业管理者对愿景的实现进行科学认真的规划。愿景的实现需要一个长期的过程，企业管理者要按照规划好的阶段性任务，逐步达成愿景的实现，这需要管理者具备较强的谋划能力。最后，要对规划好的阶段性任务进行具体的落地执行，确保阶段性目标的如期完成。企业管理者规划好实现愿景的具体步骤，是为了更好地执行落地，把它转化成实际行动。这需要员工自觉和管理者相互督促、相互鼓励，双方共同努力。管理者要经常强调企业愿景的内容，使企业愿景在员工脑海中留下较深印象，以增强员工的工作积极性，激发员工实现企业愿景的斗志，促进阶段性目标的快速达成。